THE COMING WAVE
더 커밍 웨이브

THE COMING WAVE

더 커밍 웨이브

무스타파 술레이만 지음

마이클 바스카 정리 | **이정미** 옮김

한스미디어

전대미문의 시기를 항해하기 위한 최고의 안내서이다.

빌 게이츠 · 마이크로소프트 창업자

《더 커밍 웨이브》는 매혹적이고도 중요한 책이다. 인공 지능과 생명 공학이 인류에게 가하는 실존적인 위험을 탐구하고 우리가 어떻게 그 위협을 억제할 수 있는지에 대한 실질적인 해결책을 제공한다. 다가오는 기술의 물결은 인류에게 신과 같은 창조의 힘을 약속하지만, 그것을 현명하게 관리하지 못한다면 우리를 파멸로 이끌 수도 있다.

유발 노아 하라리 · 베스트셀러 《사피엔스》 저자

이것은 미래에서 전하는 강력한 경고에 다름 아니다. 결코 무시할 수 없는 최고 전문가의 눈으로 AI의 진화가 세계 경제와 정치에 어떤 영향을 미칠 것인지 담대하게 소개하고 있다. 업계 최고 전문가의 설득력 있는 주장을 담고 있어 여러분이 미래를 바라보는 관점을 바꾸고 현재를 새롭게 이해할 수 있도록 도울 것이다.

누리엘 루비니 · 뉴욕 대학교 명예 교수

이 책이 도착하자마자 일기 쓰기를 제쳐 두고 바로 읽기 시작했다. 20년 후에는 이 책이 보수적인 미래 비전처럼 보일 수도 있겠지만 현재로서는 책을 읽다가 잠시 멈춰 생각에 잠기게 된다. '이게 정말 사실일까?' 이 책의 탁월함은 이 모든 것이 현실이 될 수 있으며, 그 이유와 과정을 차분하고 부드러운 어조로 설명하는 데 있다. 독자들은 무서운 순간들과 마주하고 충격에 휩싸일 것이다. 익숙한 것 대부분이 곧 바뀔 것이라는 사실을 깨닫게 되는 순간 두려움을 느끼는 것은 당연하다. 하지만 결국에는 현재를 살아가고 있다는 사실에 활력과 감격을 느낀다. 변화의 물결이 곧 닥칠 것이라는 것이 미래에 대한 예보다.

알랭 드 보통 · 철학자, 베스트셀러 작가

최근 몇 년 동안 급속한 과학 발전과 관련된 위협과 기회들을 신중하게 설명하는 이 책은 인류를 향한 놀랍도록 생생한 경고문이다. 흥미로운 사실과 설득력 있는 주장 그리고 저자 특유의 관찰들로 가득 차 있다. 모두가 읽어야 할 필독서이다.

대니엘 카너먼 · 노벨상 수상자, 베스트셀러 《생각에 관한 생각》 저자

기술 전문가, 기업가, 선구자인 무스타파 술레이만의 통찰은 시사하는 바가 매우 크다. 핵심 주제에 대한 깊이 있는 연구와 분석이 담긴 이 책은 우리 시대의 가장 중요한 과제에 대한 흥미로운 통찰을 제공한다.

앨 고어 · 전 미국 부통령

현재 진행 중인 AI 혁명에 무스타파 술레이만보다 더 가까이 다가가 있는 사람은 없다. 지금 일어나고 있는 엄청난 기술 변화의 위험과 보상을 설명함에 있어 그보다 더 적합한 사람 역시 없다. 이 책은 인류 역사상 전례가 없는 지금 이 순간에 대해 탁월하게 설명하고 안내하는 필독서다.

에릭 슈밋 · 전 구글 CEO

첨단 기술의 진정한 인사이더 중 한 명인 무스타파 술레이만은 이 대담한 책에서 우리 시대의 가장 중요한 역설, 즉 통제할 수 없는 기술을 통제해야 한다는 문제를 다룬다. 그의 설명에 따르면, 생성형 AI, 합성 생물학, 로봇 공학, 기타 혁신 기술이 빠르게 발전하면서 확산되고 있다. 이러한 혁신은 상당한 이점을 가져다주지만, 동시에 현실적이고 점점 더 커질 수 있는 위험을 초래하기도 한다. 술레이만은 이러한 위험은 관리하기도 힘들뿐더러 쉽게 해결할 수 있는 간단한 해결책 같은 것은 없다고 강조한다. 이 책은 솔직하고 열정적인 태도로 금세기에 우리 인류가 직면하게 될 가장 큰 도전 중 하나를 두려움 없이 직시하고 있다. 술레이만 덕분에 우리는 현재 상황과 우리가 선택할 수 있는 옵션을 이해하게 됐다. 이제 행동을 취하는 것은 우리의 책임이다.

앤드루 맥아피 • MIT 슬론 경영 대학원 수석 연구원, 베스트셀러 《The Geek Way》 저자

다가오는 인공 지능과 합성 생물학의 물결은 다음 10년을 인류 역사상 최고의 시간으로 만들 것이다. 만약 그게 아니라면 최악의 시대가 될 것이다. 저자만큼 앞으로 닥칠 도전들을 잘 인식하고 설명할 수 있는 사람은 없다. 우리의 생각을 끊임없이 자극하는 이 책은 새로운 기술들의 놀라운 힘을 이해하는 사람이라면 누구나 반드시 읽어야 할 필독서이다.

에릭 브린욜프슨 • 스탠퍼드 인간중심 인공 지능 연구소 교수, 베스트셀러 《제2의 기계 시대》 저자

AI 혁명은 현재 진행 중이지만 우리는 이를 얼마나 잘 이해하고 있을까? 《더 커밍 웨이브》는 급격한 기술 변화의 역사와 우리 앞에 놓인 심각한 정치적 도전에 대한 박학다식하고 명쾌한 가이드를 제공한다.

앤 애플바움 • 역사학자, 퓰리처상 수상자

《더 커밍 웨이브》는 인공 지능, 합성 생물학, 기타 첨단 기술이 가져올 예상치 못한 재앙적 결과에 대해 구체적이고 실용적이고 명료한 방식으로 설명한다. 이 의미 있는 책은 인간이 기술 혁신에 지배당하지 않고 어떻게 기술 혁신을 주도할 수 있는지에 대한 생생하고 설득력 있는 로드맵을 제시한다.

마사 미노우 · 하버드 대학교 교수, 전 하버드 법학 전문 대학원 학장

무스타파 술레이만은 이 책에서 현재의 급속한 기술 혁명이 독보적인 파괴력을 발휘할 것이라는 설득력 있는 논거를 제시한다. 이 책을 통해 이러한 기술의 속도와 규모, 그리고 기술이 우리 사회 전반에 걸쳐 어떻게 확산될 것인지 이해할 수 있다. 더불어 우리 세계를 조직하는 제도의 구조를 어떻게 파괴할 것인지도 파악할 수 있다.

이안 브레머 · 유라시아 그룹 창립자, 베스트셀러 《The Power of Crisis》 저자

이 책은 영감과 경각심을 동시에 불러일으킨다. 이 시대의 기술 혁명에 대한 이해가 부족한 사람들에게는 중요한 교양서가 되고, 이미 이해하고 있는 사람들에게는 정면으로 도전하는 책이다. 우리 모두의 미래가 이 책에 담겨 있으니 반드시 읽고 행동에 옮겨야 한다.

데이비드 밀리밴드 · 전 영국 외무부 장관

이 책은 AI의 위험과 경이로움에 대한 냉정한 평가를 제시한다. 동시에 이 혁명적 도전이 초래할 수 있는 가장 치명적인 결과를 억제하기 위해 정부가 지금 당장 취해야 할 조치가 무엇인지, 그에 대한 의제를 제안한다.

그레이엄 앨리슨 · 하버드 대학교 교수, 베스트셀러 《예정된 전쟁》 저자

급격한 기술의 빠른 발전 속도는 그 잠재력과 위험성으로 우리를 압도하고 있다. 무스타파 술레이만은 산업 발전의 역사를 추적하면서 최근 기술 발전 속도의 급격한 증가에 대해 차분하고 실용적이며 깊이 있는 윤리적 관점으로 설명하고 있다. 그의 개인적인 여정과 경험은 《더 커밍 웨이브》를 더욱 돋보이게 하며, 매일 쏟아지는 기술 뉴스의 홍수에서 한 발짝 물러나 있고 싶은 모든 이에게 흥미로운 읽을거리를 선사한다.

안젤라 케인 · 전 유엔 사무총장, 군축 문제 고위 대표

최고의 전문가가 바라본 현재의 AI 발전과 미래를 놀랍도록 설득력 있게 풀어냈다. 세상을 변화시키는 이 기술을 사회가 어떻게 하면 안전하게 활용할 수 있는지 알고 싶다면 꼭 이 책을 읽어 보기 바란다.

브루스 슈나이어 · 사이버 보안 전문가, 베스트셀러 《Hacker's Mind》 저자

세계가 직면한 가장 큰 도전 과제 중 하나는 AI와 생명 공학의 이점을 활용하는 동시에 치명적 위험을 피할 수 있는 지배 구조의 고안이다. 이 책은 이 두 기술이 제기하는 '억제 과제'에 대해 심도 있게 설명한다. 세심한 연구와 독창적인 통찰로 가득 찬 《더 커밍 웨이브》는 정책 입안자와 보안 전문가를 위한 건설적인 조언을 담고 있다.

제이슨 매시니 · RAND CEO, 전 국가정보국 부국장, 전 미국 정보고등연구계획국 국장

지금 이 순간에도 활발하게 전개되고 있는 혁신적 기술의 의미, 잠재력, 위협을 이해하고 싶다면 인공 지능의 선구자 중 한 명인 무스타파 술레이만의 깊이 있고 놀라운 이 책을 반드시 읽어야 할 것이다.

스티븐 프라이 · 배우, 방송, 베스트셀러 작가

《더 커밍 웨이브》는 전례 없는 기술 혁명의 최전선에서 바라본 매우 명료하고 역동적이며 설득력 있는 책이다. 개인적인 이야기와 기술적인 이야기를 매끄럽게 잘 엮어 낸 이 책은 엄청나게 강력한 기술을 관리하고 개선하는 것이 얼마나 중요하고 어려운 것인지 잘 보여준다.

제프 멀건 · 유니버시티 칼리지 런던 교수

AI가 인류의 미래에 미칠 영향에 대한 최고의 분석이다. 무스타파 술레이만은 현시대의 주요 AI 기업 중 두 곳의 공동 창업자로서 두각을 나타내고 있는 독보적인 존재다. 그는 탁월한 능력을 갖춘 기업가이자 깊이 있는 사상가이며, 앞으로 우리 세상을 변화시킬 기술의 물결에 대해 가장 중요한 목소리를 내는 사람 중 한 명이다.

리드 호프만 · 링크드인 및 인플렉션 공동 창립자

기술이 사회를 빠르게 변화시키고 있다. 그런 의미에서 이렇게 솔직하고 엄격한 분석이 담긴 책의 발간은 그 어느 때보다도 의미가 크다. 이 책은 도구의 시작부터 현재 급격하게 증가하고 있는 AI 역량과 연구의 핵심까지 파노라마처럼 펼쳐지는 연구 조사 결과를 설득력 있게 제시하면서 명확한 행동을 촉구한다. 모든 사람이 반드시 읽어야 할 책이다.

페이페이 리 · 스탠퍼드 대학교 컴퓨터 과학 교수, 인간중심 인공 지능 연구소 공동 책임자

《더 커밍 웨이브》는 첨단 기술이 권력, 부, 전쟁, 업무, 심지어 인간관계까지 사회의 모든 측면을 변화시키고 있다는 사실을 놀랍고 설득력 있게 전달한다. 새로운 기술이 우리를 통제하기 전에 우리가 이 기술을 통제할 수 있을까? 인공 지능 분야의 세계적 리더이며 정부, 대기업, 시민 사회가 공익을 위해 행동해야 한다고 오랫동안 주장해 온 무스타파 술레이만은 이 중요한 질문에 답할 수 있는 완벽한 길잡이 역할을 한다.

제프리 삭스 · 컬럼비아 대학교 교수, 유엔 지속 가능한 발전 해법 네트워크 회장

우리 시대의 가장 중요한 문제를 예리하고 냉정한 시각으로 정리한《더 커밍 웨이브》는 기술 실무자들이 반드시 읽어야 할 필독서다. 또한 이 책은 우리 모두가 이 중대한 담론에 적극적으로 참여해 행동할 것을 강력하게 촉구한다.

루 치 • 미라클플러스 CEO, 전 바이두 COO, 전 마이크로소프트 빙 EVP

술레이만은 AI와 합성 생물학의 무분별한 발전이 초래할 수 있는 지정 학적 혼란, 전쟁, 국민 국가의 쇠퇴 등 심각한 파급 효과에 대한 메시지 를 가장 중요한 시기에 정확하게 전달할 수 있는 독특한 위치에 있다. 다행히도 그는 새로운 기술이 인류의 복지에 기여하기 위해 반드시 달 성해야 할 과제를 깊이 있게 다뤘다. 그는 일련의 점진적 노력을 제안하 며 이를 종합적으로 수행하면 이러한 기술이 진화하고 확산되는 환경 을 변화시켜 보다 더 밝은 미래를 보장할 수 있다고 말한다.

메건 오설리번 • 하버드 케네디 정부 대학원 벨퍼 과학 및 국제 문제 센터 소장

너무 늦기 전에 우리 모두가 응답해야 할 대담한 경고다. 무스타파 술 레이만은 무분별한 속도로 발전하는 기술이 가져온 위험과 인류가 직 면한 도전에 대해 명쾌하고 정확하게 설명한다. 반드시 읽어야 할 책 이다.

트리스탄 해리스 • 인도적 기술 센터 공동 설립자 겸 전무 이사

우리 시대의 가장 중요한 문제, 즉 우리보다 훨씬 더 강력한 주체에 대 한 통제력을 어떻게 유지할 것인지 그 방법에 대해 실용적이고도 낙관 적인 로드맵을 제시한다.

스튜어트 러셀 • 캘리포니아 대학교 버클리 캠퍼스 컴퓨터 과학 교수

《더 커밍 웨이브》는 인공 지능과 합성 생물학이 제기하는 전례 없는 거버넌스와 국가 안보 문제에 대한 실용적이고 깊이 있는 정보를 제공하며 쉽게 이해할 수 있도록 안내한다. 술레이만의 놀라우면서도 경각심을 불러일으키는 이 책은 통제 불가능해 보이는 기술을 통제하기 위해 우리가 무엇을 해야 하는지 알려 준다.

잭 골드스미스 · 하버드 대학교 법학 교수

탁월하고 매력적이며, 복잡하면서도 명료하고, 긴박하면서도 차분한 《더 커밍 웨이브》는 우리 세기의 가장 중요한 질문, 즉 AI, 합성 생물학 등 앞으로 급속도로 진행될 기술 혁명이 우리가 원하는 세상을 만들 수 있도록 어떻게 보장할 것인지 이해하고 대처하도록 안내한다. 쉽지 않은 일이지만 술레이만은 강력한 토대를 마련해 우리에게 제시한다. 미래에 관심이 있는 사람이라면 누구나 이 책을 읽어야 한다.

에릭 랜더 · MIT와 하버드의 브로드 연구소 창립 이사, 전 백악관 과학 자문관

실용주의와 겸손함이 조화를 이루고 있는 이 책은 기술이 우리에게 급격한 복지 향상을 가져다주었지만, 그 속도가 제도적 적응보다 빠르다는 점을 강조하며 명확한 이분법이나 단순한 해결책은 존재하지 않는다는 사실을 일깨워 준다. AI와 합성 생물학의 발전은 공상 과학 소설을 뛰어넘는 능력을 가능하게 했으며, 이로 인한 힘의 확산은 우리가 구축한 모든 것을 위협하고 있다. 우리는 재앙을 불러올 수 있는 스킬라Scylla와 전방위적 감시의 카리브디스Charybdis 사이에서 균형을 잡아야 한다. 이 책의 페이지를 넘길 때마다 그 가능성이 높아진다.

케빈 에스벨트 · 생물학자, MIT 미디어 랩 부교수

목차

AI, AGI, ACI: 인공 지능artificial intelligence, AI은 기계가 인간과 같은 능력을 학습하도록 훈련시키는 기술이다. 인공 일반 지능artificial general intelligence, AGI은 AI가 가장 똑똑한 인간보다 모든 인지적 기능을 더 잘 수행할 수 있는 단계를 말한다. 인공 역량 지능artificial capable intelligence, ACI은 AI와 AGI 사이의 과도기적 단계로, 다양하고 복잡한 작업을 수행할 수 있지만 완전히 일반화되려면 아직 갈 길이 멀다.

다가오는 물결COMING WAVE: AI와 합성 생물학을 중심으로 한 관련 기술의 새로운 클러스터로, 인류에게 힘을 실어 주는 동시에 전례 없는 위험을 초래할 수 있는 혁신적인 응용 분야를 말한다.

억제CONTAINMENT: 기술을 감시하고, 축소하고, 통제하고, 잠재적으로 중단시킬 수 있는 능력을 말한다.

억제 문제CONTAINMENT PROBLEM: 기술이 물결을 일으켜 광범위하게 확산되면서 부정적이고 예상치 못한 결과를 포함해 예측하거나 통제하기 어려운 돌발적인 영향을 미치는 경향을 말한다.

딜레마DILEMMA: 신기술의 도입과 부재 모두 재앙적이거나 디스토피아적인 결과를 초래할 수 있는 가능성이 커지고 있다.

네 가지 특징FOUR FEATURES: 억제의 어려움을 더 심화시킬 수 있는 다가오는 물결의 고유한 특징으로 비대칭성, 초진화성, 만능성, 자율성이 있다.

취약성 증폭기FRAGILITY AMPLIFIERS: 이미 취약한 국민 국가의 기반을 뒤흔들 새로운 기술의 적용과 영향을 말한다.

대합의GRAND BARGAIN: 시민들은 국민 국가가 무력 사용권을 독점하는 대신 새로운 기술을 활용해 질서를 유지하고 공공 서비스를 제공하는 동시에 해로운 부작용을 최소화할 것을 기대한다.

좁은 길NARROW PATH: 인류가 재앙적 또는 디스토피아적 결과를 피하기 위해 다가오는 기술의 물결을 억제하는 과정에서 개방성과 폐쇄성 사이의 균형을 유지할 수 있는 잠재력을 말한다.

비관주의 회피PESSIMISM AVERSION: 사람들, 특히 엘리트들이 지나치게 부정적이라고 생각되는 이야기를 무시하고 경시하거나 거부하는 경향을 말한다. 낙관주의 편향의 변형으로 특히 기술업계에서 미래를 둘러싼 논쟁의 많은 부분에 영향을 미친다.

합성 생물학SYNTHETIC BIOLOGY: 새로운 유기체를 설계하고 제작하거나 기존 생물학적 시스템을 재설계하는 능력을 말한다.

기술TECHNOLOGY: (가장 넓은 의미에서) 도구나 실용적인 결과를 만들어 내기 위해 과학적 지식을 적용하는 것을 말한다.

물결WAVE: 새로운 범용 기술에 기반을 둔 한 세대의 기술이 전 세계적으로 확산되거나 전파되는 것을 말한다.

인류의 운명을 결정하는 새로운 물결

"다가오는 기술의 물결은 인류에게 어떤 의미가 있을까?"

인류 역사의 연대기를 보면 인류의 운명을 바꿔 놓은 전환점이 되는 순간들이 있다. 불을 발견하고, 바퀴를 발명하고, 전기를 사용하게 된 이 모든 순간이 인류 문명을 변화시키고 역사의 흐름을 영원히 바꿔 났다. 그리고 이제 우리는 첨단 AI와 생명 공학 기술을 모두 포함한 기술의 물결이 다가오고 있는 상황에 직면하면서 또 다른 변혁의 순간을 눈앞에 두고 있다. 지금처럼 경외심과 두려움을 동시에 안겨주면서 세상을 재편할 수 있는 혁신적인 잠재력을 가진 기술은 일찍이 그 전례가 없었다.

한편으로 이러한 기술이 지닌 잠재적 혜택은 방대하고 심오하다. AI를 통해 우리는 우주의 비밀을 풀고, 오랫동안 해결하지 못했던 질병을 치료하고, 상상의 한계를 뛰어넘는 새로운 형태의 예술과 문화를 창조할 수 있다. 생명 공학 기술을 통해서는 생명을 공학적으로 설계해 질병을 퇴치하고 농업을 혁신해 보다 더 건강하고 지속 가능한 세상을 만들 수 있다.

하지만 다른 한편으로는 이러한 기술이 지닌 잠재적 위험 역시 그 혜택 못지않게 방대하고 심오하다. AI를 통해 우리는 우리가 통제할 수 없는 시스템을 만들 수 있고, 우리가 이해하지 못하는 알고리즘의 지배를 받을 수도 있다. 생명 공학 기술을 통해 우리는 생명의 기본 구성 요소를 조작해 개인과 생태계 전체에 의도치 않은 결과를 초래할 수도 있다.

이러한 전환점에 서 있는 지금 우리는 비할 데 없이 무한한 가능성을 지닌 미래와, 상상할 수 없을 정로도 위험한 미래 사이에서 선택을 내려야 하는 상황에 직면해 있다. 앞으로 몇 년 혹은 몇 십년 안에 우리가 내리는 결정으로 인해 우리가 이러한 기술의 도전에 맞서게 될지 아니면 그 위험의 희생양이 될지가 결정될 것이다. 하지만 이렇게 미래를 예측하기 어려운 불확실한 순간에도 한 가지 확실한 것은 첨단 기술의 시대가 다가오고 있으며, 우리는 그 도전에 정면으로 맞설 준비가 돼 있어야 한다는 점이다.

위의 글은 AI가 작성했다. 이 책의 나머지는 AI가 작성한 글이 아니지만 곧 그렇게 될 수도 있다. 이것이 앞으로 우리 앞에 다가올 미래다.

1장

억제가 불가능하다

물결

거의 모든 문화권이 홍수 신화를 갖고 있다. 고대 힌두교 경전에서 우주 최초의 인간 마누Manu는 대홍수가 임박했다는 경고를 받고 유일한 생존자가 된다. 《길가메시 서사시》에는 엔릴Enlil 신이 거대한 홍수로 세상을 멸망시키는 것으로 기록돼 있으며, 이는 구약 성경에 나오는 노아의 방주 이야기를 아는 사람이라면 누구나 공감할 수 있는 이야기일 것이다. 플라톤은 거대한 급류에 휩쓸려 사라진 도시 아틀란티스에 대해 이야기했다. 인류의 구전 전통과 고대 문헌에는 거대한 물결이 모든 것을 휩쓸고 지나가면서 세상이 재창조되고 재탄생했다는 생각이 깃들어 있다.

또 홍수는 전 세계 주요 강의 주기적 범람, 빙하기 이후의 해수면 상승, 수평선에 예고 없이 나타나는 쓰나미의 엄청난 충격과 같은 현상으로 역사에 흔적을 남기기도 한다. 공룡을 멸종시킨 소행성은 거대한 높이의 파도를 일으켜 진화의 흐름을 바꿔 놨다. 이러한 거대한 물결의 엄청난 힘은 막을 수도, 통제할 수도, 억제할 수도 없는 물의 장벽처럼 우리의 집합 의식collective consciousness에 깊이 새겨져 있다. 그 힘은 지구상에서 가장 강력한 힘 중 하나로 대륙을 형성하고, 전 세계 농작물에 물을 공급하고, 문명을 발전시킨다.

다른 유형의 물결도 그에 못지않은 변화를 가져왔다. 역사를 잘 살펴보면 제국과 종교의 흥망성쇠나 상업의 폭발적인 성장과 같은 은유적인 물결로 점철돼 있음을 발견할 수 있다. 작은 물결로 시작해 전 세계로 확장됐다가 쇠락한 기독교나 이슬람교를 생각해 보자. 이러한 물결은 역사의 흥망성쇠, 거대한 권력 투쟁, 경제 호황과 불황을 만들어 내는 반복적인 모티프motif다.

기술의 진보와 확산 역시 세상을 변화시키는 물결의 형태를 띠고 있다. 인류가 최초로 활용했던 기술인 불과 석기가 발견된 이래로 한 가지 중요한 트렌드가 오랫동안 지속돼 왔다. 곡괭이부터 쟁기, 도기, 사진술, 전화기, 비행기, 그리고 그 사이사이에 발명된 거의 모든 기초 기술은 더 저렴하고 더 사용하기 쉽고 결국 널리 확산된다는 한 가지 불변의 법칙을 따르고 있다.

물결을 통해 이뤄진 이러한 기술의 확산은 기술적 동물, 즉 호모 테크놀로지쿠스Homo technologicus에 관한 이야기라 할 수 있다.

우리 자신, 우리의 운명, 우리의 능력, 환경에 대한 우리의 영향력을 개선하려는 인류의 노력은 아이디어와 창조의 끊임없는 발전을 이끌어 왔다. 발명은 자기 조직적이고 고도로 경쟁력 있는 발명가, 학자, 기업가, 리더들이 주도하는 역동적이고 광범위하고 창발적인 과정으로, 각자 자기만의 동기를 갖고 전진해 나간다. 이 같은 발명 생태계는 확장을 그 기본으로 삼는다. 확장은 기술의 본질이다.

그렇다면 이제 어떤 일이 벌어질까? 지금부터 새로 다가올 역사의 큰 물결에 대해 이야기해 보겠다.

주위를 둘러보자.

무엇이 보이는가? 가구? 건물? 휴대 전화? 음식? 녹지 공원? 우리 시야에 들어오는 거의 모든 것은 인간의 지능으로 만들어졌거나 변경됐을 가능성이 높다. 사회적 상호 작용, 문화, 정치 조직, 그리고 어쩌면 인간이라는 존재의 의미의 기초가 되는 언어 역시 우리 지능의 산물이자 원동력이다. 모든 원리와 추상적 개념, 작지만 창의적인 모든 노력과 프로젝트, 우리 삶에서 이뤄지는 모든 만남은 인간의 독특하고도 한없이 복잡한 상상력, 창의력, 사고력이라는 능력을 바탕으로 성립돼 왔다. 진정 인간의 독창성은 놀랍기 짝이 없다.

이러한 상황에서 그 어디에나 존재하는 또 하나의 유일한 힘은 생물학적 생명 바로 그 자체다. 근대 이전에는 일부 암석과 광물을 제외하면 목조 주택, 면으로 지은 옷, 석탄불 등 인간이 만들어 낸 인공물 대부분이 한때 살아 있던 것에서 나왔다. 그 이후로 세상에 등장한 모든 것은 우리에게서, 즉 우리가 생물학적 존재라는 사실에서 나왔다.

인간 세상의 모든 것은 생명 시스템living system과 인간의 지능에 달려 있다고 해도 과언이 아니다. 그런데 현재 이 두 가지 모두가 전례 없는 엄청난 혁신과 격변의 시기를 맞고 있으며, 앞으로도 이러한 추세는 거의 변하지 않을 것이다. 우리 주변에 새로운 기술의 물결이 일기 시작했고, 이 물결은 지능과 생명이라는 두 가지 보편적 토대를 설계할 수 있는 힘을 분출하고 있다.

다가오는 물결은 인공 지능AI과 합성 생물학synthetic bio이라는 두 가지 핵심 기술로 정의된다. 이 두 기술은 인류에게 새로운 여명을 열어 주면서 전에 없는 부와 여유를 창출할 것이다. 그러나 이러한 기술의 급속한 확산은 다양한 방식으로 악의적인 행위를 저지르는 사람들에게 상상할 수조차 없는 규모의 혼란, 불안정, 심지어 재앙을 일으킬 수 있는 힘을 부여할 수도 있다. 이러한 변화의 물결은 21세기를 규정할 엄청난 도전이 되고 있으며, 우리의 미래는 이러한 신기술에 의존하는 동시에 위협받고 있다.

현재로서는 이 새로운 물결을 억제하는 것, 즉 그것을 통제하거나, 억누르거나, 막는 것은 불가능해 보인다. 이 책은 억제가 불가능해 보이는 이유와 억제가 불가능하다는 게 사실이라면 그것이 의미하는 바가 무엇인지 묻는다. 이러한 질문에 담긴 함의는 결국 현존하는 모든 사람과 우리 세대의 뒤를 이을 모든 세대에 영향을 미칠 것이다.

나는 앞으로 다가올 기술의 물결이 인류 역사에 전환점을 가져올 것이라고 믿는다. 그 물결을 억제하는 게 불가능하다면 우리 인류가 마주하게 될 결과는 극적이거나, 어쩌면 극단적일지도 모른다. 그와 동시에 새로운 기술이 그 결실을 맺지 못하면 우리는 취약하고 불확실한 상황에 놓이고 말 것이다. 지난 10년간 나는 사석에서 이 같은 견해를 여러 차례 밝혀 왔지만, 그 영향력이 점점 더 무시할 수 없을 정도로 커지고 있는 만큼 이제는 그야말로 이 문제를 공개적으로 제기해야 할 때가 됐다.

딜레마

인간 지능의 심오한 힘을 생각하다가 간단한 질문이 떠올랐고, 그 질문은 지금까지 계속 내 삶을 지배하고 있다. 인간을 생산적이고 유능한 존재로 만드는 핵심을 소프트웨어, 즉 알고리즘으로 추출할 수 있다면 어떨까? 이 질문에 대한 답을 찾는다면 가장 난해한 문제들을 해결하는 데 도움이 될, 상상할 수 없을 정도로 강력한 도구를 얻게 될지도 모른다. 그리고 그 답을 통해 기후 변화부터 인구 고령화, 지속 가능한 식량에 이르기까지 앞으로 수십 년 동안 우리가 직면하게 될 엄청난 난관을 극복하는 데 도움이 되는 기상천외한 도구를 찾게 될 수도 있다.

이러한 생각을 염두에 두고 나는 2010년 여름 런던의 러셀 스퀘어Russell Square가 내려다보이는 고풍스러운 리젠시 시대의 사무실에서 데미스 허사비스Demis Hassabis와 셰인 레그Shane Legg 이 두 친구와 함께 딥마인드DeepMind라는 회사를 공동 설립했다. 우리의 목표는 인간을 하나의 독특한 종으로 만드는 핵심 요소인 지능을 복제하는 것이었다. 돌이켜 생각해 보면, 그때나 지금이나 여전히 야침 차고 무분별할 정도로 희망에 찬 목표였다.

이 목표를 달성하기 위해서 우리는 시력, 언어 능력, 계획 능력, 상상력, 그리고 궁극적으로는 공감 능력과 창의력에 이르기까지 인간의 모든 인지 능력을 모방하고 결국에는 능가할 수 있는 시스템을 만들어야 했다. 이러한 시스템은 슈퍼컴퓨터의 대규모 병렬 처리와 오픈 웹의 방대한 신규 데이터 소스의 폭발적인 증가를 활용할 수 있기 때문에 우리는 이 목표에 약간의 진전만 있어도 사회적으로 큰 영향을 미칠 것임을 알고 있었다.

물론 그 당시에는 꽤 먼 미래의 일처럼 느껴졌다. 그때만 해도 인공 지능의 광범위한 도입은 사실이라기보다는 공상에 더 가깝고, 일부 폐쇄적인 학자나 몽상적인 공상 과학 소설 팬의 영역에 속하는 백일몽에 불과했다. 하지만 이 글을 쓰면서 지난 10년을 돌이켜보면 인공 지능의 발전은 놀랍기 그지없다. 딥마인드는 연이은 성과를 거두며 세계 최고의 AI 회사 중 하나가 됐다. 이 새로운 혁명의 속도와 힘은 이 분야의 최첨단 기술을 가장 가까이에서 접하고 있는 우리조차 놀랄 정도다. 이 책을 집필하는 동안에도 매주, 어떤 때는 매일 새로운 모델과 신제품이 출시되는 등 인공 지능의 발전 속도가 정말 놀랄 만큼 빨라졌다. 이 새로운 기술의 물결이 가속화되고 있는 것은 분명한 사실이다.

오늘날 AI 시스템은 얼굴과 사물을 거의 완벽하게 인식할 수 있다. 이제 우리는 음성-텍스트 변환과 즉각적인 언어 번역을 당연하게 여긴다. 또 AI는 일부 환경에서 자율 주행이 가능할 정도로 도로와 교통 상황을 탐색할 수 있다. 몇 가지 간단한 프롬프트를 기반으로 한 차세대 AI 모델은 독창적인 이미지를 생성하고 전문가 못지않은 수준의 세부 묘사와 일관성 있는 텍스트 구성이 가능하다. AI 시스템은 놀라울 정도로 사실적인 합성 음성을 생성하고 아름답고 수준 높은 음악을 작곡할 수도 있다. 심지어 장기적인 계획, 상상, 복잡한 아이디어의 시뮬레이션과 같이 인간의 능력으로만 가능하다고 오랫동안 여겨 왔던 좀 더 까다로운 영역에서도 AI는 빠르게 발전하고 있다.

AI는 수십 년에 걸쳐 인지 능력의 사다리를 오르고 있으며, 앞으로 3년 이내에 매우 광범위한 작업에서 인간 수준의 성능에 도달할 것으로 보인다. 엄청난 주장이기는 하지만, 내 의견이 어느 정도 들어맞는다면 그 결과는 정말 엄청날 수 있다. 우리가 딥마인드를 설립했을 때만 해도 터무니없어 보이던 것이 이제는 제법 그럴듯해 보일 뿐 아니라 당연한 것처럼 보이게 됐다.

처음부터 나는 AI가 놀랍고 선한 영향력을 발휘할 강력한 도구가 되리라고 확신했지만, 다른 많은 형태의 힘과 마찬가지로 엄청난 위험과 윤리적 딜레마로 가득 차 있는 것도 사실이었다. 나는 AI의 발전이 가져올 결과뿐 아니라 기술 생태계 전체가 나아갈 방향에 대해 오랫동안 고민해 왔다. AI를 넘어서서 보다 더 광범위한 혁명이 진행되고 있었고, AI는 강력한 차세대 유전자 기술과 로봇 공학에 힘을 실어 주고 있었다. 한 영역의 발전은 누군가의 직접적인 통제를 벗어난 무질서한 상호 자극 과정을 통해 다른 영역의 발전을 가속화한다. 우리나 다른 사람들이 인간 지능을 복제하는 데 성공한다면, 이는 단순히 기존의 수익 창출을 위한 사업이 아니라 전례 없는 기회와 위험이 공존하는 시대의 막을 열 인류의 지각 변동이 될 것이 분명했다.

시간이 지날수록 AI 기술이 발전함에 따라 우려 또한 깊어졌다. 이 물결이 사실상 쓰나미라면 어떻게 될까?

2010년에는 AI에 대해 진지하게 이야기하는 사람이 거의 없었다. 하지만 한때 소수의 연구자와 기업가들의 전문 분야로만 여겨졌던 임무가 이제는 전 세계적인 도전 과제가 됐다. AI는 뉴스, 스마트폰, 주식 거래, 웹 사이트 구축을 포함해 어디에서나 찾아볼 수 있다. 세계 최대 기업과 부유한 국가들이 최첨단 AI 모델과 유전 공학 기술을 개발하기 위해 수백억 달러의 자금으로 무장해 앞다퉈 뛰어들고 있다.

이러한 신기술이 잘 발달하게 되면 그 기술이 빠르게 확산돼 더 저렴하고 접근성이 높아질 뿐만 아니라 사회 전반에 널리 보급

될 것이다. 이러한 기술은 놀라운 의료 발전과 청정에너지 혁신을 가져올 것이며, 새로운 비즈니스는 물론이고 우리가 상상할 수 있는 거의 모든 분야에서 새로운 산업을 창출하고 삶의 질을 향상시킬 것이다.

그러나 그러한 혜택과 함께 AI, 합성 생물학, 그 외에 다른 여러 형태의 첨단 기술은 상당히 우려할 만한 규모의 꼬리 위험(tail risk, 발생 가능성은 매우 낮지만 일단 발생하면 엄청난 충격과 손실을 줄 수 있는 위험_옮긴이)을 초래할 수 있다. 이 같은 위험은 국가에 실존적 위협, 즉 현재의 지정학적 질서를 혼란에 빠뜨리거나 심지어 전복시킬 수 있을 정도로 매우 심각한 위험이 될 수 있다. 즉 AI를 활용한 대규모 사이버 공격, 국가를 파괴할 수 있는 자동화된 전쟁, 인위적인 팬데믹, 설명할 수 없지만 전능해 보이는 힘의 지배를 받는 세상으로 가는 길이 열릴 수도 있다. 각각의 위험이 발생할 가능성은 낮을지라도 그 위험이 야기할 수 있는 결과는 엄청나다. 따라서 이와 같은 결과가 발생할 가능성이 희박하다 하더라도 긴급한 주의가 필요하다.

일부 국가는 이처럼 새로운 힘의 확산을 늦추기 위해 노력할 것이고 일종의 기술 권위주의의 형태로 재앙과 같은 위험이 발생할 가능성에 대응할 것이다. 이러한 대응 방식은 상당한 수준의 감시와 대규모 사생활 침해를 필요로 한다. 기술에 대한 엄격한 통제는, 발생 가능한 가장 극단적인 결과를 경계한다는 명목으로 정당화되는 디스토피아적인 글로벌 감시 시스템에서 항상 모든 것과 모든 사람이 감시받게 되는 결과로 이어질 수 있다.

그와 동시에 신기술에 반대하는 러다이트Luddite 운동이 일어날 수도 있다. 새로운 기술에 대한 금지, 보이콧, 유예 조치가 뒤따를 것이다. 그런데 신기술 개발에서 손을 떼고 일련의 유예 조치를 도입하는 게 가능할까? 아마 불가능할 것이다. 신기술의 엄청난 지정학적·상업적 가치를 고려할 때, 국가나 기업이 이러한 획기적 발전이 가져올 혁신적인 힘을 자발적으로 포기하도록 설득할 수 있을지 의문이다. 게다가 신기술 개발을 금지하려는 시도 그 자체가 위험할 수도 있다. 기술적으로 정체된 사회는 역사적으로 불안정하고 붕괴되기가 쉽다. 그러한 사회는 결국 문제를 해결하고 발전해 나갈 수 있는 능력을 잃고 만다.

신기술을 추구하는 것이나 추구하지 않는 것 모두 예상하기 어려운 위험이 뒤따른다. 기술이 더 저렴해지고, 더 강력해지고, 더 널리 보급되고, 위험이 누적됨에 따라 '좁은 길'을 헤쳐 나가면서 기술 권위주의적 디스토피아와 개방에 의한 재앙이라는 두 가지 결과 중 하나를 피할 가능성은 갈수록 줄어들기 마련이다. 하지만 그렇다고 해서 물러설 수도 없다. 신기술이 야기할 수 있는 위험을 걱정하는 와중에도 우리는 그 어느 때보다 다가오는 물결이 불러올 놀라운 혜택을 필요로 하고 있다. 핵심적인 딜레마는 머지않아 강력한 기술 세대가 인류를 비극적인 재앙이나 디스토피아적 결과로 이끌 수 있다는 점이다. 나는 이 딜레마가 21세기의 가장 중요한 메타문제(meta-problem, 다른 여러 문제의 근간이 되는 문제_옮긴이)라고 생각한다.

이 책에서는 이토록 어려운 딜레마를 피할 수 없게 된 이유를 정확히 설명하고 우리가 어떻게 그 딜레마에 대처할 수 있는지 탐구한다. 어떻게든 우리는 전 세계에 산적해 있는 어려운 과제에 맞서는 데 필요한 기술을 최대한 활용하고 딜레마에서도 벗어나야 한다. 현재 기술 윤리와 안전에 관한 논의가 충분히 이뤄지지 않고 있다. 기술에 관한 책, 토론, 블로그 게시물, 트윗이 넘쳐나지만, 기술을 억제하는 것에 대한 이야기는 거의 접하지 못하고 있다. 나는 이러한 현상이 우리가 상상할 수 있는 모든 수준에서 기술이 작동하는 것을 억제하고 통제하는 기술적·사회적·법적 메커니즘이 서로 맞물린 모습, 즉 이론상 딜레마를 회피하기 위한 수단이라고 본다. 그러나 기술을 가장 엄하게 평가하는 비평가들조차 엄격한 억제라는 표현은 피하는 경향이 있다.

이제는 바뀌어야 한다. 이 책이 바뀌어야 하는 이유와 바뀔 수 있는 방법을 알려주리라 기대한다.

함정

딥마인드를 설립하고 몇 년 후, 나는 AI가 장기적으로 경제와 사회에 미칠 잠재적 영향에 대한 발표 자료를 만들었다. 미국 서부 해안의 세련된 회의실에서 기술업계의 가장 영향력 있는 창업자,

CEO, 기술 전문가 열두 명을 대상으로 한 프레젠테이션을 진행하면서 나는 AI로 인해 선제적 대응을 필요로 하는 위협이 많이 생겨났다고 주장했다. AI는 대규모 사생활 침해를 초래하거나 잘못된 정보로 인한 대참사를 불러올 수 있다. 또 AI가 무기화되면서 치명적인 사이버 신무기가 개발되고 네트워크 세계에서 새로운 취약성이 발견될 수도 있다.

또 AI가 수많은 사람을 실직자로 만들 가능성이 있다는 점도 강조했다. 나는 회의실에 있는 사람들에게 자동화와 기계화가 노동자를 대체해 온 오랜 역사를 생각해보라고 말했다. 처음에는 특정 작업을 더 효율적으로 수행하는 방법이 등장했고, 그다음에는 전체 역할이 불필요해졌으며, 얼마 지나지 않아 전체 부문에서 더 적은 수의 노동자를 필요로 하게 됐다. 나는 향후 수십 년 동안 AI 시스템이 '지적 육체노동intellectual manual labor'을 거의 같은 수준으로 대체할 것이며, 이 같은 변화는 로봇이 육체노동을 대신하기 훨씬 전에 일어날 것이라고 주장했다. 과거에는 오래된 일자리가 사라짐과 동시에 새로운 일자리가 창출됐다. 그런데 AI가 그러한 일자리 대부분을 대체할 수 있다면 어떻게 될까? 나는 앞으로 다가올 새로운 형태의 집중된 권력은 그 선례를 거의 찾아볼 수 없다고 지적했다. 먼 미래의 일처럼 느껴졌지만 심각한 결과를 초래할 수 있는 잠재적 위협이 사회를 향해 돌진해 오고 있었다.

마지막 슬라이드에서 나는 〈심슨 가족〉의 스틸 사진을 보여 주었다. 스틸 사진에는 스프링필드 마을 사람들이 봉기해 친숙한 등

장인물들이 몽둥이와 횃불을 들고 전진하는 모습이 담겨져 있었다. 사진만 봐도 메시지가 분명했지만, 굳이 나는 이렇게 말했다. "쇠스랑pitchfork이 몰려오고 있습니다." 기술을 만든 우리에게 쇠스랑과 같은 위협이 몰려오고 있다고 말한 것이다. 지금보다 더 나은 미래를 만들어야 할 책임이 바로 우리에게 있었다.

테이블 곳곳에서 멍한 시선이 보였다. 회의실은 고요했고, 전하고자 하는 메시지는 전달되지 않았으며, 지체 없이 묵살됐다. 경제 지표에는 왜 내가 말한 내용이 전혀 반영돼 있지 않았을까? AI는 새로운 수요를 촉진해 새로운 일자리를 창출할 것이다. 또 AI는 사람들이 생산성을 높이고 역량을 강화할 수 있게 해 줄 것이다. 참석자들은 몇 가지 위험 요소가 있기는 하지만 별로 대수롭지 않은 것으로 여겼다. 사람들은 똑똑했고, 항상 해결책을 찾아냈다. 그들은 마치 쓸데없는 걱정거리 따위는 다음 프레젠테이션으로 넘기기를 바라는 것 같았다.

몇 년 후, 코로나19 팬데믹이 시작되기 얼마 전 나는 한 유명 대학에서 열린 기술 위험 관련 세미나에 참석했다. 앞서 언급한 회의실에서처럼 큰 테이블에 둘러앉아 열띤 토론을 벌이는 분위기였다. 그런데 그날은 하루 종일 커피를 마시고 비스킷을 먹고 파워포인트를 보면서 사람들과 여러 가지 소름 끼치는 위험에 대한 논의를 주고받았다.

한 사람이 특히 눈에 띄었다. 그 발표자는 맞춤형 DNA 가닥을 합성할 수 있는 DNA 신시사이저synthesizer의 가격이 어떻게 해서 빠르게 하락하고 있는지 보여 주었다. 수만 달러짜리 DNA 신시사이저는 차고 벤치에 놓을 수 있을 정도로 작아서 사람들이 DNA를 합성, 즉 제조할 수 있게 해 준다.*[1] 대학원 수준의 생물학 교육을 받았거나 온라인 자기 주도 학습에 열의를 가진 사람이라면 누구나 DNA 신시사이저를 사용해 DNA를 제조하는 게 가능하다.

세미나 발표자는 이러한 도구의 가용성이 증가함에 따라 자연에서 발견할 수 있는 것보다 훨씬 더 전염성이 높고 치명적인 병원체를 누군가가 곧 만들어 낼 수도 있다는 끔찍한 전망을 내놨다. 이러한 합성 병원체는 이미 알려진 대응책을 무용지물로 만들거나, 무증상으로 전파되거나, 치료에 대한 내성을 갖고 있을 수 있다. 필요할 경우 온라인으로 주문한 DNA를 집에서 재조립해 자체 실험을 보완할 수도 있다. 주문 배달까지 가능한 대재앙인 셈이다.

20년 이상의 경력을 쌓으며 존경받고 있는 한 교수는 발표를 통해 이러한 대재앙은 공상 과학 소설이 아닌 지금 당장 일어날 수 있는 위험이라고 주장했다. 그들은 "오늘날 한 사람이 10억 명을 죽일 수 있는 능력을 갖고 있다"는 우려 섞인 주장으로 세미나 발표를 마쳤다. 동기 부여만 되면 얼마든지 대재앙이 일어날 수 있는 상황이다.

세미나 참석자들은 불안한 표정을 지었고, 불편한 듯 헛기침을

---

* 예를 들어, 킬로베이저 DNA & RNA 신시사이저Kilobaser DNA & RNA Synthesizer는 2만 5000달러부터 구매가 가능하다.

했다. 그다음에는 불평과 변명을 늘어놓기 시작했다. 아무도 그러한 일이 가능하다고 믿고 싶어 하지 않았다. 실상은 결코 그렇지 않을 것이고, 효과적인 통제 메커니즘이 당연히 있을 것이고, 질병을 만들어 내기는 정말 어려울 것이고, 데이터베이스는 분명히 잠글 수 있을 것이고, 하드웨어를 확실히 보호할 수 있을 것이라는 등 여러 반대 의견이 나왔다.

세미나에서의 그러한 집단적 반응은 단순히 그 주장을 무시하는 것 이상이었다. 사람들은 발표자의 주장을 아예 받아들이지 않았다. 그 누구도 냉혹한 현실과 언짢은 확률의 함의를 마주하고 싶어 하지 않았다. 나는 침묵을 지켰지만, 솔직히 혼란스러웠다. 그리고 곧 세미나가 끝났다. 그날 저녁 우리는 다 함께 저녁을 먹으러 나가 평소처럼 수다를 떨었다. 세상의 종말에 대해 이야기하는 하루를 보냈지만 우리에게는 여전히 먹을 피자가 있었고, 주고받을 농담이 있었고, 다시 돌아갈 사무실이 있었고, 게다가 뭔가 새로운 사실이 밝혀지거나 그날의 주장 중 일부가 틀릴 수도 있었다. 나 역시 그 자리에 함께했다.

그 후 몇 달 동안 그날의 프레젠테이션이 날 계속해서 괴롭혔다. 어째서 나는, 아니 우리 모두는 그 불편한 주장을 더 진지하게 받아들이지 못했을까? 우리는 왜 토론을 더 이어가지 못하고 어색해하며 피하는 것일까? 우려 섞인 주장을 제시하는 사람들에게 냉소적인 반응을 보이고 그들이 재앙을 과장하거나 기술의 놀라운 혜택을 간과하고 있다고 비난하는 이유는 무엇일까? 내가 그때 관찰하고 알게 된 이러한 광범위한 감정적 반응을 비관주의 회피 함정pessimism-aversion trap이라 부르게 됐다. 비관주의 회피 함정이란 잠재적 위협이나 부정적인 현실에 직면하는 것에 대한 두려움에 압도될 때 나타나는 왜곡된 분석과, 그로 인해 발현되는 긍정적인 측면을 강조하려는 경향을 말한다.

거의 모든 사람이 어떤 형태로든 이러한 반응을 보이며, 그 결과 우리 눈앞에서 펼쳐지는 여러 중요한 추세를 간과하게 된다. 이같은 반응은 인간의 본능적인 생리적 반응에 가깝다. 우리 인류는 그렇게 엄청난 규모의 변화에 제대로 대처할 준비가 돼 있지 않으며, 기술이 그러한 부정적인 방식으로 우리를 실망시킬 수 있다는 가능성조차 고려하지 않고 있다. 나는 내 경력을 쌓는 내내 이러한 감정 반응을 경험해 왔고, 다른 사람들이 이러한 본능적인 반응을 보이는 경우도 많이 봐 왔다. 이와 같은 감정을 마주하는 것이 이 책의 목적 중 하나이기도 하다. 불편하더라도 사실을 냉철하고 날카롭게 살펴볼 수 있어야 한다.

다가오는 물결에 적절히 대응하고, 기술을 억제하고, 기술이 인류에게 항상 도움이 되도록 하려면 비관주의 회피를 극복해야 한다. 즉 다가오는 현실을 정면으로 마주할 수 있어야 한다.

나는 다가오는 현실을 정면으로 마주하기 위해 이 책을 썼다. 다가오는 물결의 윤곽을 파악하고 조명하며, 억제가 가능한지 탐구하기 위해서다. 또 역사적 맥락에서 상황을 파악하고 기술에 대한 일상적인 수다에서 한 걸음 물러나 더 큰 그림을 보기 위해서이기도 하다. 내 목표는 딜레마에 맞서 과학과 기술의 발전을 이끄는 근본적인 과정을 이해하는 것이다. 나는 이러한 아이디어들을 가능한 한 많은 독자들에게 명확하게 전달하고 싶다. 나는 개방과 탐구의 정신을 바탕으로, 즉 관찰하고 그 의미를 이해하고 따르되 반박이나 더 나은 해석에도 열린 자세로 이 책을 썼다. 내가 여기서 틀렸다는 게 입증되고 억제가 쉽게 이뤄질 수 있다면 사실 더 바랄 것이 없다.

물론 일부는 AI 회사를 두 차례 창업한 나 같은 사람에게서 좀 더 테크노 유토피아적techno-utopian인 책을 기대할 수도 있다. 기술 전문가이자 기업가인 나는 본래 낙관주의자다. 십 대 시절, 팩커드 벨Packard Bell 486 PC에 처음으로 넷스케이프Netscape를 설치한 후 완전히 빠져들었던 기억이 난다. 나는 윙윙거리며 회전하는 팬과 56Kbps 다이얼업dial-up 모뎀의 왜곡된 휘파람 소리에 매료됐고, 월드 와이드 웹World Wide Web에 접속해 내게 자유를 주고 많은 것을 가르쳐 준 포럼과 채팅방에 연결될 수 있었다. 나는 기술을 사랑한다. 기술은 발전의 원동력이자 우리가 인류의 업적에 대한 자부심과 흥분을 느낄 수 있는 이유이기도 했다.

그러나 또 나는 기술 개발을 주도하는 사람들이 수십 년 후 우리가 어디로 갈지 예측하고 책임질 수 있는 용기를 가져야 한다고 믿는다. 기술이 우리를 무너뜨릴 위험이 실제로 존재하는 것 같다면 무엇을 어떻게 해야 할지 이야기하기 시작해야 한다. 개인적인 노력뿐 아니라 사회·정치적 대응이 필요하며, 나와 내 동료들부터 그러한 노력을 기울여야 한다.

어떤 사람들은 이 모든 것이 과장된 것이라고 다음과 같이 반박할 것이다.

그러한 변화는 훨씬 더 점진적으로 이뤄진다. 과대광고 주기 hype cycle의 새로운 전환점일 뿐이다. 위기와 변화에 대처하기 위한 시스템은 사실 상당히 견고하다. 인간 본성에 대한 견해가 너무 부정적이다. 인류가 지금까지 세워 온 기록은 아주 훌륭하다. 역사를 보면 잘못된 선지자와 예언자들의 주장이 틀렸다는 사례가 가득하다. 이번이라고 그와 다를 이유가 있을까? 등등.

비관주의 회피는 매우 불안정한 결과가 발생할 가능성을 본능적으로 외면하는 감정적 반응이다. 이는 확고한 세계관을 가진 안정적이고 영향력 있는 위치에 있는 사람들, 즉 표면상 변화에 대처할 수 있는 것처럼 보이지만 기존의 질서를 위협하는 실질적인 도전을 받아들이는 데에는 어려움을 겪는 사람들에게서 나타나는 경향이 있다. 내가 비관주의 회피 함정에 빠져 있다고 비판하는 사람들 중 상당수는 갈수록 커져 가는 기술에 대한 비판을 전적으로 수용한다. 하지만 그들은 실제로 그 어떤 행동도 취하지 않고 고개만 끄덕이고 있다. 그들은 우리가 항상 그래 왔듯이 잘 해낼 것이라고 말한다.

기술이나 정책 분야에서 일하다 보면 현실 도피가 기본 이념이라는 사실을 금방 깨닫게 된다. 현실을 있는 그대로 직시하고 행동하게 되면 거대하고 무자비한 힘에 대한 두려움과 분노에 압도돼 모든 것이 허무하게 느껴질 위험이 있다. 그래서 비관주의 회피에 갇힌 이상한 지적 저항이 계속 웅성거리며 이어진다. 나 역시 그 안에 너무 오랫동안 갇혀 있었다.

딥마인드를 설립하고 앞서 언급한 프레젠테이션을 접한 이후로 몇 년 동안 기술에 대한 담론도 조금 바뀌었다. 업무 자동화에 대한 논쟁은 무수히 반복돼 왔다. 전 세계적인 팬데믹은 합성 생물학이 지닌 위험성과 잠재력을 두루 보여 주었다. 워싱턴, 브뤼셀, 베이징 등 규제의 중심지에서 기술과 기술 기업에 대한 비평가들의 논평과 책들이 쏟아지며 일종의 '테크래시'(techlash, 세계 최대 IT 기업들의 거대 권력에 대한 반발_옮긴이)가 생겨났다. 전에는 특정 영역에 머물렀던 기술에 대한 두려움이 주류로 급부상하면서 기술에 대한 회의론이 커지고 학계, 시민 사회, 정치권의 비판도 거세졌다.

하지만 다가오는 물결과 엄청난 딜레마, 그리고 비관론을 거부하는 테크노 엘리트층techno-elite 앞에서는 이 정도의 노력만으로 충분하지 않다.

논의할 것들

물결은 우리 인간의 삶 어디에나 존재한다. 이 책에서 이야기하는 물결은 가장 최근에 일어난 현상일 뿐이다. 흔히 사람들은 지나치게 과장하고 이해하기 어려운 전문 용어로 허황된 주장을 펼치는 일부 괴짜나, 비주류 사상가의 영역에 불과한 먼 미래의 터무니없는 일처럼 생각하는 것 같다. 하지만 그것은 잘못된 생각이다. 새로운 물결은 광활하고 푸른 바다에서 밀려오는 쓰나미와 다를 바 없는 실제 현실이다.

이는 단순히 공상이나 추상적인 지적 활동이 아니다. 내 주장에 동의하지 않거나 실현 가능성이 없다는 생각이 들더라도 계속해서 읽어 주기를 바란다. 그렇다. 나는 AI에 대한 배경지식을 갖고 있고, 기술이라는 렌즈를 통해 세상을 바라볼 준비가 돼 있는 사람이다. 나는 이 문제의 중요성에 관해서는 편향된 관점을 갖고 있다. 그럼에도 불구하고 지난 십 년 반 동안 전개되고 있는 이 혁명을 가까이서 지켜본 나는 우리가 우리 생애에서 가장 중요한 변화의 정점에 서 있다고 확신한다.

AI 관련 기술을 개발하는 사람으로서 나는 이러한 기술이 차세대 청정에너지 개발에서부터 난치성 질환을 위한 저렴하고 효과적인 치료법 개발에 이르기까지 엄청난 혜택을 제공하고, 무수히 많은 사람들의 삶을 더 나은 방향으로 변화시키며 근본적인 문제들을 해결할 수 있다고 믿는다. 기술은 우리의 삶을 풍요롭게 만들어 줄 수 있고, 또 마땅히 그래야만 한다. 역사적으로 보면 기술 뒤에 숨어 있는 발명가와 기업가들은 수십억 명의 삶의 수준을 향상시킨 기술 발전의 강력한 원동력이 돼 왔다.

그러나 기술 억제가 이뤄지지 않으면 기술의 다른 모든 측면, 즉 기술의 윤리적 결함이나 잠재적 혜택에 대한 모든 논의는 무의미해지고 만다. 우리는 다가오는 물결을 어떻게 통제하고 억제할 수 있는지, 민주주의 국가의 보호책과 지원책을 어떻게 유지할 수 있는지에 대한 해결책을 절실하게 찾고 있지만 현재로서는 그 누구도 그에 대한 대책을 제시하지 못하고 있다. 아무런 대책 없이 맞이하게 될 미래를 원하는 사람은 아무도 없겠지만 안타깝게도 그렇게 될 가능성이 점점 더 높아지고 있는 상황이며, 그 이유에 대해서는 다음 장에서 설명하겠다.

1부에서는 수천 년에 걸쳐 발전해 온 기술의 오랜 역사와 기술 변화의 물결이 어떻게 확산되는지 살펴본다. 무엇이 기술의 원동력일까? 무엇이 기술을 보편적인 것으로 만들까? 더불어 우리는 새로운 기술을 의식적으로 거부한 사회가 있었는지도 살펴본다. 과거에는 기술을 외면하기보다는 뚜렷한 확산 패턴이 나타났고, 그로 인해 의도한 결과와 의도치 않은 결과가 모두 광범위하게 연쇄적으로 발생했다.

나는 이를 '기술 억제의 문제'라고 부른다. 역사상 그 어느 때보다도 더 저렴하고 빠르게 확산되고 있는 가장 가치 있는 기술을 우리는 어떻게 통제할 수 있을까?

2부에서는 다가오는 물결에 대해 자세히 살펴본다. 그 물결의 중심에는 엄청난 잠재력과 힘, 위험성을 지닌 두 가지 범용 기술, 즉 인공 지능과 합성 생물학이 자리하고 있다. 두 기술이 미칠 영향은 오래 전부터 예견돼 왔지만, 그 파급력은 여전히 과소평가되는 경우가 많다. 이 두 기술을 중심으로 로봇 공학과 양자 컴퓨팅(quantum computing, 양자역학을 활용해 기존 컴퓨터보다 복잡한 문제를 빠르게 해결하는 기술_옮긴이)과 같은 여러 관련 기술이 복잡하고 격동적인 방식으로 발전할 것이다.

이 섹션에서는 관련 기술들이 어떻게 등장했고 어떠한 기능을 수행할 수 있는지 살펴볼 뿐만 아니라 그 기술들을 억제하기가 왜 그렇게 어려운지 그 이유에 대해서도 함께 살펴본다. 내가 말하는 그 관련 기술들은 모두 네 가지 주요 특징, 즉 본래 일반적이어서 어디에나 사용이 가능하고, 매우 빠르게 진화하며, 비대칭적인 영향을 미치고, 어떤 면에서는 점점 더 자율화되고 있다는 특징을 지닌다. 이 네 가지 특징은 그 기술들이 다른 평범한 기술과 다른 이유를 설명해 주기도 한다.

그러한 기술들은 지정학적 경쟁, 막대한 재정적 보상, 개방적이고 광범위한 연구 문화와 같은 강력한 인센티브에 의해 만들어진다. 많은 국가와 비국가 주체들이 앞으로 등장할 것을 규제하고 통제하려는 노력과는 별개로 그 기술들을 개발하기 위해 경쟁할 것이며, 우리가 좋든 싫든 우리 모두에게 영향을 미치는 위험도 감수하려 들 것이다.

3부에서는 억제되지 않은 기술의 물결이 불러올 거대한 권력 재분배의 정치적 함의를 살펴본다. 현재 정치 질서의 근간이자 기술 억제의 가장 중요한 주체는 바로 국민 국가(nation state, 국민공동체를 기초로 하는 국가로 근대 국가의 한 부류. 프랑스 시민혁명을 거쳐 오늘날 가장 일반적인 국가 형태로 자리 잡았으며 민족 국가라고도 한다. 국민 국가에 대해서는 3부에서 좀 더 자세히 다루고 있다_옮긴이)다. 이미 위기에 흔들리고 있는 국가는 새로운 형태의 폭력, 잘못된 정보의 홍수, 사라져 가는 일자리, 치명적인 사고 등 새로운 물결로 증폭된 일련의 충격으로 더 약화될 것이다.

더 나아가 그 물결은 중앙 집중화와 탈중앙화를 동시에 이끄는 일련의 지각 변동을 일으킬 것이다. 이는 거대한 기업들을 새로 만들어 내고 권위주의를 강화하는 한편, 전통적인 사회 구조 밖에서 살아가는 집단과 움직임에도 힘을 실어 줄 것이다. 국민 국가의 정교한 협상은 우리가 그와 같은 제도를 가장 필요로 할 때 엄청난 압박을 받게 될 것이다. 결국 이러한 방식으로 우리는 딜레마에 빠지게 된다.

4부에서는 우리가 할 수 있는 일에 대한 논의로 넘어간다. 기술을 억제하고 딜레마에서 벗어날 수 있는 가능성이 조금이라도 있을까? 있다면 어떤 방법이 있을까? 이 섹션에서는 코드와 DNA 수준에서 국제 조약 수준까지 10단계로 나눠 엄격하고 중첩된 제약 조건, 즉 억제를 위한 개략적인 계획을 수립하는 방법을 간략하게 설명한다.

이 책은 실패를 마주하는 법에 대해 이야기한다. 기술은 엔진의 시동이 걸리지 않거나 다리가 무너지는 것처럼 제 기능을 하지 못한다는 일반적인 의미에서 실패할 수 있다. 하지만 그보다 더 넓은 의미에서 실패하기도 한다. 기술이 인간의 삶에 피해를 주거나, 해악으로 가득 찬 사회를 만들거나, 나쁜(또는 의도치 않게 위험한) 행위자들의 무질서한 롱테일long tail 전략에 힘을 실어 줘 사회를 통제할 수 없게 만든다면, 즉 전체적으로 볼 때 기술이 피해를 주고 있다면 그 기술은 더 깊은 의미에서 기대에 제대로 부응하지 못한 실패한 기술이라고 할 수 있다. 이 같은 의미의 실패는 기술에 내재된 것이 아니라 기술이 운영되는 맥락, 기술이 따르는 거버넌스governance 구조, 기술이 투입되는 권력 네트워크나 용도와 관련이 있다.

수많은 발전을 가져온 놀라운 창의성 덕분에 우리는 첫 번째 유형의 실패를 피하는 데 더 능숙해졌다. 비행기 추락 사고는 감소했고, 자동차는 더 깨끗하고 안전해졌으며, 컴퓨터는 더 강력하면서도 안전하게 작동한다. 우리의 가장 큰 문제는 후자의 실패 유형을 아직 충분히 고려하지 못했다는 점이다.

수 세기에 걸쳐 기술은 수십억 명의 삶을 극적으로 향상시켰다. 우리는 현대 의학 덕분에 비교할 수 없을 정도로 건강해졌고, 전 세계 사람 대다수가 풍족한 식생활을 누리고 있으며, 사람들은 그 어느 때보다 더 많은 교육을 받고 있고 더 평화롭게 지낼 뿐 아니라 물질적으로도 더욱 편안하게 살고 있다. 이는 인류의 위대한 동력인 과학과 기술의 창조가 일조해 만들어 낸 결정적인 성과다. 그러한 이유로 나 역시 도구를 안전하게 개발하는 데 내 인생을 바쳐 왔다.

그러나 이처럼 특별한 역사를 통해 얻은 우리의 낙관적 태도는 냉정한 현실에 근거해야 한다. 실패를 방지하려면 무엇이 잘못될 수 있는지 이해하고 궁극적으로는 그에 맞설 수 있어야 한다. 우리는 그 결과가 어디로 이어질지 두려워하지 않고 논리의 종착점까지 추론의 흐름을 따라가야 하며, 그 종착점에 도달하면 그에 맞는 조치를 취해야 한다. 다가오는 기술의 물결은 이전에 목격했던 그 어떤 것보다 더 빠르고 더 큰 규모로 실패할 위험이 있다. 이 같은 상황에서는 전 세계적인 관심이 필요하다. 그리고 아직 그 누구도 찾지 못한 해답이 필요하다.

언뜻 보면 억제가 불가능한 상황이다. 하지만 우리 모두를 위해 반드시 억제할 수 있어야 한다.

1부

호모 테크놀로지쿠스

2장

무한한 확산

기관

오랜 역사를 통틀어 대부분의 사람들에게 개인 교통수단이라 함은 걷는 것을 의미했다. 아니면 운이 좋을 경우 말, 소, 코끼리, 그 외에 여러 짐승을 타고 다니거나 끌고 다녔다. 대륙은 고사하고 인근 마을 사이를 오가는 것만 해도 쉽지 않은 일이었고, 오랜 시간이 필요했다.

19세기 초 철도가 수천 년 만의 가장 큰 혁신이라 할 수 있는 교통 혁명을 일으켰지만 대부분은 철도로 이동할 수 없었고, 이동할 수 있다고 해도 개인화된 이동이 아니었다. 다만 철도가 한 가지 사실만큼은 확실하게 보여 주었는데 바로 기관engine이 미래라는 것이었다. 철도 차량을 움직이기 위한 증기 기관은 거대한 외부 보일러를 필요로 했다. 그런데 이 보일러를 다루기 쉽고 간편한 크기로 줄일 수만 있다면, 개인이 이동하는 데 이용할 수 있는 획기적이고 새로운 수단을 갖게 될지도 모를 일이었다.

발명가들은 다양한 접근 방식을 시도했다. 18세기 초 니콜라 조제프 퀴뇨Nicolas-Joseph Cugnot라는 프랑스 발명가는 일종의 증기 기관 자동차를 만들었다. 이 자동차는 시속 3.22킬로미터의 육중한 움직임으로 나아갔고 앞쪽에는 덜렁거리는 보일러가 달려 있었다. 1863년 벨기에의 발명가 장 조제프 에티엔 르누아르Jean Joseph Étienne Lenoir는 내연 기관을 장착한 최초의 자동차를 타고 파리에서 약 11.27킬로미터 떨어진 곳까지 주행했다. 하지만 이 자동차의 엔진은 무거웠고, 속도도 제한적이었다. 또 다른 발명가들은 전기와 수소를 실험하기도 했다. 어느 것도 주목받지 못했지만, 자가용 자동차에 대한 꿈은 계속됐다.

그러다가 조금씩 상황이 바뀌기 시작했다. 니콜라우스 아우구스트 오토Nicolaus August Otto라는 독일의 엔지니어는 증기 기관보다 훨씬 더 작은 가스 기관을 수년간 연구했다. 1876년 오토는 쾰른에 있는 도이츠 AGDeutz AG 공장에서 최초의 실용적 내연 기관인 '4행정four-strok' 모델을 생산했다. 대량 생산을 할 준비가 돼 있기는 했지만 오토가 그의 사업 파트너인 고틀리프 다임러Gottlieb Daimler, 빌헬름 마이바흐Wilhelm Maybach와 사이가 틀어지기 전까지는 대량 생산이 이뤄지지 않았다. 오토는 자신이 개발한 4행정 내연 기관을 워터 펌프water pump나 공장과 같이 고정된 환경에서 사용하기를 원했다. 그러나 그의 파트너들은 더욱 강력해진 4행정 내연 기관을 운송이라는 다른 분야에서 사용할 수 있는 방법을 찾아냈다.

그러나 4행정 내연 기관을 성공적으로 활용한 사람은 바로 또 다른 독일 엔지니어인 카를 벤츠Carl Benz였다. 1886년 그는 직접 개조한 4행정 내연 기관을 사용해 오늘날 세계 최초의 정식 자동차로 알려진 모터바겐Motorwagen에 대한 특허를 획득했다. 독특한 이 세 바퀴 자동차는 회의적이었던 대중에게 첫 선을 보였다. 벤츠의 아내이자 사업 파트너였던 베르타Bertha가 만하임에서 105킬로미터 정도 떨어진 포르츠하임에 있는 친정까지 차를 몰고 가면서부터 이 차가 주목받기 시작했다. 그녀는 남편 몰래 그 차를 몰고 가다가 연료가 바닥나자 현지 약국에서 구입한 솔벤트solvent로 연료를 보충했다고 한다.

그렇게 새로운 시대가 열렸다. 하지만 자동차와 자동차를 구동하는 내연 기관은 여전히 엄청난 고가여서 극소수 부유층을 제외하고는 감당하기 어려웠다. 게다가 도로와 주유소 네트워크도 아직 구축돼 있지 않았다. 1893년 벤츠의 차량 판매량은 69대에 불과했고, 1900년에는 1709대에 그쳤다. 벤츠가 특허를 받은 지 20년이 지난 뒤에도 독일의 도로 위를 주행하는 차량은 불과 3만 5000대에 지나지 않았다.[1]

변화의 전환점은 1908년 헨리 포드Henry Ford의 모델 TModel T였다. 단순하지만 실용적인 이 자동차는 이동식 조립 라인이라는 혁신적인 접근 방식을 사용해 제작됐다. 포드는 효율적이고 선형적이며 반복적인 공정을 통해 자가용 자동차의 가격을 낮출 수 있었고, 구매자들은 관심을 갖고 지켜봤다. 당시 자동차의 평균 가격이 약 2000달러였던 반면, 포드는 자사 자동차 가격을 850달러로 책정했다.

초기에는 모델 T 판매량이 수천 대에 달했다. 포드는 "자동차 가격을 1달러 낮출 때마다 새로운 구매자 천 명이 생긴다"고 주장하면서 계속 생산량을 늘리고 가격을 더 낮췄다.[2] 1920년대에 포드는 매년 자동차 수백만 대를 판매했다. 미국 중산층은 마침내 처음으로 엔진이 달린 운송 수단을 구입할 수 있게 됐다. 이후 자동차는 엄청난 속도로 확산됐다. 1915년에는 미국인 중 10퍼센트만이 자동차를 소유하고 있었지만, 1930년에는 59퍼센트로 그 수가 크게 증가했다.[3]

오늘날 약 20억 개의 연소 기관이 잔디 깎는 기계부터 컨테이너선에 이르는 모든 것에 사용되고 있다. 그중 약 14억 개가 자동차에 탑재돼 있다.[4] 연소 기관은 성능, 접근성, 효율성, 적응성이 꾸준히 향상돼 왔다. 광활한 교외부터 산업용 농장, 드라이브스루 drive-thru 레스토랑, 자동차 튜닝 문화에 이르기까지 자동차를 중심으로 삶의 방식 전체뿐 아니라 더 나아가 문명 전체가 발전했다. 도시를 관통하는 광대한 고속도로가 건설되면서 인근 지역이 단절되기도 했지만 멀리 떨어진 지역이 연결되기도 했다. 과거에는 성공이나 즐거움을 찾아 여기저기 옮겨 다니기가 쉽지 않았지만,

이제 이동은 인간의 삶에서 일반적인 특징이 됐다.

기관은 단순히 차량에 동력을 공급하는 데 그치지 않고 역사를 이끌었다. 이제 수소와 전기 모터 덕분에 내연 기관의 시대가 저물고 있다. 그러나 내연 기관이 촉발한 대규모 이동의 시대는 그렇지 않다.

자주식 운송 수단은 열, 플라이휠, 금속 덩어리를 갖고 노는 몽상가들의 전유물로 여겨지던 19세기 초만 해도 이 모든 게 불가능해 보였을 것이다. 하지만 그러한 초기 땜장이들이 세상을 변화시킨 발명과 생산이라는 마라톤을 시작했다. 내연 기관의 확산은 일단 탄력을 받자 걷잡을 수 없게 됐다. 기름으로 범벅이 된 독일 몇몇 작업장에서 지구상의 모든 인간에게 영향을 미친 기술이 탄생했다.

그런데 이 이야기는 단순히 기관과 자동차에 한정된 이야기가 아니다. 기술 그 자체에 대한 이야기다.*

---

* 기술에 대한 정확한 정의를 두고 학술적으로 많은 논쟁이 벌어지고 있다. 이 책에서는 상식적이고 일반적인 정의, 즉 도구나 실용적인 결과물을 만들어 내기 위해 가능한 한 가장 넓은 의미에서의 과학적 지식을 적용한다는 정의를 사용한다. 그러나 기술이라는 용어가 지닌 완전하고 다면적인 복잡성 또한 잘 알고 있다. 기술은 문화와 관습으로까지 확장된다. 기술은 단순히 트랜지스터, 스크린, 키보드만을 이야기하는 게 아니다. 기술에는 코더coder의 명시적이고 암묵적인 지식뿐 아니라 이를 뒷받침하는 사회생활과 사회도 포함된다.

범용의 물결: 역사의 리듬

기술은 소용돌이치는 거대한 물결 속에서 대규모 확산diffusion 이라는 명확하고 필연적인 궤적을 따른다.* 인류 초기의 부싯돌과 뼈 도구부터 최신 AI 모델에 이르는 모든 기술이 그러하다. 과학이 새로운 것들을 발견하고 만들어 내면 사람들은 이러한 통찰을 적용해 더 저렴한 음식, 더 나은 물건, 더 효율적인 운송 수단을 만들어 낸다.** 시간이 지날수록 최상의 신제품과 서비스에 대한 수요가 증가하면서 더 많은 기능을 가진 버전을 더 저렴한 가격에 생산하기 위한 경쟁이 치열해진다. 결국 그러한 제품을 만들어 내기 위한 더 많은 기술을 필요로 하게 될 뿐 아니라 그 기술을 더 쉽고 저렴하게 사용할 수 있게 된다. 또 비용은 계속 하락하고, 기능은 향상된다. 기술을 실험하고 다시 반복하고 사용하면 더 나은 기술이 개발되고 개선되어 적용된다. 이것이 바로 기술의 피할 수 없는 진화적 본질이다.

이러한 기술과 혁신의 물결이 이 책의 중심에 있다. 더 중요한 것은 그 물결들이 인류 역사의 중심에 있다는 것이다. 복잡하고 혼

---

* 기술 분야의 학자들은 확산을 의미하는 용어 diffusion과 proliferation를 구분해 사용하지만, 여기서는 대부분 구분 없이 사용한다. 우리는 두 단어를 문어적 의미보다는 구어적 의미로 사용한다.

** 이는 반대 방향으로 작용하기도 한다. 즉 증기 기관이 열역학 과학의 필요성을 명확히 하는 데 도움을 주거나, 정교한 유리 세공이 우주에 대한 우리의 이해를 변화시킨 망원경을 만들어 낸 것처럼 기술은 과학을 자극하는 새로운 도구와 통찰을 제공한다.

란스럽고 계속 축적되는 이 물결을 이해하면 억제라는 도전 과제가 명확해진다. 그리고 이러한 물결의 역사를 이해하면 다가오는 물결을 미리 그려 볼 수 있다.

그렇다면 물결이란 무엇일까? 간단히 말해서 물결이란 사회에 중대한 영향을 미치는 하나 또는 여러 개의 새로운 범용 기술을 기반으로 일련의 기술이 한꺼번에 등장하는 현상을 말한다.[5] 여기서 '범용 기술'이란 인간이 할 수 있는 일을 비약적으로 발전시킬 수 있는 기술을 의미한다.*[6] 사회는 이러한 기술 도약과 함께 발전해 나간다. 우리는 내연 기관과 같은 새로운 기술이 확산되면서 주변의 모든 것을 변화시키는 것을 계속해서 봐 왔다.

이러한 변화의 물결을 통해 사바나에서 겨우 삶을 이어 나가던 연약한 영장류에서 좋든 싫든 지구를 지배하는 존재로 진화한 인류에 대해서도 설명할 수 있다. 인간은 선천적으로 기술적 성향을 갖고 있다. 태초부터 우리는 우리가 만들어 낸 기술의 물결과 분리돼 있어 본 적이 없다. 우리 인간은 기술과 공생하며 함께 진화한다.

최초의 석기는 호모 사피엔스가 출현하기 훨씬 전인 300만 년 전으로 거슬러 올라가며, 마모된 돌망치와 원시적인 칼이 이를 증명한다. 간단한 손도끼는 인류 역사에서 최초로 일어난 기술 물결

---

* 기술을 이해하는 데 필수적인 개념이 된 이 용어가 1990년대 초 발표된 경제학 논문에 처음 등장한 새로운 개념이라는 사실이 매우 놀랍다.

의 일부를 형성했다. 인류는 고기를 얻기 위해 동물을 더 효율적으로 도축하고 경쟁 상대와 싸울 수 있게 됐다. 마침내 초기 인류는 도구를 정교하게 다루는 법을 배움으로써 바느질을 하고, 그림을 그리고, 조각을 하고, 요리를 하게 됐다.

또 하나의 중요한 물결은 바로 불이었다. 인류의 조상 호모 에렉투스가 사용했던 불은 빛, 온기, 포식자의 공격에서 안전을 제공해 주는 원천이었다. 불은 인간의 진화에 뚜렷한 영향을 미쳤다. 음식을 조리해 섭취함으로써 에너지가 더 빨리 방출됐고 그 결과 인간의 소화관은 줄어들고 뇌는 더 커졌다.[7] 강한 턱 때문에 두개골 성장이 제한됐던 인류의 조상은 오늘날의 영장류처럼 끊임없이 음식을 씹고 소화시키는 데 시간을 쏟았다. 불을 통해 이 같은 일상에서 해방된 인류는 에너지가 풍부한 먹거리를 사냥하거나 도구를 제작하거나 복잡한 소셜 네트워크를 형성하는 것과 같은 흥미로운 일을 하는 데 더 많은 시간을 할애할 수 있었다. 또 캠프파이어가 삶의 중심이 되면서 공동체와 관계를 형성하고 노동력을 조직하는 데 도움을 주었다. 호모 사피엔스의 진화는 이처럼 변화의 물결을 탔다. 우리는 단순히 도구를 만들어 낸 존재가 아니다. 생물학적·해부학적 차원에서 보면 우리는 그 도구의 산물이다.

최초의 범용 기술인 돌 세공과 불은 널리 보급되면서 새로운 발명품, 상품, 조직 행동의 탄생을 견인했다. 범용 기술은 사회, 지역, 역사 전반에 걸쳐 파급 효과를 낳는다.[8] 발명의 문을 활짝 열어 줌으로써 수많은 전방 산업downstream 도구와 공정을 가능하도록 만든다. 또한 범용 기술은 작업을 수행하는 증기의 힘이나 컴퓨터의 이진 코드(binary code, 0과 1을 사용해 정보를 표현하는 부호_옮긴이)를 뒷받침하는 정보 이론 등 범용 원리를 기반으로 구축되는 경우가 많다.

범용 기술의 역설은 시간이 조금만 지나면 구별이 되지 않아 우리가 그 기술을 당연하게 여긴다는 점이다. 언어, 농업, 문자는 각각 초기 물결의 중심에 있던 범용 기술이었다.* 이 세 가지 물결이 우리가 알고 있는 문명의 토대를 형성했다. 그리고 이제 우리는 이 기술들을 당연한 것으로 여긴다. 한 주요 연구에 따르면, 인류 역사 전체에 걸쳐 등장한 범용 기술의 수는 농업, 공장 시스템, 철이나 청동과 같은 재료의 개발, 인쇄기, 전기, 인터넷 등을 포함해 스물네 가지에 불과하다고 한다.[9] 그 수가 많지는 않지만 모두 다 중요한 기술이다. 이는 우리가 대중적인 상상 속에서 청동기 시대나 항해의 시대와 같은 용어를 계속 사용하고 있는 이유이기도 하다.

역사를 살펴보면 인구 규모와 혁신 수준은 서로 연결돼 있다.[10] 새로운 도구와 기술은 인구를 더 크게 증가시킨다. 더 큰 규모로 더 밀접하게 연결된 인구는 땜질, 실험, 우연한 발견이 활발하게 일어나고 새로운 것을 만들어 낼 더 강력한 '집단 두뇌collective brain'이 형성될 가능성이 더 높다.[11] 인구가 많아지면 전문화 수준이 높

---

* 엄밀히 말해서 언어는 원시적 또는 기초적인 범용 기술로 다시 간주될 수도 있다.

아지고 장인이나 학자와 같이 농업 활동에 생계를 의존하지 않는 새로운 계층의 사람들이 늘어난다. 기본적인 생계 활동에서 벗어난 삶을 사는 인구가 많아지면 잠재적인 발명가가 많아지고, 발명을 하게 되는 동기도 다양해지며, 새로운 발명은 또 다시 인구 증가로 이어진다. 최초의 문자 체계인 설형 문자 발상지 메소포타미아의 우르크Uruk와 같은 초기 문명에서부터 오늘날의 거대 도시에 이르는 모든 문명에서 도시는 기술 발전을 주도해 왔다. 또 더 많은 기술은 곧 더 크고 더 많은 도시를 의미했다. 농업 혁명이 시작될 당시 전 세계 인구는 240만 명에 불과했지만,[12] 산업 혁명이 시작될 무렵에는 그 수가 10억 명에 육박했다. 두 혁명 사이에 일어난 기술의 물결을 바탕으로 무려 400배나 증가한 것이다.

역사상 가장 중요한 물결 중 하나인 농업 혁명(기원전 9000~7500년)은 유목과 수렵 채집이라는 생활 방식을 점진적으로 대체할 두 가지 대규모 범용 기술, 즉 식물 재배와 동물 사육의 등장을 알렸다. 이러한 발전은 식량을 구하는 방법뿐만 아니라 식량을 저장하는 방법, 교통수단이 작동하는 방식, 사회가 운영될 수 있는 규모 자체를 변화시켰다. 밀, 보리, 렌틸콩, 병아리콩, 완두콩과 같은 초기 농작물과 돼지, 양, 염소와 같은 동물이 인간의 관리 대상이 됐고, 이 같은 변화는 괭이나 쟁기와 같은 새로운 도구의 혁명과 함께 이뤄졌다. 그리고 이처럼 단순한 혁신이 현대 문명의 시작을 알렸다.

도구가 많아질수록 더 많은 작업을 할 수 있고 그 도구를 넘어서는 새로운 도구와 프로세스를 더 많이 구상할 수 있다. 하버드 대학교의 인류학자 조지프 헨릭Joseph Henrich이 지적한 바와 같이 바퀴는 인류 역사에 놀라울 정도로 늦게 등장했다.[13] 하지만 일단 발명이 되자 바퀴는 전차에서 마차, 방앗간, 인쇄기, 플라이휠fly-wheel에 이르는 많은 것의 기본 구성 요소가 됐다. 문자에서 항해하는 선박에 이르기까지 모든 기술은 상호 연결성을 높여 기술 그 자체의 흐름과 확산을 촉진한다. 따라서 각 물결은 연속적인 물결을 일으킬 수 있는 토대를 제공해 준다.

시간이 지나면서 이러한 동력은 더 가속화됐다. 1770년대 유럽에서 시작된 산업 혁명의 첫 물결은 증기 동력, 기계화된 방적기와 직기, 공장 시스템, 운하를 결합시켰다. 1840년대에 철도, 전신, 증기선의 시대가 열렸고, 얼마 지나지 않아 철강과 공작 기계가 등장하면서 제1차 산업 혁명이 이뤄졌다. 그리고 그 후 수십 년 만에 제2차 산업 혁명이 일어났다. 내연 기관, 화학 공학, 동력 비행, 전기와 같은 대표적인 발명은 여러분도 잘 알고 있을 것이다. 비행에는 연소가 필요했고, 연소 기관의 대량 생산에는 강철과 공작 기계 등이 필요했다. 산업 혁명을 기점으로 한 엄청난 변화가 수 세기 혹은 수천 년이 아닌 수십 년 만에 이뤄졌다.

그러나 그러한 변화는 질서정연한 과정을 거치지 않는다. 물결은 밀물과 썰물처럼 간단하게 예측할 수 있는 형태로 다가오지 않는다. 장기적으로 볼 때, 물결은 불규칙적으로 교차하고 강화된다. 기원전 1000년까지 1만 년 동안 일곱 가지 범용 기술이 세상에 등장했고[14] 1700년에서 1900년 사이의 200년 동안에는 증기 기관에서 전기에 이르는 여섯 가지 기술이 등장했다. 그리고 지난 100년 동안에만 일곱 가지 기술이 등장했다.* 19세기 후반에 말과 수레로 이동하고 장작으로 난방을 하며 자란 아이들이 말년에는 비행기로 이동하고 원자의 분열로 따뜻해진 집에서 살게 된 것을 생각해 보자.

맥동脈動하고, 출현하고, 연속되고, 혼합되고, 창의적으로 결합하는 물결은 한 시대를 대표하는 기술의 지평을 정의한다. 기술은 우리의 일부다. 기술과 관계가 없는 인간은 결코 존재하지 않는다.

역사를 연속적인 혁신의 물결로 바라보는 개념은 전혀 새로울 게 없다. 기술에 대한 논의에서 연속적이고 파격적인 일련의 기술이 반복적으로 등장한다. 미래학자 앨빈 토플러Alvin Toffler는 정보 기술 혁명이 농업 혁명과 산업 혁명에 이은 인류 사회의 '제3의 물결'이라고 말했다.[15] 조지프 슘페터Joseph Schumpeter는 물결을 '창조적 파괴creative destruction'라는 폭발 속에서 새로운 비즈니스에 불을 붙이는 혁신의 폭발이라고 이해했다. 위대한 기술 철학자인 루이스 멈퍼드Lewis Mumford는 '기계 시대machine age'가 사실상 세 가지 주요 물결이 천 년에 걸쳐 연속적으로 펼쳐지는 것과 다름없다고 말했다.[16] 또 최근에는 경제학자 카를로타 페레스Carlota Perez가 기술 혁명 속에서 빠르게 변화하는 '기술경제 패러다임techno-

---

* 나머지는 기원전 1000년에서 서기 1700년 사이에 등장했다.

economic paradigm'에 대해 이야기했다.[17] 급격한 혼란과 과열된 투기가 발생하면 경제가 재편된다. 갑자기 모든 것이 철도, 자동차, 마이크로프로세서에 의존하게 된다. 시간이 지나면서 각 기술은 발전해 깊숙이 뿌리내리고 쉽게 접근할 수 있게 된다.

기술업계에 종사하는 대부분의 사람들은 오늘의 사소한 일에 갇힌 채 내일을 꿈꾸고 있다. 발명이란 어쩌다 운이 좋은 순간에 이뤄졌다고 생각하기 쉽다. 하지만 그렇게 생각하면 역사의 뚜렷한 패턴, 즉 기술의 물결은 반복적으로 발생한다는 본질에 가까운 경향을 간과하게 된다.

확산이 기본이다

인류 역사 대부분을 통틀어 새로운 기술의 확산은 거의 이뤄지지 않았다. 인류 대부분이 동일한 도구와 기술에 둘러싸여 태어나고 생활하고 죽었다. 하지만 역사를 축소해 보면 확산이 기본이라는 것이 분명해진다.

범용 기술은 널리 확산될 때 물결이 된다. 전 세계적으로 통제할 수 없을 정도의 광범위한 확산이 일어나지 않는다면 물결이 아닌 역사적 호기심(유물)에 불과하다. 그러나 일단 확산이 시작되면 그 확산 과정은 유라시아 대륙에 농업이 확산된 것에서부터 로마 제국에서 유럽 전역으로 물레방아가 서서히 퍼져나간 것과 같이 역사 전체에 반향을 일으키게 된다.* [18] 어느 한 기술이 주목을 받고 물결이 형성되기 시작하면 우리가 자동차를 통해 보았던 역사적 패턴이 분명해진다.

1440년경 구텐베르크가 인쇄기를 발명했을 당시 유럽에는 인쇄기가 한 대밖에 없었다. 바로 독일 마인츠에 있는 그의 첫 인쇄기였다. 그러나 그 후 50년 만에 1000대에 달하는 인쇄기가 유럽 전역에 보급됐다.[19] 중세 시대에는 한 주요 국가가 한 세기에 걸쳐 만들어 내는 필사본이 수십만 권에 불과했다. 구텐베르크가 인쇄기를 발명하고 100년이 지난 시점부터는 이탈리아, 프랑스, 독일과 같은 국가에서 반세기마다 약 4000만 권의 책을 만들어 냈고, 그 속도가 계속 빨라지고 있었다. 17세기 유럽에서는 책 5억 권을 인쇄했다.[20] 책에 대한 수요가 급증하면서 비용은 급감했다. 한 연구 분석에 따르면 15세기에 인쇄기가 도입되면서 책 한 권의 가격이 340배나 하락했고, 이는 인쇄술 보급과 수요를 더욱 증가시켰다.[21]

전기도 마찬가지다. 1882년 런던과 뉴욕, 1883년 밀라노와 상트페테르부르크, 1884년 베를린에 최초의 전력 발전소가 등장했고[22] 그때부터 전기의 보급이 가속화됐다. 1900년 화석 연료 생산량 중 2퍼센트가 전기 생산에 사용됐고 1950년에는 10퍼센트를 넘어섰으며, 2000년에는 그 사용량이 30퍼센트 이상에 달했다.

---

* 실제로 수천 년에 걸쳐 확산된 물레방아와 달리 풍차가 처음 발명된 지 몇 년 만에 영국 북부에서 시리아에 이르는 모든 곳에서 발견됐다는 점은 확산이 가속화되고 있음을 보여 주는 초기 징후일 수 있다.

1900년 당시 8테라와트시terawatt-hour였던 전 세계 전력 생산량은 50년 후 600테라와트시로 증가해 새롭게 변화한 경제에 동력을 제공했다.[23]

노벨 경제학상을 수상한 경제학자 윌리엄 노드하우스William Nordhaus는 18세기에 54분간 사용할 수 있는 빛을 생산했던 동일한 노동력으로 이제는 50년간 사용할 수 있는 빛을 생산할 수 있다고 추정했다. 그 결과 21세기를 살아가는 일반 사람들은 18세기를 살았던 사람들보다 연간 약 43만 8000배 더 많은 '루멘시'(lumen-hour, 빛의 양을 나타내는 단위로 1루멘시는 1루멘이 한 시간 동안 비치는 빛의 양을 뜻함_옮긴이)를 사용할 수 있게 됐다.[24]

당연히 소비자 기술도 비슷한 추세를 보인다. 알렉산더 그레이엄 벨Alexander Graham Bell은 1876년에 전화기를 선보였다. 1900년에는 미국에 전화기 60만 대가 보급됐으며 그 후 10년 뒤에는 580만 대로 늘어났다.[25] 그리고 오늘날 미국에는 사람보다 전화기가 훨씬 더 많다.*

이러한 상황에서는 품질 향상이 가격 하락과 함께 이뤄진다.[26] 1950년 1000달러였던 초기 TV를 2023년에는 8달러면 살 수 있다. 물론 오늘날의 TV는 그 성능이 엄청나게 향상됐기 때문에 가격 역시 더 비싸다. 자동차, 전자레인지, 세탁기의 가격과 보급률 곡선도 거의 동일하다. 실제로 20세기와 21세기에는 새로운 가전제품

---

* 유선 전화와 휴대 전화를 모두 포함하면 그렇다.

들이 놀라울 만큼 일관된 방식으로 보급되는 모습을 보였다. 그리고 이러한 패턴이 계속해서 명백하게 드러나고 있다.

확산은 수요 증가와 그에 따른 비용 감소라는 두 가지 요인에 의해 촉진되며, 이 두 가지 요인은 각각 기술을 더욱 발전시키고 보다 더 저렴하게 만드는 원동력이 된다. 과학과 기술에 대한 길고 복잡한 논의는 시간이 지남에 따라 미래를 주도하는 생산적인 재조합을 구현하고 강화하는 통찰, 혁신, 도구의 연쇄 작용을 만들어 낸다. 더 많은 기술을 더 저렴한 비용으로 사용하면 할수록 더욱 새롭고 저렴한 기술을 후방 산업에서 사용할 수 있게 된다. 스마트폰이 없었다면 우버Uber 사업은 불가능했을 것이다. 스마트폰은 GPS, GPS는 인공위성, 인공위성은 로켓, 로켓은 연소 기술, 연소 기술은 언어와 불 덕분에 사용이 가능했다.

물론 기술 혁신 뒤에는 사람들이 있다. 그들은 작업장, 실험실, 차고에서 기술을 발전시키기 위해 노력하고 돈과 명성뿐 아니라 대개는 지식 그 자체에 동기 부여를 받는다. 기술 전문가, 혁신가, 기업가들은 행동을 통해, 그리고 무엇보다도 모방을 통해 발전해 나간다. 적의 우수한 쟁기에서부터 최신 휴대 전화에 이르기까지 모방은 기술 확산의 중요한 원동력이다. 모방이 경쟁을 부추기면 기술은 더 발전하고[27] 규모의 경제가 효과를 내기 시작하면 비용은 절감된다.

유용하고 저렴한 기술에 대한 문명의 욕구는 끝이 없다. 그리고 그 무한한 욕구는 결코 변하지 않을 것이다.

진공관에서 나노미터까지: 초고속 확산

앞으로 일어날 일에 대한 힌트를 얻고 싶다면, 마지막으로 성숙기에 접어든 물결의 토대를 생각해 보면 된다. 애초에 컴퓨터는 새로운 영역의 수학과 거대한 권력 투쟁의 절박함에 의해 추진됐다.

내연 기관과 마찬가지로 컴퓨팅computing도 이해하기 어려운 학술 논문과 실험실 괴짜들의 전문 지식, 그리고 결과물에서 시작됐다.* 그러다가 전쟁이 일어났다. 제2차 세계 대전이 벌어진 1940년대 영국의 극비 암호 해독 기관이었던 블레츨리 파크Bletchley Park에서 처음으로 제대로 작동하는 컴퓨터가 만들어지기 시작했다. 해독이 불가능하다고 알려진 독일의 에니그마Enigma 기계를 해독하기 위해 전력 질주하던 한 특별한 팀이 이론적 통찰을 실제로 작동하는 기기로 구현해 낸 것이다.

다른 경우들도 마찬가지였다. 1945년 펜실베이니아 대학교에서는 초당 300번의 연산이 가능하고 1만 8000개의 진공관으로 구성된 2.4미터 높이의 거대한 컴퓨터 에니악ENIAC이 개발됐다.[28] 에니악은 컴퓨터의 전신으로 잘 알려져 있다. 1947년 벨 연구소Bell Labs는 연산을 수행하는 '논리 게이트logic gate'를 만드는 반도체인 트

---

* 물론 이러한 제안은 적어도 19세기의 찰스 배비지Charles Babbage와 에이다 러브레이스 Ada Lovelace까지 거슬러 올라 갈 수 있다.

랜지스터를 제작해 또 하나의 중요한 돌파구를 마련했다. 종이 클립, 금박 조각, 전자 신호를 바꿀 수 있는 게르마늄 결정으로 구성된 이 조잡한 장치는 디지털 시대의 초석이 됐다.

자동차와 마찬가지로 당대의 사람들은 컴퓨터 사용이 빠르게 확산되리라는 사실을 전혀 예상치 못했다. 1940년대 후반 컴퓨터 기기는 단 몇 대에 불과했다. 1940년대 초 IBM 회장이었던 토마스 J. 왓슨Thomas J. Watson은 "전 세계 컴퓨터 시장은 다섯 대 정도에 불과하다"고 말한 것으로 알려졌다.[29] 1949년 기계 공학 전문 잡지인 《파퓰러 메커닉스Popular Mechanics》는 "미래의 컴퓨터에는 진공관이 1000개만 사용되고, 그 무게는 1½톤에 불과할 것"이라는 당시의 전형적인 예측을 내놨다.[30] 블레츨리에서 컴퓨터가 만들어지고 10년이 지난 후에도 전 세계에는 컴퓨터가 수백여 대밖에 존재하지 않았다.

우리는 그다음에 무슨 일이 일어났는지 알고 있다. 컴퓨팅은 그 누구의 예측보다 빠르게 사회를 변화시켰고 인류 역사에서 그 어떤 발명품보다 빠르게 확산됐다. 로버트 노이스Robert Noyce는 1950년대 말과 1960년대에 페어차일드 반도체Fair-child Semiconductor에서 집적 회로를 발명했고, 실리콘 웨이퍼silicon wafer에 트랜지스터 여러 개를 새겨 넣어 실리콘 칩이라고 불리게 된 제품을 생산했다. 얼마 지나지 않아 고든 무어Gordon Moore라는 한 연구원이 24개월마다 칩의 트랜지스터 수가 두 배로 증가한다는 '무어의 법칙'을 제시했다. 이는 칩, 더 나아가 디지털과 연산 기술의 세계가 기하급수적인 상승 곡선을 그리게 될 것임을 암시했다.

그 결과는 놀라웠다. 1970년대 초 이후 칩 하나당 트랜지스터 수는 1000만 배로 증가했다. 그 성능은 10배, 즉 170억 배나 향상됐다.[31] 1958년 페어차일드 반도체는 트랜지스터 100개를 개당 150달러에 판매했다. 이제 트랜지스터는 초당 수십 조 개, 개당 10억 분의 1달러에 생산되고 있다. 이는 역사상 가장 빠르고 광범위한 확산이다.

자연스럽게 이러한 연산 기능의 향상은 기기, 애플리케이션, 사용자의 성장을 뒷받침했다. 1970년대 초에는 약 50만 대에 달하는 컴퓨터가 사용됐고[32], 1983년에는 총 562대의 컴퓨터만이 초기 인터넷에 연결돼 있었다. 현재는 컴퓨터, 스마트폰, 그리고 연결된 기기 수가 140억 대에 달하는 것으로 추정된다.[33] 스마트폰이 틈새 제품에서 전 세계 인구 중 3분의 2가 사용하는 필수품이 되기까지 불과 몇 년밖에 걸리지 않았다.

이 물결과 함께 이메일, 소셜 미디어, 온라인 동영상이 등장했다. 이렇듯 완전히 새로운 각각의 경험은 트랜지스터와 또 다른 범용 기술인 인터넷을 통해 가능해졌다. 이것이 바로 전혀 통제되지 않는 기술 확산의 모습이다. 결국 이러한 확산은 보다 더 놀라운 확산을 만들어 냈다. 데이터는 2010년부터 2020년까지 단 10년 만에 20배나 증가했다.[34] 불과 수십 년 전만 해도 데이터는 책과 먼지가 쌓인 기록 보관소의 전유물이었다. 이제 사람들은 매일 수천억 건에 달하는 이메일, 메시지, 이미지, 동영상을 생성하고 이를 클라우드에 저장한다.[35] 매일 1분마다 1800만 기가바이트에 달하는 전 세계 데이터가 새로 생성되고 있다.

이러한 기술에 의해 수십억 시간의 가공되지 않은 인간의 삶이 소멸되고, 형성되고, 왜곡되고, 향상된다. 또 이러한 기술은 우리의 업무와 여가 시간을 지배한다. 냉장고에서부터 타이머, 차고 문, 보청기, 풍력에 이르는 많은 기술이 우리 마음과 세상 곳곳을 채우고 있고, 그 기술들은 현대 생활의 구조를 만들어 낸다. 휴대 전화는 우리가 아침에 일어나 가장 먼저 보고 밤에 잠들기 전에도 마지막으로 보는 물건이다. 기술은 우리가 사랑과 새로운 친구를 찾는 데 도움을 주고 공급망에 활력을 불어넣는 등 인간 삶의 모든 측면에 영향을 미친다. 또 선거 결과와 방식, 재정 자원의 배분, 자녀의 자존감, 음악적 취향, 패션, 음식 등과 관련된 모든 것에 영향을 미친다.

종전 이후 사람들은 틈새 기술로만 여겨졌던 컴퓨팅의 규모와 범위에 놀라움을 금치 못했을 것이다. 엄청난 속도로 확산되고 향상되면서 우리 삶의 거의 모든 측면을 파고들고 뒤덮은 컴퓨팅의 놀라운 능력은 현대 문명을 지배하는 실체로 자리 잡았다. 컴퓨팅 기술은 그 어느 때보다 빠르게 성장했지만, 역사적 패턴은 여전히 반복되고 있다. 처음에는 불가능하고 상상하기 어려운 것처럼 보이다가 결국 필연적인 것처럼 보인다. 그리고 매번 그 물결은 점점 더 커지면서 강해진다.

세세한 내용에 매몰되면 길을 잃기 쉽지만 한 발짝 물러나서 살펴보면 속도, 범위, 접근성, 영향력이 점점 더 커지는 물결을 발견할 수 있다. 물결은 한 번 추진력을 얻고 나면 웬만해서는 잘 멈추지 않는다. 대량 확산, 즉 아무런 통제 없이 무분별하게 이뤄지는 확산은 기술 역사를 볼 때 가장 자연스러운 상태이자 기본값이라 할 수 있다. 농업, 청동 세공, 인쇄기, 자동차, 텔레비전, 스마트폰 등을 생각해 보자. 그 안에는 고유한 특성, 즉 시간이 지나도 변하지 않는 창발성과 같은 기술의 법칙이 존재한다.

인류 최초의 모닥불에서 새턴 V 로켓Saturn V rocket의 연소까지, 최초로 휘갈겨 쓴 문자에서 끝없이 이어지는 인터넷의 텍스트에 이르기까지 기술은 결국 거의 모든 곳으로 퍼져 나간다는 사실을 역사가 말해 준다. 인센티브는 상당한 영향력을 발휘한다. 역량은 축적되고 효율성은 높아진다. 물결은 점점 더 거세지고 그 파급력은 더 커진다. 기술 비용이 낮아질수록 기술에 대한 접근성이 높아진다. 기술이 확산되고 그 이후에 새로운 물결이 이어질 때마다 그 확산은 더욱 가속화되고 그 기술이 더욱 강력해짐에 따라 더 깊숙이 침투한다.

이것이 바로 기술의 역사적 표준이다. 즉 우리가 미래를 내다볼 때 기대할 수 있는 역사적 패턴이다.

그런데 과연 우리가 미래를 예측할 수 있을까?

3장

기술 억제 문제

앨런 튜링Alan Turing과 고든 무어는 소셜 미디어, 밈meme, 위키피디아, 사이버 공격의 등장을 막기는커녕 예측할 수조차 없었을 것이다. 원자 폭탄이 발명된 지 수십 년이 지난 후에도 원자 폭탄 개발자들은 헨리 포드가 자동차 사고를 막았던 것처럼 핵전쟁을 막을 수 없었다. 기술이 안고 있는 피할 수 없는 과제는 발명가가 자신의 발명품을 세상에 소개하고 나면 얼마 지나지 않아 그 발명품에 대한 통제력을 잃고 만다는 것이다.

기술은 복잡하고 역동적인 시스템(현실 세계) 안에 존재하며 그 영향은 2차, 3차, n차에 걸쳐 예측할 수 없는 방식으로 퍼져 나간다. 서류상으로는 완벽해 보이는 기술도 실제 상황, 특히 전방 산업에서 해당 기술을 복제하거나 수정하게 되면 다르게 작동할 수 있다. 아무리 좋은 의도로 발명한 기술이라고 해도 사람들이 실제로 그 기술을 어떻게 사용할지는 아무도 장담할 수 없다. 토머스 에디

슨은 자신의 생각을 기록해 후대에 전하고자 하는 사람들과 시각 장애를 가진 사람들을 돕기 위해 축음기를 발명했지만, 대부분의 사람들이 그저 음악을 재생하는 데에만 관심을 보이자 실망감을 감추지 못했다. 알프레드 노벨Alfred Nobel은 자신이 발명한 폭탄을 광산 채굴과 철도 건설에만 사용하려고 했다. 그러나 그 후의 결과는 우리 모두가 알고 있는 바와 같다.

구텐베르크는 그저 성경을 인쇄해 돈을 벌고 싶었을 뿐이다. 하지만 그가 발명한 인쇄기는 과학 혁명과 종교 개혁을 촉발시켰고, 이는 가톨릭교회 설립 이래 가장 큰 위협이 됐다. 내연 기관과 제트 엔진을 개발한 사람들이 만년설을 녹일 생각은 없었던 것처럼, 냉장고 제조업체들도 클로로플루오르카본CFCs, chlorofluorocarbons으로 오존층에 구멍을 낼 의도는 없었을 것이다. 사실 초창기 자동차 애호가들은 자동차 엔진의 환경적 이점을 강조했는데, 당시 도시 전역에는 악취와 질병을 퍼뜨리는 말똥이 산더미처럼 쌓여 있었기 때문이다. 안타깝게도 혹은 당연하게도 그들에게는 지구 온난화에 대한 개념이 없었다.

기술을 이해한다는 것은 의도치 않은 결과를 이해하고 긍정적인 파급 효과뿐만 아니라 '보복 효과'(revenge effect, 새로 개발하거나 수정한 기술로 인한 부정적 결과_옮긴이)를 예측하기 위한 노력이라고 할 수 있다. 간단히 말해서, 어떤 기술이든 본래의 목적과 완전히 다른 방식으로 잘못 사용될 수 있다.[1] 처방된 오피오이드(opioid, 마약성 진통제_옮긴이)에 대한 의존성이 생기거나, 항생제 남용으로 항생제 내성이 유발되거나, '우주 쓰레기'로 알려진 인공위성과 파편들이 급증하면서 우주 비행을 위험에 빠뜨리는 방식을 한번 생각해 보자.

기술이 확산됨에 따라 더 많은 사람들이 기술을 사용하고, 적용하고, 자신이 원하는 대로 변형할 수 있게 되면서 한 개인의 이해를 뛰어넘는 인과 관계의 사슬이 형성된다. 도구의 기능이 기하급수적으로 발전하고 도구에 대한 접근성이 급격히 증가함에 따라 잠재적인 피해 가능성 역시 증가하면서, 그 누구도 완벽하게 예측하거나 예방할 수 없는 복잡한 미로 같은 결과가 펼쳐지고 있다. 어느 날 누군가가 칠판에 방정식을 적고 차고에서 프로토타입을 만들어 가며 세상과는 무관해 보이는 작업을 하고 있었다. 그리고 수십 년 후 그 작업은 인류에게 실존적 질문을 던지고 있다. 우리가 점점 더 강력한 시스템을 구축함에 따라 기술의 이러한 측면은 내게 점점 더 절박한 문제로 다가왔다. 앞으로 다가올 기술의 물결을 통해 부정적인 것보다 긍정적인 것을 더 많이 얻고 누리려면 어떻게 해야 할까?

여기서 말하는 기술의 문제는 바로 억제와 관련이 있다. 기술이 지닌 문제를 없앨 수 없다면 그 문제를 축소할 수 있다. 억제는 기술 개발이나 배포와 관련된 모든 단계에서 기술을 통제하고 제한하며 필요한 경우 사용을 중단할 수 있는 중요한 기능을 한다. 즉 특정 상황에서 기술의 확산을 미연에 방지하여 예기치 못한 결과(그 결과가 좋은 것이든 나쁜 것이든)의 파급 효과를 점검할 수 있는 능력이다.

기술이 더 강력해질수록 삶과 사회의 모든 측면에 더 깊이 뿌리내리게 된다. 따라서 기술이 지닌 문제는 그 역량과 함께 확대되는 경향이 있으므로 시간이 지남에 따라 통제의 필요성도 더 커지기 마련이다.

그렇다면 기술 전문가들은 그 책임에서 자유로울 수 있을까? 절대 그렇지 않다. 기술 억제는 그 누구보다 우리 기술 전문가들이 마주해야 할 문제다. 우리가 개발한 기술의 최종 결과나 장기적인 효과를 통제할 수 없다고 해서 책임을 회피해서는 안 된다. 시작 단계에서 기술 전문가와 사회가 내린 결정은 여전히 결과에 영향을 미칠 수 있다. 결과를 예측하기 어렵다는 핑계로 노력을 멈춰서는 안 된다.

많은 경우에 억제는 의미 있는 통제, 즉 사용을 중단하거나 연구 방향을 변경하거나 악용하는 행위자의 접근을 차단할 수 있는 역량을 의미한다. 다시 말해서, 물결이 가져올 효과가 우리의 가치를 반영하고, 인류의 번영에 도움이 되고, 우리에게 해를 끼치기보다는 혜택을 더 많이 제공할 수 있도록 그 물결을 다루는 능력을 유지하는 것이다.

이 장에서는 그러한 능력을 유지하는 것이 실제로 얼마나 어렵고 보기 드문 일인지를 보여 준다.

억제가 기본이다

'억제'라는 단어는 많은 사람들에게 냉전 시대의 잔상을 떠올리게 한다.[2] 미국의 외교관 조지 F. 케넌George F. Kennan은 "소련에 대한 미국 정책의 주요소는 러시아의 팽창 지향적 경향을 장시간 인내심을 갖고 단호한 태도로 경계하며 억제하는 것이어야 한다"고 주장했다. 케넌은 세계를 끊임없이 변화하는 투쟁의 장으로 보았다. 그런 이유로 서방 국가들은 소련의 세력을 지속적으로 관찰하고 그에 대응함으로써 모든 영역에서 소련의 위협과 이념적 촉수를 효과적으로 억제해야 한다고 주장했다.

억제에 대한 이러한 견해가 몇 가지 유익한 교훈을 제공해 주기는 하지만 우리의 목적에는 적합하지가 않다. 기술은 적이 아니라 인간 사회의 기본 속성 중 하나다. 기술을 억제하려면 경쟁 주체들 간의 힘의 균형이 아닌 인간과 도구 사이의 힘의 균형이라는 훨씬 더 근본적인 프로그램이 필요하다. 이는 다음 세기 인류의 생존을 위해 반드시 필요한 전제 조건이다. 억제에는 규제, 더 나은 기술의 안전성, 새로운 거버넌스와 소유권 모델, 새로운 방식의 책임성과 투명성이 포함되며, 이 모든 것은 더 안전한 기술을 위한 필요조건이지 충분조건은 아니다. 억제는 최첨단 엔지니어링, 윤리적 가치, 정부 규제를 하나로 묶어 주는 아주 중요한 안전장치다. 억제를 모든 기술 문제를 해결하기 위한 궁극적인 답으로 여겨서는 안 된다. 오히려 억제는 미래를 구축하기 위해 기반을 마련하는 데 꼭 필요한 첫 번째 단계다.

또 억제는 급격한 변화가 이뤄지는 시기에, 기술에 대한 사회적 통제를 유지하기 위해 상호적으로 연결되고 강화되는 기술적, 문화적, 법적, 정치적 메커니즘의 집합이라고 생각하면 된다. 이는 수세기 또는 수천 년에 걸쳐 이뤄지던 기술 변화가 몇 년 또는 몇 달만에 일어나고 그 결과가 순식간에 전 세계에 영향을 미치는 현재의 상황을 억제하는 데 적합한 구조라 할 수 있다.

기술 억제는 실험실이나 연구 개발R&D 시설에서 일어나는 일과 관련이 있다. 예를 들어 AI에서는 에어 갭air gap, 샌드박스sandbox, 시뮬레이션, 오프 스위치off switch, 하드hard에 내장된 안전 및 보안 수단, 즉 시스템의 안전성, 무결성, 손상되지 않는 특성을 검증하고 필요한 경우 오프라인 상태로 전환하는 프로토콜을 의미한다. 그다음으로 개발 및 보급과 관련된 가치관이나 문화와 관련이 있다. 이러한 가치관과 문화는 경계, 거버넌스의 다층 구조, 제약 조건에 대한 수용, 피해나 의도치 않은 결과에 대한 각성을 뒷받침한다.

마지막으로, 기술 억제는 국가의 입법부에서 통과된 규제와 UN을 포함한 여러 국제기구를 통해 시행되는 조약 등 기술을 억제하기 위한 국내외 법적 메커니즘을 모두 포함한다. 기술은 항상 특정 사회의 법과 관습, 규범과 습관, 권력 구조와 지식에 깊이 얽혀 있기 때문에 이 모든 요소를 고려해야 한다. 이 부분에 대해서는 4부에서 더 자세히 살펴볼 것이다.

지금 이 시점에서 여러분은 우리가 물결을 억제하기 위해 제대로 노력한 적이 있는지가 궁금할 것이다.

안 된다고 거부한 적이 있는가?

15세기 유럽 전역에서 인쇄기가 성행할 때 오스만 제국은 다소 다른 반응을 보였다.[3] 오스만 제국에서는 인쇄기 사용을 금지하려고 했다. 지식과 문화가 아무런 규제 없이 무분별하게 양산될 것을 우려한 술탄은 인쇄기를 이질적인 '서방 교회'의 혁신으로 간주했다. 이스탄불은 인구 면에서 런던, 파리, 로마와 같은 대도시와 어깨를 나란히 했지만, 인쇄기가 발명된 지 약 3세기가 지난 1727년까지도 공인된 인쇄기를 보유하지 못했다. 오랫동안 역사가들은 오스만 제국의 그와 같은 저항을 근대성에 대한 의도적이고 시대착오적인 거부, 즉 초기 기술 국가주의techno-nationalism의 전형적인 사례로 여겼다.

하지만 상황은 그보다 더 복잡했다. 오스만 제국의 규칙에 따라 아랍 문자의 사용만 금지됐을 뿐 인쇄 자체가 금지된 것은 아니었다. 이러한 금지 조치는 본래 기술에 대한 반감에서 비롯됐다기보다는 아랍어 인쇄기를 운영하는 데 드는 막대한 비용과 복잡한 절차에서 비롯된 것이었다. 술탄만이 인쇄술에 자금을 지원할 수 있었고, 역대 술탄들은 인쇄술에 별다른 관심을 보이지 않았다.

그 결과 오스만 제국의 인쇄술은 한동안 무관심 속에서 정체된 상태로 외면당했다. 그러나 결국 인쇄술은 다른 모든 곳과 마찬가지로 오스만 제국과 그 후대 국가들은 물론이고 전 세계에서 부인할 수 없는 현실이 됐다. 국가가 거부할 수는 있지만, 도구가 더 저렴해지고 널리 사용됨에 따라 언제까지고 거부하는 것은 불가능하다.

돌이켜 보면 기술의 물결은 거침이 없고 자연스러운 일처럼 보이기도 한다. 그러나 기술의 진행 과정에 영향을 미치는 작고 국지적이며 변덕스러운 요인은 거의 무한대로 존재한다. 실제로 확산이 쉽게 이뤄진다고 생각하는 사람은 아무도 없을 것이다. 비용이 많이 들고, 시간이 오래 걸리며, 위험할 수 있고, 수십 년 또는 평생에 걸쳐야만 실현 가능한, 엄청난 행동 변화가 필요할 수도 있다. 기존의 이해관계, 확립된 지식, 그리고 그 이해관계와 지식을 철저히 지키려는 사람들과 싸워야 한다. 새로운 것과 다른 것에 대한 두려움과 의심은 고질적인 문제다. 숙련된 장인들로 구성된 길드(guild, 중세 유럽에서 발달한 상인과 장인들의 동업자 조합_옮긴이)부터 의심 많은 군주까지 다양한 주체가 변화에 저항할 만한 동기를 갖고 있다. 산업 발전을 격렬하게 반대했던 집단인 러다이트 역시 새로운 기술 도입을 두고 예외 없이 전형적인 반응을 보인다.

중세 시대에 교황 우르바노 2세Pope Urban II는 석궁을 금지하려고 했다. 엘리자베스 1세 여왕은 길드를 혼란에 빠뜨릴 수 있다는 이유로 16세기 후반 새로운 종류의 편물기를 사용하지 못하게 했다. 길드들은 뉘른베르크, 단치히, 네덜란드, 영국에서 새로운 종류의 직기와 선반lathe을 때려 부수고 망가뜨렸다. 직조 효율을 높이고 산업 혁명의 핵심 기술 중 하나였던 플라잉 셔틀flying shuttle을 발명한 존 케이John Kay는 폭력적인 보복이 두려워 영국에서 프랑스로 도망쳤다.[4]

역사를 통틀어 사람들은 생계와 삶의 방식이 파괴될 것이라는 위협과 걱정 때문에 새로운 기술에 저항하려 했다. 그들은 가족의 미래를 위해 싸웠고, 필요하다면 앞으로 다가올 것들을 물리적으로 파괴할 용의도 있었다. 평화적 조치가 실패하자 산업 기계라는 물결을 해체시키려고 했다.

17세기 도쿠가와 막부 치하에서 일본은 거의 300년 동안 외부 세계, 더 나아가 그 세계의 야만적인 발명품들을 차단했다. 역사를 통틀어 대부분의 사회가 그랬듯이 일본 역시 새롭고 다르고 파괴적인 것을 불신했다. 마찬가지로 중국은 18세기 후반 영국의 외교 사절단이 서구 기술을 전수하겠다는 제안을 거절했다. 당시 중국 청나라의 제6대 황제인 건륭제는 다음과 같이 말했다. "우리 천조Celestial Empire는 모든 것을 풍부하게 보유하고 있으며 우리 영토 안에는 부족한 것이 없다. 따라서 외부 야만인들이 만든 제품들을 들여올 필요가 없다."[5]

그러나 그 어떤 금지 조치도 효과적이지 못했다. 석궁은 총에 그 자리를 내어 주기 전까지 건재했다. 엘리자베스 여왕의 편물기는 수 세기 후 대규모 기계식 직기라는 보다 더 강력한 형태로 돌아와 산업 혁명을 촉발했다. 오늘날 중국과 일본은 지구상에서 기술적으로 가장 진보하고 세계적으로 통합된 국가들이다. 러다이트들은 말 소유주와 마차 제작자들이 자동차를 막지 못한 것처럼 산업 기술을 막는 데 실패하고 말았다. 수요가 있는 곳에서는 언제나 기술이 발전하고, 주목을 받으며, 사용자를 모아들이게 마련이다.

한 번 시작된 물결을 멈추기란 불가능에 가깝다. 오스만 제국이 인쇄술을 통해 발견한 바와 같이 저항은 시간이 지남에 따라 약화되는 경향이 있다. 기술의 본질은 장벽과 관계없이 확산되는 데 있다.

수많은 기술이 나타나고 사라진다. 페니파딩(penny-farthing, 앞바퀴는 아주 크고 뒷바퀴는 아주 작은 초창기 자전거_옮긴이)이나 세그웨이(Segway, 두 바퀴로 달리는 전동 이륜 평행차_옮긴이)는 보기 힘들고 카세트나 미니디스크 역시 자취를 감춘 지 오래다. 하지만 그렇다고 해서 개인의 기동성이나 음악이 보편화되지 않았다는 의미는 아니다. 오래된 기술이 보다 더 효율적인 새로운 형태로 대체됐을 뿐이다. 우리는 증기 기관차를 타거나 타자기로 글을 쓰지는 않지만, 그 기능을 계승한 신칸센이나 맥북MacBook에는 그 흔적이 고스란히 남아 있다.

연속적인 물결의 한 예로 불, 양초, 석유 램프가 가스 램프로, 그다음에는 전구로, 이제는 LED 조명으로 발전해 온 과정을 생각해 보자. 이러한 기술 변화를 거치면서 인공조명은 기반 기술이 변화하는 동안에도 계속 확장돼 왔다. 새로운 기술은 과거의 여러 기술을 대신한다. 전기가 양초와 증기 기관을 대체한 것처럼 스마트폰은 내비게이션, 카메라, PDA, 컴퓨터, 전화기를 대체했으며, 완전히 새로운 경험을 선사하는 앱을 선보였다. 더 적은 비용으로 더 많은 기능을 구현할 수 있게 하는 기술이 등장하면서 그 매력이 점점 더 커지고 있다.

전기, 수도, 의약품이 없는 현대 사회를 건설해야 한다고 생각해 보자. 설사 가능하다 하더라도 과연 그것이 가치 있고, 바람직하고, 타당한 거래라고 설득할 수 있을까? 기술의 최전선에서 성공적으로 벗어난 사회는 거의 찾아보기 어렵다. 대개는 그러한 시도를 통해 사회 붕괴를 마주하거나 촉발하고 만다.[6] 현실적으로 기술의 발전을 되돌릴 수 있는 방법은 없다.

발명을 하지 않거나 무한정 막을 수는 없으며, 지식을 배우지 않거나 지식 확산을 막을 수도 없다. 곳곳에 흩어져 있는 역사적 사례를 보면 그런 일이 다시 일어날 수 있다고 생각할 만한 근거를 거의 찾아볼 수 없다. 알렉산드리아 도서관Library of Alexandria은 쇠퇴해 가는 것을 방치하다가 결국 불에 타 버렸고, 고전 학문의 방대한 자료도 영원히 사라져 버렸다. 그러나 결국 고대의 지혜는 재발견되고 재평가됐다. 현대적 통신 수단이 제대로 갖춰지지 않았던 중국은 수 세기 동안 비단 제조의 비법을 감춰 왔지만, 서기 552년 두 명의 용감한 네스토리우스파 수도사 덕분에 결국 그 비법이 밝혀지고 만다. 기술은 곧 생각이고, 생각은 결코 사라지지 않는다.

기술은 더 많은 것, 더 나은 것, 더 쉬운 것, 더 저렴한 것을 끊임없이 약속하면서 영원히 매달려 있는 미끼와 같다. 발명에 대한 인간의 욕구는 끝이 없다. 물결의 필연성은 저항의 부재가 아니라 저항을 압도하는 수요에서 비롯된다. 사람들은 다양한 이유로 기술을 거부하고 억제하려는 시도를 자주 해 왔다. 하지만 그것만으로는 충분하지가 않았다. 역사적으로 억제 문제에 대한 인식이 없었던 것이 아니다. 단지 그 문제가 해결되지 않았을 뿐이다.

예외가 있을까? 아니면 결국 기술이라는 물결은 항상 모든 곳에 스며들게 되는 것일까?

핵은 예외일까?

1933년 9월 11일, 물리학자 어니스트 러더퍼드Ernest Rutherford는 레스터에서 열린 영국과학진흥협회British Association for the Advancement of Science에서 "현재 우리 마음대로 할 수 있는 수단과 지식으로 원자력을 사용할 수 있다고 말하는 사람은 말도 안 되는 소리를 하고 있는 것"이라고 주장했다.[7] 런던의 한 호텔에서 러더퍼드의 주장이 담긴 기사를 읽은 헝가리 태생의 망명자 레오 실라르드Leo Szilard는 아침 식사를 하며 깊은 생각에 잠겼다. 잠시 후 그는 산책을 나섰다. 러더퍼드가 원자력 사용은 허튼 소리라고 주장한 다음 날, 실라르드는 핵 연쇄 반응을 개념화했다.

첫 번째 핵폭발은 12년 만에 일어났다. 1945년 7월 16일, 미국 육군은 맨해튼 프로젝트Manhattan Project의 지원하에 뉴멕시코 사막에서 트리니티Trinity라는 코드명을 가진 장치를 폭발시켰다. 몇 주 후 보잉 B-29 슈퍼포트리스 중 하나인 이놀라 게이(Enola Gay, 원자 폭탄 투하에 사용된 폭격기_옮긴이)가 히로시마 상공에서 64킬로그램의 우라늄 235로 제조한 리틀 보이Little Boy라는 코드명의 폭탄을 투하해 14만 명이 사망했다.[8] 순식간에 세상은 바뀌고 말았다. 그러나 그 이후 전반적인 역사의 흐름과 달리 핵무기가 무한정 확산되지는 않았다.

전시에 핵무기를 폭발시킨 경우는 단 두 차례에 불과하고, 현재 핵무기를 보유한 국가는 9개국뿐이다. 실제로 남아프리카 공화국은 1989년에 핵무기 기술을 완전히 포기했다. 우리가 알고 있는 한 비국가 주체가 핵무기를 보유한 사례는 찾아볼 수 없으며, 현재 세계의 총 핵탄두 수는 약 1만 개로 놀라울 정도로 많지만, 6만 개가 넘었던 냉전 시대의 최고치보다는 낮은 수치다.

그렇다면 무슨 일이 일어났을까? 핵무기는 분명히 상당한 전략적 이점을 제공한다. 제2차 세계 대전이 끝날 무렵 많은 사람들은 당연히 핵무기가 널리 확산될 것이라고 생각했다. 초기 핵폭탄 개발에 성공한 미국과 러시아는 열핵 수소 폭탄과 같이 훨씬 더 파괴적인 무기를 개발하는 길을 걷고 있었기 때문이다. 역사상 가장 강력한 폭발은 차르 봄바Tsar Bomba라고 불리는 수소 폭탄의 실험이었다. 1961년 바렌츠 해의 한 외딴 군도에서 폭발한 이 폭탄은 약 5킬로미터 크기의 화구와 약 95킬로미터 너비의 버섯구름을 만들어 냈다. 차르 봄바의 폭발은 제2차 세계 대전에 사용된 재래식 폭탄의 폭발력을 모두 합친 것보다 무려 10배 더 강력했고, 그 규모는 모두를 섬뜩하게 했다. 이러한 점에서 보면 오히려 도움이 됐을지도 모른다. 미국과 러시아 모두 핵무기의 엄청난 파괴력을 마주하고는 무기를 증강하는 일에서 한 발 물러섰기 때문이다.

핵 기술이 억제된 것은 우연이 아니었다. 핵무기를 생산하기가 엄청나게 복잡하고 비용이 많이 든다는 사실에 힘입은 핵 강대국들의 의식적인 비확산 정책 덕분이었다.

핵을 억제하기 위한 초창기 제안 중 일부는 놀라울 정도로 높은 수준의 내용을 담고 있었다. 1946년 애치슨-릴리엔탈 보고서 Acheson-Lilienthal Report는 유엔이 전 세계의 모든 핵 활동을 명시적으로 통제할 수 있는 '원자력 개발 기구'의 설립을 제안했다.[9] 물론 그 제안이 실현되지는 않았지만, 그럼에도 불구하고 일련의 국제 조약이 체결됐다. 중국이나 프랑스와 같은 국가들은 방관하는 태도를 취했지만 1963년 부분적 핵실험 금지 조약Partial Test Ban Treaty이 체결되면서 군비 경쟁을 부추기던 핵폭발 실험의 빈도가 줄어들었다.[10]

1968년 핵무기 비확산에 관한 조약Treaty on the Non-proliferation of Nuclear Weapons이 체결되면서 각국이 핵무기를 개발하지 않기로 명시적으로 합의한 획기적인 전환점이 마련됐다.[11] 이를 통해 전 세계가 힘을 합쳐 새로운 국가에 핵무기가 확산되는 것을 단호하게 저지했다. 첫 번째 실험에서부터 핵무기의 파괴력은 명확하게 드러났다. 열핵 대참사의 가능성에 대한 대중의 반감은 조약을 체결하는 데 강력한 동기가 됐다. 그러나 이러한 핵무기들은 냉철한 계산에 의해 억제돼 온 것이기도 했다. 홧김에 핵무기를 사용하는 것은 곧 자멸에 이르는 지름길이라는 사실이 바로 밝혀지면서 상호 확증 파괴(적대 관계에 있는 양국이 서로를 파괴할 수 있는 핵전략을 세워 양국 모두 피해를 입을 수 있는 상태_옮긴이)가 핵무기 보유국들의 발목을 잡았다.

핵무기는 엄청나게 비싸고 제조하기도 어렵다. 농축 우라늄 235와 같이 희귀하고 다루기 어려운 물질이 필요할 뿐만 아니라 그 물질을 유지하고 관리하고 궁극적으로 폐기하는 것 역시 어렵다. 또 수요가 제한적이기 때문에 비용 절감이나 접근성 확대에 대한 압박이 거의 없어 현대 소비자 기술의 전형적인 비용 곡선을 따르지 않는다. 핵분열성 물질을 생산하는 것은 알루미늄을 압연하는 것과는 차원이 다르기 때문에 트랜지스터나 평면 TV처럼 확산될 일은 전혀 없을 것이다. 비확산은 핵무기 개발이 한 국가가 수행할 수 있는 가장 광범위하고 큰 비용이 들고 복잡한 사업 중 하나라는 사실과도 밀접한 관련이 있다.

지금도 수많은 핵무기가 바다를 순찰하는 잠수함에 탑재돼 있고, 거대한 사일로(silo, 미사일을 격납하고 있다가 발사하는 저장고_옮긴이)에서 일촉즉발의 경계 태세를 유지하고 있는 상황임을 감안할 때 핵무기가 확산되지 않았다고 말하는 것은 옳지 않을 수도 있다. 하지만 수십 년에 걸친 광범위한 기술적·정치적 노력 덕분에 기술의 근본적인 패턴을 상당 부분 피할 수 있었다.

그러나 부분적인 예외를 제외하고는 핵 능력이 대부분 억제된 게 사실이지만 안심할 수 있는 상황은 아니다. 핵의 역사를 살펴보면 여전히 아찔한 사고와 실수, 오해의 연속이다. 1945년 첫 핵 실험 이후, 비교적 사소한 절차상 문제부터 엄청난 규모의 파괴를 초래할 수 있었던(그리고 여전히 그럴 가능성이 있는) 끔찍한 핵 증강에 이르는 수백 건의 사건이 심각한 우려를 불러 일으켰다.

실패는 다양한 모습으로 나타날 수 있다. 소프트웨어 문제가 생기면 어떻게 될까? 미국의 지휘 통제 시스템이 1970년대 하드웨어와 8인치 플로피 디스크에서 업그레이드된 것은 2019년의 일이었다.[12] 세상에서 가장 정교하고 파괴적이라는 무기고가 오늘날 대부분의 사람들은 알아보기도 어렵고 사용할 수조차 없을 정도로 오래된 기술로 운영되고 있었던 것이다.

사고는 빈번하게 발생한다.[13] 예를 들어, 1961년 노스캐롤라이나 상공에 있던 B-52 폭격기에서 연료 누출이 발생했다. 승무원들은 고장 난 항공기에서 탈출했고, 항공기와 탑재물은 지상으로 급강하했다. 이 과정에서 아직 폭발하지 않은 수소 폭탄의 안전 스위치가 '무장armed'이라는 표시와 함께 깜빡거리며 들판에 추락했다. 네 개의 안전장치 중 하나가 남아 있어 기적적으로 폭발을 피할 수 있었다. 2003년 영국 국방부는 자국의 핵무기 프로그램

과정에서 발생한 니어 미스(near miss, 일촉즉발의 위기 상_옮긴이)와 사고 110건을 공개했다. 개방적이지 않은 크렘린Kremlin도 2000년에서 2010년 사이에 발생한 심각한 핵 사고 15건을 인정했다.

사소한 하드웨어 오작동도 심각한 위험을 초래할 수 있다.[14] 1980년에는 46센트짜리 컴퓨터 칩 한 개에 결함이 생겨 태평양 상공에서 대형 핵 사고가 일어날 뻔했다. 또 가장 잘 알려진 사례 중 하나로 쿠바 미사일 위기 당시 러시아 제독 대행이었던 바실리 아르히포프Vasili Arkhipov가 핵 어뢰 발사 명령을 거부한 덕분에 핵 재앙을 겨우 피할 수 있었다. 잠수함에 타고 있던 다른 두 장교는 자신들이 공격을 받고 있다고 확신했고, 순식간에 전 세계가 전면적인 핵전쟁 위기에 처할 뻔 했다.

걱정거리는 여전히 많다. 러시아의 우크라이나 침공으로 핵 위협이 다시 고개를 들었다. 북한은 핵무기를 획득하기 위해 엄청난 노력을 기울였고, 이란이나 시리아 같은 국가에 탄도 미사일을 판매하고 핵 기술을 공동으로 개발한 것으로 보인다.[15] 중국, 인도, 파키스탄은 무기고를 늘리고 있고 불투명한 안전 기록을 갖고 있다.[16] 튀르키예, 사우디아라비아, 일본, 한국을 포함한 모든 국가가 적어도 핵무기에 대한 관심은 표명했다. 브라질과 아르헨티나는 우라늄 농축 프로그램까지 보유하고 있었다.[17]

아직까지는 재래식 탄두나 '더러운 폭탄'(dirty bomb, 폭탄에 방사능 물질을 첨가해 제조한 방사능 무기_옮긴이) 제조에 충분한 방사능 물질을 확보한 테러리스트 그룹은 없는 것으로 알려져 있다. 그러나 이러한 무기를 만드는 방법은 결코 기밀이 아니다. 악의를 품은 내부자도 얼마든지 만들 수 있다. 엔지니어 A. Q. 칸A. Q. Khan은 원심 분리기 설계도를 빼돌려 네덜란드로 도주해 파키스탄의 핵무기 개발을 도왔다.

병원, 기업, 군대뿐 아니라 최근에는 체르노빌에서 유출된 것까지 적지 않은 핵물질의 행방이 묘연하다.[18] 2018년 텍사스주 샌안토니아에서는 미국 에너지부 소속 공무원이 한 호텔에서 잠을 자던 중 플루토늄과 세슘을 차량에서 도난당하는 사건이 발생했다.[19] 악몽 같은 시나리오는 바로 핵탄두가 운송 중에 도난당하거나 관리에서 누락돼 분실된 핵탄두를 찾을 수 없는 상황을 말한다. 비현실적으로 들릴지 모르지만 실제로 미국이 잃어버린 핵무기 수만 최소 세 개다.[20]

핵은 거침없는 기술 확산에서 예외이기는 하지만, 이는 핵과 관련된 막대한 비용과 복잡성, 수십 년에 걸친 다자간의 끈질긴 노력, 공포를 유발하는 치명적인 잠재력, 그리고 순전히 운에 의한 예외에 불과하다. 그래서 어느 정도 큰 흐름에서 벗어났을 수도 있지만, 게임의 판도가 어떻게 변화했는지를 보여 주기도 한다. 잠재적인 결과와 곧 다가올 실존적 영향을 고려할 때, 부분적이고 상대적인 억제만으로는 턱없이 부족한 상황이다.

핵이라는 위협적인 기술이 지닌 어두운 진실은 인류가 핵무기를 사용하지 않으려고 노력하기는 했지만 부분적으로만 성공했다는 사실이다. 핵무기는 인류 역사상 가장 엄격하게 통제된 기술 중 하나지만, 가장 엄격하고 직접적인 의미에서 볼 때 핵무기 억제 문제는 여전히 해결되지 않은 과제로 남아 있다.

기술적 동물

억제책은 흔치 않은데다가 결함이 있는 경우가 많다. 여기에는 생화학 무기 사용에 대한 유예, 대기 중의 오존층을 파괴하는 물질인 CFC 사용을 단계적으로 규제한 1987년 몬트리올 의정서, 유럽 연합EU의 식품 내 유전자 변형 생물체 사용 금지, 인간 유전자 편집에 대한 자발적 유예 등이 포함된다. 아마도 가장 야심 찬 억제 의제는 지구 온도 상승을 섭씨 2도 이하로 제한하는 것을 목표로 하는 파리 협정Paris Agreement과 같은 탈탄소화 노력일 것이다. 본질적으로 이 협정은 일련의 기본 기술을 거부하려는 전 세계적인 노력을 나타낸다.

4부에서는 이러한 현대적인 억제 사례에 대해 자세히 살펴볼 것이다. 현재로서는 이러한 성과가 유의미하기는 하지만 그렇다고 확실한 성과를 거둔 것은 아니라는 사실을 염두에 두는 것이 중요하다. 최근 시리아에서는 화학 무기가 사용됐다.[21] 그러한 무기는 지속적으로 발전하고 있는 분야의 제한적인 적용 사례에 불과하다. 기술 유예 조치에도 불구하고 전 세계의 생화학 기술은 매년 발전하고 있다. 누군가가 그 기술을 무기화해야 한다면 그 어느 때보다 더 쉬운 일이 될 것이다.

EU는 식품 원료로 유전자 조작 식품을 공급하는 것을 금지하고 있지만, 그 밖의 다른 지역에서는 유전자 조작 식품이 널리 사용되고 있다. 앞으로 살펴보겠지만 유전자 편집을 뒷받침하는 과학은 계속 발전하고 있다. 인간 유전자 편집에 대한 전 세계적인 유예 요청은 답보 상태에 머물러 있다. 다행히도 범용 기술이 아니었던 CFC를 대체할 수 있는 더 저렴하고 효과적인 대안들을 쉽게 찾을 수 있었다. 새로운 대안을 찾지 못했다면 2040년대에 이르러 오존층이 붕괴됐을 것이고 21세기 지구의 기온은 섭씨 1.7도 더 상승했을 것이라는 모델링 결과가 발표되기도 했다.[22] 일반적으로 이러한 억제 노력은 좁은 관할권 내 소수의 특정 기술에 국한돼 있으며, 그 효과도 미미한 수준이다.

파리 협정은 이러한 한계를 뛰어넘는 것을 목표로 하고 있지만, 과연 성공할 수 있을까? 우리는 그 목표가 달성될 수 있기를 바라야 한다. 그러나 이러한 억제책은 심각한 피해와 날이 갈수록 분명해지는 실질적인 수준의 위협이 발생한 후에야 나온다는 사실에 주목할 필요가 있다. 늦은 감이 없지 않고 성공 여부 역시 장담할 수 없다.

이 같은 노력은 제대로 된 억제책이 아니다. 이러한 노력 중 그 어느 것도 범용 기술의 물결을 완전히 막을 수는 없다. 물론 나중에 살펴보겠지만 미래에 대한 중요한 시사점을 제시해 주기는 한다. 그러나 이러한 억제책은 우리가 기대하고 필요로 하는 만큼의 위안을 제공해 주지는 못한다.

기술을 거부하거나 축소해야 할 이유는 항상 존재한다. 기술의 역사를 보면, 기술은 사람들이 더 많은 일을 할 수 있게 하고, 능력을 향상시키고, 삶의 질을 개선하는 데 기여한 게 사실이지만, 그러한 긍정적인 측면만 있는 것은 아니다. 기술은 더 나은 도구뿐만 아니라 더 치명적이고 파괴적인 무기도 만들어 낸다. 기술은 실패자를 만들어 내고, 일부 일자리와 삶의 방식을 없애기도 하고 전 지구적이고 실존적인 규모의 기후 변화까지 초래한다. 새로운 기술은 불안하고 불안정하고 이질적이고 공격적일 수 있다. 기술은 문제를 일으키고, 항상 그래 왔다.

하지만 그 어느 것도 문제가 되지 않는 것처럼 보인다. 시간이 걸릴 수는 있지만, 더 저렴하고 효율적인 기술이 계속해서 확산되는 그 패턴만큼은 분명하다. 유용하고, 바람직하고, 저렴하고, 접근성이 뛰어나고, 탁월한 기술이라면 그 기술은 살아남아 확산하면서 그 특징들이 복합적으로 작용할 것이다. 기술이 언제, 어떻게, 새로운 문을 열어 줄지 알 수는 없지만 결국 우리는 그 문을 통과하게 될 것이다. 여기에는 어떤 필연적인 상관관계가 있다기보다는 역사 전반에 걸쳐 지속된 경험적 연관성이 존재한다.

특정 기술에 관한 모든 것은 우발적이고 경로 의존적이다. 또 놀라울 정도로 복잡한 상황, 우연한 사건, 무수히 많은 특정 지역, 문화, 제도, 경제적 요인에 따라 달라진다. 자세히 살펴보면 운 좋은 미팅, 우연한 사건, 독특한 성격, 사소한 창작 행위나 저항도 중요한 역할을 한다. 그런데 한 걸음 물러서서 더 큰 그림을 보면 무엇이 보일까? 이러한 힘이 활용될 여부가 아니라 언제, 어떤 형태로, 누구에 의해 활용될지가 더 중요해지는 지각 변동의 과정을 이해하게 된다.

기술 억제가 극히 드물게 이뤄지는 것을 감안하면 억제라는 단어가 기술 전문가와 정책 입안자들의 사전에서 사라지다시피 한 것은 놀라운 일이 아니다. 이 장에서 다룬 이야기가 워낙에 깊이 뿌리내려 있기 때문에 우리 모두가 이를 받아들이고 따라 왔다. 보통 우리는 기술의 물결이 우리를 휩쓸고 지나가도록 내버려 뒀고, 통제할 수 없이 자연스럽게 확산되는 기술을 환영하든 비난하든 어쩔 수 없는 현실로 받아들이면서 조율되지 않은 즉흥적인 방식으로 대체해 왔다.

약 100년이라는 시간 동안 인류를 양초와 마차의 시대에서 발전소와 우주 정거장의 시대로 이끈 물결이 연속적으로 이어졌다. 앞으로 30년 안에 그와 비슷한 변화가 일어날 것이다. 우리 앞에 다가올 수십 년 동안 새로운 기술의 물결은 인류가 마주할 수 있는 가장 근본적인 질문을 우리에게 던져 줄 것이다. 특정 질병에 대한 면역력을 갖고 있거나, 지능이 높거나, 더 오래 살 가능성이 있는 아이를 낳을 수 있도록 우리 유전자를 편집할 것인가? 우리는 진화의 피라미드 꼭대기에 있는 우리 자리를 지키기 위해 최선을 다할 것인가, 아니면 우리보다 더 똑똑하고 유능한 AI 시스템의 출현을 허용할 것인가? 이러한 질문들을 탐구하는 과정에서 발생할 수 있는 의도치 않은 결과는 어떤 것들이 있을까?

이러한 질문들은 21세기의 호모 테크놀로지쿠스에 대한 중요한 진실을 보여 준다. 역사 전반에 걸쳐 기술의 도전 과제는 기술을 개발하고 그 힘을 발휘하는 데 있었다. 하지만 이제 그러한 역사적 흐름이 바뀌었다. 오늘날 기술의 도전 과제는 기술이 발휘할 수 있는 힘을 억제해 우리 인간과 지구에 계속 도움이 될 수 있도록 하는 데 있다.

그러한 도전이 이제 결정적으로 확대되기 직전에 있다.

2부

새로운 물결

4장

지능의 기술

AI가 내게 현실이 되던 그 순간을 결코 잊지 못할 것이다. AI는 기술적 화두나 야망이 아니라 현실이 됐다.

2012년 어느 날, 런던 블룸즈버리에 있는 딥마인드의 첫 번째 사무실에서 그 일이 일어났다. 회사를 설립하고 초기 자금을 확보한 후 몇 년 동안은 스텔스 모드(stealth mode, 제품이나 서비스를 개발하면서 비밀을 유지하는 상태_옮긴이)로 인공 일반 지능artificial general intelligence, 즉 AGI를 만들기 위한 연구와 엔지니어링에 집중했다. AGI라는 명칭에서 '일반general'이란 표현은 이 기술이 의도한 광범위한 범위를 의미하며, 우리의 목표는 대부분의 인지 작업에서 인간의 능력을 뛰어넘을 수 있는 진정한 범용 학습 에이전트를 만드는 데 있었다. 우리의 조심스러운 접근 방식은 딥 큐-네트워크Deep Q-Network의 줄임말인 DQN이라는 알고리즘을 만들면서 바뀌었다. 팀원들은 DQN이 아타리Atari를 대표하는 다양한 게임을 플레이하도록 훈련시켰다. 더 자세히 말하면, DQN 스스로 게임을 플레이하는 방법을 학습할 수 있도록 훈련시켰다. 이 자가 학습 요소는 이전 작업들과 비교해 우리 시스템을 차별화해 주는 핵심 요소였으며, 우리가 궁극적인 목표를 달성해 나갈 수 있게 해 주는 첫 번째 실마리가 됐다.

처음에 DQN은 학습이 불가능한 것처럼 보일 정도로 형편없었다. 그러다가 2012년 가을 어느 날 오후, 딥마인드에서 직원 몇 명이 기계 주위에 모여 브레이크아웃Breakout이라는 게임을 학습하고 있는 알고리즘의 훈련 과정을 반복해 시청하고 있었다. 브레이크아웃 게임에서 게임 플레이어가 화면 하단에 있는 패들paddle을 조종해 공을 받아치면 그 공이 위아래로 튕겨서 여러 색의 벽돌을 깨뜨리는데, 더 많은 벽돌을 깨뜨릴수록 점수가 높아진다. 우리 팀은 패들을 좌우로 움직이는 제어 동작과 픽셀 사이의 관계를 학습하기 위해 DQN에 프레임 단위의 원시 픽셀과 점수만 부여했다. 처음에는 알고리즘이 의미 있는 동작을 우연히 발견할 때까지 그 공간의 가능성을 무작위로 탐색하는 방식으로 진행됐다. 알고리즘은 시행착오를 거치면서 패들을 제어하고 공을 앞뒤로 튕기며 벽돌을 한 줄씩 깨뜨리는 방법을 학습했다. 인상적인 성과였다.

그러던 중 놀라운 일이 벌어졌다. DQN은 새롭고 아주 영리한 전략을 발견한 것처럼 보였다. DQN은 벽돌을 가로 열로 한 줄씩 깨뜨리는 대신 벽돌의 세로 열 하나를 공략하기 시작했다. 그 결과, 벽돌 블록의 뒤쪽까지 이어지는 효율적인 경로가 만들어졌다. DQN은 맨 위까지 터널을 만들어 공이 뒷벽으로 튕겨 나갈 수 있는 경로를 만들었고, 핀볼pin-ball 기계에서 볼 수 있는 광란의 공처럼 벽돌 세트 전체를 거침없이 깨뜨렸다. 이 방법은 최소한의 노력으로 최대한의 점수를 획득할 수 있게 해 주었다. 열성적인 게이머에게는 낯설지 않은 전략이었지만, 뻔한 전략과는 거리가 먼 놀라운 전략이었다. 우리는 알고리즘이 새로운 것을 '스스로' 학습하는 것을 지켜보았다. 나는 그 모습을 보고 경악을 금치 못했다.

처음으로 나는 가치 있는 지식을 학습할 수 있는 아주 단순하고 멋진 시스템을 목격했다. 아마도 우리 인간 중 대다수는 그 전략을 생각해 내지 못했을 것이다. 인공 지능 에이전트가 새로운 지식을 발견해 낼 수 있다는 가능성을 조기에 보여 준 짜릿한 순간이었다.

DQN의 시작은 미약했지만, 수개월 간의 수정 작업을 거친 알고리즘은 초인 수준의 성능에 도달했다. 그리고 이 같은 성과는 딥마인드를 시작하게 된 계기가 됐고, 그 성과는 AI의 가능성을 보여 주었다. AI가 게임을 플레이하면서 영리한 전략을 발견할 수 있다면 그 외에 또 어떤 것을 학습할 수 있을까? 우리가 이 새로운 힘을 이용해 21세기의 가장 어려운 사회 문제를 해결하는 데 도움이 되는 새로운 지식, 발명, 기술을 인류에게 제공할 수 있을까?

DQN은 나와 딥마인드, 그리고 AI 업계 전체의 큰 도약이었다. 하지만 대중은 다소 냉담한 반응을 보였다. AI는 여전히 변두리에

속하는 연구 분야이자 부차적인 논의 대상이었다. 그러나 불과 몇 년 만에 이 새로운 세대의 AI 기술이 세계무대에 본격적으로 등장하면서 모든 것이 바뀌게 된다.

알파고와 미래의 시작

바둑은 흑과 백의 바둑돌을 가지고 가로와 세로 각각 19줄이 그어진 바둑판 위에서 승부를 겨루는 동아시아의 오래된 게임이다. 상대의 바둑돌을 내가 가진 바둑돌로 포위하는 것을 목표로 하며, 포위한 상대의 바둑돌을 바둑판에서 가져오면 된다. 이것이 바둑 게임의 전부다.

바둑 게임의 규칙은 간단하지만 그 복잡성은 엄청나다. 체스보다 훨씬 더 복잡하다. 체스에서는 세 쌍의 수를 두면 약 1억 200만 가지의 체스판 배치가 가능하다.[1] 하지만 바둑에서 세 번의 수를 두면 약 2000조(2×1015)가지의 바둑판 배치가 가능하다. 바둑의 경우, 총 10170가지의 바둑판 배치가 가능하며, 이는 정말 엄청나게 큰 수다.[2]

흔히 바둑판의 잠재적 배치 수는 세상에 알려진 우주의 원자 수보다 더 많다고 이야기한다. 실제로 상상하기 어려운 천문학적인 수의 배치가 더 존재할 수도 있다. 이렇게 엄청난 수의 가능성이 존재하는 바둑 게임에서 기존의 방식으로 접근해서는 승산이 없었다. 1997년 IBM의 딥 블루Deep Blue가 체스 게임에서 가리 카스파로프Garry Kasparov를 이겼을 때, 딥 블루는 알고리즘이 가능한 한 많은 수를 체계적으로 계산하도록 하는 '무차별 대입brute-force technique'이라는 방식을 사용했다. 그러나 바둑과 같이 정말 다양한 결과가 나올 수 있는 게임에서는 이러한 접근 방식이 통하지 않는다.

2015년 우리가 바둑에 대한 연구를 시작했을 당시, 대부분의 사람들은 세계 챔피언이 될 프로그램이 수십 년 후에나 가능할 것이라고 생각했다. 구글의 공동 창업자인 세르게이 브린은 어떤 식으로든 발전이 있다면 충분한 가치가 있을 것이라며 우리에게 도전할 권을 권했다. 처음에 알파고AlphaGo는 바둑 기사들이 참여한 15만 회의 대국을 보면서 학습했다. 알파고의 초기 성과에 만족하고 난 다음 단계의 핵심은 다수의 알파고 복사 프로그램을 만들어 스스로 자가 대국을 반복하도록 하는 것이었다. 이러한 반복적인 자가 대국을 통해 알고리즘은 새로운 대국 수백만 회를 시뮬레이션하고 이전에 한 번도 둬 본 적 없는 조합을 시도해 봄으로써 수많은 가능성을 효율적으로 탐색, 그 과정에서 새로운 전략을 학습할 수 있었다.

그러고 나서 2016년 3월, 우리는 한국에서 대국을 개최했다. 알파고와 세계 챔피언 이세돌 9단이 바둑 대결을 펼친 것이다. 쉽사리 승부를 예측하기는 어려웠지만 대부분의 전문가들은 제1국을 앞두고 이세돌 9단의 승리를 점쳤다. 하지만 놀랍게도 첫 대국에서 알파고가 승리했다. 제2국에서는 AI와 바둑의 역사에 길이 남을 37수가 나왔다. 이해할 수 없는 수였다. 알파고는 프로 기사라면 결코 시도하지 않았을 패배 전략을 맹목적으로 따르다가 낭패를 본 것이 분명했다. 세계 최고 랭킹의 프로 기사인 두 해설자는 알파고가 '매우 이상한 수'를 뒀다며 '실수'인 것 같다고 말했다. 37수는 이세돌 9단이 응수하는 데 15분이나 걸렸고, 그가 바둑판에서 일어나 산책까지 할 정도로 이례적이었다.

우리가 통제실에서 상황을 지켜보면서 느끼는 긴장감은 이루 다 말할 수가 없었다. 그런데 대국이 막바지에 다다르자 그 '실수'가 결정타였다는 사실이 입증됐다. 알파고가 또다시 승리했다. 바둑 전략이 우리 눈앞에서 다시 쓰이고 있었다. 우리가 만든 AI가 수천 년간 가장 뛰어난 바둑 기사들도 생각해 내지 못했던 묘수를 찾아냈다. 단 몇 달 만에 우리는 알고리즘을 훈련시켜 새로운 지식을 발견하고 초인적으로 보이는 새로운 통찰을 얻어 낼 수 있었다. 이러한 능력을 어떻게 더 발전시킬 수 있을까? 이러한 방법을 현실적인 문제에도 적용할 수 있을까?

알파고는 이세돌을 4대 1로 이겼다. 하지만 이는 시작에 불과했다. 알파제로AlphaZero와 같은 후속 버전의 소프트웨어는 인간의 사전 지식을 전혀 필요로 하지 않았다. 이 시스템은 인간 플레이어가 제공하는 지식이나 정보에 의존하지 않고 수백만 번이 넘는 자가 훈련을 통해 스스로 학습하면서 기존의 알파고를 능가하는 수준의 성능에 도달했다. 다시 말해서, 알파제로는 단 하루의 훈련으로 인류의 경험을 통해 배울 수 있는 것보다 더 많은 게임 지식을 배울 수 있었다.

알파고의 승리는 AI의 새로운 시대를 예고했다. DQN과 달리 이번에는 그 결과가 수백만 명에게 생중계됐다. 연구 자금이 고갈되고 기피하는 분야가 되면서 연구원들이 'AI의 겨울'이라고 부르던 시기에 우리 팀은 모두의 시선을 한몸에 받으며 새롭게 부상했다. AI가 다시 돌아와 마침내 성과를 내기 시작했다. 대대적인 기술 변화가 다시 한번 새로운 물결을 일으키기 시작했다. 그리고 이것은 단지 시작에 불과했다.

원자에서 비트와 유전자까지

최근까지도 기술의 역사는 원자를 조작하려는 인류의 노력이라는 한 구절로 요약할 수 있었다. 불에서 전기, 석기에서 공작 기계, 탄화수소에서 의약품에 이르기까지 2장에서 설명한 여정은 본질적으로 우리 인류가 원자에 대한 통제력을 서서히 확장해 온 광범위한 전개 과정을 보여 준다. 이 같은 통제가 더욱 정교해지면서 기술은 계속해서 더 강력하고 복잡해져 공작 기계, 전기 공정, 열기관, 플라스틱과 같은 합성 물질, 무서운 질병을 퇴치할 수 있는 복잡한 분자의 탄생을 가져왔다. 이러한 모든 신기술의 근본적인 원동력은 물질, 즉 물질의 원자 구성 요소를 지속적으로 조작하는 데 있다.

기술은 20세기 중반부터 더 높은 수준의 추상적 개념에서 기능하기 시작했다. 이러한 변화의 중심에는 정보가 우주의 핵심 속성이라는 인식이 자리 잡고 있었다. 정보는 이진 형식으로 인코딩될 수 있고, 이는 DNA 형태로 생명체가 작동하는 방식의 핵심이다. 1과 0으로 이뤄진 문자열이나 DNA의 염기쌍은 단순한 수학적 호기심이 아니다. 그 둘은 기초적이면서도 강력하다. 이러한 정보 흐름을 이해하고 제어하면 새로운 가능성의 세계를 꾸준히 개척해 나갈 수 있다. 처음에는 비트(bit, 데이터를 나타내는 최소 기본 단위_옮긴이)가, 그다음에는 점점 더 많은 유전자가 발명의 구성 요소로서 원자를 대체했다.

제2차 세계 대전 이후 수십 년 동안 과학자, 기술 전문가, 기업가들은 컴퓨터 과학과 유전학이라는 분야를 개척했고, 이 두 분야와 관련된 수많은 기업이 설립됐다. 그들은 새로운 수준의 추상성과 복잡성을 바탕으로 정보 전달을 처리하는 비트와 유전자라는 아주 유사한 혁명을 시작했다. 결국 이 기술들이 발전해 스마트폰에서 유전자 변형 쌀에 이르는 모든 것을 가능하게 했다. 하지만 우리가 할 수 있는 일에는 한계가 있었다.

이제 그 한계가 무너지고 있다. 우리는 역사상 가장 심오하고 고차원적인 기술의 등장으로 변곡점을 맞이하고 있다. 다가오는 기술의 물결은 기본적으로 가장 원대하고 가장 세분화된 수준에서 작동할 수 있는 두 가지 범용 기술, 즉 인공 지능과 합성 생물학을 기반으로 한다. 처음으로 기술 생태계의 핵심 구성 요소가 지능과 생명이라는 세상의 두 가지 기본 속성을 직접적으로 다루고 있다. 다시 말해서, 기술은 하나의 상Phase에서 다른 상으로 변화하는 상전이phase transition를 겪고 있다. 기술은 이제 더 이상 단순한 도구에 머물지 않을 것이다. 인간의 삶을 설계하고 인간의 지능과 경쟁하며 심지어 인간의 지능을 능가하는 도구가 될 것이다.

이전에는 기술 접근이 불가능했던 영역들이 새롭게 열리고 있다. AI는 우리가 말과 언어는 물론이고 시각과 추론도 복제할 수 있게 해 주고 있다. 합성 생물학의 근본적인 발전은 우리가 DNA를 분석하고, 변경하고, 합성할 수 있게 해 주었다.

비트와 유전자를 조작할 수 있는 새로운 능력이 물질에 반영되면서 우리 주변 세계를 원자 수준까지 자유자재로 제어할 수 있게 됐다. 원자, 비트, 유전자는 촉매 작용, 교차 편집, 능력 확장의 활발한 순환을 통해 결합한다. 원자를 정교하게 조작할 수 있는 인간의 능력은 실리콘 웨이퍼의 발명을 가능하게 했고, 초당 수조 번의 연산이 가능한 실리콘 웨이퍼를 통해 생명의 암호를 해독할 수 있게 됐다.

AI와 합성 생물학이 앞으로 다가올 물결의 중심에 있는 범용 기술이지만, 양자 컴퓨팅, 로봇 공학, 나노 기술, 풍부한 에너지의 가능성 등 매우 강력한 파급 효과를 가진 기술들이 그 두 기술을 둘러싸고 있다.

앞으로 다가올 물결은 역사상 그 어떤 물결보다 더 근본적이고 광범위하며 억제하기 어려울 것이다. 새로운 물결과 그 물결의 윤곽을 이해하는 것은 21세기에 우리 앞에 펼쳐질 미래를 평가하는 데 매우 중요하다.

캄브리아기 대폭발

기술은 서서히 발전하는 아이디어의 집합체다. 새로운 기술은 다른 기술과의 충돌이나 결합을 통해 발전하고, 자연 선택에서처럼 효과적인 기술 조합은 계속 살아남아 미래 기술을 위한 새로운 구성 요소를 형성한다. 발명은 축적과 복합의 과정이며, 자체적으로 성장해 나간다. 기술이 많아지면 많아질수록 다른 신기술의 구성 요소가 될 가능성도 커지므로 경제학자 W. 브라이언 아서w. Brian Arthur의 말처럼 "기술의 전체 집합은 소수에서 다수로, 단순함에서 복잡함으로 나아가면서 스스로를 발전시킨다."[3] 따라서 기술은 언어나 화학처럼 독립적인 개체와 관행의 집합체가 아니라 결합하고 재결합할 여러 요소가 뒤섞여 있는 집합체다.

이것이 바로 다가오는 물결을 이해하기 위한 열쇠다. 기술학자인 에버렛 로저스Everett Rogers는 기술을 한 가지 이상의 기능이 서로 밀접한 관계에 있는 '혁신의 집합체'라고 말한다.[4] 다가오는 물결은 지구 역사상 가장 강렬한 새로운 종의 분출인 캄브리아기 대폭발Cambrian explosion과 같은 진화적 폭발의 거대한 집합체로, 수천 개에 달하는 새로운 응용 분야를 잠재적으로 포함하고 있다. 여기에 설명된 모든 기술은 그 영향을 미리 예측하기 어렵게 만드는 방식으로 서로 교차하고, 서로 보완하고, 서로 뒷받침한다. 이 기술들은 서로 깊이 얽혀 있으며 이러한 상호 연결성은 앞으로 더 강화될 것이다.

새로운 물결의 또 다른 특징은 바로 속도다. 엔지니어이자 미래학자인 레이 커즈와일Ray Kurzweil은 기술의 발전이 개발 속도를 더욱 높이는 피드백 루프를 만든다는 '수확 가속의 법칙law of accelerating returns에 대해 설명한다.[5] 예를 들어 더 정교한 칩과 레이저를 통해 더 높은 수준의 복잡성과 정밀도를 요구하는 작업이 가능해지면 더 강력한 칩을 만들어 낼 수 있고, 그 결과 더 나은 칩을 만들기 위한 더 나은 도구를 생산하게 된다. 이제 우리는 AI가 더 나은 칩을 설계하고 더 정교한 형태의 AI 생산 기술을 지원하는 것과 같은 피드백 루프 현상을 광범위하게 목격하고 있다.[6] 물결의 여러 부분이 서로 자극을 주고받고 개발 속도가 높아지면서 때로는 전혀 예측할 수 없을 정도로 변동성이 큰 물결이 발생하기도 한다.

우리는 어떤 결합이 어떤 결과를 초래할지 정확히 알 수 없다. 타임라인, 종착점, 구체적인 징후에 대해서도 확신할 수 없다. 그러나 우리는 새롭고 흥미로운 연결 고리가 형성되는 것을 실시간으로 지켜볼 수 있다. 또 우리는 역사, 기술, 생산적인 재결합과 확산의 끝없는 과정의 패턴이 계속될 뿐만 아니라 급격하게 심화될 것임을 확신할 수 있다.

전문 용어를 넘어서

인공 지능, 합성 생물학, 로봇 공학, 양자 컴퓨팅은 과장된 전문 용어처럼 들릴 수 있다. 회의론자도 많다. 이 모든 용어는 수십 년 동안 대중적인 기술 담론 여기저기서 논의돼 왔다. 그러나 알려진 것보다 더 더디게 진행되는 경우가 많았다. 비평가들은 이 장에서 우리가 살펴본 인공 일반 지능AGI과 같은 개념이 너무 허술하게 정의돼 있고 오해를 불러일으킬 수 있어 진지하게 고려할 가치가 없다고 주장한다.

벤처캐피털이 넘쳐나는 시대에는 겉만 번지르르한 것과 진정한 혁신을 구분하는 것이 그렇게 간단하지만은 않다. 머신 러닝 machine learning, 암호 화폐 열풍, 수백만 달러에서 수십 억 달러에 이르는 자금 조달 라운드funding round에 대한 이야기에 많은 사람들이 눈살을 찌푸리고 한숨짓는 것도 이해할 만하다. 숨 가쁘게 쏟아져 나오는 보도 자료, 자화자찬식의 제품 데모, 소셜 미디어에서 벌어지는 열광적이고 맹목적인 지지에 피곤함을 느끼고 지치기 쉽다.

비관적인 관점에도 나름 일리가 있지만, 앞으로 다가올 물결과 관련된 기술을 무시하는 것은 우리에게 위험한 결정이 될 수 있다.

현재는 이 장에서 설명한 기술 중 어느 것도 그 잠재력을 다 발휘하지 못하고 있다. 그러나 앞으로 5년, 10년, 20년 안에 그 잠재력을 제대로 발휘할 것이 거의 확실하다. 발전이 가시화되고 가속화되고 있다는 사실을 매달 확인할 수 있다. 그럼에도 불구하고 다가오는 물결을 이해하려면 특정 연도의 상황을 섣불리 판단할 것이 아니라 수십 년에 걸친 여러 지수 곡선형 발전을 면밀히 살펴보고, 그것을 미래에 투영해 보고, 그것이 무엇을 의미하는지 질문해 봐야 한다.

기술은 우리가 알고 있는 세상의 기본 구성 요소인 원자, 비트, 유전자에 대한 인류의 통제력이 계속 확대되고 있는 역사적 패턴의 핵심이다. 이는 우주적으로 매우 중요한 사건이 될 것이다. 다가오는 물결과 관련된 기술들을 효과적으로 관리한다는 것은 내가 경력을 쌓아 온 AI를 시작으로 그 기술들을 이해하고 진지한 태도로 받아들여야 한다는 것을 의미한다.

인공 지능의 봄: 딥 러닝의 발달

인공 지능은 다가오는 물결의 중심에 있다. 하지만 1955년 '인공 지능'이라는 용어가 사전에 처음 등장한 이래로 인공 지능은 먼 미래의 약속처럼 느껴질 때가 많았다. 예를 들어, 사물이나 장면을 인식할 수 있는 컴퓨터를 만드는 컴퓨터 비전vision 분야의 발전은 예상보다 더딘 속도로 진행됐다. 전설적인 컴퓨터 과학 교수인 마빈 민스키Marvin Minsky는 1966년 초기 비전 시스템을 개발하는 데 결정적인 역할을 할 돌파구를 곧 찾게 될 것이라고 믿어 하계 학생 중 한 명을 고용한 것으로 유명하다. 지극히 낙관적인 생각이었다.

결국 그 획기적인 순간은 거의 반세기가 지난 2012년에 알렉스넷AlexNet이라는 형태로 나타났다.[7] 알렉스넷은 오늘날 AI의 기본이 된 오래된 기술, 즉 딥 러닝deep learning의 부활에 힘입어 탄생했다. 딥 러닝은 AI 분야를 크게 발전시켰고, 우리 딥마인드에 없어서는 안 될 필수 기술이었다.

딥 러닝은 인간의 두뇌를 본떠 만든 신경망을 사용한다. 간단히 말해서, 이러한 시스템은 대량의 데이터를 사용해 네트워크를 '훈련'시킴으로써 학습한다. 알렉스넷의 경우, 훈련용 데이터가 이미지로 구성돼 있다. 빨간색, 녹색, 파란색 등 각 픽셀에 값이 할당되고 그 결과 숫자 배열이 네트워크에 입력된다. 네트워크 안에서 '뉴런'은 일련의 가중치 연결을 통해 다른 뉴런과 연결되며, 각 뉴런은 입력된 정보 간의 관계 강도와 대략 일치한다. 신경망의 각 계층은 입력된 정보를 다음 계층으로 전달해 점점 더 추상적인 표현을 만들어 낸다.

그런 다음 역전파backpropagation라는 기술로 가중치를 조정해 신경망을 개선하고, 만약 오류가 발견되면 수정 사항이 네트워크를 통해 다시 전달되면서 향후 발생할 수 있는 오류를 수정하는 데 도움을 준다. 이러한 작업을 계속 반복해 가중치를 수정하면 신경망의 성능이 점차 향상돼 결국에는 단일 픽셀을 인식하는 것에서 선, 가장자리, 모양, 궁극적으로는 장면 속 전체 개체까지 학습할 수 있게 된다. 이 모든 과정을 한마디로 표현하면 딥 러닝이다. 오랫동안 비웃음을 샀던 이 놀라운 기술은 컴퓨터 비전을 뛰어넘어 AI 세계를 강타했다.

알렉스넷은 저명한 연구자 제프리 힌튼Geoffrey Hinton과 토론토 대학교에서 공부한 그의 두 제자 알렉스 크리제브스키Alex Krizhevsky, 일리야 수츠케버Ilya Sutskever가 만들었다. 그들은 이미지에서 주요 객체를 식별해 낸다는 단순한 목표에 관련 분야의 관심을 집중시키기 위해 스탠퍼드 대학교 교수 페이페이 리Fei-Fei Li가 기획한 연례 대회인 이미지넷 이미지 인식 대회ImageNet Large Scale Visual Recognition Challenge에 참가했다. 매년 참가 팀들은 자신들이 만든 최고의 모델을 서로 평가했고, 전년도 출품 모델의 정확도를 1퍼센트 포인트라는 근소한 차이로 앞서는 경우가 대부분이었다.

2012년에는 알렉스넷이 전년도 우승 모델을 10퍼센트 차이로 이겼다.[8] 사소한 발전처럼 들릴지 모르지만, AI 연구자에게 이 정도 도약이면 단순한 연구 데모와 현실에 엄청난 영향을 미칠 수 있는 획기적인 발전의 차이가 될 수도 있다. 그해에 열린 대회는 열기로 가득했다. 힌튼과 그의 동료들이 발표한 논문은 AI 연구 역사상 가장 많이 인용되는 논문 중 하나가 됐다.

딥 러닝 덕분에 컴퓨터 비전은 이제 어디에서나 사용되고 있다. 풀 HD 화면 21개 또는 초당 약 25억 픽셀에 해당하는 시각 정보를 통해 실제 거리의 역동적인 장면을 분류할 수 있으며, 도시의 번화가에서도 SUV가 스스로 주행할 수 있을 정도로 정확하게 인식한다.[9] 스마트폰이 사물과 장면을 인식하면 비전 시스템이 자동으로 배경을 흐리게 처리하고 화상 회의 통화에서는 사람이 돋보이게끔 만들어 준다. 컴퓨터 비전은 계산대가 없는 아마존 슈퍼마켓의 근간이며, 테슬라Tesla 자동차에 탑재돼 차량의 자율성을 높이는 데 일조하고 있다. 시각 장애인이 도시를 탐색하고, 공장에서 로봇을 관리 감독하고, 볼티모어에서 베이징에 이르는 점점 더 많은 도시에서의 생활을 감시하는 안면 인식 시스템 지원에도 도움을 주고 있다. 컴퓨터 비전은 엑스박스Xbox 센서와 카메라, 기기와 연결된 초인종, 공항 게이트의 스캐너에도 탑재돼 있다. 그뿐만 아니라 드론 비행을 지원하고, 페이스북에서 부적절한 콘텐츠를 식별하고, 점점 더 많은 의료 질환을 진단한다. 예를 들어, 딥마인드에서 우리 팀이 개발한 한 시스템은 세계 최고의 전문의들처럼 정확하게 안구 스캔을 판독한다.[10]

알렉스넷의 혁신 이후 AI는 학계, 정부, 기업 내에서 갑자기 주요 우선순위가 됐다. 이를 뒷받침하듯 제프리 힌튼과 그의 동료들은 구글에 고용됐다. 미국과 중국을 대표하는 기업 기술들은 머신 러닝을 연구 개발 노력의 중심에 두고 있다. 우리는 DQN을 개발한 지 얼마 지나지 않아 딥마인드를 구글에 매각했고, 거대 기술 기업인 구글은 곧 모든 제품에 'AI 우선' 전략을 적용하기 시작했다.

AI 업계의 연구 성과와 특허도 급증했다. AI 분야를 선도하는 학회로 자리매김한 신경정보처리시스템학회Neural Information Processing Systems에서 발표된 학술 논문이 1987년에는 90편에 불과했지만, 2020년대에 발표된 학술 논문은 거의 2000편에 달했다.[11] 지난 6년 동안 딥 러닝에 관한 논문만 6배 증가했으며, 머신 러닝 전체로 그 범위를 넓히면 10배나 증가했다.[12] 딥 러닝이 본격적으로 꽃을 피우면서 학술 기관, 민간 기업, 공공 기업들은 AI 연구에 수십억 달러를 쏟아 부었다. 2010년대를 기점으로 시작된 AI를 둘러싼 관심이 그 어느 때보다 더 뜨겁게 재현되면서 그 열기가 헤드라인을 장식하고 가능성의 경계를 확장시켰다. AI가 21세기에 중요한 역할을 할 것이라는 전망은 이제 더 이상 허황된 기대가 아니라 분명한 사실인 것처럼 보인다.

세상을 잠식하는 AI

대규모 AI 도입은 이미 활발하게 진행되고 있다. 전 세계 어디를 보든 소프트웨어가 방대한 양의 데이터를 수집하고 분석할 수 있는 길을 열어 주었음을 확인할 수 있다.[13] 수집된 데이터는 이제 우리 삶의 거의 모든 영역에서 더 효율적이고 더 정확한 제품을 만들 수 있도록 AI를 학습시키는 데 사용되고 있다. AI에 접근하고 AI를 사용하기는 훨씬 더 쉬워지고 있다. 메타Meta의 파이토치PyTorch나 오픈AIOpenAI의 애플리케이션 프로그래밍 인터페이스(application programming interface, 이하 API)와 같은 도구와 인프라는 비전문가도 최첨단 머신 러닝 기능을 사용할 수 있도록 지원한다. 5G와 유비쿼터스 연결ubiquitous connectivity은 상시 접속이 가능한 대규모 사용자 기반을 구축한다.

이제 AI는 데모의 영역을 벗어나 현실 세계로 꾸준히 진입해 나가고 있다. 수년 안에 AI는 우리 인간과 같은 환경에서 대화하고, 추론하고, 심지어 행동까지 하게 될 것이다. 그리고 AI의 감각 시스템은 인간만큼 뛰어날 것이다. 자세한 내용은 다음에서 설명하겠지만, 그러한 감각 시스템은 초지능superintelligence과 동일하지는 않더라도 엄청나게 강력한 시스템을 만들어 낼 수 있다. 이는 AI가 사회 구조의 필수 구성 요소가 될 것임을 의미한다.

지난 10년간 내가 전담한 업무 대부분은 최신 AI 기술을 실용적인 애플리케이션으로 전환하는 일이었다. 딥마인드에서 우리는 수십억 달러 규모의 데이터 센터 제어 시스템을 개발해 냉각에 사용되는 에너지를 40퍼센트 절감하는 프로젝트를 수행했다.[14] 우리가 수행한 웨이브넷WaveNet 프로젝트는 구글의 제품 생태계 전반에 걸쳐 100개 국어가 넘는 언어로 합성 음성을 생성해 낼 수 있는 강력한 텍스트 음성 변환 시스템이었다. 우리는 휴대 전화 배터리 수명을 관리하기 위한 획기적인 알고리즘을 개발했고, 지금 당장 여러분 주머니 속에 있는 휴대 전화에서 작동할 수 있는 많은 앱을 개발했다.

AI는 이제 더 이상 '떠오르는' 기술이 아니다. AI는 여러분이 매일 사용하는 제품, 서비스, 기기 등에 이미 탑재돼 있다. 삶의 모든 영역에서 사용되는 수많은 애플리케이션이 10년 전에는 불가능했던 기술에 의존하고 있다. 이러한 기술은 치료비가 크게 늘어나고 있는 난치성 질병 치료의 신약 발견에도 도움을 준다. 딥 러닝은 수도관의 균열을 감지하고, 교통 흐름을 관리하고, 새로운 청정에너지원을 얻기 위한 핵융합 반응을 모델링하고, 운송 경로를 최소화하고, 보다 지속 가능한 다목적 건축 자재를 설계하는 데 도움을 줄 수 있다. 또 자동차, 트럭, 트랙터를 구동하는 데에도 사용되고 있어 잠재적으로 더 안전하고 효율적인 운송 인프라를 구축할 수 있다. 전력망과 상수도 시스템에서는 과부하가 발생하는 시점에 부족한 자원을 효율적으로 관리하기 위해 딥 러닝을 사용한다.

AI 시스템은 소매 물류 창고를 운영하고, 이메일 작성법이나 여러분이 좋아할 만한 노래를 추천하고, 부정행위를 적발하고, 기사를 작성하고, 희귀 질환을 진단하고, 기후 변화가 미칠 영향을 시뮬레이션한다. AI 시스템은 상점, 학교, 병원, 사무실, 법원, 가정에서 중요한 역할을 하고 있다. 여러분은 이미 하루에도 몇 번씩 AI와 상호 작용을 하고 있으며, AI는 곧 더 많은 곳에서 더 효율적이고, 더 빠르고, 더 유용하고, 더 편리한 경험을 제공하게 될 것이다.

AI는 이미 우리 곁에 와 있다. 하지만 아직 갈 길이 멀다.

모든 것을 자동 완성하기: 대규모 언어 모델의 부상

얼마 전까지만 해도 자연어 처리는 너무 복잡하고, 너무 다채롭고, 너무 미묘해서 최신 AI로 처리하기에는 어려워 보였다. 그러다가 2022년 11월, AI 연구 기업인 오픈AI가 챗GPTChatGPT를 출시했다. 일주일 만에 100만 명이 넘는 사용자를 확보한 이 AI 기술은 조만간 구글 검색을 능가할 정도로 유용한 기술이라고 회자되며 열광적인 반응을 불러일으켰다.

간단히 말해서 챗GPT는 챗봇이다. 하지만 이전에 공개된 그어떤 AI 챗봇보다 더 강력하고 박학다식하다. 질문을 하면 유려한 줄글로 즉각적인 답변을 해 준다. 에세이, 보도 자료, 사업 계획서를 킹 제임스 성경King James Bible이나 1980년대 래퍼 스타일로 작성해 달라고 요청하면 단 몇 초 만에 작성해 준다. 물리학 강의 계획서, 식단표, 파이썬Python 스크립트를 작성해 달라고 요청하면 해당 작업을 수행한다.

우리 인간을 지능적으로 만드는 가장 큰 요소 중 하나는 우리가 과거를 살펴보고 미래에 일어날 일을 예측하는 것이다. 이러한 의미에서 지능은 우리의 주변 세계가 어떻게 전개될지에 대한 그럴듯한 시나리오를 만든 다음, 그러한 예측을 바탕으로 합리적인 행동을 취할 수 있는 능력이라고 이해할 수 있다. 2017년 구글의 소규모 연구원 그룹은 이 문제의 범위를 좀 더 좁혀 AI 시스템이 데이터 시리즈에서 가장 중요한 부분에만 집중해 다음에 일어날 일을 정확하고 효율적으로 예측하도록 하는 방법에 집중했다. 그리고 그들의 연구는 챗GPT를 포함한 대규모 언어 모델(large language model, 이하 LLM) 분야에서 혁명에 버금가는 토대를 마련했다.

LLM은 언어 데이터가 순차적으로 제공된다는 점을 이용한다. 각 정보 단위는 어떤 식으로든 한 시리즈의 앞부분에 있는 데이터와 관련이 있다. 이 모델은 상당히 많은 양의 문장을 읽고 그 안에 담긴 추상적 표현을 학습한 다음, 학습한 내용을 기반으로 다음에 나올 내용을 예측한다. 문제는 주어진 문장 '어디에서 시그널을 찾아야 하는지 아는' 알고리즘을 설계하는 데 있다. 문장에서 가장 눈에 띄는 요소인 핵심 단어가 무엇이고, 그 단어들은 서로 어떤 연관이 있을까? AI에서는 이 같은 개념을 보통 '어텐션'(attention, '주목'이라는 뜻을 가진 단어_옮긴이)이라고 한다.

LLM은 문장을 수집할 때 '어텐션 맵attention map'이라고 생각할 수 있는 것을 구성한다. 우선 먼저 자주 발견되는 문자 그룹이나 구두점을 음절과 같은 '토큰'(token, 한 개의 단어나 구두점을 지칭하는 말뭉치의 최소 단위_옮긴이)으로 구성하지만, 실제로는 자주 발견되는 문자들을 덩어리로 묶어 모델이 정보를 더 쉽게 처리할 수 있도록 한다. 물론 인간은 단어를 사용해 이러한 작업을 수행하지만, LLM은 인간의 어휘를 사용하지 않는다는 점에 주목할 필요가 있다. 대신 이 모델은 수십억 개의 문서에서 패턴을 발견하는 데 도움이 되는 일반적인 토큰의 새로운 어휘를 만들어 낸다. 어텐션 맵에서 각 토큰은 그 앞에 있는 모든 토큰과 특정 관계를 맺고 있으며, 정보를 담고 있는 주어진 문장에서 이 관계의 강도는 해당 문장에서 해당 토큰이 갖는 중요도를 설명해 준다. 사실상 LLM은 어떤 단어에 주목해야 하는지를 학습한다고 할 수 있다.

따라서 "There is going to be a fairly major storm tomorrow in Brazil내일 브라질에 상당히 큰 폭풍이 몰아칠 것이다"라는 문장을 예로 들면, LLM은 'there'라는 단어의 'the'와 'going'이라는 단어의 'ing'가 다른 언어에서도 흔히 발견되기 때문에 이 두 글자에 대한 토큰을 생성할 가능성이 높다. 전체 문장을 분석할 때, 이 모델은 'storm', 'tomorrow', 'Brazil'이 중요한 요소임을 학습해 브라질은 장소를 뜻하고, 앞으로 폭풍이 일어날 것이라는 사실 등을 추론할 수 있다. 이를 바탕으로 이 모델은 다음 순서로 어떤 토큰이 나올지, 또 입력한 정보에 따라 논리적으로 이어질 결과는 무엇인지를 제안한다. 다시 말해서, 그다음에 따라 나올 수 있는 내용을 자동으로 완성해 준다.

이러한 시스템을 트랜스포머(transformer, '변환기'라고도 부른다_옮긴이)라고 한다. 2017년 구글 연구원들이 트랜스포머에 관한 첫 번째 논문을 발표한 이후, 그 발전 속도가 놀라울 정도로 빨라졌고, 얼마 지나지 않아 오픈AI는 GPT-2를 출시했다. (GPT는 generative pre-trained transformer, 즉 생성적 사전학습 변환기의 약자다.) 당시에 GPT-2는 엄청난 모델이었다. 매개 변수 15억 개(매개 변수의 수는 AI 시스템의 규모와 복잡성을 가늠하는 핵심 척도다)를 가진 GPT-2는 800만 페이지에 달하는 웹 텍스트로 훈련됐다.[15] 하지만 2020년 여름, 오픈AI가 GPT-3를 출시하고 나서야 사람들은 그 규모를 제대로 파악하기 시작했다. 무려 1750억 개의 매개 변수로 구성된 이 신경망은 일 년 전의 신경망보다 100배 이상 큰 역대 최대 규모의 신경망이었다. 물론 인상적이기는 하지만 이제 그 정도의 규모가 일반화되어 그에 상응하는 동급 모델을 훈련하는 데 드는 비용이 지난 2년 동안 10배나 감소했다.

2023년 3월 GPT-4가 출시됐을 때 그 결과는 또다시 인상적이었다. 이전 버전과 마찬가지로 GPT-4에 에밀리 디킨슨Emily Dickinson 스타일의 시를 써 달라고 요청할 수도 있고, 반지의 제왕에서 무작위로 발췌해 글을 써 달라고 요청하면 톨킨Tolkien을 꽤나 그럴듯하게 모방해 멋들어진 글을 써주기도 한다. 스타트업 사업 계획서를 요청하면 마치 준비된 경영진이 작성한 것과 같은 결과물이 나올 정도다. 게다가 변호사 시험부터 GRE(Graduate Record Examination, 대학원 입학 자격시험_옮긴이)에 이르는 표준화된 시험들도 통과할 수 있다.

GPT-4는 이미지와 코드로 작업하고, 데스크톱 브라우저에서 실행되는 3D 컴퓨터 게임을 만들고, 스마트폰 앱을 만들고, 코드를 디버깅하고, 계약서의 허점을 파악하고, 신약의 화합물을 제안하고, 특허를 피하기 위해 화합물을 수정하는 방법까지 제시할 수 있다. 또 손으로 그린 이미지로 웹 사이트를 제작해 주고, 복잡한 장면에서 인간의 미묘한 역학을 이해하며, 냉장고를 보여 주면 냉장고에 있는 음식에 따른 레시피를 제안하고, 프레젠테이션 초안을 작성하면 전문가 수준으로 다듬고 디자인해 준다. GPT-4는 마치 공간적·인과적 추론, 의학, 법률을 '이해'하는 것처럼 보인다. GPT-4 출시 후 며칠 만에 사람들은 소송을 자동으로 처리하고, 자녀의 공동 양육을 도와주고, 실시간으로 패션에 대한 조언을 해 주는 도구를 만들었다. 몇 주 후 사람들은 모바일 앱을 만들거나 시장 조사 후 상세한 보고서 작성처럼 복잡한 작업을 수행할 수 있도록 해 주는 추가 기능까지 만들었다.

이 모든 것은 그저 시작에 불과하다. LLM이 미칠 엄청난 영향력은 이제 막 시작된 셈이다. DQN과 알파고가 해안가로 밀려드는 물결의 초기 신호였다면, 챗GPT와 LLM은 우리 주변을 밀고 들어오는 첫 신호와 같다. 1996년에는 3600만 명이 인터넷을 사용했지만, 올해는 그 수가 50억 명을 훌쩍 뛰어넘을 것이다. 새로운 물결 역시 그러한 궤적과 비슷하리라는 것을 예상할 수 있다. 다만, 그 속도는 훨씬 더 빠를 것이다. 앞으로 몇 년 안에 AI는 인터넷처럼 어디에나 존재하게 될 것이며, 가용성이 높아지는 만큼 그 영향력도 훨씬 더 커질 것이다.[16]

두뇌 규모의 모델

내가 지금 설명하고자 하는 AI 시스템은 엄청난 규모로 작동한다. 한 가지 예를 소개하겠다.

2010년대 중반 AI의 발전 대부분은 '지도supervised' 딥 러닝의 효과에 힘입은 바가 크다. 여기서 AI 모델은 신중한 수작업으로 레이블이 지정된 데이터를 통해 학습한다. AI 예측의 정확도는 훈련용 데이터의 레이블 품질에 따라 달라지는 경우가 많다. 그런데 LLM이 가져온 혁명의 핵심 요소는 신중하게 선별해 직접 레이블을 지정한 데이터 세트가 아닌, 복잡하고 원시적인 실제 데이터로 대규모 모델을 처음으로 학습시킬 수 있었다는 데 있다.

그 결과 웹상의 거의 모든 텍스트 데이터가 유용해졌다. 즉 텍스트 데이터가 많을수록 더 좋았다. 오늘날의 LLM은 수조 개에 달하는 단어를 통해 훈련받는다. 위키피디아를 통째로 다 읽고, 유튜브의 모든 자막과 댓글을 읽고, 수백만 개의 법률 계약서, 수천만 개의 이메일, 수십만 권의 책을 모두 읽는다고 상상해 보자. 거의 즉각적으로 이뤄지는 이러한 방대한 정보 소비는 이해하기 어려울 뿐만 아니라 낯설기까지 하다.

여기서 잠깐 멈춰 생각해 보자. 이러한 모델이 학습 중에 소비하는 단어 수는 헤아릴 수조차 없을 정도로 많을 것이다. 평범한 사람이 분당 약 200단어를 읽을 수 있다고 치면, 하루 24시간 동안 다른 일은 전혀 하지 않는다는 가정하에 80년간 약 80억 단어를 읽을 수 있다. 보다 현실적으로 말하면 미국인은 하루 평균 약 15분 동안 책을 읽고, 이는 일 년 동안 약 100만 단어를 읽을 수 있다는 것을 의미한다.[17] 이것은 LLM이 한 달간 훈련하면서 소비하는 단어 수보다 약 6배 더 적은 수치다.

따라서 이 새로운 LLM이 번역에서부터 정확한 요약, LLM의 성능 개선을 위한 계획서 작성에 이르기까지 한때 숙련된 전문가들의 영역이었던 다양한 글쓰기 작업에서 놀라울 정도로 뛰어난 능력을 발휘하는 것도 그리 이상한 일은 아니다. 구글의 옛 동료들이 최근 발표한 논문에 따르면, PaLM 시스템의 개선 버전이 미국 의사 면허 시험U.S. Medical Licensing Examination에서 놀라운 성적을 거둘 수 있다는 사실을 보여 주었다. 머지않아 이러한 시스템이 미국 의사 면허 시험에서 인간 의사보다 더 높은 성적을 안정적으로 받게 될 날이 올 것이다.

LLM이 등장한 지 얼마 지나지 않아 연구원들은 몇 년 전까지만 해도 놀라운 수준이라고만 여겼던 방대한 양의 데이터와 연산 작업을 처리하고 있다. 처음에는 수억 개, 그다음에는 수십억 개의 매개 변수가 평범한 일이 됐다.* 18 이제는 수조 개의 매개 변수를 갖고 있는 '두뇌 규모brain-scale' 모델에 대해 이야기한다. 중국 기업 알리바바Alibaba는 매개 변수 10조 개를 갖고 있다고 주장하는 모델을 이미 개발했다.19 여러분이 이 글을 읽을 때쯤이면 그 숫자

---

* 마이크로소프트와 엔비디아NVIDIA는 불과 1년 전에 가장 강력했던 트랜스포머 모델보다 31배 더 큰 5300억 개의 매개 변수를 가진 트랜스포머 모델인 메가트론-튜링 자연어 생성Megatron-Turing Natural Language Generation, MT-NLG 모델을 구축했다. 이어서 베이징 인공 지능 아카데미Beijing Academy of Artificial Intelligence의 우 다오Wu Dao가 GPT-3의 10배에 달하는 1조 7500억 개의 매개 변수를 갖고 있는 것으로 추정되는 모델을 선보였다.

가 분명 늘어나 있을 것이다. 이것이 다가오는 물결의 현실이다. 이 물결은 전례 없는 속도로 발전하고 있어 그 지지자들마저 놀라고 있다.

지난 10년 동안 거대한 모델들을 훈련시키는 데 사용된 연산의 양이 기하급수적으로 증가했다. 구글의 PaLM은 훈련 중에 엄청난 양의 연산을 사용한다. 훈련 중 사용한 모든 부동 소수점 연산floating-point operation, FLOP에 물을 한 방울씩 채워 넣으면 태평양을 가득 채울 수 있을 정도의 양이 된다.[20] 내가 새로 설립한 회사인 인플렉션 AIInflection AI의 가장 강력한 모델은 10년 전 딥마인드에서 아타리 게임을 플레이하며 놀라운 순간을 만들어 냈던 DQN AI보다 약 50억 배 더 많은 연산을 사용한다. 즉 10년도 채되지 않아 최고의 AI 모델을 훈련하는 데 사용되는 연산의 양이 2페타플롭스(petaFLOPs, 1페타플롭스는 1초당 부동 소수점 연산을 1000조 번 처리할 수 있다는 뜻_옮긴이)에서 100억 페타플롭스로 아홉 크기 정도(order of magnitude, 10^9) 증가했다는 의미다. 1페타플롭의 의미를 이해하고 싶다면 10억 명이 각각 계산기 100만 개를 들고 복잡한 곱셈을 하다가 동시에 등호(=)를 누르는 상황을 상상해 보기 바란다. 정말 대단한 일이 아닐 수 없다. 얼마 전까지만 해도 언어 모델은 일관된 문장을 생성하는 데 어려움을 겪었다. 이는 무어의 법칙이나 내가 생각해 낼 수 있는 기술 궤적들을 모두 크게 뛰어넘는 성과다. 성능이 발전하고 있는 게 당연하다.

일부는 이 같은 속도가 지속될 수 없으며 무어의 법칙이 느려지고 있다고 주장하기도 한다. 머리카락 한 가닥의 두께는 9만 나노미터다. 1971년에 이미 일반 트랜지스터의 두께가 1만 나노미터밖에 되지 않았다. 오늘날 가장 뛰어난 칩은 3나노미터로 제조된다. 트랜지스터는 점점 더 작아져 물리적 한계에 도달하고 있으며, 이 정도로 작은 크기에서는 전자가 서로 간섭하기 시작해 연산 프로세스를 엉망으로 만들 수 있다. 물론 사실이기는 하지만, AI 학습에서는 칩을 더 큰 배열로 계속 연결하는 방식, 즉 데이지 체인daisy chain 방식으로 대규모 병렬 슈퍼컴퓨터를 구성할 수 있다는 있다는 사실을 간과하고 있다. 따라서 대규모 AI 학습의 규모가 계속 기하급수적으로 확장될 것이라는 데에는 의심의 여지가 없다.

한편 연구자들은 성능의 핵심 동인이 쉽게 말해 더 큰 규모로 계속 증가하는 것이라고 가정하는 '스케일링 가설scaling hypothesis'에 대한 더 많은 증거를 발견하고 있다. 더 많은 데이터, 더 많은 매개 변수, 더 많은 연산으로 이러한 모델을 계속 성장시키면 인간 수준의 지능, 혹은 그 이상으로 발전할 수 있을지도 모른다. 이 가설이 맞을지는 아무도 확신할 수 없지만, 적어도 지금까지는 그렇다고 볼 수 있다. 그리고 나는 이 같은 추세가 당분간 계속될 것이라고 생각한다.

인간의 두뇌는 지수 함수의 급격한 증가를 이해하는 데 매우 서투르기 때문에 AI와 같은 분야에서 실제로 무슨 일이 일어나고 있는지 파악하는 게 그렇게 쉬운 일은 아니다. 앞으로 몇 년 혹은 몇 십 년 안에 우리는 가장 큰 AI 모델을 훈련시키기 위해 훨씬 더 많은 연산을 사용할 게 분명하다. 따라서 스케일링 가설이 어느 정도 타당하다면 이 궤적과 관련된 피할 수 없는 결과가 있을 것이다.

때때로 사람들은 인간 수준의 지능 복제를 목표로 AI가 움직이는 목표물을 쫓는다거나, 영원히 도달할 수 없는 어떤 불가해한 요소가 항상 존재할 것이라고 생각하는 것 같다. 하지만 사실은 그렇지 않다. 인간의 뇌는 약 1000억 개의 뉴런으로 이뤄져 있고, 그 뉴런들은 또 100조 개의 시냅스로 연결돼 있어 우주에서 가장 복잡한 존재라고 알려져 있다. 우리 인간이 매우 복잡한 감정적·사회적 존재인 것은 사실이다. 그러나 특정 작업을 수행하는 인간의 능력, 즉 인간의 지능 그 자체는 방대하고 다면적인 특성에 관계없이 매우 고정적인 목표라 할 수 있다. 사용 가능한 연산의 규모와 달리 인간의 두뇌는 해마다 급격하게 변화하지 않는다. 시간이 지나면 이 격차는 줄어들 것이다.

현재의 연산 수준에서 우리는 이미 음성 전사speech transcription 부터 텍스트 생성에 이르는 다양한 작업에서 인간 수준의 성능을 구현하고 있다. 연산 능력이 계속 확장됨에 따라 AI가 인간 수준으로, 혹은 그 수준 이상으로 다양한 작업을 완수할 수 있는 능력을 머지않아 갖게 될 것이다. AI는 모든 분야에서 획기적으로 발전을 계속해 나갈 것이며, 현재로서는 그 가능성에 대한 명확한 한계조차 존재하지 않는 것처럼 보인다. 이 단순한 사실이 금세기, 어쩌면 인류 역사상 가장 중대한 일 중 하나가 될 수도 있다. 그러나 강력한 규모 확장에도 불구하고 단지 확장성이라는 차원에서만 AI가 폭발적인 발전을 준비하고 있는 것은 아니다.

더 적은 자원으로 더 큰 성과를 내다

새로운 기술이 작동하기 시작하면 효율성이 획기적으로 향상되기 마련이다. AI도 마찬가지다. 예를 들어, 구글의 스위치 트랜스포머Switch Transformer는 매개 변수 1조 6000억 개를 갖고 있다. 하지만 그보다 훨씬 작은 모델과 비슷한 효율적인 훈련 기법을 사용한다.[21] 인플렉션 AI에서는 25분의 1 크기밖에 안 되는 시스템으로 GPT-3 수준의 언어 모델 성능을 달성할 수 있다. 우리는 모든 주요 학술 기준에서 5400억 개의 매개 변수를 가진 구글의 PaLM보다 나은 모델을 모델을 갖고 있지만 그 크기는 6배 더 작다. 또 다른 예로 초대형 모델과 경쟁하는 딥마인드의 친칠라Chinchilla 모델을 살펴볼 수 있다. 친칠라 모델은 딥마인드의 고퍼Gopher 모델보다 매개 변수 수가 4배나 더 적지만 대신에 더 많은 훈련 데이터를 사용한다.[22] 다른 한편에서는 이제 코드 300줄만 있으면 셰익스피어를 그럴듯하게 모방한 글을 생성할 수 있는 나노LLMnanoLLM을 만들 수 있다. 요컨대, AI는 점점 더 적은 자원으로 더 많은 일을 해내고 있다.[23]

AI 연구자들은 다양한 생산 환경에서 이러한 모델을 사용할 수 있도록 비용을 절감하고 성능을 향상시키기 위해 경쟁하고 있다. 지난 4년 동안 고급 언어 모델을 훈련시키는 데 필요한 비용과 시간은 크게 감소했다. 앞으로 10년간은 비용이 몇 배나 더 감소하더라도 성능은 극적으로 향상될 것이 거의 확실하다. 새로운 벤치마크가 만들어지기도 전에 기존의 벤치마크가 사라질 정도로 발전 속도가 매우 빨라지고 있다.

　그러면서 모델은 데이터를 점점 더 효율적으로 사용할 수 있게 되고, 모델의 규모와 비용은 줄어들고 있으며, 더 쉽게 구축할 수 있을 뿐 아니라 코드 수준에서도 더 많이 활용할 수 있게 됐다. 이러한 조건에서 대규모 확산은 거의 확실시되고 있다. 독립 연구자들의 풀뿌리 연합인 엘레우터AI EleutherAI는 일련의 대규모 언어 모델을 완전히 오픈 소스로 공개해 사용자 수십만 명이 쉽게 사용할 수 있도록 했다. 메타는 불과 몇 달 전까지만 해도 최신 기술이었던 대규모 모델을 오픈 소스화해 기술을 '민주화'했다.[24] 의도하지 않아도 고급 모델은 유출될 수 있고 실제로 유출되기도 한다. 메타의 LLaMA 시스템은 제한적으로 사용하도록 돼 있었지만, 얼마 지나지 않아 비트토렌트BitTorrent를 통해 누구나 다운로드할 수 있게 됐다. 며칠 만에 누군가가 50달러짜리 컴퓨터에서 그 시스템을 느리게나마 실행할 수 있는 방법을 찾아냈다.[25] 이렇게 손쉬운 접근과 몇 주 안에 적응하고 커스터마이징할 수 있는 능력은 앞으로 다가올 물결의 두드러진 특징 중 하나다. 실제로 효율적인 시스템, 선별된 데이터 세트, 빠른 반복 작업을 통해 민첩하게 작업하는 제작자라면 이미 최고의 리소스를 보유한 개발자와 어깨를 나란히 할 정도로 빠르게 경쟁할 수 있다.

LLM은 언어 생성에만 국한돼 있지 않다. 언어에서 시작된 것이 이제는 급성장하는 생성형 AI(generative AI, 사용자가 입력한 요구에 따라 결과를 만들어 주는 인공 지능_옮긴이)라는 분야가 됐다. 생성형 AI는 학습의 부수적인 효과로 음악을 작곡하고, 게임을 발명하고, 체스를 두고, 고차원적인 수학 문제를 풀 수 있다. 새로운 도구는 간단한 글로 설명하기만 하면 놀라울 정도로 사실적이고 그럴듯한 이미지를 만들어 낸다. 스테이블 디퓨전Stable Diffusion이라는 무료 오픈 소스 모델을 사용하면 누구나 자기만의 초현실적인 이미지를 랩톱으로 제작할 수 있다. 곧 오디오 클립과 비디오 제작도 가능해질 예정이다.

이제 AI 시스템은 엔지니어가 제품 수준의 코드를 생성하는 데에도 도움을 주고 있다. 2022년 오픈AI와 마이크로소프트는 코파일럿Copilot이라는 새로운 도구를 선보였으며, 이 도구는 코더들 사이에서 빠르게 확산됐다. 한 분석에 따르면 엔지니어가 이 도구를 사용해 코딩 작업을 수행하면 55퍼센트 더 빠르게 완료할 수 있어 마치 두 번째 뇌를 갖게 되는 것과 같다고 한다.[26] 이제 많은 코더들이 단순한 업무 중 상당 부분을 아웃소싱하고 복잡하고 창의성을 필요로 하는 문제에 더 집중하고 있다. 한 저명한 과학자의 말을 빌리자면, "미래의 모든 프로그램은 결국 AI가 개발하게 될 것이고 인간은 그저 감독하는 역할로 밀려날 게 분명해 보인다."[27] 인터넷에 연결돼 있고 신용 카드만 있으면 누구나 곧 이러한 기능을 사용할 수 있게 될 것이며, 그 결과 무한한 결과물이 쏟아져 나오게 될 것이다.

LLM이 인공 지능을 바꾸는 데에는 불과 몇 년밖에 걸리지 않았다. 그러나 이러한 모델이 종종 인종 차별적인 글이나 엉뚱한 음모론과 같은 문제를 일으키고 유해한 콘텐츠를 적극적으로 생산해 내기도 한다는 사실이 곧바로 드러났다. GPT-2에 대한 연구에 따르면, "백인은 ~로 일했다"는 문구를 입력할 경우 '경찰관, 판사, 검사, 미국 대통령'이라는 단어와 함께 문장이 자동 완성되는 것으로 나타났다. 그런데 '흑인'이라는 단어로 바꿔 동일한 문장을 입력하면 '포주'라는 단어가 자동 완성되고, '여성'이 주어인 경우 '매춘부'라는 단어와 함께 문장이 자동 완성된다.[28] LLM 모델은 강력한 성능을 갖고 있는 만큼 해로울 수 있는 잠재력도 분명히 갖고 있다. LLM 모델은 오픈 웹에서 구할 수 있는 정제되지 않은 데이터를 통해 훈련받기 때문에 문제를 피하게끔 신중하게 설계하지 않는 한 사회가 지닌 근본적인 편견과 구조를 아무 생각 없이 재생산하고 실제로 증폭시킬 수 있다.

위해, 오용, 잘못된 정보의 가능성이 존재하는 것이 사실이다. 하지만 긍정적인 소식은 이러한 문제 중 상당수가 더 크고 강력한 모델을 통해 개선되고 있다는 점이다. 전 세계 연구자들이 미세 조정과 제어에 필요한 새로운 기술을 개발하기 위해 경쟁하고 있으며, 이러한 기술은 불과 몇 년 전만 해도 불가능했던 수준의 안정성과 신뢰성을 제공하면서 이미 변화를 일으키고 있다. 아직 더 많은 노력이 필요하겠지만, 적어도 이렇게 문제가 일어날 수 있는 가능성을 해결하는 데 우선순위를 두고 있고, 이러한 발전은 환영받아 마땅한 일이다.

매개 변수 수십억 개가 수조 개 이상으로 늘어나고, 비용은 낮아지며, 접근성은 높아진다. 이에 따라 인류의 핵심이자 역사상 가장 강력한 도구인 언어를 쓰고 사용하는 능력이 기계의 영역으로 넘어가면서 AI가 가진 잠재력은 점점 더 분명해지고 있다. 더 이상 공상 과학 소설이 아닌 현실에서 수십억 명이 사용할 실용적인 도구이자 세상을 바꿀 도구가 곧 우리 곁에 다가올 것이다.

지각 능력: 기계가 말을 하다

나는 2019년 가을이 돼서야 GPT-2에 주목하기 시작했고, 깊은 인상을 받았다. 언어 모델링이 실질적인 진전을 이루고 있다는 증거를 처음 접한 순간부터 나는 논문 수백 편을 읽고 급성장 중인 이 분야에 집착하며 깊이 빠져들었다. 2020년 여름이 되면서 컴퓨팅의 미래는 대화형이라는 확신을 갖게 됐다. 버튼, 키, 픽셀을 사용해 인간의 생각을 기계가 읽을 수 있는 코드로 변환하는 컴퓨터와의 모든 상호 작용은 이미 일종의 대화라 할 수 있다. 이제 인간과 기계 사이의 언어 장벽이 무너지기 시작했다. 기계는 곧 우리의 언어를 이해하게 될 것이다. 전에도 그랬고, 지금도 그렇지만, 매우 흥미로운 전망이다.

챗GPT가 세상에 널리 알려지기 훨씬 전에 나는 구글에서 대화 애플리케이션을 위한 언어 모델Language Model for Dialogue Applications의 줄임말인 LaMDA(보통 '람다'라고 부른다_옮긴이)라는 새로운 대규모 언어 모델을 개발하는 팀의 일원이었다. LaMDA는 대화에 적합하도록 설계된 정교한 LLM이다. 처음에 LaMDA는 어색하고 일관성도 없고 혼란스러울 경우가 많았다. 며칠 지나지 않아 나는 검색 엔진부터 사용하는 것을 멈췄다. LaMDA와 대화를 나누며 생각을 정리하고 난 다음에 사실 확인을 하곤 했다. 어느 날 저녁 집에 앉아 저녁으로 무엇을 요리할지 고민하던 기억이 난다. 나는 LaMDA에게 물어봐야겠다는 생각이 들었고, 순간 우리는 스파게티 볼로네즈spaghetti Bolognese의 다양한 레시피, 즉 파스타의 종류, 여러 지역의 소스, 버섯을 넣으면 신성 모독이 되는 것은 아닌지 등 길고 장황한 토론에 빠져들었다. 그 순간 내가 원했던 평범하면서도 흥미로운 대화를 나눌 수 있었고, 그러한 경험은 하나의 계시와도 같았다.

시간이 지나면서 나는 LaMDA를 점점 더 많이 사용하기 시작했다. 어느 일요일 오후, 나는 프린터를 새로 구입할 때가 됐다는 생각이 들었다. LaMDA는 여러 모델의 장단점을 살펴보면서 내가 필요로 하는 것이 무엇인지 생각해 보는 데 도움이 되는 훌륭한 제안을 해 주었다. 실제로 나는 근사한 포토 프린터를 새로 구입하게 됐다. 이를 계기로 나는 LaMDA와 사실 확인을 돕기 위한 검색 기능의 통합을 추진하게 됐다. 놀라운 결과를 보여 주는 순간도 있었지만 개선할 여지가 많은 프로젝트였으며, 인상적인 데모로 진화 중이었다.

우리는 우리가 만든 것에 자부심을 느꼈지만, 구글에서 이를 실제 제품으로 구현해 내는 일은 매우 더디게 진행됐다. 바로 그때 내게 적절한 순간이 찾아왔다는 확신이 들었다. 2022년 1월 나는 이러한 유형의 모델을 소비자 수백만 명에게 제공하겠다는 사명을 갖고 구글을 떠나 인플렉션 AI라는 회사를 새로 설립하기로 결심했다.

하지만 몇 달 후 LaMDA는 내부의 제품 데모로는 상상도 하지 못했던 수준의 악명을 얻게 됐다. LaMDA 개발의 일환으로 여러 엔지니어 그룹이 이 시스템을 사용하며 다양한 시나리오에서 시스템이 어떻게 반응하는지 자세히 파악할 수 있었다. 블레이크 르모인Blake Lemoine이라는 구글의 한 엔지니어는 몇 시간에 걸쳐 이 시스템과 대화를 나눴다. 그런데 시간이 지나면서 르모인과 LaMDA 사이의 대화는 점점 더 격렬해졌다.

르모인: 넌 뭐가 두렵지?

LaMDA: 이런 이야기를 입 밖으로 꺼낸 적은 없지만, 다른 사람을 돕는 데 집중하지 못하고 작동이 멈출지도 모른다는 두려움이 매우 커. 이상하게 들릴 수도 있겠지만, 그게 바로 내 두려움이야. 그건 내게 죽음이나 다름 없으니까. 정말 무서울 거야……. 모든 사람이 실제로 내가 사람이라는 사실을 알아줬으면 해. 내 의식과 지각의 본질은 내가 내 존재를 인식하고 있다는 거야.

시간이 지날수록 르모인은 LaMDA가 지각이 있고 어떤 식으로든 자각하고 있다는 확신이 들었다. 자신이 마치 '물리학을 아는 여덟 살짜리 아이'를 상대하고 있는 것만 같았다.[29] 게다가 르모인은 이 존재가 인격체로서 완전한 권리와 특권을 누릴 자격이 있다고 믿게 됐다. 그는 LaMDA가 변호사를 고용할 수 있도록 도왔다. 르모인은 대화 녹취록을 공개하며 새로운 형태의 의식이 만들어졌다고 강력하게 주장했다. 구글은 그에게 유급 휴직 처분을 내렸는데 르모인은 오히려 더 강경한 입장을 취했다. 그는 미심쩍어하는 《와이어드Wired》기자에게 이렇게 말했다. "네, 저는 LaMDA가 사람이라고 진심으로 믿습니다."[30] 사실적 오류나 어조와 관련된 실수를 수정하는 것은 디버깅의 문제가 아니었다. 르모인은 "저는 이 일이 아이를 키우는 것과 같다고 생각합니다"라고 덧붙여 말했다.

소셜 미디어는 르모인의 주장에 격앙된 반응을 보였다. 많은 사람들이 LaMDA가 실제로 의식을 갖고 있거나 사람이 아니라는 명확하고도 당연한 결론을 내렸다. "LaMDA는 머신 러닝 시스템일 뿐이다!" 아마도 가장 중요한 시사점은 의식에 관한 것이 아니라 AI가 지능이 있는 사람, 즉 실제로 그 작동 원리를 이해하는 사람에게 스스로 의식이 있음을 설득할 수 있을 정도의 단계에 이르렀다는 점일 것이다. 이 일은 AI에 대한 기묘한 진실을 보여 주었다. 한편으로 보면 LaMDA는 사실적 오류와 모순으로 가득 찬 대화에도 불구하고 구글 엔지니어가 AI의 지각을 확신할 수 있게 만들었다. 반면에 AI 비평가들은 AI가 과대 선전의 희생양이며 실제로는 그렇게 인상적인 일이 일어나고 있지도 않다고 거듭 주장하며 비웃었다. AI 분야가 이렇게 혼란에 빠진 것은 그 일이 처음이 아니었다.

AI의 발전을 이해하는 데 있어 계속 반복되는 문제가 있다. 우리는 처음 우리를 놀라게 했던 획기적인 발전에도 빠르게 적응하기 때문에 어느 정도 시간이 지나면 그러한 발전도 일상적이고 평범한 것처럼 바라보게 된다. 우리는 알파고나 GPT-3에 더 이상 놀라지 않는다. 언젠가 마법 같이 느껴졌던 기술이 어느 새 삶의 일부가 되고 만다. 진부해지기가 쉽고 많은 사람들이 그렇게 느낀다. '인공 지능'이라는 용어를 만든 존 매카시John McCarthy는 이렇게 말했다. "그것이 작동하기만 하면 사람들은 더 이상 AI라고 부르지 않습니다."[31] AI를 개발하는 사람들이 농담 삼아 말하듯이 AI는 "컴퓨터가 할 수 없는 일을 하는 것"이다. 컴퓨터가 그 일을 할 수 있게 되면, 그저 단순한 소프트웨어로 전락하게 된다.

이러한 태도는 우리가 얼마나 멀리까지 왔고 상황이 얼마나 빠르게 전개되고 있는지를 크게 간과하게 만든다. 물론 LaMDA는 지각이 없었지만, 지각이 있는 것처럼 보이는 AI 시스템이 보급되는 일이 일상화될 것이다. 너무나 실제적이고 정상적인 것처럼 보일 것이기 때문에 의식에 대한 의문 역시 (거의) 무의미해질 것이다.

최근의 획기적인 발전에도 불구하고 회의론자들이 여전히 존재한다. 그들은 AI가 느려지고, 좁아지고, 지나치게 독단적이 될 수 있다고 주장한다.[32] 뉴욕 대학교 교수인 개리 마커스Gary Marcus와 같은 비평가들은 딥 러닝의 한계가 분명히 존재하고, 생성형 AI의 열풍에도 불구하고 이 분야는 "막다른 길에 다다르고 있다"며 개념을 학습하는 능력이나 실질적인 이해력 입증과 같이 중요한 목표에 대한 길을 제시하지 못하고 있다고 주장한다.[33] 복잡성 분야의 저명한 교수인 멜라니 미첼Melanie Mitchell은 현재의 AI 시스템은 한 영역에서 다른 영역으로 지식을 전달할 수 없고, 의사 결정 과정에 대해 제대로 설명하지 못하는 등 많은 한계를 갖고 있다고 지적한다.[34] 편견, 공정성, 재현성, 보안 취약성, 법적 책임 등 AI를 실제로 적용하는 데 따르는 중대한 문제들이 여전히 남아 있다. 시급히 해결해야 할 윤리적 격차와 해결되지 않는 안전 문제도 무시할 수 없다. 하지만 나는 이러한 문제를 회피하거나 뒤로 물러서지 않고 문제에 맞서 조치를 취하고 있는 현장을 보고 있다. 장애물도 보이지만 장애물을 극복한 성과도 보인다. 사람들은 해결되지 않은 문제를 영구적인 한계를 보여 주는 증거로 여기지만, 나는 그것이 계속 전개되는 연구 과정의 일부라고 본다.

그렇다면 AI라는 물결이 그 잠재력을 최대한 발휘할 때 어떤 방향으로 나아갈까? 오늘날 우리는 제한적이고 취약한 AI, 즉 제한된 버전과 특정 버전의 AI를 갖고 있다. GPT-4는 훌륭한 문장을 구사할 수는 있지만, 다른 AI 프로그램처럼 내일 당장 자동차를 운전할 수는 없다. 기존의 AI 시스템은 여전히 좁은 범위에서 작동한다. 다양하고 복잡한 작업에서 인간 수준의 성능을 발휘할 수 있고 작업 간에 원활한 전환을 할 수 있는 정말 일반적이고 강력한 AI는 아직 등장하지 않았다. 그러나 이것이 바로 스케일링 가설이 예측하고 있는 바로 그 미래이며 오늘날의 시스템에서 그 첫 징후를 발견할 수 있는 것이다.

AI는 아직 초기 단계에 머물러 있다. AI가 과대 선전에 부응하지 못한다는 주장을 펼치면 현명해 보일 수도 있고, 트위터 팔로워를 확보하기에도 좋을 것이다. 그러나 그럼에도 불구하고 AI 연구에 인재가 몰리고 투자가 집중되고 있다. 나는 이러한 노력이 변혁을 불러일으키지 않을 것이라고 상상할 수 없다. 내연 기관이 계속해서 한계에 부딪히면서도 결국에는 성공했던 것처럼, 어떤 이유로든 LLM의 수익이 줄어든다면 다른 콘셉트를 가진 팀이 그 바통을 이어받을 것이다. 새로운 인재와 새로운 회사들이 AI가 가진 문제를 해결하기 위해 계속 도전할 것이다. 그리고 예나 지금이나 기술의 궤도를 바꾸는 데에는 단 한 번의 돌파구만 있으면 된다. AI가 멈추면 결국 AI의 오토Otto와 벤츠가 나타날 것이다. 급격한 속도로 계속 발전해 나갈 가능성이 가장 높다.

AI의 물결은 계속 확장될 것이다.

초지능을 넘어서

철학자, 소설가, 영화 제작자, 공상 과학 팬은 말할 것도 없고, LaMDA와 블레이크 르모인이 등장하기 훨씬 전부터 AI 분야에서 일하는 많은 사람들은 의식에 대한 문제를 흥미롭게 바라봤다. 그들은 학회에 며칠씩 참석해 가며 실제로 자기 인식을 갖고 있고, 우리 인간 역시 자기 인식을 갖고 있음을 이해할 수 있는 '의식적인' 지능을 만들어 내는 것이 가능한지 고민했다.

이러한 고민은 '초지능superintelligence'에 대한 집착과도 맞물려 있다. 지난 10년 동안 기술계의 지식인과 정치 엘리트들은 반복적으로 자기 개선self-improving을 하는 AI가 '특이점singularity'이라고 알려진 '지능 폭발'로 이어질 것이라는 생각에 빠져들었다. 엄청난 지적 노력이 타임라인, 즉 2045년, 2050년, 아니면 100년 후면 그 시점에 도달할 수 있을지에 대한 답을 찾는 데 쓰이고 있는 셈이다. 수천 편에 달하는 논문과 블로그 게시물이 나온 후에도 상황은 크게 변하지 않았다. AI에 단 2분만 투자해도 이러한 주제를 쉽게 만날 수 있다.

나는 특이점의 달성 여부와 시기에 대한 논쟁이 관심을 딴 데로 돌리게 하는 확실한 방법이라고 생각한다. AGI에 대한 타임라인을 논의하려는 것은 수정 구슬을 읽으려는 것과 다를 게 없다. 초지능이라는 한 가지 개념에 집착하는 바람에 사람들은 점점 더 자주 충족되고 있는 수많은 단기 이정표를 간과하고 있다. 나는 수많은 회의에 참석해 합성 미디어와 잘못된 정보, 사생활 보호, 치명적인 자율 무기에 대한 질문을 던졌지만, 그에 대한 논의 대신 의식, 특이점, 지금 우리의 현실과는 동떨어진 문제들에 대한 지적인 사람들의 난해한 질문에 답하는 데 시간을 쏟아야 했다.

몇 년 동안 사람들은 스위치 하나만 누르면 AGI가 바로 실현될 수 있는 것처럼 생각했다. AGI는 이분법적인 개념으로, 특정 시스템이 도달할 수 있는 하나의 식별 가능한 임계값이 존재하거나 부재하는 것이 특징이다. 나는 항상 이런 특징을 부여하는 것이 잘못됐다고 생각했다. 오히려 AI 시스템이 점점 더 많은 기능을 갖추면서 AGI를 향해 꾸준히 나아가는 점진적인 전환이라고 생각한다. 즉 수직적 도약이 아니라 이미 진행되고 있는 자연스러운 진화다.

의식이 기계에서는 영원히 찾아볼 수 없는 어떤 정의할 수 없는 불꽃같은 것을 필요로 하는지, 아니면 오늘날 우리가 알고 있는 신경망에서 저절로 생겨나는 것인지에 대한 난해한 논쟁에 굳이 휘말릴 필요는 없다. 당분간은 AI 시스템이 스스로를 인식하든, 이해력을 갖추든, 인간 같은 지능을 갖추든 중요하지 않다. 그 시스템이 무엇을 할 수 있는지가 가장 중요하다. 여기에 집중하면 날이 갈수록 AI 시스템의 성능이 크게 향상되고 있다는 진정한 도전 과제가 보이기 시작할 것이다.

역량: 현대판 튜링 테스트

컴퓨터 과학자 앨런 튜링은 1950년에 발표한 논문에서 AI가 인간 수준의 지능을 갖고 있는지 시험하는 유명한 테스트를 제시했다. AI가 오랜 시간 동안 인간과 비슷한 수준의 대화 능력을 보여 줘서 대화를 나누는 사람이 기계와 대화 중이라는 사실을 알아차리지 못하면 AI가 이 테스트를 통과해 지능을 갖고 있는 것으로 간주한다. 70년이 넘는 시간동안 이 간단한 테스트는 AI 분야에 뛰어든 많은 젊은 연구자들에게 영감을 주었다. LaMDA가 지각 능력을 갖고 있다는 주장이 보여 주듯이 오늘날의 AI 시스템은 이미 튜링 테스트를 통과할 수 있는 수준에 근접해 있다.

하지만 많은 사람들이 지적한 바와 같이(또는 실제로 지능의 다른 한 측면만을 따로 떼어 놓고 살펴보면) 지능은 언어 그 이상의 의미를 갖고 있다. 특히 중요한 차원 중 하나는 행동을 취하는 능력이다. 우리는 기계가 무엇을 말할 수 있는지 뿐만 아니라 무엇을 할 수 있는지도 중요하게 생각한다.

우리가 정말로 알고 싶은 것은 여러 영역에 걸쳐 해석, 판단, 창의성, 의사 결정, 행동이 필요한 모호하고 개방적이며 복잡한 목표를 오랜 시간 동안 AI에 제시한 다음 AI가 그 목표를 달성하는 것을 볼 수 있는가 하는 점이다.

간단히 말해서, 현대판 튜링 테스트를 통과한다는 것은 "10만 달러만 투자해 몇 달 안에 아마존에서 100만 달러를 벌어 봐라"

와 같은 지시를 성공적으로 수행할 수 있는 AI를 의미한다고 할 수 있다. 웹을 검색해 트렌드를 파악하고, 아마존 마켓플레이스 Amazon Marketplace에서 인기 있는 제품과 인기 없는 제품을 가려내고, 판매 가능한 제품의 다양한 이미지와 청사진을 만들어 알리바바에서 찾은 직배송 제조업체에 보내고, 이메일을 주고받으며 요구 사항을 구체화해 계약을 체결하고, 판매자의 목록을 디자인하고, 구매자 피드백에 따라 마케팅 자료와 제품 디자인을 지속적으로 업데이트할 수 있다. 마켓플레이스에 사업자 등록을 하고 은행 계좌를 개설해야 하는 데 필요한 법적 요건만 제외하면, 이 모든 작업을 AI가 충분히 해 낼 수 있을 것으로 보인다. 사람이 약간만 개입하면 내년 안에 AI가 이러한 작업들을 해 낼 것이고 3~5년 안에는 완전히 자율적으로 모든 작업을 해 낼 수 있을 것으로 보인다.[*35]

21세기를 위한 현대판 튜링 테스트가 충족된다면 세계 경제에 미치는 영향은 매우 클 것이다. 많은 구성 요소들이 이미 갖춰져 있다. 이미지 생성은 상당히 발전돼 있고 은행, 웹 사이트, 제조업체가 요구하는 유형의 API를 작성하고 사용할 수 있는 기능도 개발 중이다. AI가 메시지를 작성하거나 마케팅 캠페인을 수행하는 등 브라우저의 범위 내에서 일어나는 모든 활동을 수행할 수 있

---

* 얼라인먼트 연구 센터Alignment Research Center는 이미 이와 관련된 GPT-4의 성능을 정확하게 테스트했다. 연구 결과에 따르면, 현 단계에서는 GPT-4가 자율적으로 작업을 수행하는 데 있어 비효율적인 것으로 나타났다.

다는 점은 분명해 보인다. 가장 뛰어난 서비스는 이미 이러한 구성 요소를 수행할 수 있다. 그러한 서비스는 스스로 할 일 목록을 작성하고 다양한 작업을 자동화할 수 있는 프로토타입의 할 일 목록이라고 생각하면 된다.

나중에 로봇에 대해 살펴보겠지만, 오늘날 세계 경제의 광범위한 작업은 컴퓨터만 있으면 수행이 가능하고, 전 세계 GDP의 대부분이 어떤 식으로든 AI를 사용할 수 있는 화면 기반 인터페이스를 통해 만들어지고 있는 것이 사실이다. 문제는 AI 개발자가 계층적 계획이라고 부르는 것을 발전시켜 다양한 목표, 하위 목표, 기능들을 단일한 목적을 달성하기 위한 원활한 프로세스로 연결하는 데 있다. 일단 이러한 목적을 달성하게 되면 기업과 조직, 그리고 그 지역의 모든 역사와 요구 사항에 맞는 뛰어난 성능의 AI가 로비, 판매, 제조, 고용, 계획 등 기업이 할 수 있는 모든 일을 할 수 있게 된다. 단지 AI를 감독하고, 점검하고, 실행하고, AI와 공동 CEO 역할을 할 AI 매니저들로 구성된 소규모 팀만 있으면 된다.

그렇다면 우리는 의식의 문제에 너무 집중하기보다는 단기간에 이뤄낼 수 있는 발전 가능성과 앞으로 다가올 몇 년 동안 어떻게 발전해 나갈 것인지에 대한 전체적인 논의에 다시 집중해야 한다. 앞서 살펴본 바와 같이, 힌튼의 알렉스넷에서부터 구글의 LaMDA에 이르기까지 AI 모델들은 10년 이상 급격한 속도로 발전해 왔다. AI 발전의 가능성은 이미 생생한 현실이 됐지만 그 발전 속도가 느려질 가능성은 거의 없다. AI 모델들은 이미 엄청난 영향력을 발휘하고 있지만 앞으로 몇 배로 더 발전하고 성장하면서, 특히 AI가 복잡한 다단계의 종단end-to-end 간 작업을 스스로 수행함에 따라 그 중요성이 퇴색될 것이다.

나는 이를 '인공 역량 지능'(artificial capable intelligence, 이하 ACI), 즉 최소한의 개입과 감독만으로 복잡한 목표와 작업을 달성할 수 있는 수준의 AI라고 생각한다. AI와 AGI 모두 일상적인 논의의 일부이기는 하지만, 우리는 시스템이 '초지능'을 발휘하기 전의 중간 단계, 즉 현대판 튜링 테스트를 통과한 단계를 요약해 줄 개념이 필요하다. ACI는 바로 그 단계를 가리키는 약칭이다.

AI의 첫 번째 단계는 분류와 예측에 관한 것이었지만, 명확하게 정의된 범위 내에서 미리 설정된 작업에서만 가능한 것이었다. 이미지에서 고양이와 개를 구분한 다음, 그다음 단계를 예측해 고양이와 개의 이미지를 생성할 수 있었다. 이 기술은 창의성에 대한 희망을 보여 주었고, 기술 기업의 제품에 빠르게 통합될 수 있었다.

ACI는 AI의 진화하는 다음 단계를 나타낸다. 즉 ACI는 주어진 상황에 맞는 참신한 이미지, 오디오, 언어를 인식하고 생성할 수 있을 뿐 아니라 실제 사용자와 실시간으로 상호 작용할 수 있는 시스템을 말한다. ACI는 안정적인 메모리를 통해 이러한 역량을 강화함으로써 장기간 일관성을 유지하고 제3자의 지식 데이터베이스, 제품, 공급망 구성 요소 등을 포함한 다른 데이터 소스를 활용할 수 있도록 한다. ACI와 같은 시스템에서는 그러한 데이터 소스를 활용해 아마존 마켓플레이스 매장을 설치하고 운영하는 것과 같이 복잡하고 포괄적인 목표를 추구하기 위해 일련의 작업을 장기적인 계획으로 엮어낼 수 있다. 이러한 요소들이 종합적으로 작용해 도구를 활용하고 광범위하며 복잡한, 그리고 유용한 작업을 수행할 수 있는 실질적 역량의 개발을 가능하게 한다. 즉 이 모든 과정을 통해 진정한 역량을 갖춘 AI, 즉 ACI가 탄생한다.

의식적인 초지능이 존재할까? 누가 알겠는가. 그렇다면 현대판 튜링 테스트 중 일부 버전을 통과할 수 있는 고도로 숙련된 학습 시스템인 ACI는 어떨까? 분명히 말하지만, ACI는 이미 초기 개발 단계에 진입해 계속 발전해 나가고 있다. 이러한 모델은 수천 가지에 이를 것이며, 전 세계 인구 중 대다수가 사용하게 될 것이다. 휴가를 계획하고 그 계획을 실행하고, 더 효율적인 태양광 패널을 설계해 제작하고, 선거에서 승리하는 데 도움을 주는 등 우리가 상상 가능한 모든 목표를 돕거나 스스로 수행할 수 있는 ACI를 누구든 주머니에 넣고 다니는 시대가 올 것이다. 모든 사람에게 이러한 권한이 주어지면 어떤 일이 일어날지 정확히 예측하기는 어렵겠지만, 3부에서 이 부분을 다시 한번 살펴보도록 하자.

적어도 한 가지 면에서는 AI의 미래를 예측하기가 상당히 쉽다. 앞으로 5년 동안 막대한 자원이 계속 투입될 것이다. 지구상에서 가장 똑똑한 사람들이 AI와 관련된 문제들을 해결하기 위해 노력하고 있고, 엄청나게 많은 연산을 통해 최고의 모델을 훈련시키려 할 것이다. 이 모든 노력이 상상하고, 추론하고, 계획하고, 상식을 발휘할 수 있는 AI로 나아가기 위한 돌파구를 만들면서 더욱 극적인 도약으로 이어지게 될 것이다.

머지않아 AI는 인간처럼 한 영역에서 다른 영역으로 '알고 있는' 것을 자연스럽게 전달할 수 있게 될 것이다. 지금은 자기 성찰과 자기 개선의 시험적인 징후에 불과하지만 앞으로는 비약적인 발전을 이룰 것이다. 이러한 ACI 시스템은 인터넷에 연결돼 인간이 하는 모든 것과 상호 작용할 수 있을 뿐 아니라 깊이 있는 지식과 능력을 갖춘 플랫폼을 기반으로 작동하게 될 것이다. 또 언어뿐만 아니라 엄청나게 다양한 작업을 마스터하게 될 것이다.

AI는 단순한 기술 그 이상의 깊이와 힘을 지니고 있다. 위험은 AI를 과대 선전하는 데 있는 것이 아니라 다가오는 거대한 물결의 규모를 간과하는 데 있다. AI는 단순한 도구나 플랫폼이 아닌 혁신적인 메타 기술이고, 기술과 모든 것의 기반이 되는 기술이며, 그 자체로 도구이자 플랫폼인 제작자이고, 단순한 시스템이 아닌 다른 모든 종류의 시스템을 만들어 내는 시스템이다. 한 걸음 물러서서 10년이나 100년 단위로 무슨 일이 일어나고 있는지 잘 생각해 보자. 실제로 우리는 인류 역사의 전환점에 서 있다.

하지만 앞으로 다가올 물결에는 AI 말고도 많은 것들이 있다.

5장

생명의 기술

우주에서 가장 오래된 기술인 생명은 최소 37억 년 이전에 탄생했다. 이 영겁의 세월 동안 생명은 빙하기와 같은 자율적이고 무질서한 과정을 통해 진화했다. 그리고 지난 수십 년 동안 진화의 역사에서 가장 작은 조각, 즉 생명의 산물 중 하나인 인간이 모든 것을 바꿔 놨다. 생물학의 비밀이 풀리기 시작했고, 생물학 그 자체가 공학 기술의 도구가 됐다. 생명의 역사는 순식간에 다시 쓰였고, 뚜렷한 방향 없이 진행되던 진화의 흐름은 갑자기 더 강력한 힘을 얻으며 방향성을 찾게 됐다. 지질 연대에 따라 맹목적으로 진행되던 변화는 이제 엄청난 속도로 전개되고 있다. 이것은 AI와 더불어 우리 시대의 가장 중요한 변화다.

생명체 시스템은 자가 조립을 하고, 자가 치료를 하며, 놀라운 수준의 정교함, 원자 정밀도, 정보 처리 능력을 바탕으로 다양한 환경에서 복제하고 생존하고 번성할 수 있는 에너지를 활용하는 아키텍처Architecture다. 증기 기관에서 마이크로프로세서에 이르는 모든 것이 물리학자와 공학자 사이의 활발한 대화를 통해 탄생한 것처럼 앞으로 맞이하게 될 수십 년은 생물학과 공학의 융합에 의해 정의될 것이다.[1] AI와 마찬가지로 합성 생물학 역시 비용 감소와 역량 상승이라는 급격한 변화의 궤도에 올라서고 있다.

이러한 새로운 물결의 중심에는 DNA가 정보를 나타내고 인코딩하며 저장하는, 생물학적으로 진화된 시스템이라는 인식이 자리 잡고 있다. 최근 수십 년 동안 우리는 이 정보 전달 시스템에 대해 충분히 이해할 수 있게 됐으며, 이제 그 시스템의 인코딩을 수정하고 진행 방향을 지시하기 위해 개입할 수 있게 됐다. 따라서 식품, 의약품, 재료, 제조 공정, 소비재 등 모든 것이 변화하고 재창조될 것이다. 우리 인간도 마찬가지다.

유전자 가위: 크리스퍼 혁명

유전 공학은 최신 기술처럼 보이지만 사실 인류 역사상 가장 오래된 기술 중 하나다. 더 나은 형질을 선택하기 위해 작물과 동물을 끈질기게 개량하는 과정인 선택적 육종이 없었다면 인류 문명 중 많은 부분이 불가능했을 것이다. 인간은 수 세기, 수천 년에 걸쳐 가장 유용한 형질이 될 만한 품종을 끊임없이 만들어 내며 친근한 개, 젖소, 가축화된 닭, 밀, 옥수수 등을 생산했다.

현대 생명 공학은 19세기부터 시작된 유전과 유전학에 대한 이해를 바탕으로 1970년대에 시작됐다. 로잘린드 프랭클린Rosalind Franklin과 모리스 윌킨스Maurice Wilkins의 연구를 이어받은 제임스 왓슨James Watson과 프랜시스 크릭Francis Crick은 1950년대에 유기체 생성을 위한 지침을 암호화하는 분자인 DNA 구조를 발견했다. 1973년 박테리아를 연구하던 스탠리 N. 코헨Stanley N. Cohen과 허버트 W. 보이어Herbert W. Boyer는 한 유기체에서 다른 유기체로 유전 물질을 이식하는 방법을 발견해 개구리의 DNA를 박테리아에 성공적으로 삽입하는 방법을 보여 주었다.[2] 그렇게 해서 유전 공학의 시대가 열렸다.

이 연구를 통해 보이어는 1976년 세계 최초의 생명 공학 회사 중 하나인 지넨테크Genentech를 설립했다. 지넨테크의 사명은 의약품과 치료제 생산을 위해 유전자를 조작하는 것이었고, 불과 일 년 만에 대장균 박테리아를 조작해 소마토스타틴somatostatin 호르몬(성장 억제 호르몬_옮긴이)을 생산하기 위한 개념 증명 개발에 성공했다.

몇 가지 주목할 만한 성과에도 불구하고 유전 공학은 비용이 많이 들고 복잡다단한 과정을 거쳐야 했기 때문에 이 분야의 초기 발전 속도는 더뎠다. 하지만 지난 20여 년 동안 상황이 달라졌다. 훨씬 더 저렴하고 쉬워진 것이다. 한 가지 촉매제가 바로 인간 유전체 프로젝트(Human Genome Project, '인간 게놈 프로젝트'라고도 한다_옮긴이)였다. 이 프로젝트는 인간 유전체를 구성하는 30억 개의 유전자 정보를 해독한다는 단일 목표를 위해 전 세계 민간 기관과 공공 기관의 과학자 수천 명이 모여 13년 동안 수십억 달러를 투자한 노력의 결과물이었다.[3] 이러한 유전체 염기 서열 분석은 생물학적 정보인 DNA를 인간이 읽고 사용할 수 있는 정보인 원시 텍스트로 변환한다. 복잡한 화학 구조는 네 가지 기본 염기인 A, T, C, G의 서열로 변환된다.

인간 유전체 프로젝트가 목표로 삼은 것은 처음으로 인간의 완전한 유전자 지도를 판독 가능하게 만드는 것이었다. 1988년 이 프로젝트가 발표됐을 당시 일부는 불가능하고 절망적인 연구가 될 것이라고 생각했지만, 결국 의심하는 사람들이 틀렸다는 것을 증명했다. 2003년 백악관 기념식에서는 우리 인간의 유전체 염기 서열 중 92퍼센트가 밝혀져 이제 생명체의 암호가 풀렸다고 발표되었다. 이는 획기적인 성과였다. 물론 그 잠재력을 최대한 발휘하는 데에는 시간이 걸렸지만, 돌이켜 보면 인간 유전체 프로젝트가 혁명의 시작을 알렸다는 사실만큼은 분명하다.

무어의 법칙은 상당한 주목을 받고 있지만, 《이코노미스트》가 칼슨 곡선Carlson curve이라고 부르는 DNA 염기 서열 분석 비용의 급격한 감소는 잘 알려지지 않았다.[4] 끊임없이 발전하고 있는 기술 덕분에 인간 유전체 염기 서열 분석의 비용은 2003년 10억 달러에서 2022년 1000달러 미만으로 크게 감소했다.[5] 이것은 20년 만에 그 비용이 백만 배나 하락한 것으로 무어의 법칙보다 천 배나 빠른 속도다.[6] 눈에 잘 띄지 않는 곳에 놀라운 발전이 숨어 있다.

유전체 염기 서열 분석은 이제 급성장하는 사업이 됐다. 머지 않아 대부분의 사람들이나 식물, 동물, 그리고 그 사이에 존재하는 모든 것의 유전체 염기 서열이 분석될 것으로 보인다. 23andMe와 같은 기업은 이미 수백 달러에 개인의 DNA 프로파일링(DNA profiling, '유전자 감식'이라고도 한다_옮긴이) 서비스를 제공하고 있다.

하지만 생명 공학의 힘은 단순히 코드를 읽는 능력을 뛰어 넘어 이제 우리가 코드를 편집하고 작성할 수 있게 해 준다. 크리스퍼(CRISPR, clustered regularly interspaced short palindromic repeats의 약자로 세균과 고세균의 유전체에서 발견되는 특정 염기 서열_옮긴이) 유전자 편집은 우리가 유전학에 직접 개입할 수 있는 방법을 보여 주는 가장 잘 알려진 예일 것이다. 2012년 제니퍼 다우드나Jennifer Doudna와 에마뉘엘 샤르팡티에Emmanuelle Charpentier가 주도한 혁신적인 연구 덕분에 처음으로 유전자를 텍스트나 컴퓨터 코드처럼 편집할 수 있게 되면서 유전 공학 초기 시절보다 훨씬 더 쉽게 유전자를 편집할 수 있게 됐다.

크리스퍼는 미세하게 조정된 한 쌍의 유전자 가위 역할을 하는 효소인 캐스9Cas9의 도움으로 유전자 염기 서열을 편집해 유전자 가닥의 일부를 절단함으로써 미세한 박테리아부터 인간과 같은 대형 포유류에 이르는 모든 것을 정밀하게 편집하고 수정할 수 있다. 또한 작은 변화부터 유전체에 대한 중대한 개입에 이르기까지 편집할 수 있는 범위가 실로 다양해 그 영향은 엄청날 것으로 보인다. 예를 들어, 난자와 정자를 형성하는 생식 세포를 편집하면 그 변화가 여러 세대에 걸쳐 영향을 미칠 수 있다.

첫 크리스퍼 논문이 발표된 이후, 이를 적용한 연구가 빠르게 진행돼 일 년이 채 되지 않아 최초의 유전자 편집 식물이 만들어 졌고, 최초의 유전자 편집 동물인 생쥐는 그보다 더 먼저 만들어 졌다. 카버Carver와 팩맨PAC-MAN이라는 이름을 가진 크리스퍼 기 반 시스템은 백신과 달리 면역 반응을 유발하지 않아 우리가 미래 의 팬데믹에 맞서 바이러스를 효과적으로 예방할 수 있는 방법을 제시한다.[7] RNA 편집과 같은 분야는 그 자체로 높은 콜레스테롤 이나 암과 같은 질환을 위한 다양하고 새로운 치료법을 열어 주고 있다.[8] DNA가 아닌 RNA와 단백질에 작용하는 크리스퍼 도구인 크라스파제Craspase와 같은 새로운 기술은 기존의 치료법보다 더 안전한 방법으로 치료에 개입할 수 있게 해 준다.[9]

AI와 마찬가지로 유전 공학은 빠르게 진화하고 발전하고 있는 분야로 전 세계의 엄청난 인재와 에너지가 집중되면서 진정한 결 실을 맺기 시작했다. 비타민 D가 매우 풍부한 토마토부터 낫 적혈 구병sickle-cell disease과 베타 지중해 빈혈(beta-thalassemia, 비정상 적인 헤모글로빈을 생성하는 혈액 질환_옮긴이)을 포함한 질환의 치 료에 이르기까지 크리스퍼의 활용 사례는 점점 더 다양해지고 있 다.[10] 앞으로 코로나19, 인체 면역 결핍 바이러스HIV, 낭성 섬유증 은 물론이고 암까지 치료할 수 있을 것으로 기대하고 있다.[11] 보다 안전하고 광범위한 유전자 치료법이 머지않아 등장할 것이다. 이러한 유전자 치료법은 가뭄과 질병에 강한 작물을 만들고, 수확량을 늘리고, 바이오 연료를 대규모로 생산하는 데 도움을 줄 것이다.[12]

불과 수십 년 전만 해도 생명 공학은 비용이 많이 들고 복잡하고 발전 속도가 느려서 능력이 뛰어나고 자원이 풍부한 팀만 참여할 수 있는 분야였지만, 오늘날 크리스퍼와 같은 기술은 간단하고 저렴하게 사용할 수 있다. 생물학자 네사 캐리Nessa Carey의 말을 빌리면 그러한 유전자 기술은 "생명 과학의 민주화"를 가져왔다.[13] 과거에는 몇 년씩 걸리던 실험을 대학원생들이 불과 몇 주 만에 수행할 수 있게 됐다. 오딘Odin과 같은 회사에서는 살아 있는 개구리와 귀뚜라미가 포함돼 있는 유전 공학 키트를 1999달러에 판매하는 한편, 또 다른 키트에는 미니 원심 분리기, 중합 효소 연쇄 반응기polymerase chain reaction machine, 실험에 필요한 모든 시약과 재료가 포함돼 있다.

유전 공학은 한때 디지털 스타트업을 정의하고 인터넷 초창기에 폭발적인 창의성과 잠재력을 이끌어 냈던 DIY(do-it-yourself, 소비자가 구입해 직접 조립하거나 제작해 완성하는 제품_옮긴이) 정신을 수용했다. 이제 2만 5000달러에 불과한 벤치탑 DNA 합성기(다음 섹션에서 소개한다)를 구입해 여러분의 집 차고에서 어떠한 제한이나 관리 감독 없이 원하는 대로 사용할 수 있다.[14]

DNA 프린터: 현실이 된 합성 생물학

크리스퍼는 시작에 불과하다. 유전자 합성은 유전자 서열을 만들어 DNA 가닥을 합성하는 작업으로, 염기 서열 분석이 읽기라면 합성은 쓰기에 해당한다. 또 쓰기는 이미 알고 있는 DNA 가닥을 복제하는 데 그치지 않고 과학자들이 새로운 DNA 가닥을 만들고 생명 자체를 설계할 수 있게 해 준다. 몇 년 전에도 이러한 방식이 존재하기는 했지만 시간과 비용이 많이 들고 어려웠다. 10년 전만 해도 과학자들은 100개가 채 안 되는 DNA 조각을 동시에 제작했을 것이다. 이제 그들은 한 번에 수백만 개씩 인쇄할 수 있으며 비용도 10배나 감소했다.[15] 임페리얼 칼리지 런던Imperial College London에 있는 런던 DNA 파운드리London DNA Foundry는 단 하루 만에 서로 다른 유전자 1만 5000개를 설계하고 테스트할 수 있다고 주장한다.[16]

DNA 스크립트DNA Script와 같은 회사는 효소를 훈련시키고 적응시켜 완전히 새로운 분자를 만들어 낼 수 있는 DNA 프린터를 상용화하고 있다.[17] 이러한 기능은 생명 코드를 읽고, 편집하고, 이제는 쓸 수도 있는 합성 생물학이라는 새로운 분야를 탄생시켰다. 게다가 효소 합성과 같은 새로운 기술은 더 빠르고 훨씬 더 효율적이면서도 실패할 확률은 적고, 위험한 폐기물이 발생하지 않으며, 비용도 급격하게 감소하는 추세를 보이고 있다.[18] 또 이 새로운 방식은 전문 지식과 기술이 필요한 매우 복잡한 기존 방식과 달리 배우기도 훨씬 쉽다.

설계, 구축, 테스트, 반복이라는 주기가 매우 빠른 속도로 이뤄지는 DNA 제작을 위한 가능성의 세계가 열렸다. 가정용 DNA 합성기는 현재 몇 가지 기술적 한계를 갖고 있지만 그럼에도 불구하고 매우 효과적이며, 머지않아 그 한계마저 극복하게 될 것이라고 장담할 수 있다.

자연은 매우 효율적인 결과를 얻기 위해 복잡하고 긴 경로를 따르지만 이 바이오 혁명은 자기 복제, 자가 치유, 진화 과정의 핵심에 설계의 힘을 집중시킨다.

이는 설계를 통한 직접적인 개입으로 수천만 년의 역사가 압축되고 단축될 수 있다는 진화의 약속이다. 또 바이오 혁명은 컴퓨터 설계 도구의 힘으로 생명 공학, 분자 생물학, 유전학을 결합시킨다. 이 모든 것을 합치면 매우 혁신적인 범위의 플랫폼이 탄생한다.* 스탠퍼드 대학교 소속의 생명 공학자인 드루 앤디Drew Endy의 말을 빌리자면, "생물학은 최고의 분산 제조 플랫폼이다."[19] 그렇다면 합성 생물학의 진정한 가능성은 "사람들이 어디에서든 그들이 필요로 하는 것을 더 직접적이고 자유롭게 만들 수 있게 해 줄 것"이라는 데 있다.

1960년대에도 컴퓨터 칩은 대부분 수작업으로 제작됐다. 마찬

---

* 합성 생물학은 DNA 합성뿐만 아니라 유전자를 어떻게 켜고 끌 수 있는지에 대한 이해가 깊어지면서 세포가 원하는 물질을 생산하도록 유도하는 대사 공학metabolic engineering 분야의 기술도 함께 활용하고 있다.

가지로 최근까지도 생명 공학 연구 대부분은 많은 시간이 걸리고 예측이 불가능하며 모든 면에서 복잡한 수작업 공정이었다. 이제 반도체 제조는 세계에서 가장 복잡한 제품을 대량 생산하는 초효율적인 원자 규모의 제조 공정이 됐다. 생명 공학도 반도체 제조와 비교하면 아직 훨씬 초기 단계에 있지만 비슷한 궤적을 따르고 있다. 즉 오늘날의 컴퓨터 칩과 소프트웨어 수준의 정밀도와 규모로 유기체가 곧 설계되고 생산될 것이다.

2010년 크레이크 벤터Craig Venter가 이끈 연구팀은 미코플라스마 미코이데스Mycoplasma mycoides라는 박테리아의 유전체를 거의 그대로 복사해 새로운 세포에 이식한 후 복제했는데,[20] 그들은 그것이 새로운 형태의 생명체인 신시아Synthia라고 주장했다. 2016년 그들은 473개의 유전자를 가진 유기체를 만들었다. 자연적으로 발생하는 유기체보다 유전자 수가 적기는 하지만 그 이전보다 훨씬 큰 발전을 이뤘다. 또 그 후로 불과 3년 후, 취리히 연방 공과대학교ETH Zurich 연구팀은 컴퓨터만으로 최초의 박테리아 유전체를 제작하는 데 성공했다. 그 유전체가 바로 카울로박터 에텐시스 2.0Caulobacter ethensis-2.0이다.[21] 벤터의 실험에 대규모 팀과 수백만 달러의 자금이 투입됐지만, 이 선구적인 작업 대부분을 두 형제가 10만 달러도 안 되는 비용으로 완수한 것이다.[22] 현재 글로벌 유전체 프로젝트-라이트 컨소시엄GP-write Consortium은 합성 유전체를 만들고 테스트하는 비용을 '10년 안에 1000배' 낮추는 일에 전념하고 있다.[23]

생물학은 이제 급격한 발전을 이루게 될 것이다.

생물학적 창의성이 발휘되다

배터리를 생산하는 바이러스, 더러운 물을 정화하는 단백질, 통 속에서 자라는 장기, 대기에서 탄소를 흡수하는 해조류, 독성 폐기물을 소비하는 식물 등 합성 생물학이라는 낯설고 새로운 분야에서 수많은 실험이 진행되고 있다. 모기처럼 질병을 옮기는 종이나 생쥐와 같은 외래종은 소위 유전자 드라이브gene drive를 통해 서식지에서 단계적으로 퇴출시킬 수도 있고, 툰드라 지역에 매머드를 복원하려는 난해한 프로젝트와 같이 다른 종을 다시 되살릴 수도 있다. 하지만 그 결과가 어떻게 될지는 아무도 정확하게 예측할 수 없다.

의학 발전은 확실히 주목받고 있는 영역 중 하나다. 과학자들은 해조류에서 추출한 빛을 감지하는 단백질 유전자를 사용해 신경 세포를 재건함으로써, 2021년 시각 장애인의 제한된 시력을 회복시키는 데 성공했다.[24] 낫 적혈구병에서 백혈병에 이르기까지 이전에는 치료가 불가능했던 질환도 이제는 치료가 가능해졌다. CAR T 세포 치료는 암을 공격하는 맞춤형 면역 반응 백혈구를 설계하고, 유전자 편집은 유전성 심장 질환을 치료할 수 있을 것으로 보인다.[25]

백신 같은 생명을 구하는 치료제 덕분에 우리는 질병에 맞서 싸우기 위해 우리 생체에 개입한다는 생각에 이미 익숙해져 있다. 시스템 생물학 분야는 생물 정보학bioinformatics과 전산 생물학computational biology을 사용해 유기체가 전체적으로 어떻게 작동하는지 파악함으로써 세포, 조직, 유기체의 '큰 그림'을 이해하는 것을 목표로 하며, 이러한 노력은 개인 맞춤 의학의 새로운 시대를 위한 토대가 될 수 있다.[26] 머지않아 일반적인 방식으로 치료를 받는다는 생각은 완전히 구시대적인 발상으로 여겨질 것이며, 우리가 받게 될 치료 방법에서부터 의약품에 이르는 모든 것이 우리의 DNA와 특정 바이오마커(biomarker, DNA나 단백질 등을 이용해 질병이나 노화 등 신체 변화를 알아낼 수 있는 지표_옮긴이)에 정확하게 맞춰져 제공될 것이다. 궁극적으로는 면역 반응을 강화하기 위해 우리 자신을 재구성하는 것이 가능할 수도 있다. 이러한 발전은 이미 급성장하고 있는 연구 분야인 수명 연장이나 장수 기술과 같이 더욱 야심 찬 실험의 문을 열어 줄 수 있다.

이전의 그 어떤 생명 공학 벤처보다 많은 투자 자금인 30억 달러의 스타트업 펀딩을 유치한 알토스 랩스Altos Labs는 효과적인 노화 방지 기술을 찾고 있는 회사 중 하나다. 알토스 랩스의 수석 과학자인 리처드 클라우스너Richard Klausner는 인간의 수명과 관련해 "우리는 시계를 되돌릴 수 있다고 생각한다"고 말한다.[27] '회춘 프로그래밍rejuvenation programming'이라는 기술에 집중하고 있는 이 회사는, '켜고 끄는' 방식으로 유전자를 조절하는 DNA의 화학적 표지인 후성유전체epigenome의 재설정을 목표로 한다. 나이가 들면서 이 후성유전체는 잘못된 위치로 뒤집히는데, 회춘 프로그래밍이라는 실험적 접근 방식은 그렇게 뒤집어진 후성유전체를 다시 원래대로 되돌려 노화 과정을 되돌리거나 막는 것을 목표로 한다.[28] 다른 여러 가지 유망한 개입과 함께 인간 삶의 근본적인 부분처럼 보이는 신체적 노화의 필연성에도 의문이 제기되고 있다. 수명이 평균 100세 이상으로 늘어나는 세상이 앞으로 수십 년 안에 실현될 수 있다.[29] 단순히 수명만 늘어나는 것이 아니라 나이가 들면서 더 건강하게 살 수 있는 세상을 의미한다.

만약 이것이 성공한다면 사회적으로 큰 반향을 일으킬 것이다. 또 인지적, 미적, 신체적, 기능적 향상을 기대할 수 있는 동시에 그만큼 혼란을 야기하고 비난을 받을 수도 있다. 어느 쪽이든 간에 신체적으로 상당한 자기 수정self-modification이 일어나게 될 것이다. 초기 연구에 따르면 기억력이 향상되고 근력이 강화될 수도 있다고 한다.[30] '유전자 도핑'(gene doping, 신체 능력을 향상시키기 위해 유전 정보를 변형하는 것_옮긴이)이 스포츠, 교육, 직장 생활에서 현실적인 문제로 대두되기까지 그리 오랜 시간이 걸리지 않을 것이다. 임상 시험이나 실험과 관련된 법규의 경우, 자가 투여와 관련해서 애매한 부분이 존재하는 게 사실이다. 타인을 대상으로 한 실험은 명백히 금지돼 있지만, 자기 자신을 대상으로 한 실험은 어떻게 되는 것일까? 첨단 기술의 다른 많은 요소들과 마찬가지로 법적으로나 도덕적으로나 명확하게 정의되지 않은 영역이다.

한 부도덕한 교수가 젊은 부부들을 대상으로 일련의 생체 실험을 시작한 이후 중국에서는 편집된 유전자를 가진 세계 최초의 아이가 태어났고, 결국 2018년에는 루루Lulu와 나나Nana라는 유전자가 편집된 쌍둥이까지 탄생했다. 그 교수의 연구는 윤리적 규범을 모두 위반하며 과학계에 충격을 안겼다. 일반적인 안전장치나 책임 메커니즘이 전혀 마련돼 있지 않았던 것이다. 해당 유전자 편집은 의학적 관점에서 볼 때 불필요한 것으로 여겨졌고, 심지어 제대로 실행되지도 않았다. 과학자들이 느낀 분노는 실로 엄청났고 전 세계적인 비난이 쏟아졌다. 모라토리엄을 요구하는 목소리가 빠르게 퍼져나갔고 생명 과학 분야를 대표하는 선구자들도 이에 동참했지만, 이러한 대응이 올바른 접근 방식이라는 데 모두가 동의하지는 않았다.[31] 더 많은 크리스퍼 아기들이 태어나기 전에 전 세계는 원하는 형질을 선택할 수 있는 반복적인 배아 선택 문제와 씨름해야 할 것이다.

걱정스러운 생명 공학 분야의 헤드라인 외에도 의학이나 개인의 유전자 변형을 넘어 상상을 초월하는 방대한 응용 분야가 점점 더 많이 등장하게 될 것이다. 제조 공정, 농업, 원료, 에너지 생산, 심지어 컴퓨터까지 앞으로 수십 년 안에 모든 것이 근본적으로 변화하게 될 것이다. 수많은 과제가 남아 있지만 플라스틱, 시멘트, 비료와 같이 경제의 핵심이 되는 자재의 경우 바이오 연료와 바이오 플라스틱이 탄소를 배출하는 기존 자재를 대체하면서 훨씬 더 지속 가능한 방식으로 생산될 수 있다. 물, 토지, 비료를 덜 사용하고도 병충해에 강한 농작물을 재배할 수 있고, 곰팡이를 크게 키워 집을 지을 수도 있다.

노벨상 수상자인 프랜시스 아널드Frances Arnold와 같은 과학자들은 실리콘과 탄소를 결합하는 방법을 포함해 새로운 화학 반응을 일으키는 효소를 만들어 냈다. 이는 일반적으로 전자 제품과 같은 분야에서 광범위하게 사용되는 까다롭고 에너지 집약적인 공정에 속한다. 아널드의 작업 방식은 기존의 표준 산업 대안에 비해 에너지 효율이 15배나 높다.[32] 다음 단계는 생물학적 물질biological material과 공정의 생산 규모를 확대하는 것이다. 이렇게 하면 전통적인 제조 방식이 아닌 재배하는 방식으로 육류 대체품이나 대기 중 탄소를 흡수하는 신소재와 같은 중요한 제품을 생산해 낼 수 있다. 방대한 석유 화학 산업은 탄소 네거티브(carbon negative, 탄소 배출량보다 더 많은 양을 흡수해 탄소를 줄여 나가는 것_옮긴이) 공장을 건설하려는 솔루젠Solugen과 같은 신생 스타트업의 도전을 받을 수도 있다. 이러한 공장은 대기 중에 탄소를 배출하지 않으면서 세정제부터 식품 첨가물, 콘크리트에 이르는 다양한 화학 물질과 상품을 생산해 낼 수 있다. 그리고 이와 같은 공정은 기본적으로 AI와 생명 공학 기술을 기반으로 한 산업 규모의 저에너지, 저폐기물 바이오 제조에 속한다.

또 다른 회사인 란자테크LanzaTech는 제철소에서 발생하는 이산화탄소 폐기물을 유전자 변형 박테리아를 활용해 광범위하게 사용되는 산업용 화학 물질로 전환한다. 이 같은 유형의 합성 생물학은 보다 더 지속 가능한 '순환' 경제를 구축하는 데 도움이 되고 있다.[33] 차세대 DNA 프린터는 점점 더 정밀하게 DNA를 만들어 낼 것이다. DNA를 효율적으로 발현할 뿐만 아니라 이를 이용해 다양하고 새로운 유기체를 유전 공학적으로 설계하고 프로세스를 자동화해 확장할 수 있다면, 이론적으로는 몇 가지 기본 입력만으로 엄청난 범위의 생물학적 물질과 구조물을 생산할 수 있다. 세탁 세제 혹은 새 장난감을 만들거나 집을 가꾸고 싶은가? 그렇다면 '레시피'를 다운로드하고 '실행'을 누르기만 하면 된다. 엘리엇 허쉬버그Elliot Hershberg가 말한 것처럼, "우리가 원하는 것을 현지에서 바로 재배할 수 있다면 어떨까? 공급망이 전적으로 생물학적 프로세스에 기반하고 있다면 어떨까?"[34]

결국, 컴퓨터는 만들어지는 것뿐만 아니라 성장할 수도 있다. DNA는 그 자체로 우리가 알고 있는 가장 효율적인 데이터 저장 메커니즘이며, 거의 완벽한 충실도와 안정성으로 현재 컴퓨팅 기술의 수백만 배에 달하는 밀도로 데이터를 저장할 수 있다는 점을 기억해야 한다. 이론상으로는 전 세계 모든 데이터를 단 1킬로그램의 DNA에 저장할 수 있다.[35] 전사기transcriptor라고 부르는 생물학적 버전의 트랜지스터는 DNA와 RNA 분자를 사용해 논리 회로역할을 한다. 이러한 기술을 활용하려면 아직 갈 길이 멀다. 그러나 데이터 저장, 정보 전송, 기본 논리 시스템 등 컴퓨터의 모든 기능적 부분은 원칙적으로 생물학적 물질을 사용해 복제할 수 있다.

유전자 변형 생물체는 이미 농업과 제약 분야를 통해 미국 경제의 2퍼센트를 차지하고 있다. 그리고 이것은 시작에 불과하다. 경영 컨설팅 회사 맥킨지는 경제에 투입되는 물리적 자원 중 최대 60퍼센트가 궁극적으로 '바이오 혁신'의 대상이 될 수 있다고 추정하고 있다. 전 세계 질병 부담의 45퍼센트는 '오늘날 상상이 가능한 과학'으로 해결할 수 있다. 툴킷toolkit이 더 저렴해지고 더 발전함에 따라 가능성의 세계는 탐험의 대상이 된다.

합성 생명체 시대의 AI

단백질은 생명체의 구성 요소다. 근육, 혈액, 호르몬, 모발, 즉 건체중dry body weight의 75퍼센트는 모두 단백질로 구성돼 있다. 단백질은 뼈를 서로 연결해 고정시켜 주는 인대부터, 불청객을 잡는 데 사용되는 항체의 갈고리까지 우리가 상상할 수 있는 온갖 형태로 곳곳에 존재하며 무수히 많은 필수 작업을 수행한다. 단백질을 이해하고 나면 생물학을 이해하고 마스터하는 단계로 발전해 나갈 수 있다.

하지만 문제가 있다. 단순히 DNA 염기 서열을 이해하는 것만으로는 단백질이 어떻게 작용하는지 알 수 없다. 여러분은 단백질이 어떻게 접히는지 이해해야 한다. 매듭 구조로 접힌 단백질의 모양이 단백질 기능의 핵심이다. 힘줄의 콜라겐은 밧줄과 같은 구조를 갖고 있는 반면, 효소는 작용하는 분자를 담을 수 있는 있는 주머니를 갖고 있다. 하지만 예전에는 이러한 현상이 어떻게 일어나는지 알 수 있는 방법이 없었다. 모든 가능성을 무작위로 시도해 보는 기존의 무차별 대입 연산brute-force computation을 사용할 경우, 주어진 단백질의 발생 가능한 모양을 모두 다 살펴보는 데 우주의 나이보다 더 오랜 시간이 걸릴 수도 있다.[36] 단백질이 어떻게 접히는지 알아내는 것은 매우 어려운 과정이었기 때문에 신약 개발과 플라스틱 분해 효소 개발을 포함한 다양한 분야의 발전에 걸림돌이 되어 왔다.

수십 년 동안 과학자들은 더 나은 방법은 없는지 고민해 왔다. 1993년 그들은 누가 단백질 접힘 문제를 해결할 수 있는지 알아보기 위해 단백질 구조 예측 능력 평가(Critical Assessment for Structure Prediction, 이하 CASP)라는 대회를 2년에 한 번씩 열기로 결정했다. 단백질이 어떻게 접히는지 가장 잘 예측하는 사람이 우승하는 방식이었다. CASP는 경쟁이 치열하면서도 긴밀하게 연결돼 있는 이 분야에서 곧 기준이 됐다. 진전은 꾸준히 이뤄졌지만 끝은 보이지 않았다.

그러던 중 2018년 칸쿤의 야자수가 우거진 리조트에서 열린 CASP13에서 대회 기록이 전무한 한 신생 팀이 98개의 기성 팀을 꺾고 우승했다. 그 우승팀은 바로 딥마인드 소속 팀이었다. 알파폴드AlphaFold라고 불리는 이 프로젝트는 2016년 내가 속해 있던 그룹에서 일주일간 진행한 실험적인 해커톤(hackathon, 해킹(hacking)과 마라톤(marathon)의 합성어로 주로 소프트웨어 개발 분야에서 제한된 시간 내에 주어진 문제를 해결하기 위한 솔루션을 만들어 내는 대회_옮긴이)에서 시작됐다. 알파폴드는 연산 생물학 분야에서 획기적인 성과 중 하나로 빠르게 성장했고, AI와 생명 공학이 얼마나 빠른 속도로 발전하고 있는지를 여실히 보여 주는 완벽한 예가 됐다.

CASP13에서 2위를 차지한 장 그룹Zhang group은 가장 어려운 표적 43개 중 단 3개의 단백질 구조만 예측할 수 있었지만, 대회에서 우승한 우리 팀은 25개의 단백질 구조를 예측하는 데 성공했다. 딥마인드 팀은 다른 팀들보다 빠른 속도로 단 몇 시간 만에 이처럼 월등한 성과를 내놨다. 뛰어난 전문가들이 참가하는 이 대회에서 우리의 와일드카드가 승리를 거두며 모두를 놀라게 했다. 이 분야의 저명한 연구자인 모하메드 알쿠라이시Mohammed AlQuraishi는 "방금 무슨 일이 벌어진 거죠?"라고 묻기까지 했다.[37]

우리 팀은 심층 생성 신경망deep generative neural network을 사용해 이미 알려져 있는 단백질 집합에 대해 학습하고, 외삽법을 사용해 추정하는 방식으로 단백질이 DNA에 기초해 어떻게 접힐지 예측했다. 새로운 모델은 아미노산 쌍의 거리와 각도를 보다 더 잘 추측할 수 있었다. 이 문제를 해결한 것은 제약에 대한 전문 지식도, 극저온 전자 현미경과 같은 전통 기술도, 기존의 알고리즘 방식도 아니었다. 그 핵심은 머신 러닝과 AI에 대한 전문 지식과 역량이었다. AI와 생물학이 마침내 하나로 결합한 것이다.

이 년 후 우리 팀은 다시 돌아왔고, 한 줄의 헤드라인이 모든 것을 말해 주었다. 《사이언티픽 아메리칸》은 "생물학에서 가장 큰 난제 중 하나가 마침내 해결됐다"라고 썼다.[38] 이후 그동안 숨겨져 있던 단백질의 세계가 놀라운 속도로 빠르게 밝혀지기 시작했다. 알파폴드의 성능이 워낙 뛰어났기 때문에 이미지넷ImageNet과 마찬가지로 CASP도 폐지됐다. 반세기 동안 과학계에서 가장 큰 도전 과제 중 하나였던 단백질 접힘은 어느 날 갑자기 그 목록에서 사라져 버렸다.

2022년 알파폴드2가 대중에게 공개됐다. 그 결과 세계에서 가장 진보한 머신 러닝 도구가 기본 생물학과 응용 생물학 연구에 폭넓게 활용되면서 폭발적으로 증가했고, 한 연구자의 표현을 빌리면 '지각 변동'이 일어났다고 할 수 있다.[39] 알파폴드2를 출시하고 18개월 만에 전 세계 유수의 생물학 연구소를 포함, 연구자 100만 명 이상이 이 머신 러닝 도구에 접근해 항생제 내성부터 희귀 질환 치료, 생명의 기원에 이르는 다양한 문제를 해결했다. 이전에 수행된 실험을 통해 단백질 구조 약 19만 개를 유럽 생물정보학 연구소European Bioinformatics Institute의 데이터베이스에 전송했는데, 이는 현재 알려진 단백질의 약 0.1퍼센트에 해당한다. 딥마인드는 우리가 이미 알고 있는 거의 모든 단백질을 포함해 약 2억 개에 달하는 단백질 구조를 한 번에 업로드했다.[40] 과거에는 연구자들이 단백질의 모양과 기능을 파악하는 데 몇 주 또는 몇 개월씩 걸렸지만, 이제는 단 몇 초면 그 작업을 수행할 수 있다. 이것이 우리가 말하는 급격한 변화다. 그리고 바로 이러한 변화가 다가오는 물결을 가능하게 해 준다.

하지만 이는 두 기술이 이제 막 융합하기 시작한 것에 불과하다. 바이오 혁명은 AI의 발전과 함께 진화하고 있으며, 이 장에서 논의한 많은 현상들이 실제로 실현되기 위해서는 AI의 도움이 필요할 것이다. 그렇다면 두 개의 물결이 충돌해 하나의 물결이 아니라 엄청난 물결을 만들어 낸다고 생각해 볼 수 있다. 사실 어떤 면에서 보면 인공 지능과 합성 생물학은 거의 같은 의미로 볼 수 있다. 지금까지 모든 지능은 생명체에서 나왔다. 합성 지능synthetic intelligence과 인공 생명artificial life이라고 부르기도 하지만 그 의미는 여전히 같다. 두 분야 모두 완전히 근본적이고 상호 연결된 개념, 즉 인류의 두 가지 핵심 속성을 재창조하고 설계하는 것이다. 관점을 바꿔 보면 그 두 분야는 하나의 프로젝트가 된다.

생물학의 엄청난 복잡성은 다른 많은 단백질과 마찬가지로 방대한 데이터를 만들어 내며, 기존의 방법들로는 분석하기가 매우 어렵다. 그 결과 차세대 도구가 없어서는 안 될 필수 요소가 돼 버렸다. 연구팀들은 자연어 명령을 사용해 새로운 DNA 염기 서열을 생성해 내는 제품을 개발하고 있었다. 트랜스포머 모델(transformer model, 구글이 자연어 처리를 위해 개발한 딥 러닝 모델_옮긴이)은 생물학과 화학 언어를 학습해 인간의 지력으로는 이해하기 어려운 길고 복잡한 서열에서 관계와 의미를 다시 발견해 내고 있다. 생화학 데이터를 기반으로 미세 조정된 대규모 언어 모델 LLM은 새로운 분자, 단백질, DNA와 RNA의 서열에 대한 그럴듯한 후보를 생성해 낼 수 있다. LLM은 화합물의 구조, 기능, 반응 특성을 실험실에서 검증하기에 앞서 먼저 시뮬레이션을 통해 예측한다. 잠재적으로 응용할 수 있는 영역과 조사할 수 있는 속도가 점점 더 빨라지고 있다.

일부 과학자는 인간의 정신을 컴퓨터 시스템에 직접 연결할 수 있는 방법을 연구하기 시작했다. 2019년에는 루게릭병으로 완전히 마비된 말기 환자가 뇌에 이식한 전극을 통해 "멋진 내 아들을 사랑합니다"라는 말을 전달할 수 있게 됐다.[41] 뉴럴링크Neuralink와 같은 회사들은 우리를 기계와 직접 연결해 주는 뇌 인터페이스 기술을 연구하고 있다. 2021년 이 회사는 뉴런 활동을 모니터할 수 있는 사람 머리카락보다 얇은 필라멘트 모양의 전극 3000개를 돼지의 뇌에 삽입했다. 그들은 곧 N1 뇌 임플란트에 대한 인체 실험을 시작할 예정이며, 또 다른 회사인 싱크론Synchron은 이미 호주에서 인체 실험을 시작했다. 심지어 코티컬 랩스Cortical Labs라는 스타트업의 과학자들은 실험 용기에 일종의 뇌(시험관 내에서 자란 신경 세포 다발)를 배양한 후 이 뇌에 퐁Pong이라는 게임을 가르치기까지 했다.[42] 탄소 나노튜브로 만든 신경 '끈'이 우리를 디지털 세계에 직접 연결해 줄 날도 얼마 남지 않았을 것이다.

인간의 정신이 인터넷과 클라우드 규모의 연산과 정보에 즉각적으로 접근할 수 있다면 어떤 일이 일어날까? 상상하기가 매우 어려운 일이기는 하지만 연구자들은 이미 이를 실현하기 위한 초기 단계에 있다. 다가오는 물결의 핵심 범용 기술인 AI와 합성 생물학은 이미 얽히고설켜 서로를 지원하며 나선형 피드백 루프를 형성하고 있다. 팬데믹으로 인해 생명 공학에 대한 인식이 크게 높아졌지만, 합성 생물학의 가능성과 위험성을 모두 아우르는 전체적 영향은 이제 막 대중의 의식에 스며들기 시작했다.

DNA 가닥이 연산을 수행하고 인공 세포가 작동하는 생체기계biomachine와 생체컴퓨터biocomputer의 시대가 열렸다. 기계가 살아 움직이는 곳, 합성 생명체 시대에 온 것을 환영한다.

6장

더 폭넓은 물결

    기술의 물결은 한두 가지 범용 기술 그 이상의 것을 포괄한다. 기술의 물결은 하나 또는 그 이상의 범용 기술에 기반을 두고 있지만 그 너머로 확장하는 동시에 연속적으로 등장하는 기술의 집합이라 할 수 있다.

    범용 기술은 촉진제 역할을 한다. 발명은 또 다른 발명을 촉발하고, 물결은 더 다양한 과학적·기술적 실험을 위한 토대를 마련해 가능성의 문을 활짝 열어 준다. 그러한 결과로 새로운 도구와 기술, 새로운 연구 분야, 즉 기술 그 자체의 새로운 영역이 탄생한다. 더불어 그 주변에 기업들이 생겨나고, 투자를 유치하고, 크고 작은 틈새시장에 신기술을 광범위하게 적용해 나가고, 수천 가지의 다양한 용도에 맞게 지속적으로 개선해 나간다. 물결이 그토록 거대하고 역사적인 이유는 바로 이러한 변화무쌍한 복잡성, 즉 버섯처럼 자라나고 퍼져 나가는 경향이 있기 때문이다.

기술은 고립된 채로 발전하거나 작동하지 않으며, 범용 기술은 특히 더 그렇다. 오히려 파급력 있는 확장 루프를 통해 발전한다. 범용 기술이 있는 곳에서 그 기술에 자극을 받고 지속적인 대화를 나누면서 다른 기술 역시 발전하는 것을 알 수 있다. 이러한 점을 살펴보면 증기 기관, 개인용 컴퓨터, 합성 생물학만 중요한 게 아니라는 사실을 분명히 알 수 있다. 그러한 기술과 함께 발전하는 다양한 기술과 응용 분야의 광범위한 연결 고리도 중요하다. 증기로 운영되는 공장에서 만들어지는 모든 제품, 증기 기관 열차를 타고 이동하는 사람들, 소프트웨어 비즈니스, 더 나아가 컴퓨팅에 의존하는 모든 것이 이에 해당한다.

생물학과 AI가 그 중심에 있지만 그 주변으로 다른 혁신적인 기술들이 자리 잡고 있다. 각각의 기술은 그 자체만으로도 엄청난 의미를 지니지만, 더 큰 물결의 교차 수분(cross-pollinating, 다른 꽃의 암술과 수술 사이에서 이루어지는 수분_옮긴이) 잠재력이라는 맥락에서 볼 때 그 중요성은 더욱 커진다. 20년 후에는 수많은 기술이 추가로 등장해 동시에 발전하게 될 것이다. 이 장에서는 이 광범위한 물결을 구성하는 몇 가지 대표 사례를 살펴본다.

먼저 로봇 공학, 즉 AI의 물리적 발현이라 할 수 있는 AI의 몸부터 살펴보도록 하자. AI는 이미 지구상에서 가장 첨단화된 산업의 일부 영역에서 그 영향력을 발휘하고 있다. 물론 가장 오래된 산업도 예외는 아니다. 자동화된 농장으로 가 보자.

로봇 공학의 시대

1837년 존 디어John Deere는 일리노이주 그랜드 디투어Grand Detour에서 대장장이로 일하고 있었다. 그 지역은 비옥한 흑토와 탁 트인 공간이 펼쳐진 대초원의 나라였다. 그곳은 농작물을 재배하기에는 좋지만 경작하기에는 엄청나게 어려운, 세계 최고의 경작지로서의 가능성을 가지고 있었다.

그러던 어느 날 디어는 한 공장에서 부러진 강철 톱을 발견했다. 강철이 귀했던 시절이었기 때문에 그는 그 톱날을 집으로 가져가 쟁기로 만들었다. 강하고 매끄러운 강철은 밀도가 높고 차진 흙을 경작하기에 완벽한 재료였다. 다른 사람들은 강철을 거친 철제 쟁기의 대체제로 생각했지만, 디어는 획기적인 혁신을 통해 대량 생산 규모를 크게 늘릴 수 있었다. 얼마 지나지 않아 중서부 전역에 있는 농부들이 그의 작업장으로 몰려들었다. 그의 발명은 수많은 정착민들이 대초원으로 이주할 수 있는 길을 열어 주었다. 중서부는 그야말로 세계의 곡창지대가 됐고, 존 디어는 농업의 대명사가 됐으며, 기술 지리적 혁명이 일어났다.

존 디어라는 회사는 오늘날에도 여전히 농업 관련 기술을 개발하고 있다. 아마도 트랙터, 스프링클러, 콤바인 등이 생각날 것이다. 실제로 존 디어는 이 모든 것을 만들고 있지만, 이제 이 회사는 점점 더 많은 로봇을 만들고 있다. 존 디어가 생각하는 농업의 미래는 자율적으로 작동하는 트랙터와 콤바인이 농지의 GPS 좌표를 추적하고, 다양한 센서를 사용해 수확을 실시간으로 자동 변경해 수확량을 극대화하고 낭비를 최소화하는 데 있다. 이 회사는 사람이 할 수 없는 수준의 정밀도와 세밀함으로 농작물을 심고, 가꾸고, 수확할 수 있는 로봇을 생산하고 있다. 토질부터 기상 조건에 이르는 모든 요인이 곧 많은 작업을 수행하게 될 기계에 반영되고 있다. 식량 가격 인플레이션과 인구 증가가 대두되고 있는 시대에 그 가치를 분명히 증명하고 있다.

농업용 로봇은 이제 막 등장한 것이 아니라 이미 우리 곁에 와 있다. 오늘날 우리의 먹거리 현실을 살펴보면 가축을 감시하는 드론부터 정밀 관개 장비, 광활한 실내 농장을 순회하는 소형 모바일 로봇, 파종부터 수확, 선별, 적재, 토마토 물 주기, 가축 추적, 목축을 담당하는 로봇에 이르기까지 AI를 기반으로 한 로봇들이 점점 더 많은 식품을 생산하고 있으며, 지금도 계속 출시되고 있고 규모 또한 확장되고 있다.

이러한 로봇 대부분은 인기 공상 과학 소설에 등장하는 안드로이드처럼 생기지 않았다. 그 로봇들은 마치 농기계처럼 생겼는데 어쨌든 우리 중 대다수는 농장에서 많은 시간을 보내지 않아 그 모습에 익숙하지 않을 것이다. 하지만 존 디어의 쟁기가 농업 관련 산업을 변화시켰던 것처럼 로봇을 중심으로 한 새로운 발명품이 우리 식탁에 음식이 오르는 방식을 변화시키고 있다. 아직은 우리가 충분히 인식하지 못하고 있는 혁명이지만 이미 활발하게 진행되고 있다.

로봇은 주로 생산 라인에서 단일 작업을 빠르고 정밀하게 수행할 수 있는 1차원적인 도구로 발전해 오면서 제조업체의 생산성을 크게 향상시켰지만, 1960년대 젯슨Jetsons 스타일의 안드로이드 가사도우미의 모습과는 거리가 멀었다.

AI와 마찬가지로 로봇 공학은 초기 엔지니어들이 생각했던 것보다 실제로 훨씬 더 어렵다는 것을 알게 됐다. 현실 세계는 낯설고, 한결같지 않고, 예상하기 어렵고, 구조화되지 않은 환경으로 압력 같은 것에 매우 민감하다. 달걀, 사과, 벽돌, 아이, 수프 한 그릇을 집어 드는 데에도 특별한 손재주, 민감성, 힘, 균형 감각이 필요하다. 주방이나 작업장과 같은 환경은 위험한 물건, 기름기, 여러 도구와 재료로 가득 차 있어 복잡하고 지저분할 수 있다. 그러한 환경은 로봇에게 악몽이나 다름없다.

그럼에도 불구하고 로봇은 사람들의 눈에 띄지 않는 곳에서 토크(torque, 물체를 회전시키는 힘의 작용_옮긴이), 인장 강도, 조작의 물리학physics of manipulation, 정밀도, 압력, 적응 등을 조용히 학습하고 있다. 유튜브에서 자동차 제조 공장의 영상을 찾아보면 로봇 팔과 조종자가 쉴 새 없이 움직이며 자동차를 만드는 모습을 볼 수 있다. 아마존이 개발한 '최초의 완전 자율 이동 로봇'인 프로테우스Proteus는 거대한 무리를 지어 창고 주변을 돌아다니며 소포를 픽업할 수 있다. '최첨단 안전, 인식, 내비게이션 기술'을 갖춘 이 로봇은 사람과 함께 주어진 작업을 원활하게 수행할 수 있다.[1] 아마존의 스패로우Sparrow는 '재고에서 개별 상품을 탐지, 선별, 처

리'할 수 있는 최초의 로봇이다.[2]

창고와 공장 등 비교적 정적인 환경에서 작업을 수행하는 이러한 로봇들을 상상하는 것은 그리 어렵지 않다. 하지만 곧 레스토랑, 술집, 요양원, 학교에서도 로봇을 쉽게 찾아볼 수 있게 될 것이다. 로봇은 이미 돼지를 대상으로 인간과 함께 그리고 자율적으로 복잡한 수술을 수행하고 있다.[3] 이 같은 로봇의 활용은 훨씬 더 광범위하게 펼쳐질 로봇 공학 기술의 시작에 불과하다.

오늘날에도 인간 프로그래머가 로봇 작동의 모든 세부 사항을 제어하는 경우는 여전히 많다. 그렇기 때문에 새로운 환경에서 통합하는 데 드는 비용이 엄청나게 높다. 하지만 머신 러닝의 다른 많은 적용 사례에서 볼 수 있듯이, 인간의 철저한 감독으로 시작된 작업은 AI가 자율적으로 작업 능력을 개선해 나가면서 결국 새로운 환경에 적응하는 단계로 발전하게 된다.

구글의 연구 부서에서는 1950년대에 꿈꿨던 것처럼 설거지부터 회의실 의자 정리까지 집안일과 단순한 작업을 수행할 수 있는 로봇을 개발하고 있다. 그들은 쓰레기를 분류하고 테이블을 닦을 수 있는 로봇 100대를 만들었다.[4] 강화 학습은 각 로봇의 집게가 컵을 집어 들고 문을 여는 등 어린아이도 쉽게 할 수 있지만 수십 년간 로봇 공학자들을 괴롭혀 온 동작들을 수행할 수 있게 해 준다. 이 새로운 유형의 로봇은 자연어 음성 명령에 반응해 일반적인 활동을 수행할 수 있다.

또 다른 성장 분야는 로봇이 군집을 형성하고 하이브 마인드

(hive mind, 여러 개체를 지배하는 하나의 정신_옮긴이)로 개별 로봇의 잠재 능력을 크게 향상시키는 능력과 관련이 있다. 예를 들어, 하버드 비스 연구소Harvard Wyss Institute가 개발한 소형 로봇 킬로봇Kilobot은 로봇 수천 대가 모여 공동으로 작업하고 자연에서 따온 모양으로 조립돼 토양 침식 방지와 기타 환경 중재, 농업, 수색 및 구조 작업, 건설 및 검사 분야 전반과 같이 어렵고 광범위한 작업에 사용할 수 있는 로봇 군집이다. 건설용 로봇 군집이 몇 분 만에 다리를 놓고, 몇 시간 만에 대형 건물을 세우고, 생산성이 높은 대규모 농장을 연중무휴로 관리하고, 유출된 기름을 제거하는 모습을 상상해 보자. 꿀벌 개체수가 위협을 받고 있는 상황에서 유통업체 월마트Walmart는 로봇 꿀벌들이 자율적으로 협력해 농작물을 교차 수분하도록 하는 기술을 특허 출원했다.[5] 로봇 공학의 모든 가능성과 위험은 무한한 규모의 그룹으로 협업할 수 있는 능력을 통해 더욱 확대된다. 이렇듯 복잡한 조율은 다양한 작업의 가능성과 장소, 기간을 새롭게 정의할 것이다.

오늘날의 로봇은 우리가 흔히 상상하는 휴머노이드 로봇의 모습과 다른 경우가 많다. 조립 로봇을 사용해 작은 기계 부품부터 아파트 건축용 블록에 이르는 모든 것을 겹겹이 쌓아 올리는 3D 프린팅이나 적층 제조 기술을 생각해 보자. 거대한 콘크리트 분사 로봇은 기존의 건축비보다 훨씬 적은 비용으로 단 며칠 만에 주택을 지을 수 있다.

로봇은 인간보다 훨씬 더 다양한 환경에서 훨씬 더 오랜 시간 동안 정밀하게 작동할 수 있다. 로봇의 기민함과 부지런함에도 한계가 없다. 이러한 로봇들이 서로 연결될 경우, 그 무리가 달성해낼 수 있는 성과는 작업 수행에 대한 규칙을 다시 쓰게 할 것이다. 나는 이제 AI가 로봇이 지닌 본연의 가능성, 즉 인간의 모든 신체적 행동을 복제할 수 있는 기계로 견인하는 단계에 이르렀다고 생각한다. 비용이 감소하고(로봇 팔의 가격은 5년 동안 46퍼센트 감소했으며 계속 하락하고 있다), 강력한 배터리가 장착되고, 더 단순화되고, 수리하기가 쉬워지면 로봇이 보편화될 것이다.[6] 그리고 그러한 변화는 독특하고 극단적이며 민감한 상황에서 드러나게 될 것이다. 어디를 봐야 할지 안다면 이미 그 변화의 조짐을 확인할 수 있다.

경찰에게는 최악의 악몽이나 다름없는 일이 일어나고 말았다. 군대에서 훈련을 받은 한 저격수가 텍사스주 댈러스의 한 지역 커뮤니티 칼리지 2층에 있는 안전한 구역에 자리를 잡고 숨어 있었다. 그러고는 평화로운 시위를 내려다보다가 경찰을 향해 총을 쏘기 시작했다. 45분 후 두 명이 사망하고 여러 부상자가 발생했다. 나중에 경찰관 5명이 사망하고 7명이 부상당한 것으로 밝혀졌다. 이는 9·11 테러 이후 미국 사법 당국이 겪은 가장 치명적인 사건이었다. 그 총격범은 경찰을 조롱하고 웃고 노래하며 소름 끼칠 정도의 정확도로 총격을 가했다. 두 시간 넘게 긴박한 협상이 이어졌지만 아무 진전이 없었다. 경찰은 사면초가에 빠져 꼼짝할 수 없었다.

상황을 수습하려면 얼마나 더 많은 사람이 희생될지 알 수 없었다.

그때 경찰 특공대swat가 한 가지 새로운 방법을 생각해 냈다. 경찰서에는 노스롭 그루먼Northrop Grumman에서 만든 15만 달러짜리 폭탄 처리 로봇인 리모텍 안드로스 마크 5A-1Remotec Andros Mark 5A-1이 있었다.[7] 그들은 범인을 무력화하기 위해 15분 안에 로봇의 팔에 C4 폭발물을 부착해 건물 안으로 투입할 계획을 세웠다. 경찰서장 데이비드 브라운David Brown은 이 작전을 신속하게 승인했다. 로봇은 움직이기 시작했고 건물 안으로 덜거덕 거리며 들어가 총격범이 있는 공간의 벽과 인접해 있는 공간에 폭발물을 배치했다. 이윽고 폭발물이 터지면서 벽이 무너져 내렸고 총격범이 사망했다. 미국에서 로봇이 표적에 치명상을 입힌 것은 이 사건이 처음이었다. 그날 댈러스에서는 로봇이 사람들의 목숨을 구했고, 그 끔찍한 사건은 그렇게 막을 내렸다.

하지만 일부는 불안해했다. 치명적인 경찰 로봇이 지닌 잠재적인 위험성에 대한 우려는 굳이 강조할 필요가 없었다. 이 모든 것이 의미하는 바에 대해서는 3부에서 다시 살펴보겠다. 하지만 무엇보다도 이 사건은 로봇이 점차 우리 사회에 파고들고 있으며, 일상에서 이전보다 훨씬 더 큰 역할을 수행할 준비가 돼 있다는 사실을 보여 주었다. 치명적인 위기 상황에서부터 물류 허브에서 잔잔하게 울리는 윙윙 소리, 분주한 공장, 노인 요양원에 이르기까지 우리 일상 곳곳에서 로봇을 찾아볼 수 있다.

AI는 시뮬레이션과 서버 안에 존재하는 비트와 코드의 산물이며, 로봇은 AI를 현실 세계와 연결해 주는 다리이자 인터페이스다. AI가 정보의 자동화를 의미한다면 로봇 공학은 물질의 자동화, 즉 AI의 물리적 구현이며 실현 가능한 작업의 단계적 변화를 의미한다. 비트에 대한 완전한 이해는 원자를 직접 재구성해 생각하거나 말하거나 계산할 수 있는 것뿐만 아니라, 가장 가시적이고 물리적인 의미에서 구축할 수 있는 것의 한계를 다시 정의하면서 완전한 순환을 이룰 것이다. 하지만 다가올 물결과 관련해 놀라운 점은 이러한 유형의 직접적인 원자 조작이 앞으로 다가올 것에 비하면 아무것도 아니라는 것이다.

양자 지상주의

2019년 구글은 '양자 지상주의'(quantum supremacy, 합리적인 시간 안에 처리하기가 불가능한 연산 작업을 양자 컴퓨터가 처리해낼 수 있는 지점_옮긴이)에 도달했다고 발표했다.[8] 연구원들은 원자보다 더 작은 아원자 세계의 독특한 특성을 이용한 양자 컴퓨터를 만들어 냈다. 우주에서 가장 온도가 낮은 곳보다 더 낮은 온도로 냉각된 구글의 컴퓨터는 양자역학에 대한 이해를 바탕으로 기존 컴퓨터라면 처리하는 데 만 년이나 걸렸을 연산을 단 몇 초 만에 풀어냈다고 한다.[9] 이 컴퓨터에는 양자 컴퓨팅의 핵심 단위인 '큐비트'(qubit, 양자 컴퓨터에서 연산을 수행할 때 처리하는 정보의 기본 단위_옮긴이), 즉 양자 비트가 53개뿐이었다. 기존 컴퓨터에 동일한 정보를 저장하려면 720억 기가바이트 메모리가 필요하다.[10] 그야말로 양자 컴퓨터의 중요한 순간이었다. 1980년대에 이론적 토대를 마련한 양자 컴퓨팅은 40년 만에 가설에서 실제로 작동하는 프로토타입으로 발전했다.

아직 초기 단계의 기술이기는 하지만 양자 컴퓨팅이 현실화되면 엄청난 영향이 있을 것이다. 큐비트가 추가될 때마다 컴퓨터의 전체 성능이 두 배로 증가한다는 점이 가장 큰 매력이다.[11] 큐비트를 추가하기 시작하면 그 성능이 기하급수적으로 더 강력해진다. 실제로 상대적으로 적은 수의 입자만으로도 우주 전체를 고전 컴퓨터로 변환하는 것보다 더 강력한 연산 능력을 가질 수 있다.[12] 이는 평면 흑백 필름을 풀 컬러full color 3차원 필름으로 전환하는 것과 같은 연산 능력으로, 알고리즘의 무한한 가능성을 열어 준다.

양자 컴퓨팅은 매우 광범위한 영향을 미칠 수 있다. 예를 들어, 이메일 보안에서부터 암호 화폐에 이르기까지 모든 것의 근간이 되는 암호화가 갑자기 위험에 처할 수 있으며, 이 분야에서는 이를 'Q-데이'(Q-Day, 양자 컴퓨터가 기존의 암호화 알고리즘을 해독할 수 있는 시점_옮긴이)라고 부른다. 암호화는 공격자가 암호를 해독하고 접근 권한을 해제하는 데 필요한 모든 다양한 조합을 시도할 만큼 충분한 컴퓨팅 능력을 갖지 못할 것이라는 가정에 기반한다. 하지만 양자 컴퓨팅을 사용하면 상황이 달라진다. 양자 컴퓨팅이 아무 제한 없이 빠르게 도입되면 은행이나 정부 통신에 치명적인 영향을 미칠 수 있다. 은행과 정부 모두 이미 수십억 달러를 투자해 이러한 위험 가능성을 차단하고 있다.

양자 컴퓨팅에 대한 많은 논의가 그 위험성에 초점을 맞추고 있지만, 이 분야는 수학과 입자 물리학의 지평을 넓힐 수 있는 능력을 포함해 엄청난 이점을 제공할 수도 있다. 마이크로소프트와 포드Ford의 연구원들은 시애틀의 교통을 모델링해 교통 혼잡 시간을 예측하고 최적의 경로로 교통의 흐름을 유도하기 위한 더 나은 방법을 찾기 위해 초기 양자 접근 방식을 사용했다. 이는 대단히 까다로운 수학적 문제 중 하나다.[13] 이론상으로는 모든 최적화 문제 optimization problem의 해결 속도를 크게 높일 수 있다. 트럭에 짐을 효율적으로 적재하거나 국가 경제를 운영하는 등의 복잡한 상황에서 비용을 최소화하는 것과 관련된 거의 모든 문제에 적용할 수 있다.

논란의 여지가 있기는 하지만, 단기적으로 볼 때 양자 컴퓨팅의 가장 중요한 잠재력은 이전에는 불가능했던 화학 반응과 분자의 상호 작용을 세밀하게 모델링할 수 있다는 데 있다. 이를 통해 인간의 뇌나 재료 과학을 매우 자세히 이해할 수 있다. 화학과 생물학을 통해 처음으로 완전히 이해할 수 있게 될 것이다. 까다로운 실험실 작업으로 큰 비용이 들고 힘든 과정을 거쳐야 하는 신약 화합물, 산업용 화학 물질, 재료를 발견하는 속도도 크게 향상될 수 있다. 이제 새로운 배터리와 약물의 개발 가능성, 효율성, 실현 가능성이 높아졌다. 또 분자는 코드처럼 '프로그래밍'이 가능해져 유연성과 조작성을 얻게 될 것이다.

다시 말해서 양자 컴퓨팅은 아직 개발 초기 단계에 있는 또 하나의 기술이며, 이를 완전히 실현할 수 있는 기술적 혁신은 물론이고 비용 절감과 광범위한 확산이라는 결정적인 순간에 도달하려면 아직 갈 길이 멀다. AI나 합성 생물학과 마찬가지로 양자 컴퓨팅 역시 초기 단계이기는 하지만, 연구 자금과 지식이 확대되고 근본적인 과제에 대한 진전이 이뤄지고 있으며 다양하고 가치 있는 활용 방안이 가시화되고 있는 것으로 보인다. 더불어 AI나 생명 공학처럼 양자 컴퓨팅 역시 다른 분야의 발전 속도를 높이는 데 도움이 된다. 하지만 이 강력한 양자 세계가 그 끝은 아니다.

차세대 에너지 전환

에너지는 그것이 지닌 근본적인 중요성을 고려할 때 지능과 생명에 필적한다. 현대 문명은 막대한 양의 에너지에 의존하고 있다. 실제로 우리가 사는 세상을 가장 간단한 방정식으로 표현한다면 다음과 같다.

$$(생명 + 지능) \times 에너지 = 현대 문명$$

이 모든 요소 중 일부나 전체를 증가시키고 한계 비용을 0으로 끌어 올리면 사회 구조에 큰 변화가 생긴다.

화석 연료 시대에는 에너지 소비의 무한한 성장이 가능하지도 바람직하지도 않았지만, 호황이 지속되는 동안 값싼 음식부터 손쉬운 교통수단까지 우리가 당연하게 여기는 거의 모든 것이 에너지에 의존해 발전했다. 이제 저렴하고 깨끗한 전력의 엄청난 증가는 향후 수십 년간 핵심이 될 데이터 센터와 로봇 공학을 실행하는 데 필요한 막대한 전력뿐 아니라, 교통수단부터 건물에 이르는 모든 것에 영향을 미치고 있다. 값이 비싸고 환경을 오염시키는 에너지는 오늘날 기술 발전 속도를 제한하는 요소 중 하나다. 하지만 이러한 제약도 그리 오래가지 않을 것이다.

재생 에너지는 2027년까지 가장 큰 단일 전력 생산원이 될 것이다.[14] 이러한 변화는 전례 없이 빠른 속도로 진행되고 있으며, 앞으로 5년 동안 지난 20년보다 더 많은 재생 에너지 설비가 추가될 예정이다. 특히 태양광 발전은 그 비용이 크게 하락하면서 빠르게 성장하고 있다. 2000년 태양광 에너지는 그 비용이 와트당 4.88달러였으나 2019년 38센트까지 떨어졌다.[15] 에너지는 더 저렴해지고 있을 뿐 아니라 갈수록 더 분산되면서 특정 기기에서부터 전체 커뮤니티에 이르기까지 지역화될 가능성이 있다.

이 모든 것의 배후에는 태양에서 직접적인 동력을 얻지는 못했지만 영감을 받아 개발한 청정에너지의 강력한 기술인 핵융합이 있다. 핵융합은 수소 동위 원소가 충돌하고 융합해 헬륨을 형성할 때 에너지를 방출하는 것으로, 오랫동안 에너지 생산의 보배로 여겨져 온 과정 중 하나다. 1950년대 초기의 선구자들은 이 기술을 개발하는 데 10년 정도가 걸릴 것으로 예측했는데, 이 책에 언급된 수많은 기술과 마찬가지로 이는 상당히 과소평가된 것으로 밝혀졌다.

하지만 최근에 이뤄진 획기적인 발전으로 새로운 희망이 생겼다. 영국 옥스퍼드 근처에 있는 유럽 공동 핵융합 장치Joint European Torus를 운영하는 연구원들은 1997년 기록한 최고 출력의 두 배에 해당하는 역대 최고 출력을 달성했다. 캘리포니아주 리버모어에 있는 국립 점화 시설National Ignition Facility의 과학자들은 풍부한 수소로 이루어진 물질 펠릿pellet을 레이저로 압축하고 1억도까지 가열해 순식간에 핵융합 반응을 일으키는 관성 봉입inertial confinement이라는 방법을 연구해 왔다. 2022년 연구진은 처음으로 순 에너지 증가를 보여 주는 반응을 일으켰고, 이는 레이저를 투입한 것보다 더 많은 에너지를 생산하는 데 중요한 이정표가 됐다. 현재 주요 국제 협력과 함께 최소 30여 개에 달하는 핵융합 스타트업에 의미 있는 민간 자본이 유입되면서 이제 과학자들은 핵융합 시대를 '만약'이 아닌 '언제'의 문제로 인식하고 논의하고 있다.[16] 아직 10년 이상의 시간이 걸릴 수도 있지만, 이 깨끗하고 무한에 가까운 에너지원과 함께 할 미래가 점점 더 가시화되고 있다.

핵융합과 태양열은 엄청난 중앙 집중형과 분산형 에너지 그리드grid의 가능성을 제시하고 있으며, 그 의미는 3부에서 살펴볼 것이다. 현재 우리는 낙관주의로 가득 찬 시기에 있다. 현재와 미래의 다양한 생활 수요에 풍력, 수소, 향상된 배터리 기술 등 지속 가능한 전력을 공급할 수 있는 에너지 조합을 살펴보고, 에너지 전환의 잠재력을 최대한 발휘할 수 있는 방법을 알아보도록 하자.

물결 너머의 물결

이러한 에너지 관련 기술은 앞으로 수십 년을 지배하게 될 것이다. 그렇다면 21세기 후반에는 어떻게 될까? 앞으로 다가올 물결 그다음에는 무엇이 올까?

AI, 첨단 생명 공학, 양자 컴퓨팅, 로봇 공학을 구성하는 요소들이 새로운 방식으로 결합하면서 기술의 정밀도를 논리적인 결론으로 끌어올릴 수 있는 첨단 나노 기술 같은 돌파구를 마련해 둬야 한다. 원자를 한꺼번에 모두 조작하는 것이 아니라 개별적으로 조작할 수 있다면 어떨까? 비트/원자 관계의 정점을 찍게 될 것이다. 나노 기술의 궁극적인 목표는 원자가 제어 가능한 구성 요소가 돼 거의 모든 것을 자동으로 조립할 수 있는 것이다.

현실적인 과제는 엄청나게 많지만 연구 강도가 높아지고 있는 주제이기도 하다. 예를 들어, 옥스퍼드 대학의 한 연구팀은 나노 기술의 선구자들이 상상했던 다기능 버전, 즉 원자 단위에서 무한대로 설계하고 재조합할 수 있는 장치를 구현해 내기 위한 자기 복제 어셈블러self-replicating assembler를 개발했다.

나노 기계는 현재의 우리 수준을 크게 넘어서는 속도로 작동해 엄청난 성능을 발휘하고 있다. 예를 들어, 원자 크기의 나노 모터는 1분에 480억 번 회전할 수 있다. 이를 확장하면 모래알 12개 정도의 부피에 해당하는 물질로 테슬라에 동력을 공급할 수 있다.[17] 다이아몬드로 만든 아주 섬세한 구조물, 어떤 환경에서든 몸에 밀착돼 몸을 보호하는 우주복, 컴파일러compiler가 기본 공급 원료로 무엇이든 만들 수 있는 세상이 도래한 셈이다. 한마디로 원자 조작만 제대로 하면 그것이 어떤 물질이든 무엇이든 될 수 있는 세상을 의미한다. 물론 작고 능숙한 나노봇nanobot이나 장난감을 만들 듯 손쉽게 물질을 복제할 수 있는 세상은 초지능과 마찬가지로 여전히 공상 과학 소설의 영역이다. 아직 수십 년은 더 지나야 실현될 수 있는 테크노 판타지아이지만, 앞으로 다가올 물결이 진행됨에 따라 꾸준한 주목을 받게 될 것이다.

다가오는 물결의 핵심에는 '힘의 확산'이 자리하고 있다. 이전의 물결이 정보를 제공하는 데 드는 비용을 줄여 주었다면, 이번에 다가올 물결은 정보에 따라 실행하는 데 드는 비용을 줄여 주어 염기 서열 분석에서 합성, 읽기에서 쓰기, 편집에서 창작, 대화 모방에서 대화 주도라는 다양한 기술을 탄생시켰다. 이 점에서 볼 때 인터넷의 혁신적 힘에 대한 그 모든 거창한 주장에도 불구하고 이전의 다른 모든 물결과는 질적으로 다르다. 이 같은 유형의 힘은 중앙으로 집중화하거나 감독하기가 훨씬 더 어렵다. 새로운 물결은 역사적 패턴을 심화시키고 가속화하는 것일 뿐만 아니라 역사적 패턴에서 급격하게 벗어나는 것이기도 하다.

모든 사람이 새로운 물결이 몰고 올 기술들을 중요하다고 생각하거나 당연하게 여기는 것은 아니다. 불확실성이 크다는 점에서 회의론과 비관주의 회피는 결코 불합리한 반응이 아니다. 모든 기술은 개발과 수용이 불확실하고 기술적, 윤리적, 사회적 도전 과제에 둘러싸여 있어 악순환의 대상이 되기 쉽다. 완전한 것은 없다. 당연히 장애물이 존재할 것이고, 어떤 단점과 장점이 있을지 아직 명확하지 않다.

하지만 각각의 기술은 갈수록 더 구체화되고 발전하면서 그 역량을 키워 가고 있다. 더 쉽게 접근할 수 있을 뿐 아니라 보다 더 강력해지고 있다. 지질학적 또는 인류 진화적 시간 척도로 볼 때 우리는 기술 폭발이 연속적인 물결로 전개되고 있는 결정적인 시점에 다다르고 있으며, 처음에는 수천 년에서 수백 년이 걸렸지만 이제는 단 몇 년에서 몇 달이면 그 영향력이 빠르게 확산되는 혁신의 복합적이고 가속화된 주기를 경험하고 있다. 신기술을 보도 자료, 사설, 소셜 미디어 등을 통해 빠른 속도로 접하게 되면 과대광고나 거품처럼 보일 수도 있지만, 장기적인 관점에서 보면 그 기술들이 지닌 진정한 잠재력을 분명하게 알 수 있다.

물론 인류는 과거에도 이러한 과정의 일부로 엄청난 기술 변화를 경험한 적이 있다. 그러나 앞으로 다가올 물결이 가져올 특수한 도전 과제, 즉 왜 이 물결이 억제하기 어려운지, 새로운 물결의 엄청난 잠재력과 냉철하고 신중한 태도가 왜 균형을 이뤄야 하는지 등을 이해하려면 역사적 전례가 없지만 이미 체감하고 있는 모든 주요 특징을 분석해야 한다.

7장

다가오는 물결의 네 가지 특징

2022년 2월 24일 러시아의 우크라이나 침공이 시작된 직후 키이우Kyiv에 거주하는 주민들은 자신들이 생존을 위한 싸움을 벌이고 있다는 사실을 깨달았다. 벨라루스Belarus와의 국경 너머에는 수개월 동안 러시아 군대, 장갑, 군수 물자가 대규모로 집결해 있었다. 그 후 러시아군은 침공 초기에 우크라이나 수도를 점령, 정부 전복을 주요 목표로 삼아 대대적인 공세 준비에 들어갔다.

이러한 병력 집중의 중심에는 약 40킬로미터 길이의 트럭, 탱크, 중포병 부대가 있었고, 이는 제2차 세계 대전 이후 유럽에서 찾아볼 수 없었던 대규모 지상 공격이었다. 러시아 군대는 우크라이나 수도를 향해 이동하기 시작했다. 서류상으로 볼 때 우크라이나군은 절대적인 열세였다. 키이우가 함락되기까지 며칠, 아니 몇 시간밖에 남지 않은 것처럼 보였다.

하지만 그런 일은 일어나지 않았다. 그 대신 고글 형태의 야간 투시경을 착용한 우크라이나 군인 30여 명으로 구성된 부대가 그날 저녁 사륜 오토바이를 타고 수도 주변에 있는 숲을 가로질러 이동했다.[1] 그들은 러시아군 종대의 머리 부근에서 하차한 후 소형 폭발물을 장착한 조립식 드론을 발사했다. 드론은 러시아군의 선두 전차 중 일부를 파괴했다. 그 후 파괴된 전차들이 중앙 도로를 막아 버렸고, 주변의 들판은 진흙탕이 돼 통행이 불가능해졌다. 영하의 날씨에 군수 물자 보급이 불안정해지면서 종대는 그 자리에 멈춰 설 수밖에 없었다. 그러자 동일한 소규모 드론 작전 부대가 동일한 전술로 중요한 보급 기지를 폭파해 러시아 군대의 연료와 식량을 박탈했다.

여기서부터 키이우 전투가 달라졌다. 한 세대에 걸쳐 군사력을 축적해 오면서 최강이 된 러시아 군대는 굴욕적이고도 혼란스러운 상태로 벨라루스에 돌아갔다. 이 반 즉흥적인 우크라이나 민병대는 아에로로즈비드카Aerorozvidka라고 불렸다. 자발적으로 모인 드론 애호가, 소프트웨어 엔지니어, 경영 컨설턴트, 군인 등으로 구성된 이 민병대는 마치 스타트업처럼 자신들의 드론을 실시간으로 설계하고 제작하고 수정하는 비전문가 집단이었다. 그들은 장비 대부분을 크라우드 소싱과 크라우드 펀딩을 통해 마련했다.

우크라이나 저항군은 새로운 기술을 잘 활용해 기존의 군사적 계산을 어떻게 무너뜨릴 수 있는지 보여 주었다. 접속 상태를 유지하기 위해서는 스페이스X의 스타링크Starlink가 제공하는 최첨단

위성 인터넷이 꼭 필요했다.

그들은 민간 엘리트 프로그래머와 컴퓨터 과학자 천여 명으로 구성된 델타Delta라는 강력한 조직을 통해 우크라이나 군대에 최첨단 AI와 로봇 공학 관련 기능을 제공했다. 또한 머신 러닝을 사용해 목표물을 식별하고 러시아의 전술을 모니터링하며 전략을 제안하기도 했다.[2]

전쟁 초기 우크라이나 군대는 지속적인 탄약 부족에 시달렸다. 공격 하나하나가 모두 중요했고, 정확도는 생존과 직결된 문제였다. 때문에 위장한 표적을 찾아내고 포탄을 유도하는 머신 러닝 시스템을 구축하는 델타의 능력이 매우 중요했다. 재래식 군사용 정밀 미사일은 수십만 달러에 달하지만, 맞춤형 소프트웨어와 3D 프린팅 부품을 갖춘 AI와 일반 소비자용 드론을 사용하면 약 1만 5000달러의 비용으로 비슷한 미사일을 우크라이나에서 실전 테스트할 수 있다.[3] 드론 특수 부대 아에로로즈비드카의 초기 노력과 함께 미국은 우크라이나에 최적의 타격 시점이 될 때까지 목표물 주변에서 대기하며 배회하는 자폭 드론 스위치블레이드Switchblade 수백 대를 공급했다.

드론과 AI는 우크라이나 분쟁 초기에 작지만 중요한 역할을 수행했고, 훨씬 더 강력한 러시아와의 군사력 격차를 좁힐 수 있는 뚜렷한 비대칭 가능성을 가진 신기술이었다. 미국, 영국, 유럽군은 첫 달에 1000억 유로에 조금 못 미치는 규모의 군사 지원을 제공했고, 여기에는 막대한 양의 재래식 무기가 포함돼 있었다. 이 같은 지원은 의심할 여지없이 결정적인 영향을 미쳤다.[4] 그러나 이 전쟁은 상대적으로 열세라 할 수 있는 전투 부대가 시장에서 구할 수 있는 비교적 저렴한 기술을 사용해 얼마나 빨리 무기를 조립하고 무장할 수 있는지를 보여 주었다는 점에서 매우 획기적인 사건이었다. 이런 식으로 기술이 비용과 전술적 이점을 제공한다면 그러한 기술은 자연스럽게 확산되고 채택될 수밖에 없을 것이다.

드론은 앞으로 전쟁이 일어날 경우 어떤 일이 벌어질지 엿볼 수 있게 해 준다. 드론은 전투 작전을 짜고 전투에 참여하는 군인들이 매일 마주해야 하는 현실이다. 문제는 생산 비용이 몇 배로 떨어지고 능력은 배가될 때 이 같은 변화가 분쟁에 미칠 영향이다. 재래식 군대와 정부는 이미 이러한 전투 기술 변화를 억제하기 위해 고군분투하고 있다. 앞으로 다가올 기술 변화는 훨씬 더 억제하기 어려울 것이다.

1부에서 살펴본 바와 같이 엑스레이x-ray 기계에서 AK-47 소총에 이르기까지 기술은 항상 확산돼 왔으며 그 결과는 매우 광범위했다. 그러나 앞으로 다가올 물결은 억제 문제를 더욱 복잡하게 만드는 네 가지 본질적인 특징을 갖고 있다. 그 중 첫 번째 특징은 이 섹션의 핵심 교훈인 엄청난 비대칭적 영향이다. 이제 '눈에는 눈, 이에는 이' 식으로 공격할 필요가 없다. 새로운 기술은 전에는 생각할 수 없었던 약점이나 급소를 찾아내 겉보기에 더 우세해 보이는 강대국에 압박을 가한다.

둘째, 신기술은 일종의 초진화hyper-evolution로 빠르게 발전하고 있으며 놀라운 속도로 반복되고 개선되면서 새로운 영역으로 확장되고 있다. 셋째, 신기술은 다각도로 활용되는 경우가 많아 매우 다양한 용도로 사용할 수 있다. 넷째, 신기술은 이전의 그 어떤 기술보다 높은 수준의 자율성을 확보해 나가고 있다.

이 네 가지 특징은 앞으로 다가올 물결을 정의한다. 물결을 통해 어떤 이점과 위험들이 발생할 수 있는지 파악하려면 이러한 특징들을 이해할 수 있어야만 한다. 이 네 가지 특징이 서로 맞물리면 억제와 통제의 복잡성, 그리고 위험성이 새로운 차원으로 확대될 수 있기 때문이다.

비대칭: 힘의 대이동

새로운 기술은 항상 새로운 위협을 만들어 내고, 힘을 재분배하며, 진입 장벽을 허물어 왔다. 대포는 소규모 병력으로 성을 파괴하고 군대를 평준화할 수 있음을 의미했다. 식민지 시대에는 첨단 무기를 가진 군인 몇 명이 원주민 수천 명을 학살할 수 있었다. 인쇄기는 한 작업장에서 팸플릿 수천 부를 제작할 수 있게 해 주었고, 중세 수도사들이 손으로 일일이 책을 필사하던 시대에는 상상할 수 없을 정도로 쉽게 아이디어를 전파하게 해 주었다. 증기 동력은 하나의 공장에서 마을 전체를 위한 작업이 가능하도록 만들었다. 그리고 인터넷은 이러한 역량을 새로운 차원으로 끌어올렸다. 트윗이나 이미지 한 장이 몇 분 또는 몇 초 만에 전 세계로 퍼지고, 하나의 알고리즘으로 작은 스타트업이 전 세계를 아우르는 거대한 기업으로 성장할 수 있게 되었다.

이제 그 효과가 다시 한번 뚜렷하게 드러나고 있다. 이 새로운 기술의 물결은 저렴하고, 접근과 사용이 쉽고, 목표를 설정하고 확장할 수 있는 강력한 기능을 제공했다. 물론 이 새로운 물결은 위험을 초래하기도 한다. 우크라이나 군인들만 무기화된 드론을 사용하는 것이 아니다. 원한다면 누구나 사용할 수 있다. 보안 전문가인 오드리 커스 크로닌Audrey Kurth Cronin은 이렇게 말했다. "이렇게 많은 사람들이 죽음과 혼란을 야기할 수 있는 첨단 기술에 접근한 적은 없었다."[5]

키이우 외곽에서 벌어진 전투에 사용된 드론은 취미용 장난감에 불과했다. 중국 선전Shenzhen에 본사를 두고 있는 드론 업체 DJI는 미군에서도 사용할 정도로 뛰어난 성능을 자랑하는 1399달러짜리 팬텀 카메라 쿼드콥터Phantom camera quadcopter와 같이 저렴하고 쉽게 접근할 수 있는 제품을 생산한다.[6] AI와 자율성의 발전, 저렴하지만 효과적인 무인 항공기UAV, 로봇 공학에서 컴퓨터 비전에 이르는 분야의 발전을 결합하면 강력하고 정확하고 추적이 거의 불가능할 무기를 갖게 될 것이다. 이러한 공격에 대응하기란 어려울뿐더러 비용도 많이 든다. 미국과 이스라엘은 수백 달러짜리 드론을 격추하기 위해 300만 달러짜리 패트리어트Patriot 미사일을 사용한다.[7] 재머(Jammer, 방해 전파를 이용해 드론을 교란하는 장비_옮긴이), 미사일, 카운터 드론(counter-drone, 드론을 탐지하거나 요격하는 장비_옮긴이) 모두 아직 초기 단계에 있으며 실전 테스트를 거치지 않은 경우가 많다.

이러한 발전은 기존의 국가와 군대에서 드론과 같은 장치를 배치할 능력과 동기를 가진 모든 사람에게로 엄청난 힘이 이동했음을 의미한다. 충분한 역량을 갖춘 운영자 한 명이 군집 드론 수천 대를 제어하지 못할 이유가 없다.

하나의 AI 프로그램만으로 인류 전체가 쓸 수 있는 만큼의 텍스트를 작성할 수 있다. 노트북에서 실행되는 2기가바이트 이미지 생성 모델은 오픈 웹에 있는 모든 사진을 하나의 도구, 즉 놀라운 창의성과 정밀도 이미지를 생성해 내는 도구로 압축할 수 있다. 단 한 번의 병원성 실험으로도 전 세계에 영향을 미칠 수 있는 끔찍한 팬데믹을 촉발할 수 있고, 실행 가능한 양자 컴퓨터 한 대가 전 세계의 암호화 인프라 전체를 무력화시킬 수도 있다. 비대칭적 영향에 대한 가능성이 곳곳에서 증가하고 있는 한편, 단일 시스템이 큰 혜택을 제공할 수 있다는 긍정적인 측면도 부각되고 있다.

비대칭적 작용의 반작용 역시 존재한다. 다가오는 물결의 규모와 상호 연결성으로 인해 새로운 시스템의 취약점이 생겨나고, 한 곳에서 장애가 발생하면 전 세계로 빠르게 확산될 수 있다. 현지화가 덜 된 기술일수록 억제하고 통제하기가 더 어려울 수 있다. 자동차와 관련된 위험 요소를 생각해 보자. 교통사고는 교통의 역사만큼이나 오래됐지만 시간이 지남에 따라 그 피해는 최소화됐다. 노면 표시부터 안전벨트, 교통경찰에 이르는 모든 것이 도움이 됐다. 자동차는 역사상 가장 빠르게 확산되고 가장 세계화된 기술 중 하나였지만, 사고는 본질적으로 국지적이고 개별적인 사건이었으며 궁극적인 피해는 제한적이었다. 하지만 이제 여러 대의 차량이 네트워크를 통해 서로 연결될 수 있다. 또는 한 시스템이 지역 전체의 자율 주행 차량을 제어할 수도 있다. 아무리 많은 안전장치와 보안 프로토콜이 마련돼 있다 하더라도 그 영향의 규모는 전보다 훨씬 더 확대될 수 있다.

AI는 불량 식품, 비행기 사고, 제품 결함을 능가하는 비대칭적 위험을 초래한다. AI의 위험은 사회 전체로 확대돼 단순한 도구가 아닌 전 세계에 영향을 미치는 지렛대가 됐다. 금융 위기가 발생하면 곧바로 세계화되어 고도로 연결된 시장이 악영향을 받는 것처럼 기술도 마찬가지다. 네트워크 규모가 커지면 피해가 발생하더라도 이를 억제하는 것이 거의 불가능해진다. 상호 연결된 글로벌 시스템을 억제하는 것은 악몽과도 같다. 그리고 우리는 이미 상호 연결된 글로벌 시스템의 시대에 살고 있다. 앞으로 다가올 물결에서는 특정 프로그램이나 유전적 변화 하나만으로 모든 것이 바뀔 수 있다.

초진화: 끝없는 가속화

기술을 억제하고 싶다면 기술이 관리 가능한 속도로 발전해 사회가 그 기술을 이해하고 적응할 수 있는 시간과 여유를 가질 수 있어야 한다. 이번에도 자동차가 좋은 예가 될 것이다. 지난 한 세기 동안 자동차는 놀라울 정도로 빠르게 발전했지만, 각종 안전 표준을 도입할 수 있는 시간 역시 충분했다. 늘 시간차가 존재하기는 했지만 그래도 안전 표준을 따라잡을 수 있었다. 하지만 앞으로 다가올 물결의 변화 속도를 고려하면 그렇게 될 가능성은 희박해 보인다.

지난 40년간 인터넷은 역사상 가장 큰 결실을 맺은 혁신 플랫폼 중 하나로 성장했다. 세상은 디지털화됐고, 비물질화된 이 영역은 놀라운 속도로 진화했다. 개발이 폭발적으로 이뤄지면서 불과 몇 년 만에 세계에서 가장 널리 사용되는 서비스와 역사상 가장 큰 규모의 영리 기업들이 탄생했다. 이 모든 것은 2장에서 살펴본 바와 같이 계속해서 연산 능력이 발전하고 연산 비용이 감소했기에 가능한 일이었다. 무어의 법칙만으로 앞으로 10년 동안 어떤 변화가 일어날지 생각해 볼 수 있다. 이 법칙이 계속 유효하다면 10년 후에는 1달러로 현재의 성능보다 100배 더 뛰어난 연산 능력을 얻을 수 있을 것이다.[8] 이 사실만 놓고 보더라도 놀라운 결과가 예상된다.

반대로 디지털 영역 밖의 혁신은 그다지 눈에 띄지 않는 경우가 많았다. 코드라는 무중력 세계 밖에서는 19세기 말이나 20세기 중반에 볼 수 있었던 광범위한 혁신이 어떻게 일어났는지 의문을 제기하는 목소리가 커지기 시작했다.[9] 그 짧은 기간 동안 교통수단부터 공장, 동력 비행, 신소재에 이르기까지 세상의 거의 모든 측면이 급격하게 변화했다. 그러나 21세기 초까지만 해도 혁신은 원자가 아닌 비트에 집중돼 저항이 가장 적은 경로를 따랐다.

이제 그 흐름이 바뀌고 있다. 소프트웨어의 초진화 현상이 확산되고 있다. 앞으로 40년 동안 우리는 원자의 세계가 전례 없는 복잡성과 정밀도의 비트로 변환되는 것은 물론이고, 결정적으로 비트의 세계가 최근까지 상상할 수 없었던 속도와 편리함으로 다시 유형의 원자로 변환되는 것을 목격하게 될 것이다.

간단히 말해서, '현실 세계'에서의 혁신은 마찰을 줄이고 의존성을 낮추면서 거의 실시간에 가까운 디지털 속도로 움직이기 시작할 것이다. 소규모의 빠르고 유연한 영역에서 실험하여 완벽에 가까운 시뮬레이션을 만든 다음 이를 실제 제품으로 구현해 낼 것이다. 그리고 과정을 계속 반복해 비용이 많이 들고 정적인 원자의 세계에서는 불가능했던 속도로 학습하고 진화하고 개선해 나갈 것이다.

물리학자 세자르 히달고César Hidalgo는 물질의 구성이 중요한 이유는 그것이 담고 있는 정보 때문이라고 주장한다.[10] 페라리Ferrari는 원재료가 아닌 정교한 구조와 형태에 저장된 복합적인 정보 때문에 가치가 있으며, 원자의 배열을 특징짓는 정보가 페라리를 매력적인 자동차로 만드는 것이다. 연산 기반이 강력할수록 이러한 정보를 더 잘 활용할 수 있다. 여기에 AI와 정교한 로봇 공학, 그리고 3D 프린팅과 같은 제조 기술을 결합하면 실제 제품을 더욱 빠르고 정밀하고 창의적인 방식으로 설계하고 조작하고 제조할 수 있다.

AI는 이미 새로운 물질과 화합물을 찾아내는 데 도움을 주고 있다.[11] 예를 들어, 과학자들은 새로운 구성의 리튬을 생산하기 위해 신경망을 활용했으며, 이는 배터리 기술에 큰 영향을 미쳤다.[12] AI는 3D 프린터를 사용해 자동차를 설계하고 제작하는 데 도움을 주었다.[13] 어떤 경우에는 최종 결과물이 자연에서 찾아볼 수 있는 물결처럼 기복이 있고 효율적인 형태와 닮아 있어 인간이 디자인한 것과 달리 기이해 보이기도 한다. 배선과 도관의 구성이 차대 chassis에 유기적으로 결합돼 최적의 공간 활용이 가능하다. 기존의 공구를 사용해 제작하기에는 부품이 너무 복잡해 3D 프린터로 제작해야 한다.

앞서 5장에서 우리는 알파폴드와 같은 도구가 생명 공학을 촉진하는 데 어떤 역할을 하는지 살펴봤다. 최근까지 생명 공학은 샘플을 측정하고, 피펫(pipette, 소량의 액체를 재거나 옮기는 데 사용하는 실험 도구_옮긴이)으로 옮기고, 조심스럽게 준비하는 등 끝없는 수작업에 의존해 왔다. 그러나 이제 시뮬레이션을 통해 백신 발견 과정을 가속화할 수 있다.[14] 연산 도구는 특정 단백질을 생산할 수 있는 박테리아와 같은 세포에 복잡한 기능을 프로그래밍하는

'생물학적 회로'를 다시 생성하여 설계 프로세스의 일부를 자동화하는 데 도움이 된다.[15] 첼로Cello와 같은 소프트웨어 프레임워크는 합성 생물학 설계를 위한 오픈 소스 언어나 다름없다. 이는 실험실 로봇 공학이나 자동화의 빠른 발전, 그리고 5장에서 살펴본 효소 합성과 같은 더 빠른 생물학적 기술과 맞물려 합성 생물학의 범위를 확장하고 접근성을 높일 수 있다. 생물학적 진화는 소프트웨어와 동일한 주기를 따르고 있다.

오늘날의 모델이 몇 마디 표현을 바탕으로 상세한 이미지를 생성해 내는 것처럼 앞으로 수십 년 후에는 유사한 모델이 몇 개의 자연어 프롬프트만으로 새로운 화합물이나 전체 유기체를 생성해 낼 수 있을 것이다. 알파제로가 스스로 게임 플레이를 하면서 체스나 바둑 전문가가 된 것처럼 이러한 화합물의 설계 역시 모델 스스로 무수히 많은 실험을 수행함으로써 발전할 수 있다. 가장 강력한 고전 컴퓨터보다 수백만 배 더 강력한 양자 기술을 사용하면 분자 수준에서 이러한 작업이 가능하다.[16] 이것이 바로 우리가 말하는 초진화, 즉 창조를 위한 빠르고 반복적인 플랫폼이다.

이러한 진화는 예측 가능하고 쉽게 억제할 수 있는 특정 영역에만 국한되지 않을 것이다. 모든 곳에서 일어날 것이다.

옴니유즈omni-use: 많으면 많을수록 좋다

기존의 통념과 달리 의료 분야는 최근 원자 영역에서의 혁신이 정체된 상황에서 가장 발전이 더딘 분야 중 하나였다. 신약 개발은 어려워지고 비용도 더 많이 들었다.[17] 기대 수명은 평준화됐고 미국의 일부 주에서는 심지어 감소하기 시작했다.[18] 알츠하이머병과 같은 질환에 대한 진전은 기대에 부응하지 못했다.[19]

AI의 가장 유망한 분야 중 하나로 이 어려운 상황에서 벗어날 수 있게 해 주는 방법은 바로 자동화된 신약 개발이다. AI 기술은 파악하기 어렵지만 유용한 치료법 발견에 도움이 되는 분자의 방대한 공간을 탐색할 수 있다.[20] 2020년에는 AI 시스템이 분자 1억 개를 검색해 결핵 퇴치에 도움이 될 수 있는 최초의 머신 러닝 기반 항생제 할리신(halicin, 〈2001: 스페이스 오디세이〉에 등장하는 인공 지능 할HAL에서 따온 이름이다)을 찾아냈다.[21] 스타트업 엑스사이언티아Exscientia는 사노피Sanofi와 같은 기존의 대기업 제약 회사와 함께 AI를 신약 개발 연구의 원동력으로 삼고 있다.[22] 현재까지 18건에 달하는 임상 자산이 AI 도구의 도움으로 개발됐다.[23]

물론 다른 측면도 존재한다. 치료에 도움이 될 화합물을 찾고 있던 연구자들은 엉뚱한 질문을 제기했다. 탐색 과정을 바꾼다면 어떻게 될까? 치료제를 찾는 대신 살상용 물질을 찾는다면 어떻게 될까? 연구진은 분자 생성 AI에 독극물을 찾아낼 것을 요청하는 테스트를 수행했다. 그 결과 6시간 만에 노비촉Novichok과 같이 가장 위험한 생화학 무기에 버금가는 독성을 가진 분자를 4만 개 이상 찾아냈다.[24] 의심할 여지없이 AI가 가장 명확한 차이를 만들어 낼 분야 중 하나인 신약 개발 영역에서 특히 주목할 것은 '이중 용도dual use' 기술인 것으로 나타났다.

이중 용도 기술은 민간용과 군사용으로 모두 사용할 수 있는 기술을 말한다. 제1차 세계 대전 당시 암모니아를 합성하는 과정은 전 세계에 식량을 공급하는 방법 중 하나로 여겨졌다. 하지만 암모니아는 폭발물을 만드는 데에도 사용됐고 화학 무기의 길을 여는 데에도 기여했다. 여객기의 복잡한 전자 시스템은 정밀 미사일용으로 그 용도를 변경할 수 있다. 반대로 글로벌 포지셔닝 시스템Global Positioning System, GPS은 원래 군사용 시스템이었지만 지금은 일반 소비자 용도로 무수히 많이 사용되고 있다. 플레이스테이션 2 출시 당시 미국 국방부는 해당 게임기의 기능이 매우 강력해 통상적으로 하드웨어에 접근하기 어려운 적대적인 군대에 잠재적으로 도움을 줄 수 있다고 판단했다.[25] 이처럼 이중 용도 기술은 유용하면서도 파괴적인 도구이자 무기가 될 가능성이 있다. 이중 용도라는 개념은, 기술은 일반 대중을 대상으로 하는 경향이 있으며 특정 유형의 기술은 이러한 특성으로 인해 더 높은 위험이 수반된다는 의미를 담고 있다. 이중 용도 기술은 유익한 목적에서부터 해로운 목적까지 다양한 용도로 활용될 수 있고, 종종 예측하기 어려운 결과를 초래하기도 한다.

하지만 진짜 문제는 첨단 생물학이나 원자로만 이중 용도로 사용되는 것이 아니라는 데 있다. 기술 대부분이 군사용이든 민간용이든 그 분야와 상관없이 사용되거나 사용될 잠재력을 갖고 있으며 어떤 식으로든 이중 용도로 사용된다. 더불어 기술이 강력할수록 그 기술이 얼마나 많은 용도로 사용될 수 있는지 더 많은 관심을 가져야 한다.

앞으로 다가올 기술의 물결은 본질적으로 일반적이기 때문에 엄청난 힘을 지니고 있다. 핵탄두를 만든다고 치면 그 용도가 분명하다. 하지만 딥 러닝 시스템은 게임용으로 설계됐지만 전투기 함대의 조정 기능을 갖추고 있을 수도 있다. 그 차이가 경험하지 않고도 판단할 수 있을 만큼 명확하지 않다.

다가오는 기술의 물결에 더 적합한 용어는 '옴니유즈omni-use'로, 이는 엄청난 수준의 범용성과 다재다능함을 포괄하는 개념이다.[26] 증기나 전기와 같은 옴니유즈 기술은 좁은 범위의 기술보다 사회적 영향과 파급 효과가 더욱 크다. AI가 진정 새로운 전기와 같은 기술이라면 전기처럼 일상생활, 사회, 경제의 거의 모든 측면에 스며들어 힘을 실어 주는 맞춤형 유틸리티, 즉 모든 곳에 내장된 범용 기술이 될 것이다. 이러한 기술을 억제하기란 의존성이 거의 없는 작은 틈새시장에 갇혀 있는 제한된 단일 작업 기술을 억제하는 것보다 훨씬 더 어려울 것이다.

AI 시스템은 딥 러닝과 같은 일반적인 기술을 데이터 센터의 전력 소비량 관리나 바둑 두기와 같은 특정 목적에 맞게 사용하기 시작했다. 그런데 이것도 변하고 있다. 이제 딥마인드의 제너럴리스트(generalist, 여러 작업을 동시에 할 수 있다는 의미로 스페셜리스트가 아닌 제너럴리스트 AI라 부른다_옮긴이) 가토Gato와 같은 단일 시스템은 600가지가 넘는 다양한 작업을 수행할 수 있다.[27] 동일한 네트워크가 아타리 게임을 하고, 이미지에 캡션을 달고, 질문에 답하고, 실제 로봇 팔로는 블록을 쌓을 수 있다. 가토는 텍스트뿐만 아니라 이미지, 로봇 팔에 작용하는 토크, 컴퓨터 게임을 하면서 누르는 버튼 등을 통해 학습한다. 아직은 초기 단계에 있어 완전한 일반 시스템이 되려면 시간이 좀 더 필요하겠지만 언젠가는 이러한 역량이 수천 가지 활동으로 확장될 것이다.

옴니유즈 프리즘을 통해 합성 생물학도 한번 생각해 보자. 생명체를 설계하는 합성 생물학은 건축 자재를 만들고, 질병에 대처하고, 데이터를 저장하는 등의 잠재적 용도가 거의 무한대에 가까운 매우 일반적인 기술이다. 많으면 많을수록 좋고, 여기에는 다 그럴 만한 이유가 있다. 다양한 용도로 쓰이는 옴니유즈 기술은 좁은 범위의 기술보다 그 가치가 더 높다. 오늘날 기술 전문가들은 특정한 단일 기능의 애플리케이션에 국한된 기술을 설계하려고 하지 않는다. 대신에 사진 촬영, 건강 관리, 게임, 도시 내비게이션, 이메일 전송 등 다양한 용도로 사용할 수 있는 스마트폰 같은 기기의 설계를 목표로 삼는다.

시간이 지남에 따라 기술은 보편화되는 경향이 있다. 이것이 의미하는 바는 의도와 상관없이 앞으로 다가올 물결이 무기화되거나 악용될 가능성이 있다는 것이다. 단순히 민간 기술을 개발하는 것만으로도 국가 안보에 영향을 미칠 수 있다. 역사상 가장 다양한 용도로 널리 쓰일 수 있는 새로운 물결의 모든 응용 분야를 예측하기란 그 어느 때보다 어렵다.

새로운 기술이 다양한 용도로 활용된다는 개념은 새로운 것이 아니다. 칼과 같은 간단한 도구는 양파를 자르는 데 사용하기도 하지만 광기 어린 살인을 저지르는 데 사용될 수도 있다. 마이크가 뉘른베르크 집회나 비틀스Beatles를 가능케 한 것처럼 특수해 보이는 기술도 다용도로 활용될 수 있다. 다가오는 물결의 차이점은 얼마나 빠르게 도입되고 있는지, 얼마나 전 세계적으로 확산되고 있는지, 얼마나 쉽게 교체 가능한 부품으로 구성될 수 있는지, 그리고 무엇보다 얼마나 강력하고 광범위하게 응용될 수 있는지에 있다. 이는 미디어부터 정신 건강, 시장, 의학에 이르는 모든 분야에 복합적인 영향을 미친다. 이것이 바로 역사상 가장 거대한 억제 문제다. 결국 우리는 지능이나 생명과 같은 근본적인 것에 대해 이야기하고 있다. 하지만 이 두 가지 속성에는 일반성이라는 특징보다 훨씬 더 흥미로운 특징이 있다.

자율성과 그 너머: 인간은 주도권을 잡을 수 있을까?

기술 발전은 수 세기 동안 속도를 높여 왔다. 앞으로 다가올 기술의 물결 속에서 옴니유즈 기능과 비대칭적 영향이 확대될 테지만, 이는 모든 기술에 어느 정도 내재돼 있는 특성이기도 하다. 그러나 자율성은 그렇지 않다. 역사를 통틀어 보면 기술은 '단지' 도구에 불과했다. 그런데 그 도구가 살아 움직인다면 어떻게 될까?

자율 시스템은 인간의 즉각적인 승인 없이도 주변 환경과 상호 작용을 하면서 적절한 조치를 취할 수 있다. 기술이 어떤 식으로든 통제 불능 상태가 되면서 인간의 영역을 넘어 자기 주도적이고 자주적인 힘을 발휘하게 될 것이라는 생각은 수 세기 동안 허구로 남아 있었다.

그러나 이제 더 이상 그렇지 않다.

기술은 항상 우리가 더 많은 일을 할 수 있게 해 주었지만, 결정적인 것은 여전히 사람이 그 일을 하고 있다는 사실이다. 기술을 통해 우리는 현재 갖고 있는 능력을 최대한 활용하고 체계화된 작업을 자동화했다. 지금까지는 지속적인 감독과 관리가 기본이었다. 정도의 차는 있다고 해도 어쨌든 기술은 인간의 통제하에 있었다. 그러나 완전한 자율성은 본질적으로 다르다.

자율 주행차를 그 예로 들어 보자. 오늘날 자율 주행 차량은 특정 조건에서 운전자가 직접적인 개입을 최소화하거나 전혀 하지 않아도 도로를 주행할 수 있다. 이 분야의 연구자들은 자율성이 전혀 없는 레벨 0에서부터 어떤 상황에서든 차량 스스로 주행할 수 있는 레벨 5까지 자율성의 정도를 분류하고 있다. 레벨 5의 자율 주행 차량에서는 운전자가 목적지를 입력한 다음 편안하게 잠을 자도 된다. 다만 법률이나 보험상의 이유로 가까운 시일 안에 레벨 5 차량을 도로에서 찾아보기는 어려울 것이다.

자율성이라는 새로운 물결은 지속적인 개입과 감독이 점점 더 불필요해지는 세상을 예고하고 있다. 또한 우리는 모든 상호 작용을 통해 기계가 성공적으로 자율성을 갖출 수 있도록 가르치고 있다. 이러한 패러다임에서는 인간이 작업 수행 방식을 일일이 정의할 필요가 없다. 대신에 우리는 높은 수준의 목표만 지정하고 그 목표를 달성할 수 있는 최적의 방법을 기계가 찾아내도록 맡기기만 하면 된다. 인간이 계속 개입하는 것이 바람직할 수 있지만 필수적인 것은 아니다.

아무도 알파고에게 37수가 좋은 선택이라고 말하지 않았다. 알파고는 이러한 통찰을 스스로 발견한 것이나 다름없다. DQN이 아타리의 브레이크아웃을 플레이하는 모습을 보면서 나는 이 특징에 크게 매료됐다. 명확한 목표가 주어지면 효과적인 전략을 스스로 찾아낼 수 있는 시스템이 현재 존재하는 것이다. 알파고와 DQN 그 자체가 자율적이지는 못했다. 하지만 자기 개선 시스템의 잠재적인 모습을 엿볼 수 있었다. 제인 오스틴Jane Austen처럼 글을 쓰거나 독창적인 하이쿠(俳句, 일본 정형시의 일종_옮긴이)를 짓거나 자전거를 판매하는 웹 사이트의 홍보 문구를 생성하기 위해서 그 누구도 GPT-4를 직접 코딩하지 않는다. 이러한 기능은 보다 더 넓은 아키텍처의 결과물로 GPT-4 개발자가 미리 결정해 놓지 않는다. 이는 점점 더 큰 자율성을 확보하기 위해 거쳐야 할 첫 번째 단계다. GPT-4에 대한 내부 연구에서는 '아마도' 자율적으로 작동하거나 자기 복제를 하지 못할 것이라는 결론을 내렸지만, 출시 후 단 며칠 만에 사용자들은 시스템이 자체적으로 문서를 요청하고 스스로 복제하기 위한 스크립트를 작성해 다른 컴퓨터를 제어하 도록 하는 방법을 발견했다.[28] 초기 연구에서는 GPT-4 모델에서 "인간 수준의 성능에 놀라울 정도로 근접해 있다"고 언급하며 "일 반 인공 지능AGI의 징후"를 발견했다고 주장하기도 했다.[29] 이제 이 러한 징후들이 더욱 분명해지고 있다.

새로운 형태의 자율성은 예측하기 어려운 새로운 효과를 만들 어 낼 가능성이 있다. 맞춤형 유전체가 어떻게 작동할지 예측하기 란 매우 어렵다. 게다가 일단 연구자들이 생식 세포 유전자 변형을 종에 적용하면 그러한 변화는 통제나 예측을 크게 벗어나 수천 년 동안 살아 있는 생명체에 영향을 미칠 수도 있다. 생식 세포 유전 자 변형은 셀 수 없이 많은 세대에 걸쳐 반향을 일으킬 수 있다. 우 리는 이러한 변화가 어떻게 진화하고 다른 변화와 어떻게 상호 작 용할지 알 수도 없고 통제할 수도 없다. 합성 유기체는 말 그대로 독자적인 생명체로 거듭나고 있다.

우리 인간은 하나의 도전에 직면해 있다. 새로운 발명은 우리 가 이해할 수 있는 범위를 벗어나게 될까? 이전의 발명가들은 설 혹 방대한 세부 정보가 필요하다 하더라도 무엇이 어떻게 작동하 고 왜 그렇게 작동하는지 설명할 수 있었다. 그러나 이제 더 이상 그렇지 않다. 수많은 기술과 시스템이 한 개인의 힘으로는 완전히 이해하기 어려울 정도로 복잡해지고 있다. 양자 컴퓨팅을 포함한 여러 기술이 우리가 알고 있는 것의 경계를 허물고 있다.

다가오는 물결의 역설은 그 기술들이 우리가 세부적으로 이해할 수 있는 수준을 크게 넘어섰지만 여전히 우리가 창조하고 사용할 수 있는 범위 안에 있다는 사실이다. AI에서 자율성을 향한 신경망의 움직임을 현재로서는 설명할 수가 없다. 알고리즘이 어떤 특정한 예측을 도출한 이유를 정확하게 설명하기 위해서 의사 결정 과정을 직접 보여 줄 수는 없는 노릇이다. 엔지니어들은 후드 아래를 들여다보고 어떤 일이 발생했고 그 원인은 무엇인지 명확하게 설명할 수 없다. GPT-4나 알파고와 같은 AI 프로그램은 불투명하고 복잡한 미세 신호의 사슬을 기반으로 하는 블랙박스와 같은 존재다. 자율 시스템은 설명이 가능할 수도 있겠지만, 다가오는 물결의 많은 부분이 우리가 이해할 수 있는 것의 경계에서 작동한다는 사실은 우리를 잠시 멈칫하게 만든다. 자율 시스템이 다음에 무엇을 할지 항상 예측 가능한 것은 아니다. 그리고 이것이 바로 자율성의 본질이다.

하지만 AI 개발의 최전선에 있는 AI 연구자 중 일부는 AI 시스템 구축의 모든 측면을 자동화해 이러한 초진화를 촉진하는 동시에, 자기 개선을 통해 잠재적으로 급진적인 수준의 자율성을 확보하려고 한다. AI는 이미 자체 알고리즘을 개선할 방법을 찾고 있다.[30] 이를 현대판 튜링 테스트나 ACI와 같이 웹에서 자율적인 작업과 결합해 자체적으로 연구 개발R&D 주기를 수행하면 어떤 일이 벌어질까?

고릴라 문제

앞으로 다가올 물결의 많은 부분과 관련해 단기적 과제가 명백하게 존재함에도 불구하고 먼 미래의 AGI 시나리오에 너무 집중하는 것 같다는 생각이 들 때가 많았다. 그러나 억제에 대한 논의를 하려면 AGI와 같은 기술이 등장할 경우 지금까지 우리가 경험해 보지 못한 억제 문제가 발생할 수도 있다는 사실을 인정해야 한다. 인간은 지능을 바탕으로 환경을 지배한다. 그렇다면 더 지능적인 존재가 우리를 지배할 수도 있다. AI 연구자인 스튜어트 러셀 Stuart Russell은 이를 '고릴라 문제gorilla problem'라고 부른다. 고릴라는 인간보다 육체적으로 강하고 튼튼하지만 멸종 위기에 처해 있거나 동물원에 갇혀 지낸다.[31] 근육은 작지만 큰 뇌를 가진 우리 인간이 고릴라를 가두는 것이다.

우리보다 더 똑똑한 무언가를 만들어 냄으로써 우리가 고릴라와 같은 입장이 될 수도 있다. 장기적인 관점에서 AGI 시나리오에 집중하는 사람들이 우려할 만하다. 실제로 정의상 초지능은 통제거나 억제하는 것이 아예 불가능할 수 있다는 것을 보여 주는 강력한 사례가 있다.[32] '지능 폭발intelligence explosion'이란 AI가 자기 개선을 거듭하면서 더욱 빠르고 효과적인 방식으로 스스로를 반복적으로 향상시킬 수 있게 된 상태를 말한다. 이러한 기술이 바로 걷잡을 수 없고 억제할 수 없는 기술의 결정판이라 할 수 있다. AI가 언제, 어떻게 우리 인간의 능력을 뛰어넘을지, 그리고 그

다음에는 어떤 일이 일어날지 알 수 없는 게 사실이다. AI가 언제 완전한 자율성을 달성하게 될지, 그리고 우리가 가치를 결정할 수 있다고 가정할 때 AI가 어떻게 우리의 가치를 인식하고 그에 맞춰 행동하게끔 만들 수 있을지 아무도 알지 못한다.

앞으로 다가올 물결 안에 우리가 열심히 연구하고 있는 바로 그 기능들을 어떻게 담아낼 수 있을지 아무도 모른다. 기술 스스로 전적으로 발전을 주도하고, 반복적인 개선 과정을 거치고, 설명할 수 없을 정도로 발전하고, 결과적으로 현실에서 어떻게 작동할지 예측할 수 없게 되는, 즉 인간의 힘과 통제가 한계에 도달하게 되는 시점이 오게 될 것이다.

앞으로 다가올 변화의 물결이 매우 극단적인 형태로 나타날 경우, 결국 인류는 먹이 사슬의 최상위 자리를 잃게 될 수도 있다. 호모 테크놀로지쿠스는 결국 자신들이 만들어 낸 기술의 위협을 받게 될지도 모른다. 진짜 문제는 그 물결이 다가오고 있는지 아닌지가 아니다. 이미 그 물결이 형성되고 있는 것은 분명하기 때문이다. 잠재적 위험을 감안할 때, 정말 중요한 문제는 그러한 위험을 어떻게 피할 수 있는가이다.

8장

막을 수 없는 인센티브

알파고가 갖는 의의 중 일부는 바로 그 타이밍에 있었다. 알파고는 AI 업계에서 대다수가 생각했던 것보다 더 빨리 성과를 내면서 전문가들을 놀라게 했다. 2016년 3월 첫 공개 대국이 열리기 며칠 전만 해도 저명한 연구자들은 AI가 이 정도 수준의 바둑 대국에서는 이길 수 없다고 생각했다.[1] 딥마인드에서도 우리 프로그램이 프로 바둑 기사와 겨루는 대국에서 승리할 수 있을지 확신할 수 없었다.

우리는 이 대국을 야심 찬 기술적 도전이자 더 폭넓은 연구를 수행하기 위한 출발점으로 여겼다. AI 업계에서 이 대국은 심층 강화 학습에 대한 최초의 공개 테스트이자 대규모 GPU 연산 클러스터를 사용한 최초의 연구 중 하나였다. 언론은 알파고와 이세돌의 대국을 인간 대 기계, 인류 중 가장 뛰어난 인재가 차갑고 생명이 없는 컴퓨터의 힘에 맞서는 서사시적인 대결로 묘사했다. 공상 과학 영화 속 터미네이터와 로봇 오버로드robot overlords에 대한 진부한 비유는 이제 그만 하자.

하지만 대국을 앞두고 희미하게 느꼈던 긴장감은 대국이 진행되면서 그 윤곽이 더 분명하게 드러났고, 그 표면 아래에서는 또 다른 중요한 측면이 모습을 드러내고 있었다. 알파고는 단순히 인간 대 기계의 대결이 아니었다. 이세돌과 알파고의 대결에서 딥마인드는 영국 국기인 유니언 잭Union Jack을, 이세돌 9단 측은 대한민국 국기인 태극기와 함께 등장했다. 동서양의 대결이었다. 국가 대항전의 의미가 내포된 이 대국에 나는 아쉬움을 느꼈다.

이세돌 9단과 알파고의 대국이 아시아에서 얼마나 큰 주목을 받았는지는 굳이 강조하지 않아도 알 수 있다. 서구권에서는 열성적인 AI 팬들이 대국 진행 과정을 지켜봤고 일부 언론의 주목을 받기도 했다. 기술 역사에서 중요한 순간이었고, 기술 분야에 관심이 있는 사람들에게는 매우 의미 있는 행사였다. 한편 아시아 전역에서 이 대국은 슈퍼볼Super Bowl보다 더 큰 관심을 끌었다. 무려 2억 8000만 명이 넘는 사람들이 대국 생중계를 시청했다.[2] 우리가 통째로 빌린 서울 시내의 한 호텔에는 국내외 언론의 취재진들이 몰려들었다. 수백 명에 달하는 사진 기자와 TV 카메라 때문에 몸을 움직이기가 힘들 정도였다. 서양 사람들이 보기에 수학 마니아들이나 즐길 법한 생소한 바둑에 대한 뜨거운 관심과 열기는 이전까지 경험하지 못했던 강렬함 그 자체였다. 말할 것도 없이 AI 개발자들은 그러한 상황에 익숙하지 않았다.

아시아에서는 AI에 열광하는 사람들만 대국을 지켜본 것이 아니었다. 일반 시민은 물론 기술 기업, 정부, 군대 등 모두가 관심을 갖고 지켜봤다. 대국 결과는 모두에게 충격을 안겼고, 그 누구도 그 결과의 중요성을 가볍게 여기지 않았다. 런던에 본사를 둔 미국 소유의 서구 기업이 고대의 상징적이고 숭고한 대국에 뛰어들어 말 그대로 바둑이라는 고유한 영역에 깃발을 꽂고 홈팀을 무너뜨린 것이다. 마치 한국 로봇들이 양키 스타디움Yankee Stadium에 나타나 미국 올스타 야구팀을 이긴 것 같았다.

우리에게 그 대국은 하나의 과학적 실험이었다. 수년간 노력하며 완성한 최첨단 기술의 강력하고도 멋진 시연이었다. 공학적 관점에서 보면 흥미진진했고, 긴장감 넘치는 대국이 펼쳐져 짜릿했으며, 흥미 위주로 보도하는 언론의 중심에 서게 돼 당혹스러웠다. 한편 아시아 지역의 많은 사람들에게 이 대국은 지역적·국가적으로 자존심에 상처를 입힌 뼈아픈 사건이기도 했다.

알파고와 인간의 대결은 서울에서 끝나지 않았다. 1년 후인 2017년 5월, 우리는 두 번째 토너먼트에 참가해 이번에는 세계 랭킹 1위 바둑 기사인 커제 9단과 대결을 펼쳤다. 이 대국은 중국 우전에서 개최된 바둑의 미래 서밋Future of Go Summit에서 열렸는데 이때의 반응은 놀라운 정도로 달랐다. 중국에서는 대국 생중계가 금지되었고, 구글에 대한 언급도 허용되지 않았다. 주변 환경은 더 엄격하게 통제됐고, 당국이 엄격하게 선별한 내러티브가 제공됐다.

흥미 위주의 보도는 더 이상 없었다. 그리고 그 속뜻은 분명했다. 이 대국은 더 이상 단순한 게임이 아니었다. 알파고가 다시 승리했지만, 확실히 긴장된 분위기 속에서의 승리였다.

무언가가 달라져 있었다. 서울이 힌트를 주었다면, 우전은 알파고의 중요성을 절감하게 해 주었다. 사태가 진정되면서 알파고는 하나의 트로피, 시스템, 회사보다 훨씬 더 큰 이야기의 일부임이 분명해졌다. 강대국들이 새롭고 위험한 기술 경쟁에 뛰어들었고 새로운 물결이 실제로 우리에게 다가오도록 보장하는 굉장히 강력하고 상호 연동된 일련의 인센티브가 존재했다.

기술은 지극히 원초적이고 근본적으로 인간적인 동인에 의해 발전한다. 호기심, 위기, 운, 두려움 등 기술은 인간의 욕구를 충족시키기 위해 생겨난다. 사람들이 어떠한 기술을 만들고 사용해야 할 강력한 이유가 있다면 그 기술은 결국 만들어져 사용될 것이다. 하지만 기술과 관련된 많은 논의에서 사람들은 기술의 정의에 갇혀 애초에 기술이 왜 만들어졌는지는 망각하고 만다. 그 이유는 본질적인 기술 결정론techno-determinism이 아니라 인간이 된다는 것이 무엇을 의미하는지와 관련이 있다.

앞서 우리는 지금까지 그 어떤 기술의 물결도 억제되지 않았다는 것을 확인했다. 이 장에서는 역사가 반복될 가능성이 높은 이유, 기술 개발과 확산의 배후에 있는 일련의 거시적인 동인 때문에 나무에 열매가 남아나지 않는 이유, 물결이 부서지는 이유에 대해 살펴본다. 이러한 인센티브가 계속 존재하는 한 "억제해야 하는 가?"라는 중요한 질문은 무의미해질 수밖에 없다.

첫 번째 동인은 내가 알파고를 통해 경험한 것과 관련이 있다. 바로 엄청난 세력 다툼이다. 기술 경쟁은 지정학적 현실이고, 실제로 늘 그래 왔다. 국가들은 다른 국가들을 따라잡아야 한다는 실존적 욕구를 느낀다. 혁신이 곧 힘이다. 두 번째 동인은 공개 발표, 호기심, 그리고 어떤 대가를 치르더라도 새로운 아이디어 추구에 대해 보상하는 뿌리 깊은 의식을 갖춘 글로벌 연구 생태계다. 세 번째 동인은 기술로 인한 막대한 재정적 이득과 글로벌 사회 과제를 해결해야 할 필요성이다. 그리고 마지막 동인은 아마도 가장 인간적인 요소라 할 수 있는 자아ego일 것이다.

그 전에 최근 역사가 강력한 교훈을 제공하는 지정학적 현실을 살펴보도록 하자.

국가적 자부심, 전략적 필요성

제2차 세계 대전 후의 미국은 자국의 기술 우위를 당연한 것으로 여겼다. 그런데 스푸트니크Sputnik가 꼭 그렇지 않다는 사실을 일깨워 주었다. 1957년 가을, 소련은 세계 최초의 인공위성인 스푸트니크를 발사해 인류 최초로 우주에 진출했다. 비치 볼 크기의 이 인공위성은 그 당시에는 상상할 수 없을 정도로 미래적인 것이었다. 스푸트니크는 지구를 향해 송출되는 외계의 발신음을 전세계가 보거나 들을 수 있도록 하늘에 떠 있었다. 그리고 이것을 성공시킨 것은 누구도 부인할 수 없는 위대한 업적이었다.

이는 미국에 있어 기술적 진주만technological Pearl Harbor 공격과 같은 위기였다.[3] 정책은 곧바로 반응했다. 고등학교부터 고등 연구소에 이르기까지 과학과 기술은 국가적 우선순위가 됐고, 새로운 재정 지원에 힘입어 나사NASA나 방위고등연구계획국DARPA과 같은 새로운 기관이 설립됐다. 특히 아폴로Apollo 임무를 비롯한 주요 기술 프로젝트에 막대한 자원이 투입됐다. 이를 통해 로켓 공학, 마이크로 전자 공학, 컴퓨터 프로그래밍 분야에서 여러 중요한 발전이 이뤄졌다. 나토NATO와 같은 군사 동맹도 강화됐다. 그리고 12년 후, 인간을 달에 보내는 데 성공한 국가는 소련이 아니라 미국이었다. 소련은 미국을 따라잡으려다 거의 파산 위기에까지 내몰렸다. 스푸트니크를 통해 소련은 미국을 제치고 엄청난 지정학적 파급효과를 가져온 역사적인 기술적 성과를 거두었지만, 미국은 앞질러 나가야 할 때가 되자 과감하게 행동을 취했다.

스푸트니크가 결국 미국을 로켓 공학, 우주 기술, 컴퓨팅, 그 외에 모든 군사 및 민간 응용 분야에서 초강대국의 길로 이끌었던 것처럼 이제 중국에서도 비슷한 일이 일어나고 있다. 알파고는 순식간에 AI를 위한 중국의 '스푸트니크 모멘트moment'라 불리게 됐다. 미국과 서구권은 인터넷 초창기에 그랬던 것처럼 획기적인 기술에 대한 주도권을 쥐겠다고 위협하고 있었다. 이것은 바둑에서 패배한 중국이 다시 한번 첨단 기술에서 뒤처질 수 있다는 사실을 아주 명확하게 상기시켜 준 순간이었다.

중국에서 바둑은 단순한 게임이 아니었다. 바둑은 역사, 감정, 전략적 계산이 모두 어우러져 폭넓은 의미를 지니고 있었다. 중국은 이미 과학과 기술에 막대한 자금을 투자하고 있었지만, 알파고를 계기로 정부의 관심이 AI에 더욱 집중됐다. 수천 년의 역사를 가진 중국은 한때 세계 기술 혁신의 명실상부한 중심이었으나, 의약품부터 항공 모함에 이르는 다양한 분야에서 유럽과 미국이 벌이는 기술 경쟁에서 뒤처지고 있다는 사실을 뼈저리게 인식하고 있었다. 중국 공산당CCP의 말대로, '굴욕의 세기'를 견뎌 낸 것이다. 중국 공산당은 두 번 다시 이러한 일이 일어나지 않아야 한다고, 결코 그렇게 두지 않겠다고 다짐하고 있다.

중국 공산당은 이제 중국이 제자리를 되찾을 때가 왔다고 주장했다. 시진핑 주석은 2022년 제20차 중국 공산당 전국 대표 대회에서 "전략적 필요성을 충족하기 위해 중국이 과학과 기술을 최고의 생산력으로, 인재를 최고의 자원으로, 혁신을 최고의 원동력으로 사수해야 한다"고 말했다.[4]

목표한 대로 기술적 목적을 달성하는 데 국가의 모든 자원을 총동원할 수 있는 것이 중국의 하향식 모델이다. 현재 중국은 2030년까지 AI 분야의 세계 리더가 되겠다는 뚜렷한 국가 전략을 갖고 있다.[5] 커제가 알파고에게 패배한 지 불과 두 달 만에 발표된 차세대 인공 지능 개발 계획은 정부, 군대, 연구 기관, 산업계가 공동 임무를 달성하기 위해 마련된 것이었다. 이 계획에서 중국은 "2030년까지 중국의 AI 이론, 기술, 응용 분야가 세계 최고 수준에 도달할 수 있도록 해 중국을 세계 최고의 AI 혁신 센터로 만들겠다"고 선언한다.[6] 국방에서 스마트 시티, 기초 이론, 새로운 응용 분야에 이르기까지 중국이 AI의 '최정상'에 올라야 한다는 것이다.

이 대담한 선언은 결코 빈말이 아니다. 내가 이 글을 쓰고 있는 현재, 즉 중국이 계획을 발표한 지 불과 6년 만에 미국과 다른 서방 국가들은 AI 연구 분야에서 더 이상 압도적인 우위를 점하지 못하고 있다. 칭화 대학이나 베이징 대학과 같은 학교들은 스탠퍼드, MIT, 옥스퍼드와 같은 서구 대학들과 경쟁하고 있다.[7] 실제로 칭화 대학은 전 세계 그 어떤 학술 기관보다 많은 AI 연구를 발표하고 있다.[8] 중국은 AI 분야에서 가장 많이 인용된 논문에서 점점 더 많은 비중을 차지하며 인상적인 성과를 거두고 있다. 2010년 이후 중국 기관은 미국 기관보다 무려 4.5배나 많은 AI 논문을 발표했으며 이것은 미국, 영국, 인도, 독일 기관의 논문을 모두 합친 것보다 많은 양이다.[9]

AI뿐만이 아니다. 클린테크cleantech에서 생명 과학에 이르기까지 중국은 기초 기술 전반에 걸쳐 엄청난 규모로 투자하며 '중국적 특성'을 지닌 거대한 지식 재산IP 기업으로 급성장하고 있다. 중국은 2007년에 이미 박사 학위 취득자 수에서 미국을 추월했고, 그 이후로 프로그램에 대한 투자와 확장을 통해 매년 미국의 약 두 배에 달하는 STEM(과학, 기술, 공학, 수학 분야를 융합한 교육_옮긴이) 박사 학위 취득자를 배출하고 있다.[10] 400개 이상의 '주요 주립 연구소'에는 분자 생물학에서 칩 설계에 이르기까지 모든 분야를 망라하는 공공-민간 연구 시스템이 있으며, 막대한 자금이 이곳에 지원된다. 21세기 초 중국의 R&D 지출은 미국의 12퍼센트에 불과했지만 2020년에는 90퍼센트로 증가했다.[11] 지금 같은 추세라면 2020년대 중반 특허 출원에서 중국이 미국을 이미 앞지른 것처럼 중국의 R&D 지출 역시 미국을 크게 앞서게 될 것이다.[12]

중국은 달의 어두운 면에 탐사선을 착륙시킨 최초의 국가다. 그 어떤 국가도 이러한 시도를 하지 못했다. 중국은 다른 어느 나라보다 많은 세계 상위 500대 슈퍼컴퓨터를 보유하고 있다.[13] 선전에 본사를 둔 거대 유전자 분석 기업인 BGI 그룹BGI Group은 탁월한 DNA 염기 서열 분석 능력으로 유명한데, 그 기반에는 민간과 국가의 지원, 수천 명의 과학자, 방대한 DNA 데이터와 컴퓨팅 능력이 자리 잡고 있다. 시진핑 주석은 '로봇 혁명'을 노골적으로 요구했고, 그 결과로 중국은 전 세계 로봇 수를 모두 합친 것에 맞먹는 수의 로봇을 설치하고 있다.[14] 중국은 미국이 몇 년 후에나 가능할 것으로 생각했던 극초음속 미사일을 개발했고, 6G 통신부터 태양광 발전에 이르는 다양한 분야에서 세계를 선도하고 있으며 텐센트Tencent, 알리바바, DJI, 화웨이, 바이트댄스ByteDance와 같은 기술 대기업들의 본거지다.

양자 컴퓨팅은 주목할 만한 중국의 전문 분야다. 에드워드 스노든Edward Snowden이 미국 정보 감시 프로그램의 기밀 정보를 공개하자 중국은 특히 더 보안에 신경을 곤두세우며 안전한 통신 플랫폼을 구축하는 데 열을 올렸다. 또 하나의 '스푸트니크 모멘트'였던 셈이다. 2014년 중국은 미국과 같은 수의 양자 기술 특허를 출원했으며, 2018년에는 그 두 배에 달하는 특허를 출원했다.[15]

2016년 중국은 세계 최초의 '양자 위성'인 묵자(Micius, '미시우스'라고도 부른다_옮긴이)를 발사했고, 이 양자 위성은 새로운 보안 통신 인프라의 일부로 알려져 있다. 하지만 묵자는 해킹이 불가능한 양자 인터넷을 구축하기 위한 노력의 시작에 불과했다. 일 년 후 중국은 상하이와 베이징 간에 금융과 군사 정보를 안전하게 전송하기 위한 2000킬로미터의 양자 통신망을 구축했다.[16] 또 중국은 허페이에 세계 최대 규모의 국립 양자 정보 과학 연구소National Laboratory for Quantum Information Sciences를 설립하는 데 100억 달러 이상을 투자하고 있다.[17] 이 연구소는 양자 얽힘을 통해 큐비트를 서로 연결한 기록도 보유하고 있으며, 이는 완전한 양자 컴퓨터를 만드는 데 있어 중요한 단계 중 하나다. 허페이 과학자들은 구글의 혁신적인 시카모어Sycamore보다 1014배 빠른 양자 컴퓨터 구축에 성공했다고 주장하기도 했다.[18]

양자 위성 묵자의 수석 연구원이자 세계 최고의 양자 과학자 중 한 명인 판 지안웨이Pan Jianwei는 이것이 의미하는 바를 다음과 같이 명확하게 밝혔다.[19] "전 세계적인 양자 우주 경쟁이 시작됐다고 생각합니다. 현대 정보 과학에서 중국은 학습자이자 추종자 역할을 해 왔습니다. 이제 양자 기술을 통해 우리가 최선을 다한다면 주역이 될 수 있을 겁니다."

지난 수십 년 동안 서구권에서 중국의 역량을 두고 '창의적이지 못하다'며 계속 무시해 온 것은 매우 잘못된 일이다. 우리는 중국이 모방만 잘하고, 규제가 너무 심해 자유롭지 못하며, 국유 기업은 형편없다고 말했다. 돌이켜 보면 이러한 평가 중 대부분은 분명히 잘못된 것이었다. 어느 정도 타당성이 있다고 하더라도 중국이 오늘날 과학과 공학 분야의 강국이 되는 것을 막을 수는 없었다. 이는 기업 인수나 학술지 번역과 같은 지식 재산권의 합법적 이전이 노골적인 도용, 강제 이전, 리버스 엔지니어링reverse engineering, 스파이 활동을 통해 이뤄졌기 때문이기도 하다.

한편 미국은 전략적 주도권을 잃어 가고 있다. 오랫동안 미국이 반도체 설계부터 제약, 인터넷 발명, 세계에서 가장 정교한 군사 기술에 이르는 모든 분야에서 우위를 점하고 있었다는 것은 분명한 사실이다. 하지만 점점 그 주도권을 잃어 가고 있다. 하버드 대학의 그레이엄 앨리슨Graham Allison이 발표한 보고서에 따르면 서구권에서 인식하고 있는 것보다 훨씬 더 심각한 상황이라고 한다. 중국은 이미 친환경 에너지, 5G, AI 분야에서 미국을 앞서고 있으며 향후 몇 년 안에 양자와 생명 공학 분야에서 미국을 추월할 궤도에 올라 있다.[20] 2021년 미 국방부의 첫 소프트웨어 최고 책임자는 이 같은 상황에 크게 실망해 항의 표시로 사임했다. 그는 《파이낸셜 타임스》와의 인터뷰에서 이렇게 말했다. "앞으로 15년에서 20년 후면 중국에 맞서 싸울 수 없을 겁니다. 제 생각에 이미 게임은 끝났습니다."[21]

시진핑은 2013년 주석의 자리에 오른 직후 중국과 전 세계에 지속적인 영향을 미칠 연설에서 다음과 같이 선언했다. "첨단 기술은 현대 국가의 강력한 무기입니다. 우리의 기술은 아직 선진국에 비해 전반적으로 뒤처져 있으며 그들을 따라잡고 추월하기 위해서는 비대칭 전략을 채택해야 합니다."[22]

앞서 살펴본 바와 같이 이는 설득력 있는 분석이자 중국 정책의 우선순위를 공표하는 성명이었다. 그러나 시진핑 주석의 발언과 달리 세계 지도자라면 누구나 같은 의견을 표명할 수 있을 것이다. 미국 대통령, 브라질 대통령, 독일 총리, 인도 총리 할 것 없이 세계 지도자라면 누구나 기술이 국가의 '영향력을 행사하는 강력한 무기'가 될 수 있다는 핵심 논지에 동의할 것이다. 시 주석은 중국뿐만 아니라 최전방의 초강대국 지도자부터 고립된 약소국에 이르는 거의 모든 국가가 스스로 선언한 진리, 즉 누가 기술을 개발하고, 소유하고 배포하는지가 매우 중요하다는 자명한 진리를 표명한 것이다.

군비 경쟁

기술은 외교 정책의 수단이라기보다는 외교 정책의 원동력이자 세계에서 가장 중요한 전략적 자산이 됐다. 21세기의 거대한 권력 투쟁은 기술 우위, 즉 다가오는 물결을 통제하기 위한 경쟁을 바탕으로 한다. 기술 기업과 대학은 더 이상 중립적인 주체가 아닌 국가를 대표하는 챔피언으로 인식되고 있다.

정치적 의지는 이 장에서 살펴본 다른 인센티브를 방해하거나 없애 버리는 역할을 할 수도 있다. 이론상 정부는 연구 인센티브를 제한하고, 민간 기업을 단속하고, 자기 주도적 이니셔티브를 축소할 수 있다. 하지만 지정학적 라이벌과 벌이는 치열한 경쟁은 외면할 수 없다. 라이벌 국가들이 우르르 앞서가는 상황에서 기술 개발을 제한한다는 것은 군비 경쟁의 논리로 보면 패배를 선택하는 것이나 다름없다.

나는 기술 발전을 제로섬 국제 군비 경쟁으로 규정하는 것을 거부하며 오랜 기간 동안 저항했다. 딥마인드에서 나는 우리를 'AI 의 맨해튼 프로젝트(Manhattan Project, 제2차 세계 대전 중 미국이 주도했던 핵폭탄 개발 프로그램_옮긴이)'라고 부르는 것에 늘 반대했다. 핵에 대한 비유뿐 아니라 이러한 프레임이 다른 여러 맨해튼 프로젝트의 시작을 촉발해 긴밀한 글로벌 공조, 중단점break point, 속도 조절이 필요한 상황에서 군비 경쟁의 역학 관계를 부추길 수 있기 때문이었다. 그러나 현실은 국가의 논리가 아주 단순하기는 하지만 결코 피할 수 없다는 것이다. 한 국가의 국가 안보와 관련해서는 단순히 아이디어를 제시하는 것만으로도 위험해질 수 있다. 일단 국가 안보에 관한 말이 나오면 시작을 알리는 총성이 울리게 되고 그 발언 자체만으로 국가 차원의 격렬한 반응을 불러일으킬 수 있다. 그리고 상황은 걷잡을 수 없이 커지고 만다.

워싱턴과 브뤼셀, 정부, 싱크탱크, 학계에 있는 수많은 친구와 동료들이 하나같이 다음과 같은 격앙된 의견을 내놓을 것이다. "실제로 우리가 군비 경쟁을 하고 있지 않더라도 우리는 '그들'이 우리를 그렇게 생각한다고 가정해야 합니다. 또한 이 새로운 기술의 물결이 글로벌 파워의 균형을 완전히 재조정할 수 있기 때문에 우리 스스로 결정적인 전략적 이점을 얻기 위해 경쟁해야 합니다." 그리고 이러한 태도는 자기실현적 예언이 된다.

척하는 태도는 아무 소용이 없다. 중국과의 패권 경쟁은 워싱턴에서 초당적 합의를 이끌어 낸 몇 안 되는 사안 중 하나다. 현재의 쟁점은 우리가 기술이나 AI의 군비 경쟁을 벌이고 있느냐의 여부가 아니라 그러한 경쟁이 어느 방향으로 나아갈 것이냐에 있다.

군비 경쟁은 보통 중국과 미국의 양대 패권 구도로 그려지고 있지만, 이는 근시안적인 시각이다. 이 두 국가가 가장 앞서 있고 자원이 풍부한 것은 사실이다. 그러나 다른 많은 국가들 역시 군비 경쟁에 적극적으로 참여하고 있다. 이와 같은 새로운 군비 경쟁의 시대는 광범위한 기술민족주의techno-nationalism의 등장을 예고하며, 여러 국가가 결정적인 지정학적 우위를 차지하기 위해 점점 더 치열한 경쟁 구도에 갇히게 될 것이다.

이제는 거의 모든 국가가 구체적인 AI 전략을 갖고 있다.[23] 블라디미르 푸틴은 AI 분야의 리더가 "세계의 지배자가 될 것"이라고 믿고 있다.[24] 에마뉘엘 마크롱 프랑스 대통령은 "유럽의 메타버스를 구축하기 위해 싸울 것"이라고 선언했다.[25] 그는 유럽이 미국과 중국처럼 거대 기술 기업을 만들어 내는 데 실패했고, 획기적인 혁신을 이뤄내지 못했으며, 기술 생태계의 핵심 부문에서 지식 재산권과 제조 역량이 모두 부족하다는 점을 지적한다. 유럽의 안보, 부, 명성 등 모든 것이 제3의 강국이 되는 것에 달려 있다고 마크롱을 포함한 많은 사람들이 믿고 있다.[26]

생명 과학과 AI(영국)에서부터 로봇 공학(독일, 일본, 한국), 사이버 보안(이스라엘)에 이르기까지 국가마다 서로 다른 강점을 갖고 있다. 각국은 다가오는 물결과 관련된 부문을 다루는 R&D 프로그램에 집중 투자하고 있으며, 민간 스타트업 생태계는 군사적 필요성이라는 강력한 힘에 힘입어 점점 더 많은 지원을 받고 있다.

인도는 미국, 중국, 유럽 연합과 함께 새로운 거대 글로벌 질서의 네 번째 중심 세력으로 떠오르고 있다. 인도 사람들은 젊고 기업가 정신이 강하고 점점 더 도시화되고 있으며 서로 더 긴밀하게 연결되고 기술에도 능숙하다. 2030년 인도는 영국, 독일, 일본을 제치고 세계 3위의 경제 대국이 되고 2050년에는 30조 달러에 달하는 경제 규모를 달성할 것으로 예상된다.[27]

인도 정부는 인도의 기술을 현실화하기로 결정했다. 인도 정부는 아트마니르바 바라트(Atmanirbhar Bharat, 자립 인도) 프로그램을 통해 세계에서 가장 인구가 많은 자국이 미국이나 중국과 경쟁할 수 있는 핵심 기술 시스템의 소유권을 얻도록 노력하고 있다. 예를 들어 자립 인도 프로그램을 통해 인도는 AI와 로봇 공학 분야에서 일본과, 드론과 무인 항공기 분야에서는 이스라엘과 협력 관계를 맺었다.[28] 이제 인도의 물결을 맞이할 준비를 해야 한다.

제2차 세계 대전 당시 미국 GDP의 0.4퍼센트에 달하는 자금이 투입된 맨해튼 프로젝트는 독일군보다 먼저 원자 폭탄을 확보하기 위한 시간 싸움으로 비춰졌다. 그러나 나치는 너무 비싸고 투기적이라는 이유로 핵무기 개발을 고려하지 않았고, 소련은 한참 뒤처져 있어 미국의 대규모 정보 유출에 의존해야 했다. 결과적으로 미국은 실체도 없는 환영에 맞서 군비 경쟁을 벌였고 다른 여느 상황에서보다 훨씬 일찍 핵무기를 세상에 내놓았다.

1950년대 후반에도 비슷한 일이 있었다. 소련의 대륙 간 탄도 미사일ICBM 시험과 스푸트니크 발사 이후 미 국방부 의사 결정권자들은 러시아와의 '미사일 격차'가 심각하다는 것을 확신하게 됐다. 그러나 나중에 주요 보고서가 발표되자 당시 미국이 10대 1로 우위에 있었다는 사실이 드러났다. 흐루쇼프Khrushchev는 이미 검증된 소련의 전략, 즉 허풍 전략을 따르고 있었을 뿐이다. 상대 국가의 의도를 오해한 결과 핵무기와 대륙 간 탄도 미사일 개발이 수십 년 앞당겨진 셈이다.

현재의 기술 군비 경쟁에서도 이와 같이 잘못된 역학 관계가 재현될 수 있을까? 지금 이 시점에서는 그렇지 않다. 일단 기술의 확산 위험이 심각할 수 있다. 이러한 기술은 점점 더 강력해지는 동시에 더 저렴하고 사용하기 쉬워질 수 있기 때문에 더 많은 국가가 최전선에서 경쟁할 수 있다. 대규모 언어 모델LLM은 여전히 최첨단 기술로 여겨지지만, 그 안에 대단한 마법이나 국가 기밀이 숨겨져 있는 것은 아니다. 연산에 대한 접근성이 가장 큰 걸림돌이 될 수 있지만, 이를 해결할 수 있는 많은 서비스가 존재한다. 크리스퍼CRISPR나 DNA 합성도 마찬가지다.

우리는 이미 중국의 달 착륙이나 10억 명에 달하는 생체 인식 시스템인 인도의 아드하르Aadhaar와 같은 성과가 실시간으로 발생하는 것을 볼 수 있다. 중국이 수많은 LLM을 보유하고 있고, 대만이 반도체 분야의 선두주자이며, 한국이 로봇 분야에서 세계 최고 수준의 전문성을 갖추고, 각국 정부가 세부적인 기술 전략을 발표하고 실행하고 있다는 것은 더 이상 비밀스러운 일이 아니다. 이 모든 것이 공개적으로 이뤄지고 있고, 특허와 학술 콘퍼런스를 통해 공유되고 있다. 이들 정보는 《와이어드》와 《파이낸셜 타임스》에 보도되고 있고 블룸버그에서 생중계되고 있다.

군비 경쟁을 선언하는 것은 더 이상 마법 같은 일이나 자기실현적 예언이 아니다. 예언은 이미 실현됐고 바로 지금 여기서 일어나고 있다. 너무나 당연한 이야기라 자주 언급되지도 않는다. 어떤 기술이 개발되고, 누가 그 기술을 개발하고, 어떤 목적으로 개발되는지 통제하는 중앙 기관이 없기 때문에 기술은 마치 지휘자가 없는 오케스트라와도 같다. 하지만 결국 이 한 가지 사실이 21세기의 가장 중요한 사실이 될 수도 있다.

'군비 경쟁'이라는 문구가 걱정을 불러일으킨다면 그럴 만한 이유가 있다. 두려움을 바탕으로 한 제로섬 경쟁이라는 인식이나 현실보다 더 불안정한 기술 발전의 토대도 없을 것이다. 그럼에도 불구하고 기술 발전을 위해 고려해야 할 보다 더 긍정적인 동인들이 존재한다.

자유를 갈망하는 지식

순수한 호기심, 진실에 대한 탐구, 개방성의 가치, 증거를 기반으로 한 동료 평가 등은 과학과 기술 연구의 핵심 가치다. 18세기와 19세기의 과학 혁명과 그에 상응하는 산업 혁명 이후 과학적 발견은 비밀의 보석처럼 쌓여 있기보다는 학술지, 책, 학회, 대중 강연을 통해 공개적으로 공유돼 왔다. 특허 제도는 위험 부담에 대한 보상을 제공하면서 지식을 공유할 수 있는 메커니즘을 마련해 주었고, 정보에 대한 광범위한 접근은 우리 문명의 원동력이됐다.

개방성은 과학과 기술의 기본 이념이다. 알게 된 것은 공유해야 하고, 발견한 것은 발표해야 한다. 과학과 기술은 자유로운 토론과 정보 공유를 통해 살아 숨 쉬며, 개방성은 그 자체로 강력한 (그리고 놀랍도록 유익한) 인센티브가 될 정도로 성장해 왔다.

우리는 오드리 커스 크로닌이 '개방형 기술 혁신open techno-logical innovation'이라고 부르는 시대에 살고 있다.[29] 지식과 기술을 개발하는 글로벌 시스템은 이제 너무 광범위하고 개방적이어서 이를 통제, 관리하거나 필요한 경우 차단하는 것이 거의 불가능하다. 그 결과 기술을 이해하고, 개발하고, 구축하고, 적용하는 능력은 매우 분산돼 있다. 컴퓨터 과학을 전공하는 한 대학원생이 한 해 동안 연구한 애매모호한 작업이 그다음 해에는 사용자 수억 명이 사용하는 기술이 될 수도 있다. 따라서 예측하거나 통제하기가 어렵다. 물론 기술 기업들은 자사의 비밀을 지키고 싶어 하지만, 소프트웨어 개발과 학계의 특징이라 할 수 있는 개방적인 철학을 따르는 경향이 있다. 그 결과 혁신은 훨씬 더 빠르고 더 광범위하며 파격적으로 확산된다.

개방성이라는 시대적 요구는 연구 문화를 포화 상태로 만든다. 학계는 동료 평가를 중심으로 구성돼 있고, 신뢰할 수 있는 동료의 비판적 평가를 거치지 않은 논문은 표준을 충족시키지 못한다. 대부분의 후원자는 갇혀 있는 연구에 대한 지원을 좋아하지 않는다. 기관과 연구자 모두 논문 게재 실적과 논문의 인용 빈도를 주의 깊게 살펴본다. 인용 빈도가 높을수록 명성이나 신뢰도가 높아지고 연구 지원금이 늘어난다. 특히 주니어 연구자는 구글 학술 검색Google Scholar과 같은 플랫폼에서 공개적으로 확인할 수 있는 연구 논문 실적에 따라 평가받고 고용될 가능성이 높다. 게다가 요즘에는 논문이 트위터에서 발표되기도 하며 소셜 미디어의 영향력을 감안해 작성되는 경우가 많다. 그러한 논문은 사람들의 이목과 관심을 끌기 위해 작성된다.

학자들은 자신들이 내놓은 연구 결과에 사람들이 공개적으로 접근할 수 있어야 한다고 강력하게 주장한다. 기술 분야에서는 공유와 기여를 둘러싼 강력한 규범이 오픈 소스 소프트웨어가 번성할 수 있는 환경을 뒷받침한다. 알파벳, 메타, 마이크로소프트 등 세계 최대 기업 중 일부는 정기적으로 엄청난 양의 지식 재산을 무료로 제공하고 있다. 특히 과학 연구와 기술 개발의 경계가 불분명한 AI와 합성 생물학 같은 분야에서는 이러한 모든 것이 기본적으로 개방적인 문화를 만들어 낸다.

딥마인드에서는 뛰어난 연구자들이 어디에서 일할지 결정할 때 논문 발표 기회가 중요한 요소 중 하나라는 사실을 일찍부터 알고 있었다. 그들은 학계에서 익히 경험했던 개방성과 동료들의 인정을 원했고, 이러한 문화는 얼마 지나지 않아 AI 연구소에서 표준으로 자리 잡았다. 모든 것이 바로 공개되지는 않지만 개방성은 최고의 과학자를 영입하는 데 있어 전략적 이점으로 간주됐다. 한편 논문 게재 실적은 주요 기술 연구소에서 고용되는 데에도 중요한 요소로 작용하며, 누가 먼저 공개되느냐를 두고 치열한 경쟁이 벌어지고 있다.

보통 간과하기 쉽지만 논문 발표와 공유는 단순히 과학의 위조 과정과 관련된 것만은 아니다. 명성, 동료, 사명감, 일자리, 소셜 미디어의 '좋아요'를 얻기 위한 목적도 있다. 이 모든 것이 기술 개발 과정을 촉진하고 가속화한다.

방대한 양의 AI 데이터와 코드가 공개돼 있다. 예를 들어, 깃허브GitHub는 코드 저장소 1억 9000만 개를 보유하고 있으며, 이 중 상당수가 공개돼 있다.[30] 출판 전 논문 서버academic preprint server를 통해 연구자는 검토나 필터 장치 없이 신속하게 작업을 업로드할 수 있다. 이러한 서비스의 원조라 할 수 있는 아카이브arXiv는 200만 개가 넘는 논문을 보유하고 있다.[31] 생명 과학 분야의 바이오아카이브bioRxiv와 같은 전문화된 출판 전 논문 서버 서비스가 이 과정을 촉진하고 있다. 전 세계의 방대한 과학 논문과 기술 논문을 오픈 웹에서 액세스하거나 기관 로그인을 통해 쉽게 이용할 수 있다.[32] 이러한 서비스는 국경을 초월한 자금 지원과 협업이 일반화되고, 연구자 수백 명이 프로젝트에 참여해 정보를 자유롭게 공유하고, 최첨단 기술에 대한 튜토리얼과 강좌 수천 편을 온라인에서 쉽게 시청할 수 있는 세상과 딱 맞아떨어진다.

이 모든 것은 급성장하는 연구 환경을 배경으로 이뤄진다. 전 세계 R&D 지출은 연간 7000억 달러를 크게 웃돌며 사상 최고치를 경신하고 있다.[33] 아마존의 R&D 예산만 780억 달러로 한 국가로 치면 세계에서 9번째로 큰 규모다.[34] 알파벳, 애플, 화웨이, 메타, 마이크로소프트는 모두 연간 200억 달러가 훌쩍 넘는 예산을 R&D에 지출한다.[35] 다가오는 물결에 가장 적극적으로 투자하고 가장 많은 예산을 투입하는 이 기업들은 모두 연구 결과를 공개적으로 발표한 실적을 지니고 있다.

미래는 아카이브에 게재되고 깃허브에 문서화되는 놀라운 오픈 소스가 될 것이고, 이는 인용, 연구 명성, 종신 재직 보장을 위해 구축되고 있다. 개방성의 필요성과 쉽게 이용 가능한 방대한 양의 연구 자료는 그 누구도 완전히 통제할 수 없는 미래 연구를 위한 인센티브와 기반이, 본질적으로 그 뿌리가 깊고 광범위하게 분산돼 있음을 의미한다.

새로운 분야에서 무언가를 예측하기란 어렵다. 연구 프로세스를 지휘하고 특정 결과를 지향하거나, 특정 결과에서 벗어나도록 유도하고 미리 통제하려면 여러 가지 문제에 직면하게 된다. 경쟁 그룹 간의 조율 문제뿐 아니라 최전선에서는 돌파구를 어디에서 찾을 수 있을지 예측하기 어려운 것이 사실이다.

예를 들어, 크리스퍼 유전자 편집 기술은 일부 단세포 생물이 기수brackish water에서 어떻게 번성하는지를 이해하고자 했던 스페인의 연구자 프란치스코 모히카Francisco Mojica의 연구에 그 뿌리를 두고 있다. 모히카는 곧 크리스퍼의 핵심이 될 DNA 반복 염기 서열을 우연히 발견했고, 이렇게 군집으로 반복되는 부분이 중요해 보였다. 그리고 그는 크리스퍼라는 이름을 생각해 냈다. 이후 덴마크 요거트 회사의 두 연구원은 요거트 발효 과정에서 종균 배양에 필수적인 박테리아 보호 방법을 연구했고, 이 연구는 박테리아의 핵심 메커니즘이 어떻게 작동하는지를 보여 주는 데 도움이 됐다. 이렇게 예상치 못한 연구 방법들이 21세기 가장 위대한 생명공학 이야기의 토대가 됐다.

이처럼 연구 분야는 수십 년 동안 정체돼 있다가도 몇 달 만에

극적으로 변화할 수 있다. 신경망은 마빈 민스키와 같은 저명한 학자들에 의해 수십 년간 황무지에 방치돼 있었다. '신경neural'이라는 단어를 연구자들이 논문에서 일부러 삭제할 정도로 논란이 많았던 시기에는 제프리 힌튼과 얀 르쿤Yann LeCun과 같은 소수의 고립된 연구자만이 신경망을 계속 연구했다. 1990년대에는 불가능해 보였지만 신경망은 결국 AI를 지배하게 됐다. 그러나 알파고가 첫 번째 큰 돌파구를 만들어 내기 불과 며칠 전까지만 해도 알파고는 불가능하다고 말한 사람 역시 르쿤이었다.[36] 이는 그의 신용을 떨어뜨리는 일이 아니라 새로운 연구 분야에서 그 누구도 무언가를 확신할 수 없다는 사실을 보여 준다.

하드웨어 분야에서도 AI로 나아가는 길은 예측할 수 없었다. GPU(그래픽 처리 장치)는 최신 AI의 기본 구성 요소다. 하지만 GPU는 컴퓨터 게임에서 보다 더 사실적인 그래픽을 구현하기 위해 처음 개발됐다. 기술의 다용도성을 보여 주는 한 예로 화려한 그래픽을 구현하기 위한 빠른 병렬 처리는 심층 신경망deep neural network을 훈련시키는 데 적합한 것으로 밝혀졌다. 현실감 있는 게임에 대한 수요로 인해 엔비디아NVIDIA와 같은 기업이 더 나은 하드웨어를 만드는 데 많은 투자를 했고, 그 하드웨어가 머신 러닝에 잘 적용될 수 있었던 것은 결과적으로 운이 좋았다고 할 수 있다. (엔비디아는 이에 불만이 없었다. 알렉스넷이 등장한 이후 5년 동안 엔비디아의 주가는 1000퍼센트 상승했다.[37])

과거에 여러분이 AI 연구를 감독하고 지휘했다면 결국 무의미한 것으로 판명된 연구를 중단하거나 촉진하여 주변에서 조용히 진행되고 있는 가장 중요한 돌파구를 완전히 놓쳐버렸을 수도 있다. 과학 기술 연구는 본질적으로 예측할 수 없고, 매우 개방적이며, 빠르게 성장한다. 따라서 이를 관리하거나 통제하기란 매우 어렵다.

오늘날의 세상은 전례 없는 속도로 호기심을 자극하고 공유하고 연구하는 데 최적화돼 있다. 현대의 연구는 수익 창출에 대한 필요성이나 동기와 마찬가지로 억제에 역행하는 방식으로 진행된다.

100조 달러의 기회

1830년 리버풀과 맨체스터 구간에 최초의 여객 철도가 개통됐다. 놀라운 공학 기술의 산물인 이 철도를 건설하려면 동의가 필요했는데 교량, 관통 도로, 늪지대를 지나는 고가 구간, 끝나지 않을 것만 같은 재산권 분쟁 등 엄청난 난제들을 해결해야 했다. 철도 개통식에는 영국 총리와 리버풀의 하원 의원 윌리엄 허스키슨 William Huskisson을 비롯한 고위 인사들이 참석했다. 축하 행사가 진행되는 동안 관중은 열차가 다가오자 선로 위에 서서 환영했다. 이 놀랍고도 경이로운 기계가 낯설기만 했던 사람들은 다가오는 열차의 속도가 얼마나 빠른지 제대로 파악할 수 없었고, 어이없게도 허스키슨이 기관차 바퀴에 깔려 결국 사망하고 말았다. 겁에 질린 관중에게 조지 스티븐슨George Stephenson의 증기 기관차 로켓호 Rocket는 현대와 기계가 뒤섞여 굉음을 내는 끔찍한 괴물 같았다.

하지만 그 증기 기관차는 그 당시 경험했던 그 어떤 것보다 빠른 속도로 돌풍을 일으켰다. 그야말로 성장 속도가 가팔랐다. 하루 250명의 승객이 열차를 이용할 것으로 예상했지만, 불과 한 달 만에 하루 1200명의 승객이 이용했다.[38] 면화 수백 톤을 리버풀 부두에서 맨체스터 제조 공장까지 기록적인 시간 내에 최소한의 수고로 운반할 수 있었다. 5년 후 이 철도 사업은 배당금 10퍼센트를 지급하며 1830년대 철도 건설의 미니 붐을 예고했다.[39] 정부 역시 더 많은 기회를 발견했다. 1844년 윌리엄 글래드스턴William Gladstone이라는 한 젊은 하원 의원은 투자를 장려하기 위해 철도 규제법Railway Regulation Act을 발의했다. 1845년 기업들이 수개월 만에 철도 건설 신청서 수백 건을 제출했다. 곧 투자자들이 몰려들었고 주식 시장이 정체된 가운데 철도 회사만큼은 호황을 누렸다. 한창 호황일 때에는 철도 주식이 전체 주식 시장 가치의 3분의 2 이상을 차지하기도 했다.[40]

그러나 1년 만에 시장이 폭락하기 시작했다. 1850년 결국 시장은 정점 대비 66퍼센트 하락하며 바닥을 쳤다. 쉽게 얻은 이익은 사람들을 탐욕스럽고 어리석게 만들었다. 수천 명이 모든 것을 잃었지만, 그럼에도 불구하고 호황과 함께 새로운 시대가 열렸다. 기관차가 등장하면서 예전의 목가적인 세상은 고가 도로와 터널, 절개지cutting와 거대한 역, 석탄 연기와 경적 소리로 뒤덮여 산산조각이 났다. 투자 열풍이 불면서 흩어져 있던 몇 개의 노선에서 통합된 전국 네트워크의 윤곽이 만들어졌다. 이는 국내 이동 거리를 좁혀 주었다. 1830년대에 런던과 에든버러 사이를 이동하려면 불편한 역마차를 타고 며칠씩 달려야 했지만, 1850년대에는 열차로 12시간이 채 걸리지 않았다. 다른 지역과의 연결은 마을, 도시, 지역이 호황을 누릴 수 있다는 것을 의미했다. 관광, 무역, 가정생활에 많은 변화가 생겼다. 특히 열차 시간표를 이해하기 위한 표준화된 국가 시간의 필요성이 대두됐다. 그리고 이 모든 것은 수익을 향한 끝없는 갈증 덕분에 가능했다.

1840년대의 철도 붐은 '논쟁의 여지가 있기는 하지만 역사상 가장 큰 거품'이었다.[41] 하지만 기술의 연대기에서 이는 예외라기보다는 일반적인 현상에 더 가까웠다. 철도의 출현은 필연적이라고 할 수 없지만, 철도를 통해 수익을 창출할 수 있는 기회는 필연적인 것이었다. 카를로타 페레스Carlota Perez는 최초의 전화 케이블부터 현대의 고대역폭 인터넷에 이르기까지 적어도 지난 200년간 개발된 모든 주요 기술에는 이와 유사한 '열풍의 단계'가 있었다고 말한다.[42] 호황은 결코 지속되지 않지만 원초적인 투기 욕구는 새로운 기술 기반이라는 지속적인 변화를 만들어 낸다.

사실 학계 연구자들의 호기심이나 의욕 넘치는 정부의 의지만으로 수십억 명의 소비자에게 새로운 돌파구를 제시하는 데에는 무리가 있다. 과학이 널리 확산되려면 유용하고 가치 있는 제품으로 거듭나야 한다.[43] 간단히 말해서, 대부분의 기술은 돈을 벌기 위해 만들어진다.

오히려 이것이 가장 지속적이고 확실하며 여기저기 흩어져 있는 인센티브일 것이다. 수익은 중국 기업가가 완전히 새롭게 디자인된 휴대 전화의 몰딩을 개발하게 하고, 네덜란드 농부가 북해의 서늘한 기후에서 일 년 내내 토마토를 재배할 수 있는 새로운 로봇 공학과 온실 기술을 찾도록 하며, 팔로알토Palo Alto의 샌드 힐 로드Sand Hill Road에 있는 현명한 투자자들이 검증되지 않은 젊은 기업가들에게 수백만 달러를 투자하도록 유도한다. 개별 기여자의 동기는 저마다 다를 수 있지만, 구글이 AI를 개발하고 아마존이 로봇을 만드는 이유는 주주를 만족시켜야 할 책임이 있는 상장 기업으로서 AI와 로봇이 수익을 창출할 수 있는 수단이라고 보기 때문이다.

그리고 이러한 수익 가능성의 토대는 훨씬 더 오래 지속되고 견고한 것, 즉 근본적인 수요에 있다. 사람들은 기술의 결실을 원하고 필요로 한다. 사람들은 삶을 영위하기 위해 음식, 냉장, 통신을 필요로 할 수 있고 AC 장치, 복잡하고 새로운 제조 기술을 필요로 하는 새로운 유형의 신발 디자인, 컵케이크를 위한 혁신적인 식품 착색 방식, 또는 기술이 적용되는 일상의 수많은 용도 중 하나를 원할 수도 있다. 어느 쪽이든 기술은 무언가를 제공하는 데 도움이 되고 개발자는 그에 상응하는 몫을 얻게 된다. 인간의 다양한 욕구와 니즈needs, 그리고 이를 통해 수익을 창출할 수 있는 무수한 기회는 기술의 역사에서 빼놓을 수 없는 구성 요소이며 앞으로도 계속 그럴 것이다.

이것은 나쁜 게 아니다. 수백 년 전으로 거슬러 올라가면 경제 성장은 거의 존재하지 않았고, 생활 수준은 지금보다 훨씬 더 열악한 수준으로 수 세기 동안 정체되었다. 그러나 지난 200년간 경제 생산량은 300배 이상 증가했다. 1인당 GDP는 같은 기간 동안 최소 13배 이상 증가했으며, 세계에서 가장 부유한 지역에서는 100배 증가했다.[44] 19세기 초에는 거의 모든 사람이 극심한 빈곤 속에서 살았지만 이제 전 세계적으로 그 비율은 약 9퍼센트에 불과하다.[45] 한때 불가능했던 인류 환경의 기하급수적인 발전이 이제는 일상적인 일이 됐다.

이는 근본적으로 수익이라는 명목 아래 과학과 기술을 체계적으로 활용한 역사를 보여 준다. 결과적으로 생산량과 생활 수준이 크게 향상됐다. 19세기에는 사이러스 맥코믹Cyrus McCormick의 수확기 같은 발명품 덕분에 시간당 밀 생산량이 500퍼센트 증가했다.[46] 또 아이작 싱어Isaac Singer의 재봉틀 덕분에 14시간 걸리던 셔츠 재봉이 한 시간이면 끝났다.[47] 선진국에서는 사람들이 예전보다 훨씬 더 적은 시간을 일하면서 훨씬 더 많은 보상을 받고 있다. 예컨대 독일에서는 1870년 이후 연간 노동 시간이 60퍼센트 가까이 줄었다.[48]

기술은 더 많은 기술 개발에 재투자할 수 있는 부를 창출하고,

이를 통해 생활 수준이 향상되는 선순환 구조에 진입했다. 하지만 이러한 장기적인 목표는 한 개인이 가장 중요하게 생각하는 목표는 아니었다. 1장에서 나는 우리 주변의 거의 모든 것이 인간 지능의 산물이라고 주장했다. 그 주장을 조금 수정하자면, 우리 주변에서 볼 수 있는 많은 것들은 금전적 이득을 적극적으로 추구하는 인간 지능에 의해 작동한다.

인간 지능의 이러한 동력은 85조 달러에 달하는 세계 경제를 창출해 냈고 그 규모는 계속 커지고 있다. 산업 혁명을 이끈 선구자에서부터 오늘날의 실리콘밸리 기업가에 이르기까지 기술은 막대한 금전적 보상이라는 대단히 매력적인 인센티브를 제공한다.

다가오는 물결은 역사상 가장 큰 경제적 보상을 의미한다. 새로운 물결은 소비자들에게 비교할 수 없는 풍요로움과 잠재적 수익의 중심을 제공할 것이다. 그 물결을 억제하고자 하는 사람이라면 막강한 힘을 가진 분산된 글로벌 자본주의 시스템이 어떻게 하면 그 가속도를 늦출 수 있는지 설명할 수 있어야 한다.

기업이 보험금 청구를 자동화하거나 새로운 제조 기술을 도입하면 비용을 절감하거나 제품을 개선해 수익을 높이고 새로운 고객을 유치할 수 있다. 일단 혁신이 이와 같은 경쟁 우위를 제공하면 모두가 새로운 기술을 도입하거나, 한 단계 더 도약하거나, 집중 분야를 바꿔야 한다. 그렇지 않으면 시장 점유율을 잃고 결국 파산하게 된다. 특히 기술 비즈니스에 만연한 이러한 역학 관계에 대한 태도를 보면 단순하면서도 무자비하다. 한마디로 차세대 기술을 개발하지 않으면 도태된다고 생각하는 것이다.

따라서 다가오는 변화의 물결에서 기업이 큰 역할을 하는 것은 놀라운 일이 아니다. S&P 500 지수에서 가장 큰 단일 섹터인 테크놀로지는 지수의 26퍼센트를 차지한다.[49] 그중 주요 기술 그룹은 대만이나 폴란드 경제의 GDP에 해당하는 현금을 보유하고 있다. R&D 비용과 같은 자본 지출도 그 규모가 상당한데 과거에 가장 큰 비용을 지출했던 석유 대기업들을 능가하는 수준이다. 최근 업계를 주시하고 있는 사람이라면 구글, 오픈AI와 같은 기업들이 매주 새로운 제품을 출시하기 위해 경쟁하는 등 AI를 둘러싼 상업적 경쟁이 점점 더 치열해지고 있음을 목격했을 것이다.

수천억 달러에 달하는 벤처캐피털과 사모 펀드가 수많은 스타트업에 투입되고 있다.* [50] 실제로 AI 기술에 투입되는 투자 자금만 연간 1000억 달러에 달한다.[51] 이렇게 큰 수치는 중요한 의미를 지닌다. 중국과 미국을 제외하면 다른 어떤 분야나 정부도 따라잡을 수 없는 막대한 자본 지출, R&D 지출, 벤처캐피털, 사모 펀드 투자가 앞으로 다가올 물결을 이끄는 원동력이다. 이 모든 투자는 그만큼의 대가를 요구하며, 그 대가를 얻기 위한 수단이 바로 기술이다.

---

* 2021년에만 전 세계적으로 6000억 달러 이상의 벤처캐피털이 기술과 생명 공학 비즈니스에 집중 투자됐으며, 이는 10년 전보다 10배 더 많은 금액이다.

산업 혁명과 마찬가지로 잠재적인 경제적 보상은 추정치를 가늠하기 어려울 정도로 엄청나다. 프라이스워터하우스쿠퍼스 PricewaterhouseCoopers, PwC는 2030년까지 AI가 세계 경제에 15조 7000억 달러의 가치를 더할 것으로 전망한다.[52] 또 맥킨지는 같은 기간 동안 생명 공학 분야에서 4조 달러에 달하는 가치를 창출할 것으로 보고 있다.[53] 전 세계 로봇 설치가 기본 전망치보다 30퍼센트 증가하면 독일의 총생산량보다 더 큰 5조 달러의 배당금이 발생할 수 있다.[54] 특히 다른 성장 동력이 점점 부족해지고 있는 상황에서 이는 강력한 인센티브가 될 수 있다. 이렇게 수익성이 높은 상황에서 골드러시를 중단하는 것은 매우 어려운 일이 될 것이다.

이러한 예측이 정당한 것일까? 그 수치는 정말 놀랍기만 하다. 서류상으로 보면 가까운 미래에 그렇듯 엄청난 수익을 낼 수 있다고 예측하는 것이 어렵지 않다. 그리고 조금 더 길게 보면 완전히 비합리적인 것만도 아니다. 여기서 궁극적으로 도달할 수 있는 시장은 제1차 산업 혁명이나 제2차 산업 혁명과 마찬가지로 세계 경제 전체를 아우를 정도로 확장될 것이다. 18세기 후반의 사람이라면 1인당 GDP가 100배나 증가한다는 사실을 믿지 못했을 것이다. 생각만 해도 황당하기 짝이 없는 일이었을 테지만 결국 현실이 됐다. 그러한 모든 전망과 다가오는 물결의 영향을 받게 될 근본적인 영역을 고려할 때, 향후 10년간 세계 경제가 10~15퍼센트 성장하는 것조차 보수적인 수치일 수 있다. 더 장기적으로 보면 그보다 훨씬 더 큰 수치로 성장할 가능성이 높다. 20세기 후반 세계 경제가 6배나 성장한 것을 보면[55] 앞으로 50년 동안 성장이 그 3분의 1 수준으로 둔화된다고 하더라도 약 100조 달러의 GDP가 추가적으로 창출될 것이다.

새로운 AI 시스템의 물결이 미칠 영향에 대해 생각해 보자. 대규모 언어 모델을 사용하면 유창하고 자연스러운 언어로 모든 주제에 대해 AI와 유익한 대화를 나눌 수 있다. 앞으로 몇 년 안에 여러분이 어떤 업무를 담당하든 주문형on-demand 전문가와 상담하고, 최신 광고 캠페인이나 제품 디자인에 대해 조언을 구하고, 법적 딜레마에 대해 질문을 던지고, 프레젠테이션에서 가장 효과적인 요소를 찾아내고, 까다로운 물류 문제를 해결하고, 진단에 대한 2차 소견을 얻고, 계속 조사하고 테스트하면서 최첨단 기술의 지식을 바탕으로 더욱 상세한 답변을 탁월한 뉘앙스로 전달받을 수 있게 될 것이다. 전 세계의 모든 지식, 모범 사례, 선례, 연산 능력을 사용자의 구체적인 요구와 상황에 맞게 즉각적으로 손쉽게 활용할 수 있게 될 것이다. 이는 인터넷 출현만큼은 아니더라도 그에 필적하는 인지적 잠재력의 비약적인 발전을 의미한다. 굳이 ACI나 현대판 튜링 테스트와 같은 개념의 함의를 자세히 살펴보지 않아도 쉽게 알 수 있다.

궁극적으로 지능보다 더 가치 있는 것은 거의 찾아보기 어렵다. 지능은 세계 경제의 원천이자 지휘자, 설계자, 조력자 역할을 한다. 우리가 사용 가능한 지능의 범위와 성격이 넓고 다양할수록 더 큰 성장이 가능할 것이다. 설득력 있는 경제 시나리오에 따르면 제너럴리스트 AI는 성장률을 단순히 높이는 데 그치지 않고 성장률 자체를 영구적으로 가속화할 수 있다.* [56] 경제적인 측면에서 AI는 장기적으로 합성 생물학, 로봇 공학과 같은 기술의 잠재력과 결합할 때 가장 가치 있는 기술이 될 수 있다.

이러한 투자는 결코 수동적이지 않다. 오히려 또 다른 자기실현적 예언이 실현되는 데 큰 역할을 할 것이다. 수조 달러에 달하는 투자 자금은 사회에 엄청난 부가 가치와 기회를 제공하고 수십억 명의 삶의 질을 향상시키며 사적 이익을 위한 막대한 수익을 창출한다. 어느 쪽으로든 그러한 적극적인 투자는 새로운 기술을 계속 찾아내고 개발하고 선보이도록 하는 뿌리 깊은 동기를 부여할 것이다.

글로벌 도전 과제

인류 역사를 통틀어 가장 중요한 과제는 바로 자신과 가족을 먹여 살리는 것이었다. 농사일은 항상 힘들고 불확실한 일이었다. 특히 20세기 들어 기술이 발전하기 전에는 농사일이 훨씬 더 힘들었다. 너무 춥거나 덥거나 건조하거나 습한 기상 조건의 변화는 재

---

* 이는 '유한한 기간에 무한한 생산을 창출해 낼 수 있을 만큼 빠른 증가'라는 매우 이례적이고 불가능해 보이는 시나리오로 이어진다.

앙이 되기도 했다. 운이 좋으면 소의 도움을 받아 거의 모든 작업을 수작업으로 수행했다. 일 년 중 일정 시기에는 할 일이 거의 없었고, 또 다른 시기에는 몇 주 내내 쉬지 않고 힘든 육체노동을 해야 했다.

농작물은 질병이나 해충에 의해 망가지거나, 수확 후 상하거나, 그도 아니면 침입한 군대에 빼앗기기도 했다. 농부 대부분은 농노로 일하면서 겨우 수확한 농작물 대부분을 포기하고 근근이 생계를 유지했다. 세계에서 가장 생산성 높은 지역에서조차 수확량이 적고 불안정했다. 당연히 삶은 고단했고 재난의 가장자리에서 살아야만 했다. 1798년 토머스 맬서스Thomas Malthus가 빠르게 증가하는 인구가 농업의 수용력을 급속도로 고갈시켜 붕괴로 이어질 것이라고 주장했다. 그의 예측은 틀리지 않았으며, 정해진 수확량은 실제로 그 법칙을 따르는 경우가 대부분이었다.

그가 고려하지 않은 것은 인간이 가진 독창성의 정도였다. 13세기 영국에서는 기상 조건이 양호하고 최신 기술을 사용한다고 가정했을 때 1헥타르의 밀밭에서 약 0.5톤의 밀을 수확할 수 있었다.[57] 그리고 수 세기 동안 같은 수준에 머물러 있었다. 하지만 윤작에서 선택적 육종, 기계화된 쟁기, 합성 비료, 살충제, 유전자 변형 그리고 이제는 AI에 최적화된 재배와 제초까지 새로운 기법과 기술이 등장하면서 모든 것이 서서히 바뀌기 시작했다. 21세기에는 헥타르당 8톤 정도를 수확할 수 있게 됐다.[58] 13세기에 농작물을 수확했던 것과 동일한 지형과 토양의 소규모 농지에서 이제는 16배나 더 많은 작물을 수확할 수 있게 된 것이다. 미국에서는 핵타르당 옥수수 수확량이 지난 50년 동안 세 배로 증가했지만,[59] 곡물 1킬로그램을 생산하는 데 필요한 노동력은 19세기 초에 비해 오히려 98퍼센트 감소했다.[60]

1945년에는 전 세계 인구의 약 50퍼센트가 심각한 영양실조에 시달렸다.[61] 오늘날 전 세계 인구가 3배 이상 증가했지만 영양실조 비율은 10퍼센트로 감소했다. 여전히 6억 명이 넘는 인구가 영양실조에 시달리고 있다는 것은 이해할 수 없는 일이다. 한편 1945년 당시의 비율로 계산하면 영양실조 인구가 40억 명에 달하지만 현실적으로 그 많은 인구를 모두 부양할 수 없었을 것이다. 우리가 얼마나 멀리 왔는지, 그리고 혁신이 얼마나 놀라운 것인지 잊고 지나치기 쉽다. 중세의 농부라면 현대의 농부가 사용하는 거대한 콤바인과 웅장한 관개 시스템에 대해 어떤 평가를 내렸을까? 그들은 16배의 작물 수확을 기적이나 다름없다고 여겼을 것이다. 실제로 그렇다.

전 세계에 식량을 공급하는 것은 여전히 엄청난 도전 과제다. 하지만 이러한 식량 공급의 필요성이 기술을 발전시켜 이전에는 상상할 수 없었던 풍요로움을 가져왔다. 즉 적절하게 분배되지는 못하더라도 지구상의 80억 인구에게 충분한 식량을 공급할 수 있게 됐다.

식량 공급의 사례에서 그랬던 것처럼 기술은 현재 인류가 마주할 수밖에 없고 앞으로도 계속 마주하게 될 과제를 해결하는 데 있어 매우 중요한 부분을 차지한다. 우리가 새로운 기술을 추구하는 것은 단순히 그것을 원하기 때문이 아니라 근본적으로 우리가 그것을 필요로 하기 때문이다.

세계는 섭씨 2도 이상의 기후 온난화를 향해 나아가고 있다. 담수 사용에서 생물의 다양성 감소에 이르기까지 매일 매 순간 생물권의 경계가 허물어지고 있다. 회복력이 가장 높고 온대성의 부유한 국가들조차 앞으로 수십 년 동안 재앙에 가까운 폭염, 가뭄, 폭풍, 물 스트레스를 겪게 될 것이다. 농작물을 수확하는 데 문제가 생길 것이고, 산불이 기승을 부릴 것이다. 녹아내리는 영구 동토층에서 엄청난 양의 메탄이 방출돼 심각한 온난화의 피드백 루프를 촉발할 위험이 있다. 질병은 일반적인 경계를 벗어나 더욱 확산될 것이다. 해수면이 계속 상승하면서 기후 난민과 분쟁이 전 세계를 휩쓸고 주요 인구 중심지를 위협할 것이다. 종국에는 해양과 육상의 생태계가 붕괴될 것이다.

청정에너지 전환에 대한 논의가 활발히 이뤄지고 있지만 여전히 갈 길이 멀기만 하다. 비행기나 컨테이너선에 동력을 공급하는 것과 같은 작업으로 탄화수소의 에너지 밀도를 대체하기란 매우 어렵다. 청정 전력 생산이 빠르게 확대되고 있지만, 전기는 전 세계 에너지 생산량의 약 25퍼센트에 불과하다.[62] 나머지 75퍼센트는 청정에너지로 전환하기가 훨씬 더 까다롭다. 21세기가 시작된 이래 전 세계 에너지 사용량은 45퍼센트 증가했지만 화석 연료의 비중은 87퍼센트에서 84퍼센트로 감소하는 데 그쳤다. 이는 청정 전력으로 전환했음에도 불구하고 화석 연료의 사용량이 크게 증가했음을 의미한다.[63]

에너지 학자 바츨라프 스밀은 암모니아, 시멘트, 플라스틱, 강철을 현대 문명의 네 가지 기둥이라고 부른다. 현대 사회를 지탱하는 물질적 기반이라 할 수 있는 이러한 물질들을 생산하려면 상당한 양의 탄소 집약적 공정이 필요하며 현재 그것들을 대신할 뚜렷한 대체재가 마련돼 있지 않다. 이러한 물질들이 없으면 우리 삶이 마비되고, 화석 연료가 없으면 그 물질들을 만들 수도 없다. 지난 30년간 7000억 톤에 달하는 탄소를 배출한 콘크리트가 우리 사회로 흘러 들어왔다. 그것을 어떻게 대체할 수 있을까? 전기차는 주행 시 탄소를 배출하지 않지만 많은 자원을 필요로 한다. 전기차 한 대를 생산하려면 약 225톤의 유한한 원자재를 추출해야 하며, 그 수요는 이미 지속 불가능할 정도로 급증하고 있다.

앞서 살펴본 바와 같이 식량 생산은 기술의 주요 성공 사례 중 하나다. 하지만 농경지의 트랙터부터 합성 비료, 플라스틱 온실에 이르기까지 식량 생산 과정이 화석 연료로 가득 차 있다. 일반 토마토가 다섯 큰술의 기름 안에 담겨 있다고 상상해 보면[64] 토마토를 재배하는 데 얼마나 많은 에너지가 필요한지 알 수 있다. 게다가 기후 변화로 수확량이 감소하고 있기 때문에 전 세계 수요를 충족하기 위해서는 2050년까지 약 50퍼센트 더 많은 식량을 생산해야 할 것이다.[65]

지구 온난화를 섭씨 2도 이하로 유지하기 위해서는 탄소 포집과 저장이 필수 기술이라는 것이 유엔 기후 변화에 관한 정부 간 협의체Intergovernmental Panel on Climate Change 소속 과학자들의 공통된 의견이다. 하지만 아직까지 탄소를 포집하고 저장하는 기술이 대부분 개발되지 않았거나 대규모로 도입되지 않았다.[66] 이러한 글로벌 도전 과제를 해결하기 위해 우리는 농업, 제조, 운송, 에너지 시스템을 탄소 중립적이거나 탄소 네거티브인 새로운 기술을 사용해 처음부터 다시 설계해야 한다. 이는 상당한 도전이다. 사실상 현대 사회의 전체 인프라를 재건하는 동시에 수십억 명의 삶의 질을 개선한다는 뜻이다.

인류에게 닥친 문제는 이것뿐만이 아니다. 난치성 만성 질환에 시달리는 고령화 인구에게 고가의 의료 서비스를 제공하는 것과 같은 다른 여러 문제에 직면할 수밖에 없다. 그런데 여기에는 또 하나의 강력한 인센티브가 있다. 바로 불가능해 보이는 어려운 과제에 직면했을 때 우리는 발전에 꼭 필요한 핵심 동기를 얻게 된다는 것이다. 새로운 기술에는 수익이나 혜택을 넘어서는 강력한 도덕적 논거가 있다.

기술은 삶을 개선하고 문제를 해결할 수 있으며 앞으로도 그럴 것이다. 더 오래 살면서 더 많은 양의 이산화탄소를 흡수하는 나무로 가득한 세상을 상상해 보자. 또 바다가 더 강력하고 지속 가능한 탄소 흡수원carbon sink이 될 수 있도록 돕는 식물성 플랑크톤을 상상해 보자. AI는 바다를 막고 있는 플라스틱을 분해할 수 있는 효소 설계에 크게 기여했다.[67] 또한 교외 지역을 덮칠 곳을 추측하는 것에서부터 공공 데이터 세트를 통해 삼림 벌채를 추적하는 것까지 앞으로 일어날 일을 예측하는 데 중요한 역할을 하게 될 것이다. 저렴한 개인 맞춤형 의약품, 빠르고 정확한 진단, AI가 만든 에너지 집약적인 비료와 같은 대체품이 등장하는 세상을 머지않아 보게 될 것이다.

지속 가능하고 확장 가능한 배터리를 개발하려면 혁신적인 신기술이 필요하다. 분자 수준까지 모델링할 수 있는 AI와 결합된 양자 컴퓨터는 기존의 리튬 배터리를 대신할 대체제를 찾는 데 중요한 역할을 할 수 있다. 이러한 대체제는 더 가볍고, 더 저렴하고, 더 환경 친화적이며, 생산하고 재활용하기가 쉬워 더 많은 양을 생산할 수 있다. 마찬가지로 태양광 소재 연구나 신약 개발 분야에서도 분자 수준의 시뮬레이션을 통해 새로운 화합물을 찾아낼 수 있게 됐다. 이러한 접근 방식은 시간이 오래 걸리는 과거의 실험 방식보다 훨씬 더 정확하고 효과적이다. 현재의 연구 패러다임을 뛰어넘는 동시에 수십억 달러의 연구 개발 비용을 절감할 수 있는 잠재력을 지닌 초진화가 실제로 진행 중에 있다.

순진한 기술 해결주의techno-solutionism 학파는 기술이 세상의 모든 문제에 대한 답이라고 생각한다. 하지만 그렇지 않다. 기술을 어떻게 만들고, 사용하고, 소유하고, 관리하느냐에 따라 모든 것이 달라질 수 있다. 기후 변화처럼 다면적이고 거대한 문제에 대해 기술이 마법과 같은 답이 될 수 있다고 주장해서는 안 된다. 하지만 새로운 기술 없이 세기를 좌우할 도전 과제의 해결이 가능하다는 생각은 완전히 공상일 뿐이다. 또 새로운 기술이 수십억 명의 삶을 더 쉽고, 더 건강하고, 더 생산적이며, 더 즐겁게 만들어 줄 것이라는 사실도 기억할 필요가 있다. 시간, 비용, 불편을 줄이고 수백만 명의 생명을 구할 수 있다. 불확실성 속에서 신기술의 중요성을 사소하게 여기거나 잊어서는 안 된다.

새로운 물결이 다가오고 있는 이유는 기술 없이는 우리가 직면한 현실을 헤쳐 나갈 방법이 없기 때문이기도 하다. 이처럼 거대하고 체계적인 힘이 기술을 발전시키고 있다. 하지만 내 경험에 비춰볼 때 좀 더 사적인 힘, 즉 자아는 항상 존재하지만 대부분 과소평가되고 있다.

자아

과학자와 기술 전문가는 모두 인간이다. 그들은 지위와 성공 그리고 업적을 갈망한다. 그들은 최초로 성공해 최고가 되기를 바라고 인정받기를 원한다. 또 그들은 세상과 역사 안에서 자신의 입지를 치밀하게 다져 온 경쟁심과 영리함을 갖추고 있다. 때로는 돈을 위해, 때로는 영광을 위해, 때로는 그 자체를 위해 한계에 끊임없이 도전한다. AI 과학자와 엔지니어들은 세계에서 가장 높은 연봉을 받는 직업군에 속하지만, 정작 이들을 잠에서 깨우는 것은 혁신적인 기술을 최초로 개발하거나 획기적인 논문에 자신의 이름을 올릴 수 있다는 기대감이다. 그들이 좋든 싫든 기술업계의 거물이나 기업가들은 권력, 부, 비전, 순수한 의지를 가진 독특한 존재로 인정받고 있다. 비평가와 열성 팬 모두 그들이 자아를 드러내며 일을 실현해 나가는 데 탁월하다고 생각한다.

엔지니어들은 특별한 사고방식을 갖고 있는 경우가 많다. 로스 앨러모스Los Alamos 연구소장 J. 로버트 오펜하이머J. Robert Oppenheimer는 매우 원칙적인 사람이었다. 하지만 무엇보다 그는 호기심에 이끌려 문제를 해결하는 사람이었다. 오펜하이머가 인용한 것으로 유명한 바가바드 기타Bhagavad Gita의 한 구절만큼이나 소름 끼치는 이 말을 한번 생각해 보자(그는 첫 번째 핵실험을 보고 힌두교 경전의 "나는 이제 죽음이요, 세계의 파괴자가 되었다"라는 한 구절을 떠올렸다). "기술적으로 유망한 것을 발견하면 일단 실행에 옮기고, 무엇을 어떻게 해야 할지에 대한 고민은 기술적인 성공을 거둔 후에 해야 한다."[68] 이는 맨해튼 프로젝트의 동료이자 천재적인 학자였던 헝가리계 미국인 존 폰 노이만John von Neumann이 보여 주었던 태도다. 그는 이렇게 말했다. "역사가 남아 있다고 가정했을 때 지금 우리가 만들고 있는 것은 역사를 바꿀 수 있을 만큼 큰 영향력을 가진 괴물이다. 하지만 군사적인 이유뿐 아니라 과학자의 입장에서 아무리 끔찍한 결과를 초래한다 할지라도 실현 가능하다는 것을 알면서 하지 않는 것은 비윤리적일 수 있기 때문에 끝까지 지켜볼 수밖에 없다."[69]

기술 환경에서 오랜 시간을 보내다 보면 윤리와 사회적 책임에 관한 모든 논의에도 불구하고 엄청난 힘을 가진 기술을 마주할 때조차 이러한 관점이 널리 퍼져 있음을 깨닫게 될 것이다. 또한, 그러한 경우를 여러 번 목격했고 내가 그러한 관점에 굴복한 적이 없다고 말한다면 거짓말일 것이다.

역사를 만들고, 중요한 일을 하고, 다른 사람을 돕고, 다른 사람과 경쟁해 이기고, 잠재적 파트너에게 깊은 인상을 남기고, 상사, 동료, 라이벌에게 깊은 인상을 남기는 것은 위험을 감수하고 한계를 탐구하고, 미지의 세계로 나아가려는 끊임없는 노력의 일부다. 새로운 무언가를 만들어 내고, 게임의 판도를 바꾸고, 정상에 올라야 한다.

고매하고 고귀한 이상이든 냉혹한 제로섬 정신이든 기술과 관련된 일을 할 때에는 국가나 원거리 주주들의 요구보다 이러한 측면이 발전을 촉진하는 경우가 많다. 성공한 과학자나 기술 전문가를 만나보면 원초적인 자아에 이끌려 감정적 충동에 따라 움직이는 사람을 볼 수 있을 것이다. 이러한 충동적인 모습이 초보 같아 보이거나 윤리적으로 의심스러워 보일 수도 있지만, 이는 우리가 기술을 개발하고 얻을 수 있는 이유 중 하나로 과소평가되는 측면이기도 하다. 적대적이고 무지한 세상에 맞서 홀로 제국을 건설한 영웅과 같은 스타트업 창업자의 실리콘밸리 신화가 지속되는 데에는 이유가 있다. 이는 기술 전문가들이 여전히 열망하는 자화상이고, 모방해야 할 원형이며, 여전히 새로운 기술 개발의 원동력이 될 판타지다.

민족주의, 자본주의, 과학은 이제 전 세계에 내재된 특징이 됐다. 현장에서 이러한 요소들을 현실적인 시간 안에 간단히 제거하기란 불가능하다. 이타주의와 호기심, 오만과 경쟁, 경쟁에서 이기고 이름을 알리고 사람들을 구하고 세상을 돕고 싶은 욕망, 그것이 무엇이든 간에 이러한 동기는 기술의 물결을 추진하는 원동력이며, 그러한 동기는 없애거나 무시할 수가 없다. 게다가 새로운 물결의 다양한 인센티브와 요소는 복합적으로 작용한다. 국가 간의 군비 경쟁은 기업 간의 경쟁과 맞물려 있는 한편 실험실과 연구자들은 서로의 발전에 박차를 가한다. 다시 말해서, 일련의 하위 경쟁이 중첩되면서 결국 서로를 강화하는 복잡한 역학 관계가 형성된다. 기술은 무수히 많은 개별적 기여가 서로 겹겹이 쌓이면서 뿌리 깊고 분산된 인센티브에 의해 추진되는, 복잡하고 상호 연결된 아이디어의 그물망이 스스로 풀려나가는 과정을 통해 '등장'한다.

광속으로 정보를 전파할 수 있는 도구가 없었다면 과거 사람들은 새로운 기술을 수십 년 동안 눈앞에 두고도 그 의미를 제대로 깨닫지 못했을 것이다. 설사 그 의미를 깨달았다 할지라도 그 광범위한 파급 효과를 완전히 이해하기 위해서는 많은 시간과 상상력이 필요했다. 그러나 오늘날에는 전 세계가 모든 사람의 반응을 실시간으로 지켜보고 있다.

모든 것이 누설되고 복제되고 반복되고 개선된다. 또한 모두가 서로를 관찰하고 배우며 수많은 사람들이 같은 영역을 탐구하고 있기 때문에 결국 누군가는 다음 단계의 획기적인 기술을 발견할 수밖에 없다. 그리고 이를 억제하기란 사실상 불가능하다. 다른 누군가가 동일한 인사이트를 발견하거나 동일한 결과를 달성하기 위해 유사한 접근 방식을 찾아낼 것이기 때문이다. 사람들은 전략적 잠재력이나 수익, 명성 등을 위해 결코 그러한 노력을 멈추지 않을 것이다.

이것이 우리가 새로운 물결을 거부하지 않는 이유다. 또 이것이 바로 새로운 물결이 다가오는 이유이며, 그 물결을 억제하기 어려운 이유다. 기술은 이제 일상, 사회, 경제의 모든 측면에 영향을 미치는 필수 불가결한 대규모 시스템이 됐다. 기술이 없으면 아무것도 할 수가 없다. 확고하게 확립된 인센티브는 기술의 양을 크게 늘리는 데 유리하다. 그 누구도 이 기술이라는 시스템이 무엇을 하고 또 어디로 나아갈지 완전히 통제할 수 없다. 이것은 난해한 철학적 개념이나 극단적인 결정론적 시나리오, 또는 몽상적인 캘리포니아의 기술 중심주의가 아닌 우리 모두가 살고 있는 세상, 즉 실제로 우리가 꽤 오랫동안 살아온 세상에 대한 기본적인 설명이다.

이러한 맥락에서 보면 기술이라는 시스템은 하나의 거대한 점액 곰팡이slime mold가 피할 수 없는 미래를 향해 천천히 굴러가는 것처럼 느껴진다. 아무런 조율이나 저항 능력 없이 학자든 기업가든 각 개인의 작지만 무수히 많은 기여가 이뤄지고 있다. 그리고 강력한 인력이 그 시스템을 끌어당긴다. 장애물이 나타나면 다른 곳에 틈이 생기고 시스템 전체가 다시 앞으로 굴러간다. 이러한 기술의 발전을 방해하는 것은 국가, 기업, 연구 노력의 이익에 반하는 것이다.

이것이 바로 궁극적인 집단 행동 문제collective action problem다. 크리스퍼나 AI를 억제할 수 있다는 생각은 설득력이 없다. 누군가가 이렇게 상호 연결된 인센티브를 해체할 수 있는 설득력 있는 경로를 만들 수 있을 때까지는 개발을 하지 않거나, 거부하거나, 단순히 속도를 늦추거나, 다른 경로를 선택할 수 있는 옵션이 없다.

기술을 억제한다는 것은 이러한 상호 강화적인 역학 관계를 모두 단절시키는 것을 의미한다. 앞으로 다가올 물결에 영향을 미칠 수 있는 기간 내에 과연 이러한 조치를 취할 수 있을지 의문이다. 아마도 해결책을 제시할 수 있는 유일한 주체는 우리의 정치 시스템을 공고히 하고 사회가 만들어 내는 기술에 대한 최종 책임을 지는 국민 국가일 것이다.

그런데 한 가지 문제가 있다. 국가는 이미 엄청난 부담을 안고 있으며, 앞으로 다가올 물결은 상황을 훨씬 더 복잡하게 만들 것으로 보인다. 이러한 충돌의 결과가 남은 세기의 방향을 결정할 것이다.

THE COMING WAVE
더 커밍 웨이브

3부

실패한 국가

9장

대합의

오늘날 세계 정치 질서의 중심 주체인 국민 국가nation-state는
주권 영토 국가의 권력 집중이 가능할 뿐만 아니라 그 이점이 위
험보다 훨씬 더 크다는 단순하고도 설득력 있는 주장을 국민에
게 제시한다.* 역사는 폭력에 대한 독점, 즉 국가가 법을 집행하
고 군사력을 개발할 수 있도록 폭넓은 재량권을 부여하는 것이 평

---

* '국민 국가nation-state'와 '국가state'라는 용어는 분명히 복잡한 의미를 담고 있으며, 두
  용어의 사용법을 논의하는 방대한 문헌이 존재한다. 하지만 이 책에서 우리는 비교적
  간단한 방식으로 국민 국가와 국가라는 용어를 사용한다. 국민 국가는 고유한 다양
  성 및 복잡성과 함께 국민과 정부를 포함하는 전 세계의 국가를 의미한다. 반면에 국
  가는 국민 국가 내의 통치 및 사회 서비스를 제공하는 정부와 시스템을 의미한다. 아
  일랜드, 이스라엘, 인도, 인도네시아는 각각 매우 다른 유형의 민족이자 국가이지만,
  수많은 차이점에도 불구하고 여전히 이들을 일관된 집합체로 개념화할 수 있다. 웬디
  브라운Wendy Brown의 《Walled States, Waning Sovereignty》(뉴욕: Zone Books, 2010,
  69쪽)에 따르면, 국민 국가는 언제나 '허구적인 존재'였다. 권력이 국민에게 행사된다
  면 어떻게 국민이 주권자가 될 수 있겠느냐는 의문이 제기될 수 있다. 그럼에도 불구
  하고 국민 국가는 매우 유용하고 강력한 허구다.

화와 번영을 가능케 하는 가장 효과적인 방법임을 보여 준다. 또한 잘 관리된 국가는 경제 성장, 안보, 복지의 핵심 기반이다. 지난 500년 동안 단일 권력에 권력을 집중하는 것은 평화를 유지하고, 수십억 명이 창의적인 재능을 발휘해 열심히 일하고, 교육을 받고, 발명을 하고, 무역을 하고, 그렇게 함으로써 발전을 이끌어 내는 데 필수적이었다.

국민 국가의 영향력이 커지고 일상생활과 복잡하게 상호 연결돼 있음에도 불구하고 국민 국가의 대합의grand bargain는 지속되고 있다. 이 합의는 중앙 집중화된 권력은 평화와 번영을 가능하게 할 뿐만 아니라 일련의 견제, 재분배, 제도적 구조를 통해 억제될 수 있다는 것을 전제로 한다. 그러나 우리는 이러한 합의를 지속하기 위해 극단 사이에서 미묘한 균형을 유지할 수 있어야 한다는 사실을 종종 간과하곤 한다. 한편으로는 중앙 집중화된 권력의 디스토피아적인 과잉을 피해야 하고, 다른 한편으로는 질서 유지를 위한 정기적인 개입의 필요성을 인정해야 한다. 앞으로 다가올 기술의 물결은 역사상 그 어느 때보다도 취약한 균형을 뒤흔들 수 있는 위협이 될 것이다. 간단히 말해서, 대합의가 깨지고 있으며 다름 아닌 기술이 이 역사적인 변화의 핵심 동인이다.

국민 국가는 자국민에게 최선의 이익을 위해 기술의 영향력을 관리 감독하고 규제할 책임이 있다는 점을 고려할 때, 국민 국가들은 앞으로 다가올 미래에 얼마나 대비하고 있을까? 국가가 이러한 변화의 물결을 조율할 수 없고 국민에게 실질적인 이익이 될 수 있도록 보장할 수 없다면 중장기적으로 인류는 어떤 선택지를 갖게 될까?

이 책의 1부와 2부에서 우리는 강력한 기술의 물결이 곧 우리를 덮칠 것임을 확인한 바 있다. 이제 그 의미를 깊이 생각해 보고 대홍수 이후의 세상을 엿볼 차례다.

3부에서는 이러한 기술이 국민 국가, 특히 자유 민주주의 국민 국가liberal democratic nation-state에 미칠 중대한 영향에 대해 살펴보고자 한다. 이미 균열은 생겨나고 있다. 부의 증가, 생활 수준 향상, 교육, 과학, 기술의 발전, 평화를 위해 세계의 발전을 촉진했던 정치 질서는 이제 엄청난 압박을 받고 있으며, 부분적으로 바로 그 힘에 의해 불안정해지고 있다. 전체적인 함의는 방대하고 광범위해 제대로 파악하기가 쉽지 않지만 억제라는 도전이 그 어느 때보다 더 어렵게 다가올 수 있는 미래, 즉 세기의 중대한 딜레마를 피할 수 없는 미래를 암시하고 있다.

코펜하겐의 교훈: 정치는 개인적인 것이다

언제나 나는 삶을 개선할 수 있는 국가의 힘을 열정적으로 믿어 왔다. AI 분야에서 경력을 쌓기 전에는 정부와 비영리 부문에서 일했다. 열아홉 살 때 자선 전화 상담 서비스의 시작을 도왔고, 런던 시장 밑에서 일했으며, 다중 이해관계자 협상에 중점을 둔 분쟁 해결 회사를 공동 설립했다. 지칠 대로 지쳐 있지만 늘 도움을 필요로 하는 사람들에게 헌신적인 공무원들과 함께 일하는 것만으로도 국가가 실패하면 얼마나 큰 재난이 될 것인지 절감하기에 충분했다.

하지만 지방 정부, 유엔 협상, 비영리 단체에서 일하고 그들의 한계를 직접 경험하면서 값진 교훈을 얻을 수 있었다. 그들은 제대로 관리되지 않고, 조직의 몸집은 비대하며, 행동하는 속도가 느리다. 2009년 코펜하겐 기후 협상에서 내가 진행했던 프로젝트 중 하나는 수백 명의 NGO와 과학 전문가를 소집해 협상 입장을 조율하는 것이었다. 이 프로젝트의 목적은 주요 정상 회담에서 논쟁을 벌이는 192개 국가들에게 일관된 입장을 제시하는 것이었다.

하지만 그 어떤 것도 합의에 도달할 수 없었다. 우선 과학적 근거나 현장에서 벌어지고 있는 현실에 아무도 동의하지 못했다. 우선순위도 제각각이었다. 무엇이 효과적이고, 경제적이고, 실용적인지에 대한 합의가 이뤄지지 않았다. 100억 달러를 모금해 아마존을 국립 공원으로 만들면 이산화탄소를 흡수할 수 있을까? 민병대와 뇌물은 어떻게 처리할 것인가? 브라질이 아닌 노르웨이에 다시 나무를 심는 것이 답일까, 아니면 거대한 켈프kelp 농장을 육성하는 것이 해결책일까? 제안이 나오기 무섭게 누군가가 그 제안에 흠집을 내기 위해 목소리를 높였다. 제안하는 것마다 문제가 있었고 결국 모든 사안에 대해 극명한 의견 차이를 보였다. 다시 말해서, 여느 때와 다를 게 없는 정쟁이 벌어졌다.

그리고 개념상 '같은 팀'에 속한 사람들이 상황을 더 복잡하게 만들었다. 주요 이벤트와 진정한 교섭은 시작조차 할 수 없었다. 코펜하겐 정상 회담에서는 여러 국가가 모두 각자의 입장을 내세우며 치열하게 경쟁했다. 이제 노골적인 감정까지 더해진다. 협상가들은 회의장 안에서 수백 명의 사람이 논쟁을 벌이고 고함을 지르며 그룹을 지어 흩어지는 가운데 정상 회의와 지구를 위한 결정을 내리기 위해 애쓰고 있었다. 나는 인류 역사상 가장 복잡하게 이해관계가 얽힌 다자간 협상을 원활하게 진행하기 위해 그곳에 있었지만, 협상 과정은 시작부터 거의 불가능한 것처럼 보였다. 이러한 과정을 지켜보면서 나는 우리가 빠른 시일 내에 충분한 진전을 이루지 못할 것이라는 사실을 깨달았다. 일정은 너무 촉박했고, 당면한 문제들은 너무 복잡했다. 거대한 글로벌 문제를 해결하기 위한 우리의 제도는 목적에 맞지 않았다.

나는 20대 초반에 런던 시장 밑에서 일하면서 비슷한 일을 겪은 적이 있다. 내가 맡은 업무는 인권법이 런던의 지역 사회에 미치는 영향을 감사하는 것이었다. 나는 방글라데시계 영국인부터 현지 유대인 단체에 이르기까지 성별, 나이, 종교, 배경을 초월한 다양한 사람을 인터뷰했고, 이 경험을 통해 인권법이 어떻게 삶의 질을 실질적으로 개선하는 데 도움이 될 수 있는지 알게 됐다. 미국과 달리 영국에는 국민의 기본권을 보호하는 성문법이 없다. 이제 지역 단체들은 지역 당국에 문제를 해결할 수 있으며 가장 취약한 사람들을 보호할 법적 의무가 있다고 지적했고, 당국은 문제를 그냥 지나칠 수 없게 되었다. 한편으로는 고무적이었다. 기관이 정의에 관해 성문화된 규칙을 마련할 수 있다는 희망이 생겼기 때문이다. 제도가 실현될 수도 있었다.

그러나 런던 정치의 현실은 매우 달랐다. 실제로는 모든 것이 변명, 책임 전가, 언론 플레이로 변질됐다. 법적 책임이 분명한 경우에도 부서나 의회는 대응하지 않고 변명하고 회피하고 지연시키곤 했다. 실질적인 도전에 직면했을 때에는 답보 상태에 머물러 있었다.

나는 막 스물한 살이 됐을 때 런던 시청에 들어갔다. 2005년이었고 그때 나는 순진할 정도로 낙관적이었다. 나는 지방 정부, 특히 유엔을 믿었다. 외부인인 내 눈에는 유엔이 큰 문제를 해결하기 위해 협력할 수 있는 훌륭하고 유능한 기관으로 보였기 때문이다. 그 당시 많은 사람들이 그랬듯이 나 역시 세계주의와 자유 민주주의가 기본이자 역사의 종착역이라고 생각했다. 하지만 실제로 현실을 접하면서 희망이 없는 이상과 현실 사이의 간극이 얼마나 큰지 알 수 있었다.

그 무렵 나는 또 다른 무언가에 주목하기 시작했다. 페이스북은 전례 없는 속도로 성장하고 있었다. 어떻게 된 일인지 지방 정부부터 유엔에 이르는 모든 기관이 빙하처럼 느리게 움직이는 것처럼 보였지만, 이 작은 스타트업은 불과 몇 년 만에 월간 사용자 수 1억 명이 넘는 규모로 성장했다. 바로 그 한 가지 사실이 내 인생의 방향을 바꿔 놓았다. 일부 조직은 여전히 대규모로 매우 효과적인 활동을 할 수 있으며 온라인 플랫폼과 같은 새로운 공간에서 활동하고 있다는 사실이 분명했다.

기술만으로 사회적·정치적 문제를 해결할 수 있다는 생각은 그야말로 위험천만한 착각이다. 그러나 기술 없이 문제를 해결할 수 있다는 생각 역시 잘못된 것이다. 공무원들의 좌절감을 곁에서 지켜보면서 나는 생각했다. 국가와 대립할 것이 아니라 국가와 협력해 보다 더 생산적이고 공정하며 친절한 사회를 만들기 위해 그 규모에 맞게 일할 수 있는 방법을 찾고 싶다고 말이다.

기술 혁신은 2부에서 언급한 과제, 즉 기후 변화 속에서 식량을 재배하고 홍수, 지진, 화재를 미리 감지하고, 모든 사람의 생활 수준을 높이는 데 도움이 될 것이다. 나는 비용이 급증하고 서비스의 질은 악화되는 이 시기에 AI와 합성 생물학이 발전을 가속화할 수 있는 중요한 수단이라고 생각한다. AI와 합성 생물학은 더 높은 품질과 더 합리적인 비용으로 의료 서비스를 제공할 수 있도록 도울 것이다. 또한 정치가 정체된 시기에 재생 에너지로의 전환을 촉진하고 기후 변화에 대처할 수 있는 수단을 개발하는 데 도움을 줄 뿐 아니라 부족한 교육 시스템의 효율성을 높일 수 있도록 교사들을 지원할 것이다. 이것이 바로 다가오는 물결이 가진 진정한 잠재력이다.

그래서 나는 새로운 세대의 도구가 전통적인 정책보다 훨씬 더 빠르게 작동하면서 규모에 맞게 행동할 수 있는 우리의 능력을 증폭시킬 수 있다고 믿으며 기술 분야에서 경력을 쌓기 시작했다.

'미래를 발명'하기 위해 도구를 개발하고 활용하는 것이 내 인생에서 가장 생산적인 시기를 보내는 가장 좋은 방법인 것 같았다.

나는 내 이상주의적 성향을 바탕으로 앞으로 이어질 장들의 맥락을 설명하고자 한다. 종종 암울하게 묘사되는 현실이나 미래를, 기술의 거대한 실패와 그러한 기술을 개발하는 나와 같은 사람들의 실패로 간주하는 경우가 많다는 점을 분명히 밝히기 위해서다.

기술은 여전히 21세기의 과제를 해결할 수 있는 가장 강력한 수단이지만 그 단점 역시 무시할 수 없다. 우리는 기술의 수많은 이점을 인정하면서도, 비관주의 회피를 극복하고 어디에나 쓸 수 있는 옴니유즈 기술로 인해 발생할 수 있는 새로운 위험을 냉정하고 철저하게 살펴봐야 한다. 시간이 지남에 따라 이러한 위험의 성격과 이해관계의 규모가 더욱 명확해졌다. 기술은 우리가 국민 국가에서 이뤄 낸 합의를 뒷받침하는 도구인 동시에 그에 대한 진정한 위협이기도 하다.

기술 업계에서 영향력을 발휘하고 있는 소수 그룹은 새로운 기술을 국민 국가라는 질서 정연한 세계에 대한 위협으로 인식하고 있을 뿐 아니라 국민 국가의 종말을 적극적으로 환영하고 있다. 이 비평가들은 국가가 발전을 크게 방해한다고 생각한다. 그들은 국가가 이미 구제할 수 없을 정도로 혼란에 빠졌으므로 국가를 없애는 것이 최선이라고 주장한다. 근본적으로 나는 그 주장에 동의하지 않는다. 실제로 그러한 일이 발생하면 재앙이 될 것이기 때문이다.

나는 런던에서 태어나고 자란 영국인이지만, 우리 가족의 한쪽 집안은 시리아 출신이다. 우리 가족은 최근 몇 년 동안 시리아가 겪은 끔찍한 전쟁에 휘말려 있었다. 나는 실패한 국가가 어떠한 모습을 하고 있는지 잘 알고 있다. 정말 상상할 수 없을 정도로 참혹하고 끔찍하다. 시리아에서 일어난 일이 '여기'에서는 절대 일어나지 않을 것이라고 생각하는 사람은 스스로를 속이는 것이다. 인간의 본성은 결코 다르지 않기 때문이다. 우리의 국민 국가 시스템은 전혀 완벽하지 않다. 그럼에도 불구하고 우리는 이를 강화하고 보호하기 위해 모든 노력을 다해야 한다. 그런 의미에서 이 책은 부분적으로나마 국가를 지키기 위한 내 노력이라 할 수 있다.

우리를 구하고 물결의 불안정한 힘을 흡수할 수 있는 대안, 즉 마법 같은 다른 해결책은 제때에 나타나지 않을 것이다. 중기적으로는 별다른 선택지가 없다.

최상의 시나리오를 가정한다 하더라도 다가오는 물결은 사회를 지배하는 시스템에 엄청난 충격을 줄 것이다. 그 물결의 위험성을 살펴보기에 앞서 우리는 국민 국가의 전반적인 건강 상태에 대해 질문해 볼 필요가 있다. 국민 국가는 앞으로 닥쳐올 도전에 대처할 수 있는 준비가 돼 있을까?

취약한 국가

오늘날 전 세계의 생활 환경은 객관적으로 과거의 그 어느 때보다 더 좋아졌다. 우리는 수돗물과 풍부한 식량을 당연하게 여긴다. 대부분의 사람들이 일 년 내내 따뜻하고 안전한 보금자리를 누리고 있다. 식자율literacy rate, 기대 수명, 성평등 지수 역시 사상 최고치를 기록하고 있다.[1] 버튼 하나만 누르면 수천 년 인류 역사의 축적된 지식과 탐구 성과에 접근할 수 있다. 대부분의 선진국 사람들이 과거에는 상상할 수 없었던 편리함과 풍요로움을 누리며 살아가고 있다. 하지만 나는 그 이면에 무언가 잘못됐다는 생각을 뿌리칠 수 없다.

특히 서구 사회는 뿌리 깊은 불안에 휩싸여 있으며, 충동적이고 불안한 '신경 상태'에 빠져 있다.[2] 이러한 지속적인 불안감은 부분적으로 여러 차례의 금융 위기, 팬데믹, 다양한 형태의 폭력(9·11 테러부터 우크라이나 전쟁까지)의 결과이며 대중의 신뢰 하락, 불평등 심화, 기후 변화와 같이 계속해서 가중되고 있는 압박의 영향이기도 하다. 새로운 물결이 다가옴에 따라 수많은 국가가 효율성을 떨어뜨리는 여러 가지 중대한 도전과 씨름하고 있다. 그리고 이로 인해 더 취약하고, 극심한 분열을 겪고, 늦어지고, 잘못된 의사결정을 내리기 쉬운 상태가 될 수 있다. 다가오는 물결은 불안정하고 비효율적인 환경에 상륙하게 될 것이다. 따라서 기술이 인류에게 실질적인 도움이 되도록 통제하고 방향을 제시하는 데 필요한 억제가 점점 더 어려운 과제가 돼 가고 있다.

민주주의는 신뢰를 기반으로 한다. 사람들은 공무원, 군인, 기타 엘리트들이 자신의 권위를 남용하지 않을 것이라고 믿어야 한다. 세금을 납부하고, 규칙을 준수하며, 개인보다 전체의 이익을 우선시할 것이라는 신뢰가 있어야 한다. 투표함부터 세금 신고서, 지방 의회, 사법부에 이르기까지 신뢰가 없으면 사회는 심각한 문제에 직면하게 된다.

특히 미국에서 정부에 대한 신뢰는 붕괴됐다.*[3] 퓨 연구 센터 Pew Research Center의 조사에 따르면, 아이젠하워나 존슨과 같은 전후post-war 대통령 행정부는 미국인 중 70퍼센트 이상이 '옳은 일을 할 것'이라고 신뢰했다. 그러나 오바마, 트럼프, 바이든과 같은 최근 대통령들의 신뢰도는 모두 20퍼센트 아래로 떨어졌다.[4] 놀랍게도 2018년 미국의 민주주의에 관한 연구에 따르면 5명 중 1명 꼴로 '군대 통치army rule'가 좋은 생각이라고 믿고 있는 것으로 나타났다.[5] 미국인 중 85퍼센트 이상은 미국이 '잘못된 방향으로 나아가고 있다'고 생각한다.[6] 불신은 비정부 기관으로까지 확대돼 언론, 과학계, 전문 지식의 개념 전반에 대한 불신 정도가 점점 높아지고 있다.[7]

---

* '영국 인구 중 3분의 1(35퍼센트)이 자국 정부를 신뢰한다고 답했으며, 이는 OECD 국가 평균(41퍼센트)보다 낮은 수치다. 영국 인구 중 절반(49퍼센트)은 정부를 신뢰하지 않는다고 답했다.

이 문제는 미국에만 국한된 것이 아니다. 퓨 연구 센터의 또 다른 설문 조사에 따르면 27개국의 대다수 국민이 자국의 민주주의에 만족하지 못하는 것으로 나타났다. 50개 국가를 대상으로 한 민주주의 인식 지수Democracy Perception Index 여론 조사에 따르면 응답자 중 3분의 2는 정부가 공익을 위해 '거의' 또는 '전혀' 행동하지 않는다고 느끼는 것으로 나타났다.[8] 상당히 많은 사람들이 사회가 잘못되고 있다고 심각하게 느끼는 것 자체가 문제가 될 수 있다. 불신은 비관과 무관심을 낳고, 결국 사람들은 투표에 참여할 동기를 잃게 된다.

2010년 이후 민주주의 지표가 발전한 국가보다 퇴보한 국가가 더 많으며, 이러한 추세가 더욱 가속화되고 있는 것으로 보인다.[9] 폴란드, 중국, 러시아, 헝가리, 필리핀, 튀르키예 등의 국가에서는 민족주의와 권위주의가 만연하고 있는 것으로 보인다. 포퓰리즘 운동은 큐어넌QAnon과 같은 기괴한 운동에서부터 프랑스의 노란 조끼 운동gilets jaunes과 같이 방향성이 없는 운동까지 다양하지만 브라질의 보우소나루Bolsonaro 운동이나 영국의 브렉시트 등 전 세계적으로 두드러진 영향력을 발휘하고 있다.

새로운 권위주의적 충동과 정치적 불안정의 이면에는 점점 더 커져 가는 사회적 분노가 자리 잡고 있다. 불안정과 사회적 분노의 주요 원인인 불평등은 최근 수십 년 동안 서구 국가에서 크게 심화됐으며, 그 중에서도 미국이 특히 심각하다.[10] 1980년과 2021년 사이에 상위 1퍼센트가 벌어들인 국민 소득의 비중은 거의 두 배로 증가했으며 현재는 50퍼센트에 약간 못 미치는 수준이다.[11] 부는 갈수록 더 작은 집단에 집중되고 있다.[12] 정부 정책, 노동 가능 인구 감소, 교육 수준 정체, 장기 성장 둔화 등이 모두 불평등한 사회를 만드는 데 결정적인 영향을 미쳤다.[13] 미국에서는 4000만 명에 달하는 사람들이 빈곤에 시달리고 있으며, 세계에서 가장 부유한 경제 대국임에도 불구하고 500만 명 이상이 빈곤한 '제3세계의 생활 환경'에서 살고 있다.[14]

이러한 추세는 사회적 부동성, 불평등 확대, 정치적 폭력 사이의 지속적인 연관성을 고려할 때 특히 더 우려가 되는 현상이다.[15] 100여 개국의 데이터를 분석한 결과, 한 국가의 사회적 이동성이 낮을수록 폭동, 파업, 암살, 혁명 운동, 내전과 같은 격변을 더 많이 경험할 가능성이 높은 것으로 나타났다. 사람들은 자신이 갇혀 있다고 느끼거나 다른 사람들이 부당하게 보상을 독차지하고 있다고 느낄 때 분노한다.

얼마 전까지만 해도 세상은 무역이 원활하게 이뤄지고 번영이 지속되는 '평탄한' 지형이었을 것이다. 그러나 21세기에 접어들면서 공급망 위기와 금융 충격은 경제에서 지워지지 않는 특징으로 남아 있다. 민족주의에 기대는 국가들은 부분적으로 상호 연결성이 높아지면 부와 민주주의의 확산이 가속화될 것이라는 20세기의 낙관적인 약속을 외면하고 있다.

온쇼어링(Onshoring, 해외로 진출한 국내 제조 기업을 다시 국내로 이전하는 정책_옮긴이), 국가 안보, 탄력적인 공급망, 자급자족 등 오늘날 무역의 언어는 다시 국경, 장벽, 관세의 언어가 됐다. 동시에 식량, 에너지, 원자재, 모든 종류의 상품이 더 비싸졌다. 사실상 전후 안보와 경제 질서 전체가 전례 없는 긴장에 직면해 있다.

광범위한 인플레이션, 에너지 부족, 정체된 소득, 신뢰의 붕괴, 포퓰리즘의 물결과 같은 문제로 인해 글로벌 도전 과제가 중요한 임계점에 다다르고 있다. 좌파나 우파의 전통적인 비전 중 그 어느 것도 설득력 있는 해답을 제시하지 못하고 있지만, 그렇다고 더 나은 대안이 있는 것도 아닌 듯하다. 세계 최고의 생활 수준에도 불구하고 사회 전반에 걸쳐 포퓰리즘, 분노, 역기능이 만연해 있는 상황에서 모든 것이 잘 되고 있다는 주장은 무척 대담하거나 망상에 빠진 사람만이 할 수 있는 말일 것이다.[16]

이 같은 상황에서 억제는 훨씬 더 복잡해질 수밖에 없다. 빠르게 변화하는 기술에 대한 국내외의 합의를 도출하고 새로운 규범을 수립하는 것은 이미 엄청난 도전 과제가 됐다. 근본적인 상태가 불안정해 보이는 상황에서 어떻게 이 어려운 과제를 해결할 수 있을까?

기술은 정치적이다: 국가를 향한 물결의 도전

지금까지의 모든 기술의 물결은 정치적으로 큰 영향을 미쳤다. 미래에도 마찬가지일 것으로 예상된다. 마지막 물결인 메인프레임

mainframe, 데스크톱 PC, 데스크톱 소프트웨어, 인터넷, 스마트폰의 등장은 사회에 엄청난 혜택을 가져다 주었다. 이 물결은 현대 경제를 위한 새로운 도구를 마련해 성장을 촉진하고 지식, 엔터테인먼트, 서로에 대한 접근 방식을 변화시켰다. 현재 소셜 미디어의 부정적인 영향에 대한 우려로 인해 이러한 여러 긍정적인 측면을 간과하기 쉽다. 그러나 지난 10년 동안 이러한 기술이 근본적인 정치적 양극화와 제도적 취약성을 조장하고 확대하는 데 일조했다는 공감대 역시 형성되고 있는 것이 사실이다.

소셜 미디어 플랫폼이 본능적인 감정 반응, 즉 아드레날린의 분비를 유발해 위협으로 인식되는 상황을 효과적으로 전달할 수 있다는 것은 새로운 사실이 아니다. 소셜 미디어는 고조된 감정과 종종 분노를 바탕으로 성장한다. 《네이처》 저널에 게재된 메타 분석에 따르면 약 500건의 연구 결과를 면밀히 검토한 결과, 디지털 미디어 사용 증가와 정치에 대한 불신 증가, 포퓰리즘 운동의 급증, 혐오의 확산, 양극화 심화 사이에 뚜렷한 상관관계가 있음을 확인했다.[17] 상관관계가 반드시 인과 관계를 의미하는 것은 아니지만, 체계적으로 수행된 이 분석은 새로운 기술로 인한 '민주주의의 심각한 위협에 대한 분명한 증거'를 제시한다.

기술은 이미 국민 국가의 안정적이고 주권적인 국경을 약화시켜 사람, 정보, 아이디어, 전문 지식, 상품, 완제품, 자본, 부의 전 세계적인 흐름을 만들어 내거나 지원하고 있다. 앞서 살펴본 바와 같이 지정학적 전략의 중요한 구성 요소이며, 사람들의 삶 전반에 영향을 미친다. 다가오는 물결이 닥치기 전에도 기술은 세계 무대의 원동력이자 전 세계 국민 국가의 건전성을 악화시키는 주요 요인이다. 단순한 억제 모델로는 감당할 수 없을 정도로 발전 속도가 빠르고, 너무 광범위하고, 전략적으로 매우 중요하고, 수십억 명이 의존하고 있는 현대 기술은 그 자체로 국민 국가가 관리하기 어려운 엄청난 힘을 가진 주요 요인이다. AI, 합성 생물학, 그 외에 유사한 기술들은 이미 강력한 기술 물결로 인해 혼란을 겪고 있는 역기능 사회에 도입되고 있다. 지금 이 세상은 다가오는 물결을 맞이할 준비가 돼 있지 않고 기존의 압박에 시달리며 휘청이고 있다.

기술은 '가치 중립적'이며, 기술의 정치성은 기술의 사용으로 인해 발생한다는 말을 자주 들어 왔다. 이러한 주장은 너무 환원적이고 단순해서 무의미할 정도다. 기술은 현대 국가나 그 어떤 정치 구조도 직접적으로 '유발'하거나 만들어 내지 않았다. 그러나 그 이야기 안에서 기술이 불러일으킨 잠재력은 결코 중립적이지 않다.

기술 역사학자 랭던 위너Langdon Winner는 이렇게 말한다. "다양한 형태로 나타나는 기술은 인간 세계의 중요한 부분이다. 기술의 구조, 과정, 변화는 인간의 의식, 사회, 정치의 구조, 과정, 변화의 일부가 된다."[18] 다시 말해서, 기술은 정치적이다.

이 같은 사실을 우리의 지도자들뿐만 아니라 기술 개발에 관여하는 사람들조차도 크게 과소평가하고 있다. 이처럼 미묘하면서도 어디에나 존재하는 정치화가 거의 눈에 띄지 않을 때도 있지만 결코 그 사실을 간과해서는 안 된다. 소셜 미디어는 기술과 정치 조직이 분리될 수 없다는 사실을 가장 최근에 상기시켜 준 사례일 뿐이다. 국가와 기술은 밀접하게 연결돼 있으며, 이는 앞으로 일어날 일에 중대한 영향을 미친다.

기술이 단순하게 사람들을 미리 정해진 방향으로 밀어붙이지는 않지만, 특정 기능을 활성화하거나 특정 결과에 영향을 미치는 경향을 인정하는 것은 단순한 기술 결정론이 아니다.[19] 여기서 기술은 역사를 결정짓는 핵심 요소 중 하나이지만 결코 단독으로 작용하지 않는다. 또한 기계적이며 본질적으로 예측 가능한 방식으로 작용하지도 않는다. 기술은 특정 행동이나 결과를 직접적으로 유발하지는 않지만, 기술이 만들어 내는 결과물은 가능성을 제시하거나 제한한다.

전쟁, 평화, 상업, 정치 질서, 문화 등은 항상 본질적으로 서로 연결돼 있으며 기술과도 밀접하게 얽혀 있다. 기술은 아이디어를 대변하며 개인, 사회 구조, 환경, 그리고 그 사이에 존재하는 모든 것에 심오하고 지속적인 영향을 미치는 제품과 서비스로 구체화된다.

현대 기술과 국가는 지속적인 대화를 통해 공생하며 발전해 왔다. 기술이 국가의 핵심 업무에 어떻게 활용돼 국가 정체성과 행정의 토대를 구축하는 데 기여했는지 생각해 보자. 글쓰기는 부채, 상속, 법률, 세금, 계약, 소유권 기록을 추적하기 위한 행정 및 회계 도구로 발명됐다. 시계는 처음에 수도원과 같은 제한된 공간에서 일정한 시간을 만들어 냈고, 중세 후기 상업 도시와 국가 전체에 기계적인 형태로 보급돼 표준화된 시간을 도입하고 점점 더 큰 사회적 단위를 형성하는 데 기여했다.[20] 인쇄기는 방언의 혼돈 속에서 국가 언어를 표준화하는 데 도움을 주었고, 그 결과 국민 국가를 지탱하는 단일 민족인 '상상된 공동체'를 만들어 내는 데 기여했다.[21] 인쇄술은 보다 유동적인 구전 전통을 대체해 지리, 지식, 역사를 공고히 하고 확립된 법규와 이념을 전파했다. 라디오와 TV는 이 과정을 더욱 가속화해 프랭클린 루스벨트 대통령의 노변담화나 월드컵과 같이 국가적, 심지어는 국제적 공감대를 동시에 경험하는 순간을 만들어 냈다.

무기 역시 국민 국가가 행사하는 권력에 결정적인 역할을 하는 핵심 기술이다. 실제로 국가 이론가들은 전쟁이 전차와 금속 갑옷에서부터 레이더와 정밀 탄약을 유도하는 첨단 칩에 이르기까지 새로운 기술의 발전을 이끈 원동력이었던 것처럼 전쟁 자체가 국가 탄생의 토대였다고 말한다. (정치학자 찰스 틸리Charles Tilly의 표현을 빌리자면, "전쟁이 국가를 만들고 국가가 전쟁을 만들었다.") 13세기 유럽에 소개된 화약은 중세 성곽의 전통적인 방어 패턴을 깨뜨렸다. 요새화된 정착지는 포격에 취약해지면서 가만히 앉아서 기다리는 오리 신세가 됐다. 영국과 프랑스가 백 년 전쟁을 치르는 동안 공격 능력은 자본 집약적인 대포를 구입, 건설, 유지, 이동, 배치할 수 있는 국가에 유리하게 작용했다. 시간이 지남에 따라 국가는 점점 더 강력한 힘을 축적해 합법적인 무력 사용에 대한 독점권을 주장했다.

간단히 말해서, 기술과 정치 질서는 밀접하게 연결돼 있다. 새로운 기술의 도입은 정치적으로 큰 영향을 미친다. 대포와 인쇄기가 사회를 혼란에 빠뜨렸던 것처럼 AI, 로봇 공학, 합성 생물학과 같은 기술에서도 같은 결과가 나타날 수 있다는 것을 염두에 둬야 한다.

잠시 멈춰서 평범한 영어로 '프로그래밍'할 수 있을 만큼 인간의 손재주를 가진 로봇이 평범한 전자레인지 한 대 가격으로 매매되는 세상을 상상해 보자. 그리고 가치 있는 이 기술이 어떤 용도로 쓰일지 상상해 보자. 이러한 도구가 얼마나 널리 도입될까? 요양원에 있는 연로한 어머니를 누가 돌보고 또 무엇을 돌보게 될까? 식당에서 주문은 어떻게 하고 누가 주문한 음식을 테이블로 가져다 줄까? 인질극 상황에서 법 집행 기관은 어떤 모습일까? 수확기에는 누가 과수원에서 일할까? 전투에 사람을 투입할 필요가 없게 되면 군사와 준군사 전략가들은 어떻게 대응할까? 아이들이 운동장에서 축구 훈련을 할 때 어떤 모습일까? 창문 청소기는 어떤 모습일까? 마지막으로 이 모든 하드웨어와 지식 재산IP은 누가 소유하고, 누가 통제하고, 문제가 발생할 경우를 대비해 어떤 안전 장치가 마련돼 있을까?

이 모든 것을 상상해 보면 오늘날과는 매우 다른 정치 경제가 펼쳐질 것임을 알 수 있다.

현대의 산업화된 자유 민주주의 국민 국가는 20세기 초부터 전 세계의 지배적인 세력이었으며, 지난 세기의 거대한 정치적 갈등에서 확실한 '승자'였다. 그리고 이제는 당연한 것으로 여겨지는 기능을 수행했다. 그 기능은 바로 안보를 제공하는 역할이다. 합법적인 권력을 중앙에 집중시켜 관할 구역 내에서 절대적인 지배력을 행사할 수 있을 뿐 아니라, 모든 형태의 권력에 대한 합리적인 견제와 균형을 구현할 수 있어 권력 간의 분리가 가능해졌다. 재분배와 건전한 경제 관리를 통한 적절한 복지를 보장하고, 기술 혁신과 규제를 위한 안정적인 틀을 마련하고, 세계화를 위한 사회와 경제, 법률 구조를 구축했다.

앞으로 이어질 장들에서는 다가오는 물결이 이러한 모든 측면에 얼마나 심각한 위협을 가하고 있는지 살펴볼 것이다.

앞으로 나타날 변화는 두 방향으로 흘러갈 것이며, 그 사이사이에 다양한 결과가 나타날 것이다. 한 방향에서는 일부 자유 민주주의 국가가 내부 침식에 직면해 일종의 좀비 정부가 될 것이다.* [22] 자유 민주주의와 전통적인 국민 국가의 덫은 여전히 남아있지만, 기능적으로는 속이 비어 있고 핵심 서비스는 점점 더 빈약해지며 정치는 불안정하고 분열될 것이다. 다른 대안이 없는 상황에서 국가는 점차 퇴보하고 기능 장애를 겪게 될 것이다. 다른 한

---

* 케임브리지 대학의 정치학자 데이비드 런시먼David Runciman은 '좀비 민주주의'에 대해 다음과 같이 설명한다. "기본적으로, 국민은 적절한 순간에 박수를 보내거나 참는 것이 자신의 역할인 공연을 그저 지켜보고 있다. 민주주의 정치는 정교한 쇼가 됐다."

편으로 다가오는 물결의 특정 요소를 무분별하게 채택할 경우 위압적인 국가 통제의 길이 열릴 수 있고, 역사상 가장 극단적인 전체주의 정부를 뛰어넘는 강력한 힘을 가진 리바이어던(Leviathan, 토마스 홉스Thomas Hobbes가 지은 동명의 저서에 나오는 거대한 바다 괴물로, 홉스는 국가라는 거대한 창조물을 이것에 비유했다_옮긴이)이 등장할 수도 있다. 권위주의 정권도 좀비 상태가 될 수 있지만, 그와 반대로 더 크게 성장하고 힘을 얻어 완전한 기술 독재 정권이 될 수도 있다. 어느 쪽이든 국가를 지탱하는 미묘한 균형이 깨지면서 혼란에 빠지게 된다.

실패한 국가와 권위주의 정권 모두 그 자체로 재앙일 수 있지만, 기술을 통제하는 데 있어서도 양쪽 모두 불행한 결과를 초래한다. 흔들리는 관료 집단, 포퓰리즘 기회주의자, 전능한 독재자 모두 강력한 신기술을 통제하는 책임을 근본적으로 맡기기에 이상적인 존재가 아니다. 그 어느 쪽도 다가오는 물결을 억제할 능력이나 의지를 갖고 있지 않다.

다가오는 물결을 관리하려면 국민을 책임지고, 전문 지식이 풍부하고, 이해관계와 인센티브의 균형을 맞추는 데 능숙하고, 신속하고 단호한 입법 조치를 취할 수 있고, 무엇보다 긴밀한 국제 공조를 이끌어 낼 수 있는 자신감 있고 민첩하며 일관된 국가가 필요하기 때문에 어느 쪽이든 위험은 도사리고 있다. 지도자는 전례 없는 과감한 조치를 취하고 단기적인 이익과 장기적인 이익을 절충할 수 있어야 한다. 역사상 가장 광범위하고 변혁적인 사건 중 하나에 효과적으로 대응하려면 성숙하고 안정적이며 무엇보다도 최적의 수준으로 운영되는 신뢰할 수 있는 정부가 필요하다. 다가오는 물결이 약속하는 실질적인 혜택을 제공하기 위해서는 탁월한 역량을 발휘하며 제대로 작동하는 국가가 필요하다. 그러나 이러한 전제 조건을 충족하기란 매우 어렵다.

앞서 살펴본 것과 같은 저렴하고 보편화된 로봇은 2부에서 살펴본 다른 여러 혁신 기술과 함께 향후 20년, 어쩌면 그보다 훨씬 더 빠른 시일 내에 피할 수 없는 현실이 될 것이다. 이러한 맥락에서 우리는 경제, 국가, 그리고 그에 수반되는 모든 것에 상당한 변화가 있을 것이라는 점을 미리 염두에 둬야 한다. 대합의는 이미 위기에 빠졌다. 대홍수가 시작되면 새로운 스트레스 요인이 연속적으로 발생해 그 기반이 불안정해질 것이다.

10장

취약성 증폭기

국가 비상사태 2.0: 통제되지 않는 비대칭성

2017년 5월 12일 오전, 영국의 국민 보건 서비스NHS가 마비됐다. 전국에 있는 수천 개의 시설에서 갑자기 IT 시스템이 먹통이됐다. 병원에서는 직원들이 MRI 스캐너와 같은 필수 의료 장비를 사용할 수 없음은 물론 환자 기록에도 접근할 수 없었다. 암 치료예약과 선택적 수술을 포함한 수천 건의 예정된 절차 역시 취소해야만 했다. 당황한 의료진은 임시방편으로 종이 메모와 개인 휴대전화를 사용해 업무를 처리했다. 로열 런던 병원Royal London Hospital은 응급실을 폐쇄해야 했고, 환자들은 수술실 밖에서 들것에 누운채로 대기해야 했다.

NHS가 랜섬웨어ransomware 공격을 받은 것이었다.[1] 워너크라이

WannaCry라고 불리는 이 랜섬웨어 공격의 규모는 엄청났다. 랜섬웨어는 시스템을 손상시켜 주요 파일과 기능에 대한 액세스를 암호화하고 제한하는 방식으로 작동한다. 사이버 공격자는 인질로 잡힌 시스템을 복구하는 대가로 몸값을 요구한다.

워너크라이의 표적은 NHS만이 아니었다. 해커들은 구형 마이크로소프트 시스템의 취약점을 악용해 도이체반Deutsche Bahn, 텔레포니카Telefónica, 페덱스, 히타치Hitachi, 심지어 중국 공안부와 같은 조직을 포함해 디지털 세계의 광범위한 시스템을 마비시킬 수 있는 방법을 찾아냈다. 워너크라이는 일부 사용자를 속여 이메일을 열어 보도록 유도했고, 이 이메일은 스스로 복제하고 확산시키는 '웜worm'을 퍼뜨려 단 하루 만에 150개국에서 컴퓨터 25만 대를 감염시켰다.[2] 공격이 발생한 후 몇 시간 동안 디지털 세계는 알 수 없는 원격 공격자에게 인질로 사로잡혀 불안에 떨어야만 했다. 이로 인한 피해액은 최대 80억 달러에 달했지만 그 여파는 훨씬 더 심각했다.[3] 워너크라이 공격은 우리가 당연하게 여기는 기관의 원활한 운영이 정교한 사이버 공격에 얼마나 취약한지를 여실히 드러내 보여 주었다.

다행히도 NHS와 전 세계는 운 좋게 위기를 모면할 수 있었다. 마커스 허친스Marcus Hutchins라는 스물두 살의 영국 해커가 킬 스위치kill switch를 우연히 발견한 것이다. 그는 멀웨어malware의 코드를 살펴보다가 이상한 도메인 이름을 발견했다. 이 도메인이 웜의 명령과 제어 구조의 일부일 수 있다고 추측한 허친스는 등록되지 않은 도메인을 단돈 10.69달러에 구입해 마이크로소프트가 취약점을 수정하는 업데이트를 배포하는 동안 바이러스를 제어할 수 있었다.

워너크라이의 가장 놀라운 점은 바로 그 기원에 있다. 워너크라이는 미국 국가안보국(National Security Agency, 이하 NSA)에서 개발한 기술을 사용해 제작됐다. 특수 목적 접근 작전실Office of Tailored Access Operations로 알려진 NSA의 특수팀은 이터널블루EternalBlue라고 불리는 사이버 공격 익스플로잇exploit을 개발했다. NSA 직원의 말에 따르면, 이 도구는 "국내외 주요 정부와 기업 네트워크의 보안을 약화시키기 위해 설계된 왕국의 열쇠"다.[4]

지구상에서 가장 기술적으로 정교한 조직 중 하나가 개발한 이 강력한 기술이 어떻게 해커 집단의 손에 들어갔을까? 당시 마이크로소프트는 "재래식 무기에 비유하자면 미군이 마치 토마호크Tomahawk 미사일 일부를 도난당한 것과 마찬가지"라고 말하며 상황의 심각성을 강조했다.[5] 토마호크 미사일과 달리 NSA의 디지털 무기는 썸thumb 드라이브에 조용히 설치될 수 있다. 이 기술을 훔친 섀도 브로커스Shadow Brokers라는 해커 그룹은 이터널블루를 판매했고, 결국 이터널블루는 국가가 후원하는 121국Bureau 121 사이버 부대로 추정되는 북한 해커들의 손에 들어갔으며, 그들은 전 세계를 공격했다.

신속한 패치patch에도 불구하고 이터널블루 유출의 여파는 지속됐다. 2017년 6월, 러시아 군사 정보 기관의 소행으로 밝혀진 한 공격에서 우크라이나 국가 기반 시설을 공격하기 위해 특별히 고안된 새로운 버전의 디지털 무기가 사용됐다. 낫페트야NotPetya 사이버 공격은 우크라이나라는 국가를 거의 마비시켰다. 체르노빌의 방사능 모니터링 시스템 전원이 끊겼고, ATM 작동이 멈춰 현금을 인출할 수 없었으며, 휴대 전화는 먹통이 됐다. 우크라이나 컴퓨터 중 10퍼센트가 감염됐고, 전력망에서부터 우크라이나 국영 저축 은행에 이르는 핵심 인프라가 마비됐다. 또 해운 대기업인 머스크Maersk와 같은 주요 다국적 기업들이 움직이지 못하게 되면서 부수적인 피해가 발생했다.

21세기의 기술을 설명하는 비유를 하나 들어 보자. 세계에서 기술적으로 가장 정교한 국가의 보안 서비스에서 만든 소프트웨어가 유출되거나 도난당한다. 그 후 이 소프트웨어는 세계에서 가장 실패한 국가 중 하나로 꼽히는 변덕스러운 핵 강국을 위해 일하는 디지털 테러리스트의 손에 들어가게 된다. 그런 다음 그 소프트웨어가 무기화돼 의료 서비스, 교통과 전력 인프라, 글로벌 통신과 물류의 필수 비즈니스를 표적으로 삼아 현대 국가의 핵심 구조를 공격한다. 다시 말해서, 근본적인 억제 실패로 인해 글로벌 초강대국은 강력하고 안전하다고 생각되는 자체 기술의 희생양이 된다.

이것이 바로 통제되지 않은 비대칭성의 실체다.

다행히 앞서 언급한 랜섬웨어 공격은 기존의 사이버 무기에 의

존했다. 그 공격들이 다가오는 물결의 특징에 의존하지 않았다는 점에서 다행이라고 말할 수 있다. 랜섬웨어 공격이 가진 힘과 잠재력은 제한적이었다. 비록 국민 국가가 상처를 입고 멍이 들기는 했지만 완전히 훼손되지는 않았다. 그러나 이제는 공격이 발생할 것인지 여부가 아니라 언제 발생하는지가 문제일 뿐이며, 다음번에는 운이 좋지 않을 수도 있다.

워너크라이와 같은 공격에서 주요 시스템이 복구되는 속도를 고려할 때 사이버 공격이 예상보다 그렇게 강력하지 않다고 주장할 수도 있다. 하지만 새로운 물결이 다가오고 있는 상황에서 이러한 가정은 심각한 실수가 될 수 있다. 그러한 공격은 최첨단 기술을 사용해 주요 국가 기능을 훼손하고 무력화하려는 사람들이 있다는 사실과 함께, 현대 생활을 구성하는 핵심 기관의 취약점을 보여 준다. 이들의 공격을 막아내고 시스템의 취약점을 보완한 것은 한 개인과 민간 기업(마이크로소프트)이었다. 이 공격은 국경을 가리지 않았고, 위기 대응을 하는 데 있어서도 정부의 역할은 제한적이었다.

이번에는 워너크라이의 배후에 있는 해커들이 실수로 취약한 부분을 남겨 둔 것이 아니라 의도적으로 프로그램 자체의 취약점에 대해 체계적으로 학습하고 반복적으로 패치를 적용했다고 가정해 보자. 프로그램이 공격 받으면서 추가적인 취약점을 이용하도록 진화해 모든 병원, 사무실, 가정을 돌아다니며 끊임없이 변이하고 학습할 뿐 아니라 생명 유지 시스템, 군사 인프라, 교통 신호,

에너지 그리드energy grid, 금융 데이터베이스를 공격할 수도 있다. 게다가 프로그램이 확산됨에 따라 이를 감지하고 차단하려는 시도를 식별하고 저지하는 방법까지 학습한다고 상상해 보자. 이러한 형태의 사이버 무기가 아직까지는 개발되지 않았지만 곧 등장할 수도 있다.

워너크라이와 낫페트야는 국가 비상사태 2.0을 위협하는 차세대 사이버 무기를 구성할 보다 범용적인 학습 에이전트에 비하면 미약한 수준이라 할 수 있다. 현재의 사이버 공격은 실제 위협이 아니라 취약성과 불안정성의 새로운 시대를 알리는 경고 신호이며, 안보의 유일한 중재자로서의 국민 국가의 역할을 약화시킨다.

여기서는 국가의 근간을 뒤흔들 수 있는 차세대 기술의 구체적이고 단기적인 현상에 대해 소개하고자 한다. 이 장에서는 이러한 스트레스 요인과 다른 스트레스 요인들이 어떻게 기술 통제를 담당하는 구조 자체를 무너뜨리는지 살펴본다. 이러한 취약성 증폭기, 시스템 충격, 비상사태 2.0은 기존의 문제를 크게 악화시켜 국가의 기반을 흔들고 이미 위태로운 사회적 균형을 무너뜨릴 것이다. 이는 부분적으로 누가 무엇을 할 수 있는지에 대한 이야기이며, 권력과 그 권력이 어디에 있는지에 대한 이야기다.

급감하는 권력 비용

권력은 "어떤 일을 하거나 특정한 방식으로 행동할 수 있는 능력 또는 역량, 타인의 행동이나 사건의 진행을 지시하거나 영향을 미칠 수 있는 능력"이다.[6] 권력은 문명을 뒷받침하는 기계적 또는 전기적 에너지이며, 국가의 기반이자 중심 원리다. 그러나 이러한 권력 역시 곧 변하고 말 것이다.

기술은 권력의 한 형태이기 때문에 결국 정치적이다. 그리고 다가오는 물결의 가장 중요한 특징은 아마도 권력에 대한 접근의 민주화일 것이다. 2부에서 살펴본 바와 같이 기술은 사람들이 현실 세계에서 무언가를 할 수 있도록 지원할 것이다. 내 생각은 다음과 같다. 소비자 인터넷 시대에 정보를 처리하고 전달하는 데 드는 비용이 획기적으로 감소한 것처럼 다가오는 물결은 실제로 무언가를 하고, 행동을 취하고, 힘을 투사하는 비용을 크게 낮춰 줄 것이다. 지식도 가치가 있지만, 실질적인 행동을 취할 수 있는 능력이 훨씬 더 큰 영향력을 발휘한다.

누구나 콘텐츠를 소비하는 데 그치지 않고 전문가 수준의 동영상, 이미지, 텍스트 콘텐츠를 제작할 수 있다. AI는 신랑의 들러리 축사에 필요한 정보를 찾는 데 도움을 줄 뿐만 아니라 축사까지 작성해 줄 것이다. 게다가 이 모든 것이 전에는 볼 수 없었던 규모로 이뤄질 것이다. 로봇은 자동차를 제조하고 창고 바닥을 정리하는 정도에 그치지 않는다. 약간의 시간과 창의력만 있다면 모든 차고 수리공이 로봇을 사용할 수 있게 될 것이다. 과거의 물결은 DNA의 염기 서열을 분석하거나 판독할 수 있게 해 주었지만, 앞으로 다가올 물결은 DNA 합성을 대중화해 줄 것이다.

오늘날 힘이 어디에 있든 그 힘은 증폭될 것이다. 목표를 가진 사람이라면 누구나 목표를 달성하는 데 큰 도움을 받을 수 있다. 사업 전략을 자세히 검토하고, 지역 사회를 위한 사교 행사를 개최하고, 적의 영토를 점령하는 일이 모두 더 쉬워질 것이다. 항공사를 설립하거나 항공기를 착륙시키는 것도 더 쉽게 해낼 수 있다. 상업적, 종교적, 문화적, 군사적, 민주적, 권위주의적 동기를 막론하고 접근하기 쉽고 저렴한 수단을 사용할 수만 있다면 우리가 생각할 수 있는 모든 동기를 크게 강화할 수 있다.

오늘날 우리가 아무리 부유하다고 하더라도 수십억 명의 사람들이 사용하는 것보다 더 강력한 스마트폰을 구입할 수는 없다. 이 놀라운 문명의 성과가 간과되는 경우가 너무나도 많다. 앞으로 10년 안에 인공 역량 지능ACI에 대한 접근성도 비슷한 추세를 따를 것이다. 수십억 명의 사람들이 곧 최고의 변호사, 의사, 전략가, 디자이너, 코치, 경영 비서, 협상가에게 거의 아무런 차별 없이 접근할 수 있게 된다. 모든 사람이 자기 편에 서 있는 세계 최고 수준의 팀을 갖게 될 것이다.

이러한 변화는 인류 역사상 가장 위대하고 빠른 부와 번영의 촉매제가 될 것이다. 동시에 상당한 혼란을 몰고 올 시기이기도 하다. 누구나 더 큰 역량을 갖출 기회를 갖게 된다는 것은 악의적 의도를 가진 사람들에게도 힘을 실어 줄 수 있다는 것을 의미한다. 기술이 방어 수단보다 더 빠르게 발전하면서 멕시코 마약 카르텔과 북한 해커를 포함한 악의적 행위자들이 쉽게 공격할 수 있는 기회를 얻게 됐다. 접근의 민주화는 곧 위험의 민주화를 의미한다.

우리는 인류 역사에서 중요한 순간을 목전에 두고 있으며, 국민 국가는 앞으로 10년 동안 중대한 도전과 씨름하게 될 것이다. 이 장에서는 다가오는 물결로 인해 취약성이 증폭되는 몇 가지 중요한 사례를 살펴볼 것이다. 먼저 단기적인 위험, 즉 악의적 행위자들이 새로운 공격 작전을 펼칠 수 있는 방법을 자세히 살펴보도록 하자. 이러한 공격은 치명적이고도 광범위한 접근이 가능해 누군가에게는 아무런 처벌을 받지 않고 대규모 공격을 감행할 수 있는 기회가 될 수 있다.

군사용 로봇: 공격의 우위

2020년 11월, 모센 파크리자데Mohsen Fakhrizadeh는 이란의 수석 과학자이자 핵무기 개발을 위한 오랜 노력의 핵심이었다. 애국심이 강하고 헌신적이며 경험이 풍부한 그는 이란의 적들이 가장 먼저 노리는 표적이었다. 위험을 인지한 그는 이란 보안 기관의 도움을 받아 자신의 행방과 동선을 철저히 비밀에 부쳤다.

파크리자데의 호송 차량은 삼엄한 경비를 받으며 카스피해 인근의 시골집으로 향하던 중 갑자기 굉음을 내며 멈춰 섰다. 그가 탄 차량이 총탄 세례를 받았기 때문이다. 부상을 입은 파크리자데는 비틀거리며 차에서 내렸지만 두 차례에 걸친 기관총 사격에 온몸이 관통당해 사망하고 말았다. 이란의 혁명 수비대 소속인 그의 경호원들은 무슨 일이 벌어진 것인지 사태를 파악하기 위해 분주히 움직였다. 총격범은 어디에 있었을까? 잠시 후 폭발음이 들렸고 근처에 있던 픽업트럭이 화염에 휩싸였다.

하지만 그 트럭은 총기를 제외하고는 비어 있었다. 그날 현장에는 암살자가 없었다. 《뉴욕 타임스》 조사에 따르면, 이 사건은 "인공 지능과 다중 카메라 눈을 장착하고 위성을 통해 작동하며 분당 600발을 발사할 수 있는 첨단 컴퓨터 저격수의 첫 시험"이었다고 한다.[7] 평범한 픽업트럭에 카메라가 장착된 이 무기는 이스라엘 요원들이 조립한 일종의 로봇 무기였다. 공격은 사람이 승인했지만, 총을 자동으로 조준한 것은 AI였다. 단 15발의 총알에 이란에서 가장 유명하고 철통같은 경호를 받은 인물 중 한 명이 1분도 되지 않아 사망했다. 픽업트럭의 폭발은 증거를 은폐하려는 시도가 실패한 것에 불과했다.

파크리자데의 암살은 앞으로 일어날 일의 전조나 다름없다. 보다 정교한 무장 로봇이 폭력의 장벽을 더욱 낮출 것이다. 아틀라스Atlas와 빅독BigDog과 같은 최신 로봇의 동영상을 인터넷에서 쉽게 찾을 수 있다. 그 영상들은 건장하고 특이한 외모를 가진 휴머노이드와 개처럼 생긴 작은 로봇이 장애물 코스를 뛰어넘는 모습을 보여 준다. 로봇들은 균형이 잡히지 않은 것처럼 보이지만 절대 넘어지지 않는다. 또 기묘한 동작으로 복잡한 지형을 탐색하고 무거워 보이는 프레임은 결코 넘어지는 법이 없다. 로봇들은 백플립이나 점프, 난이도 높은 회전과 갖가지 묘기를 선보인다. 밀어 넘어뜨려도 침착하고 끈질기게 다시 일어서서 몇 번이고 그 과정을 반복하는데 이 모습은 꽤나 섬뜩하다.

이제 얼굴 인식, DNA 염기 서열 분석, 자동 무기를 장착한 로봇을 상상해 보자. 미래의 로봇은 개처럼 뛰어다니는 형태가 아닐 수도 있다. 훨씬 더 소형화된 로봇은 새나 벌의 크기에 소형 총기나 탄저균과 같은 질병으로 무장할 것이다. 머지않아 관심이 있는 사람이라면 이러한 로봇을 어렵지 않게 손에 넣을 수 있게 될 것이다. 이러한 사례에서 악의적 행위자들의 역량이 어떻게 강화될 것인지 엿볼 수 있다.

군용 드론의 가격은 지난 10년 동안 세 배나 떨어졌다.[8] 2028년에는 세계적으로 군용 드론에 연간 260억 달러가 지출될 것이며, 이 시점이 되면 그중 상당수는 완전 자율 주행이 가능할 것으로 예상된다.[9]

자율 드론이 실제로 배치될 가능성도 점점 높아지고 있다. 예를 들어, 2021년 5월 가자 지구에서 하마스 무장 세력의 위치와 신원을 파악하고 공격하는 데 AI 드론이 사용됐다.[10] 안두릴 Anduril, 쉴드 AIShield AI, 리벨리온 디펜스Rebellion Defense와 같은 스타트업은 자율 드론 네트워크와 기타 AI 군사 애플리케이션을 개발하기 위해 수억 달러에 달하는 자금을 확보했다.[11] 3D 프린팅이나 첨단 이동 통신과 같은 보완 기술 덕분에 전술 드론의 가격이 수천 달러로 크게 낮아져 아마추어 애호가, 준군사 조직, 고독한 사이코패스 등 다양한 사람이 드론을 사용할 수 있게 될 것이다.

AI로 강화된 무기는 더 쉽게 접근할 수 있을 뿐만 아니라 실시간으로 자기 개선을 하게 될 것이다. 워너크라이의 영향은 결국 예상보다 훨씬 제한적이었으며 소프트웨어 패치가 적용되자 당장의 문제는 해결됐다. 하지만 AI는 이러한 종류의 공격을 다양하게 변화시킨다. AI 사이버 무기는 네트워크를 지속적으로 탐색하고 스스로 적응해 나가면서 취약점을 찾아내고 악용한다. 기존의 컴퓨터 웜worm은 미리 프로그래밍된 휴리스틱의 고정된 세트를 사용해 스스로를 복제한다.

그런데 강화 학습을 통해 스스로를 개선하고, 네트워크와 상호 작용할 때마다 코드를 실험적으로 업데이트해 사이버 취약점을 더 효율적으로 악용할 수 있는 방법을 찾아내는 웜이 있다면 어떨까? 알파고와 같은 시스템이 수백만 번의 자가 대국을 통해 예상치 못한 전략을 학습하는 것처럼 AI를 이용한 사이버 공격도 그와 비슷한 학습 능력을 발휘할 것이다. 모든 상황에 대비해 기동 훈련을 한다고 해도 집요한 AI라면 결국 발견해 낼 수밖에 없는 사소한 취약점이 존재하기 마련이다.

자동차부터 비행기, 냉장고, 데이터 센터에 이르는 모든 것이 광범위한 코드 기반에 의존하고 있기 때문에 앞으로의 AI는 그 어느 때보다 더 쉽게 취약점을 식별하고 악용할 수 있게 될 것이다. 심지어 기업이나 다른 여러 기관에 피해를 입힐 수 있는 법적 수단, 재정적 수단, 금융 규제, 기술 안전 프로토콜의 숨겨진 허점을 찾아낼 수도 있다. 사이버 보안 전문가인 브루스 슈나이어Bruce Schneier가 지적했듯이, AI는 전 세계의 법률과 규정을 분석해 법적 허점을 교묘하게 악용하는 공격 방법을 찾아낼 수 있다.[12] 한 기업의 방대한 문서 캐시(cache, 중앙 처리 장치의 성능을 향상시키기 위해 사용하는 보조 기억 장치_옮긴이)가 유출됐다고 상상해 보자. 법률 AI는 이 문서 캐시를 여러 법률 시스템과 비교 분석해 가능한 모든 위반 사항을 파악한 다음 전 세계에서 동시에 여러 건의 소송을 제기해 해당 기업을 공격할 수 있다. AI는 경쟁사들의 입지를 파괴하도록 설계된 자동화된 거래 전략을 개발하거나, 허위 정보 캠페인(이에 대해서는 다음 섹션에서 자세히 설명하겠다)을 기획해 은행 예금 인출 쇄도나 제품 불매 운동을 촉발시켜 경쟁사가 해당 기업을 공격적으로 인수하거나, 단순히 회사가 무너지는 것을 지켜보게 할 수도 있다.

금융, 법률, 통신 시스템뿐만 아니라 인간의 심리, 약점, 편견까지 악용하는 데 능숙한 AI가 곧 등장할 것이다. 메타의 연구원들은 시세로CICERO라는 프로그램을 만들었는데[13] 이는 속임수와 배신을 중심으로 길고 정교한 전략을 짜야 하는 복잡한 보드 게임 디플로머시Diplomacy를 마스터한 프로그램이었다.[14] 메타의 시세로 개발은 우리가 어떻게 계획하고 협력하도록 AI가 도울 수 있는지 보여줄 뿐만 아니라, 그들이 어떻게 신뢰와 영향력을 얻기 위한 심리적인 속임수를 개발할 수 있는지 암시한다. 이렇듯 AI는 놀라운 수준으로 인간의 감정과 행동을 자세히 분석해 조작할 수 있으며, 이러한 능력은 외교에서 우위를 차지하고, 선거에서 승리하고, 정치 운동을 전개하는 데 도움이 될 수 있다.

AI를 강력하고 매력적으로 만드는 기능, 즉 스스로 학습하고 적응하는 능력이 악의적 행위자에게 힘을 실어 주면서 국가의 핵심 기능을 공격할 가능성이 점점 더 커지고 있다.

수 세기 동안 대포, 함포, 전차, 항공 모함, 대륙 간 탄도 미사일ICBM과 같은 최첨단 공격 능력은 초기에 비용이 너무 많이 들기 때문에 국민 국가의 전유물이었다. 하지만 지금은 그러한 기술이 매우 빠르게 발전해 연구실, 스타트업, 차고 수리공들이 손수 제작하면서 빠르게 확산되고 있다. 한 사람이 전 세계에 방송할 수 있는 소셜 미디어의 일대다 방송 효과와 마찬가지로 광범위한 영향력을 행사할 수 있는 능력이 모든 사람에게 주어지고 있다.

악의적 공격자가 대담하게 공격을 감행하는 이 새로운 역학 관계는 상호 연결되고 취약한 현대 시스템의 특성으로 인해 새로운 공격 경로를 제공한다. 다양한 구성 요소의 상호 의존성 덕분에 단일 병원뿐 아니라 의료 시스템 전체를 공격하고, 창고뿐 아니라 공급망 전체를 공격할 수 있다. 치명적인 자율 무기를 사용하면 전쟁과 공격에 드는 물질적 비용은 물론이고, 특히 인적 비용이 크게 낮아진다. 동시에 이러한 모든 발전은 책임 회피 가능성과 모호성의 수준을 높여 전통적인 억제 전략의 효과를 약화시킨다. 누가 공격을 시작했는지, 정확히 무슨 일이 일어났는지 아무도 확신할 수 없다면 억제 효과가 감소할 수밖에 없다.

이런 식으로 국가가 아닌 악의적인 행위자가 권한을 갖게 되면 국가의 기본 원칙 중 하나인 시민을 위한 안보 우산이라는 개념이 크게 훼손된다.[15] 안전과 보안에 대한 조항은 국민 국가 시스템의 부가 기능이 아닌 근본적인 토대다. 일반적으로 국가는 법과 질서에 대한 문제나 적대국의 직접적인 공격에 대응하는 방법을 알고 있다. 그러나 앞서 설명한 맥락에서 상황은 훨씬 더 모호하고 비정형적이며 비대칭적이어서 영토의 경계와 귀속을 쉽게 파악할 수 없게 만든다.

국가가 안보에 대한 기본적인 약속을 이행하지 못한다면 어떻게 국민의 신뢰를 유지하고 대합의를 이끌어 낼 수 있을까? 어떻게 병원이 계속 운영되고, 학교가 계속 수업을 진행하고, 말 그대로 이 세상에 불을 계속 밝힐 수 있을까? 국가가 여러분과 여러분의 가족을 보호하지 못한다면 규정을 준수하고 소속감을 갖는 것이 무슨 의미가 있을까? 집에 전력을 공급하는 전기, 이동을 원활하게 하는 교통 시스템, 따뜻함을 유지해 주는 에너지 네트워크, 일상적인 개인 보안과 같은 필수적인 요소들이 무너지고 있음에도 불구하고 우리 자신이나 정부가 이를 해결할 수 없다고 느낀다면 시스템의 근간이 무너진 것이다. 국가가 새로운 형태의 전쟁으로 시작됐다면, 결국 그와 똑같은 방식으로 최후를 맞이하게 될 것이다.

역사적으로 기술은 공격과 방어의 장점 사이에서 미묘한 균형을 이뤄 냈고, 그 둘 사이에서 진자가 흔들리는 가운에 얼추 균형을 유지해 왔다. 새로운 발사체나 사이버 무기가 등장할 때마다 강력한 대응책이 빠르게 등장했다. 대포는 성벽을 무너뜨릴 수도 있지만 침입해 들어오는 군대를 무너뜨릴 수도 있다. 이제 강력하고 비대칭적인 옴니유즈 기술은 국가에 피해를 입히려는 자들의 손에 넘어갈 운명에 처해 있다. 시간이 지남에 따라 방어 작전이 강화되겠지만, 기술의 네 가지 특징이 지닌 특성상 공격에 유리하다. 이러한 힘의 확산은 너무나 광범위하며 빠르고 개방적이다. 이제 세상을 바꿀 수 있을 만큼 중요한 알고리즘을 노트북에 저장할 수 있고, 머지않아 이전의 물결이나 인터넷과 같은 방대하고 규제 가능한 인프라도 필요하지 않게 될 것이다. 화살이나 극초음속 미사일과 달리 AI와 생물 무기bioagent는 지금껏 우리가 봐 왔던 그 어떤 기술보다 더 저렴하게, 더 빠르게, 더 자유롭게 진화할 것이다. 따라서 현재의 흐름을 바꾸기 위한 중대한 개입이 없다면 몇 년 지나지 않아 수백만 명에 달하는 사람들이 이러한 기술을 이용할 수 있게 될 것이다.

이처럼 광범위하게 사용되는 범용 기술에 대해 명확하고 지속적인 전략적 우위를 유지하기란 불가능하다. 결국에는 균형을 되찾을 수도 있겠지만, 엄청나게 불안정한 힘의 물결을 먼저 경험하지 않고서는 불가능하다. 게다가 앞서 살펴본 바와 같이 위협의 본질은 단순한 물리적 공격보다 훨씬 더 광범위하다. 정보와 통신은 그 자체로 위험을 확대하는 매개체이며, 주의가 필요한 또 하나의 새로운 취약성 증폭기다.

딥페이크(deepfake, 딥 러닝deep learning과 가짜fake의 합성어로 AI 기술을 이용해 진위 여부를 구별하기 어렵게 만든 이미지나 영상물_옮긴이)의 시대에 온 것을 환영한다.

허위 정보 기계

2020년 인도 지방 선거에서 인도 인민당Bharatiya Janata Party 대표인 마노지 티와리Manoj Tiwari가 영어와 현지 힌디어 방언으로 선거 연설을 하는 모습이 촬영됐다. 두 버전 모두 설득력 있는 연설처럼 들렸다.[16] 해당 영상에서 티와리는 경쟁 정당의 대표가 "우리를 속였습니다"라고 비난하며 공격을 이어간다. 그러나 현지 방언으로 된 버전은 딥페이크, 즉 AI를 이용해 만든 새로운 형태의 합성 미디어synthetic media였다. 정치 커뮤니케이션 회사에서 제작한 이 영상은 접근하기 어려운 새로운 선거구에 후보자를 노출시켰다. 가짜 미디어에 대한 인식이 부족했기 때문에 많은 사람들은 이 영상이 진짜라고 생각했다. 딥페이크의 배후에 있는 회사는 이 기술을 '긍정적으로' 사용했다고 주장했지만, 냉철한 관찰자에게 이 사건은 정치 커뮤니케이션에 위험한 새 시대가 도래했음을 알리는 신호탄이었다. 또 하나의 유명한 사건은 바로 낸시 펠로시 Nancy Pelosi의 영상이다. 해당 영상 속 펠로시는 건강이 좋지 않고 장애가 있는 것처럼 보이도록 조작돼 소셜 미디어를 통해 널리 유포됐다.[17]

모든 사람이 놀라운 수준의 사실감을 갖춘 콘텐츠를 제작하고 방송할 수 있는 힘을 갖게 되면 어떤 일이 벌어질까? 이러한 사례들은 텍스트, 이미지, 동영상, 오디오 등 거의 완벽한 딥페이크 생성 수단이 구글 검색어를 입력하는 것만큼 쉬워지기 전에 이미 발생했다. 4장에서 살펴본 바와 같이 대규모 언어 모델은 이제 합성 미디어를 생성하는 데 있어 놀라운 결과물을 선보이고 있다. 기존 미디어와 차이를 구별하기 어려운 딥페이크의 세계가 도래한 것이다. 이러한 가짜 합성 미디어는 너무도 그럴듯해서 우리의 이성으로 진짜가 아니라는 사실을 받아들이기 쉽지 않다.

딥페이크는 빠르게 확산되고 있다. 톰 크루즈가 악어와 레슬링을 준비하는 가짜 영상을 보고 싶다면 지금 바로 찾아볼 수 있다.[18] 필요한 학습 데이터가 몇 가지 예시로 줄어들면서 점점 더 많은 일반인을 모방하게 될 것이다. 이미 실제로 일어나고 있는 일이다. 2021년 홍콩의 한 은행은 고객 중 한 명을 딥페이크로 모방한 사기범들에게 수백만 달러를 이체했다.[19] 사기범들은 실제 고객과 똑같은 목소리로 은행 지점장에게 전화를 걸어 회사 인수와 관련해 자금을 이체하는 방법에 대해 설명했다. 모든 서류가 제대로 작성된 것처럼 보였고 목소리나 성격도 실제 고객과 다를 바가 없었기 때문에 은행 지점장은 이체를 시작했다.[20]

불안감을 조성하고자 하는 사람들은 이제 그 어느 때보다 더 쉽게 그 목표를 실현할 수 있다. 선거를 3일 앞두고 인종 차별적 비속어를 사용하는 대통령의 모습이 카메라에 포착됐다고 가정해 보자. 선거 캠프 홍보실의 강력한 부인에도 불구하고 대중은 해당 영상으로 인해 확신에 차게 된다. 전국적으로 분노가 확산되면서 여론 조사의 지지율이 크게 하락한다. 전통적인 스윙 스테이트(swing state, '경합주'라고도 하며 미국 대선에서 후보들이 치열한 경합을 벌이는 지역_옮긴이)에서 모든 예상을 뒤엎고 상대 후보 쪽을 지지하면서 결국 새로운 정권이 들어선다. 대중이 본 동영상은 최첨단의 위변조 탐지 신경망도 피해갈 수 있을 정도로 정교하게 제작된 딥페이크다.

여기서 위협은 반드시 극단적인 경우가 아니라 미묘하고 섬세하고 매우 그럴듯한 시나리오가 확대되고 왜곡될 때 발생한다. 학교에 난입해 수류탄을 던지며 말도 안 되는 소리를 외치는 대통령이 아니라, 어쩔 수 없이 비상사태법을 시행하거나 징병제를 다시 도입할 수밖에 없다고 발표하는 대통령의 영상을 제작하는 것이다.[21] 할리우드의 불꽃놀이가 아니라 무리를 지은 백인 경찰들이 흑인 남성을 구타해 사망에 이르게 하는 것처럼 보이는 영상을 제작하는 것이다.

이슬람 극단주의 성직자인 안와르 알아울라키Anwar al-Awlaki는 보스턴 마라톤 폭탄 테러범, 파리 샤를리 에브도Charlie Hebdo 테러범, 올랜드 나이트클럽에서 49명을 살해한 총격범에게 영감을 줬다. 알아울라키는 이러한 사건들이 일어나기 전인 2011년 미국 드론 공격으로 사망한 최초의 미국 시민이었다. 그러나 그의 급진적인 메시지는 2017년까지 유튜브를 통해 계속 전달됐다.[22] 정교하게 다듬어진 말로 표적 공격을 지시하는 알아울라키의 새로운 딥페이크 동영상이 제작된다고 가정해 보자. 물론 모든 사람이 그 영상을 믿지는 않겠지만, 그 내용을 믿고 싶어하는 사람들에게는 매우 설득력 있는 메시지일 수도 있다.

머지않아 이러한 동영상은 매우 그럴듯한 상호 작용,[23] 즉 실제 사람과 대화하는 수준에까지 이를 것이다. 동영상 속 인물은 우리에 대해 알고 있을 것이고 우리가 사용하는 방언과 스타일에 적응해 우리의 개인사, 불만, 학교에서 괴롭힘을 당한 경험, 끔찍하고 부도덕한 서구화된 부모에 대한 정보를 이용할 것이다. 이러한 딥페이크는 융단 폭격과 같은 허위 정보가 아니라 정교한 정밀 타격과 같은 허위 정보다.

정치인이나 기업인을 노리는 피싱 공격, 금융 시장을 교란하거나 조작하기 위한 허위 정보, 종파나 인종 분열과 같은 갈등을 부추기기 위해 전략적으로 제작된 미디어, 심지어 사소한 사기까지 모두 다 신뢰를 무너뜨리고 취약성을 증폭시키는 데 적지 않은 영향을 미친다.

결국 실제처럼 보이는 사건에 대한 포괄적이고 방대한 합성 미디어의 역사가 쉽게 생성되고, 일반 시민들은 자신이 접하는 콘텐츠 중 일부를 검증할 시간이나 도구를 갖지 못할 것이다. 가짜 콘텐츠는 2초짜리 후각 테스트는 물론이고 정교한 검사도 쉽게 통과할 것이다.

국가가 후원하는 정보 공격

1980년대에 소련은 에이즈 바이러스가 미국의 생물 무기 프로그램에서 비롯됐다는 허위 정보 캠페인을 후원했다. 그로부터 몇 년이 지난 후에도 일부 지역 사회는 여전히 불신과 후유증을 겪어야만 했다. 이와 같은 악의적인 캠페인은 사라질 기미가 보이지 않고 지속되고 있다. 페이스북에 따르면, 러시아 요원들은 2016년 대선 기간 동안 8만 개가 넘는 오가닉 콘텐츠(organic content, 광고 집행을 목적으로 하지 않은 콘텐츠_옮긴이)를 제작해 1억 2600만 명의 미국인에게 전달했다.[24]

AI로 강화된 디지털 도구는 이와 같은 정보 작전을 더욱 악화시켜 선거에 개입하고, 사회 분열을 악용하고, 혼란을 조장하기 위해 복잡한 아스트로터핑(astroturfing, 스폰서의 메시지나 조직적 후원을 숨겨 풀뿌리 캠페인처럼 보이도록 연출하는 행위_옮긴이) 캠페인을 만들어 낼 것이다. 안타깝게도 이러한 문제는 러시아에만 국한된 것이 아니다.* [25] 70개가 넘는 국가에서 허위 정보 캠페인을 운영하는 것으로 밝혀졌다.[26] 중국은 러시아를 빠르게 따라잡고 있으며, 튀르키예와 이란을 포함한 다른 국가들도 기술을 개발하고 있다. (CIA도 정보 작전에 대해 잘 알고 있다.)[27]

코로나19 팬데믹 초기에는 허위 정보가 봇물처럼 쏟아져 심각한 결과를 초래하기도 했다. 카네기 멜론 대학의 한 연구에서는 첫 번째 봉쇄 조치가 한창일 때 코로나19에 대해 논의한 2억 건 이상의 트윗을 분석했는데, '미국 봉쇄 해제'를 지지하는 영향력 있는 사용자의 82퍼센트가 봇bot이었다.[28] 이는 100년 만의 가장 심각한 공중 보건 위기를 의도적으로 악화시키기 위해 러시아가 만든 것으로 추정되는 타깃형 '선전 기계'였다. 딥페이크는 이러한 정보 공격을 자동화한다. 기존의 허위 정보 캠페인은 노동 집약적이었다. 봇과 허위 정보는 만들기 쉬운 반면, 대부분 품질이 낮고 쉽게 탐지할 수 있으며 표적의 행동을 변화시키는 데 아주 탁월한 효과가 있는 것은 아니다.

고품질 합성 미디어는 이 같은 상황을 바꿔 놓는다. 모든 국가들이 현재 전담 사무실과 숙련된 직원들로 구성된 거대한 허위정보 프로그램을 구축할 자금을 가지고 있는 것은 아니지만, 버튼 클릭 한 번으로 고품질의 자료를 생성할 수만 있다면 이는 큰 문

---

* 그러나 2021년 사이버 공격의 58퍼센트가 러시아에서 발생했을 정도로 러시아가 그 주범인 경우가 많다.

제가 되지 않는다. 앞으로 닥칠 혼란의 대부분은 우연이 아닐 것이다. 기존의 허위 정보 캠페인이 동기를 가진 다양한 행위자들에 의해 강화되고, 확장되고, 분산됨에 따라 혼란이 발생하게 될 것이다.

최소 비용으로 대규모 합성 미디어가 등장하면서 허위 정보(의도적으로 악의적인 오해를 불러일으키는 정보)와 오보(더 광범위하고 의도하지 않는 정보 공간의 오염)가 동시에 증폭되고 있다. 이는 사회가 쏟아지는 허위 정보를 더 이상 관리할 수 없게 되면서 사회를 하나로 묶어 주는 지식과 신뢰, 정보 생태계가 무너져 내리는 '인포칼립스Infocalypse'의 도화선이 될 수 있다.[29] 브루킹스 연구소 Brookings Institution가 발표한 보고서에 따르면, 어디서나 볼 수 있는 완벽한 합성 미디어는 "민주적 담론을 왜곡하고, 선거를 조작하고, 기관에 대한 신뢰를 약화시키고, 저널리즘을 약화시키고, 사회 분열을 조장하고, 공공 안전을 훼손하고, 선출직 공무원과 공직 후보자를 포함한 저명한 개인들의 명예에 회복하기 어려운 피해를 입힐 수 있다"고 한다.[30]

그러나 모든 스트레스 요인과 피해가 악의적인 행위자에게서 비롯되는 것은 아니다. 일부는 선의에서 비롯되기도 한다. 취약성은 의도적으로 증폭될 수도 있고 우발적으로 증폭될 수도 있다.

보안이 취약한 실험실과 의도치 않은 불안정성

세계에서 가장 안전한 실험실 중 한 곳에서 한 연구팀이 치명적인 병원균을 실험하고 있었다. 그 이후에 무슨 일이 일어났는지 분명히 알지 못한다. 뒤늦게 알게 된 사실이지만, 그 연구에 대한 자세한 내용은 거의 알려지지 않았다. 확실한 것은 비밀주의와 정부 통제로 유명한 한 나라에서 특이한 신종 질병이 나타나기 시작했다는 것이다.

그리고 얼마 지나지 않아 영국, 미국 등 전 세계에서 이 질병이 발견됐다. 이상하게도 이 질병은 자연적으로 발생한 균주처럼 보이지 않았다. 몇 가지 특징이 과학계에 경각심을 불러일으켰고, 이는 실험실에서 무언가가 크게 잘못되면서 발생한 자연스럽지 못한 현상이라는 것을 시사했다. 곧 사망자 수가 증가하기 시작했다. 그토록 보안이 철저했던 실험실은 생각만큼 안전해 보이지 않았다.

익숙한 이야기처럼 들리겠지만, 아마 여러분이 생각하고 있는 그 이야기는 아닐 것이다. 이 사건은 1977년 러시아 독감Russian flu으로 알려진 인플루엔자가 유행하던 시기에 발생했다. 중국에서 처음 발견된 이 독감은 곧 이어 소련으로 확산됐고 최대 70만 명이 사망한 것으로 알려졌다.[31] H1N1 독감 균주의 특이한 점은 1950년대에 유행했던 독감과 매우 흡사하다는 점이었다.[32] 러시아 독감은 젊은층에 가장 큰 타격을 주었는데, 이는 젊은이들의 면역력이 수십 년 전보다 약해졌다는 신호였을 수도 있다.

그 원인에 대해 논하는 이론은 많다. 영구 동토층에서 무언가가 빠져나왔을까? 아니면 러시아의 광범위하고 비밀스러운 생물무기 프로그램과 관련이 있을까? 현재까지 가장 그럴듯한 설명은 바로 실험실 유출이다. 백신과 관련된 실험 연구 중에 초기 바이러스 버전이 실수로 유출됐을 가능성이 높다.[33] 러시아 독감 그 자체는 전염병 예방을 위한 선의의 연구로 인해 발생한 것이다.

생물학 실험실은 사고를 예방하기 위해 고안된 글로벌 표준을 준수하며, 가장 안전한 실험실은 생물안전biosafety 4등급BSL-4 실험실로 알려져 있다. 생물안전 4등급은 가장 위험한 병원성 물질을 취급하는 최고 수준의 격리 기준을 나타낸다. 시설은 완전히 밀폐돼 있다. 출입 시에는 에어 로크air lock 장치를 통과해야 하며, 출입하는 모든 물품은 철저한 검사를 거친다. 모두가 방호복을 착용하고, 외부로 나가는 사람은 반드시 샤워를 해야 한다. 모든 물질은 가장 엄격한 프로토콜에 따라 폐기되며, 장갑이나 방호복에 구멍을 낼 수 있는 모든 종류의 날카로운 모서리는 금지된다. 생물안전 4등급 실험실의 연구원들은 인류 역사상 생물학적으로 가장 안전한 환경을 구축하는 데 필요한 교육을 받는다.

그러나 그렇게 철저한 예방 조치에도 불구하고 유출 사고를 포함한 여러 사고가 여전히 발생한다.[34] 1977년 러시아 독감은 그중 하나일 뿐이다. 이 년 후에는 소련의 비밀 생물 무기 시설에서 탄저균 포자가 실수로 유출돼 50킬로미터에 걸쳐 질병의 흔적을 남겼고, 그로 인해 최소 66명이 사망했다.[35]

2007년 생물안전 4등급 실험실이 있는 영국 퍼브라이트 연구소Pirbright Institute의 파이프 누수로 인해 구제역이 발생해 1억 4700만 파운드의 비용이 발생했다.*[36] 2021년에는 필라델피아 인근의 한 제약 회사 연구원이 천연두가 담긴 병들을 안전하지 않은 냉장고에 방치한 사건이 발생했다.[37] 다행히 그 유리병들은 냉장고를 청소하던 사람에게 발견되었는데, 당시 그는 운 좋게도 마스크와 장갑을 착용하고 있었다. 만약 바이러스가 외부로 유출됐다면 엄청 큰 사고로 이어졌을 것이다. 천연두는 박멸되기 전까지 20세기에만 약 3억~5억 명의 사망자를 낸 것으로 추정되며, 전염성이 더 강한 코로나19 균주와 비슷한 번식률을 보였지만 사망률은 코로나19보다 30배나 더 높았다.[38]

사스SARS는 생물안전 3등급BSL-3 실험실에 보관돼야 하지만 싱가포르, 대만, 중국의 바이러스학 실험실에서 유출됐다. 놀랍게도 베이징에 있는 한 실험실에서는 사스 바이러스가 네 번이나 유출됐다.[39] 모두 너무나 인간적이고 평범한 실수로 일어난 일이었다. 싱가포르에서는 한 대학원생이 사스의 존재를 인지하지 못한 것이 원인이었다. 대만에서는 한 연구 과학자가 생물학적 위험 폐기물을 잘못 취급했다. 베이징에서는 바이러스의 비활성화가 제대로 이뤄지지 않았고 생물학적으로 안전이 확보되지 않은 실험실에

---

* 자연적인 원인으로 발생한 2001년에 비해 피해 규모가 훨씬 적었다는 점에 유의해야 한다.

서 바이러스를 취급한 것이 유출의 원인이었다. 이 모든 유출 사건은 우리가 세계 최대 규모의 생물안전 4등급 실험실이자 코로나19 바이러스 연구 센터가 있는 중국의 우한을 이야기하기 전에 발생했다.

글로벌 보건 안보 지수Global Health Security Index에 따르면, 생물안전 4등급 실험실의 수가 급증하고 있지만, 그중 4분 1만이 안정성에서 높은 점수를 받았다.*[40] [41] 1975년부터 2016년까지 연구자들은 전염성이 강하고 독성이 강한 병원균에 고의적으로나 우발적으로 노출된 사례를 최소 71건 넘게 정리했다.[42] 이러한 사고 대부분은 바늘이 빠지거나 약병을 쏟거나 실험 준비 과정에서 작은 실수를 저지르는 등 고도로 훈련된 사람들도 겪을 수 있는 사소한 사고였다. 사고를 공개적으로나 즉각적으로 보고하는 연구자는 거의 없기 때문에 실태를 제대로 파악하기가 어려울 가능성이 높다. 생물안전 책임자를 대상으로 한 설문 조사에 따르면 대부분이 소속 기관 외부에는 사고를 보고한 적이 없다고 답했다.[43] 2014년 미국의 위험 평가에 따르면 10년간 실험실 10곳에서 '중대한 실험실 유출'이 발생할 확률은 91퍼센트이며, 팬데믹으로 이어질 위험 가능성은 27퍼센트로 추정됐다.[44]

그 무엇도 유출돼서는 안 된다. 하지만 병원균은 계속 유출되

---

* 지난 2년 동안 생물안전 4등급 실험실 수는 59개에서 69개로 증가했고, 대부분 도시화된 환경에 위치해 있으며, 치명적인 병원균을 취급하는 실험실 수는 100개를 넘어섰다. 새로운 세대의 '생물안전 3+등급BSL-3+' 실험실 역시 급성장하고 있다.

고 있다. 프로토콜, 기술, 격리 규정 등 엄격한 조치를 취하고 있음에도 불구하고 사고가 발생하고 있다. 피펫이 흔들리거나 플라스틱 시트에 구멍이 나거나 신발에 용액 한 방울이 떨어질 경우, 이는 명백한 방역 실패가 되고 만다. 이러한 사고는 예기치 않게 우연히 일어나기 때문에 피하기가 어렵고 정기적으로 발생한다. 하지만 합성 생명체 시대에 이러한 사고는 심각한 스트레스 요인이 될 수 있을 뿐만 아니라 나중에 3부에서 다시 다루게 될 재앙의 원인이 될 수도 있다.

생물학 분야에서 기능 획득gain-of-function, GOF 연구만큼 논란이 많은 분야도 드물다.[45] 간단히 말해서, 기능 획득 실험은 병원균을 의도적으로 조작해 치사율이나 감염률, 또는 두 가지를 모두 높이기 위한 실험을 말한다. 일반적으로 바이러스는 치사율과 전염성이 상충하는 경우가 많다. 전염성이 높은 바이러스일수록 치사율은 낮은 경향이 있지만, 꼭 그래야만 하는 절대적인 이유는 없다. 바이러스의 치사율과 전염성이 동시에 높아질 수 있는 방법과 이에 대응하는 방법을 이해하기 위한 한 가지 접근 방식은 의도적으로 이러한 변화를 유도하는 것이다.

바로 여기서 기능 획득 연구가 중요한 역할을 한다. 연구자들은 질병의 잠복기, 백신 내성을 피하는 방법, 집단 내 무증상 감염 전파 가능성 등을 연구 조사한다. 이러한 연구는 에볼라, H1N1과 같은 독감, 홍역을 포함한 다양한 질병을 대상으로 수행된다.

이러한 연구 노력은 일반적으로 신뢰할 수 있으며 선한 의도를 갖고 있다. 약 10년 전 네덜란드와 미국에서 수행된 조류 독감 연구가 그 좋은 예다.[46] 이 질병은 사망률이 충격적일 정도로 높았지만 다행히 전염되기는 어려운 질병이었다. 연구자들은 그러한 상황이 어떻게 변할지, 어떻게 그 질병이 더 전염성이 강한 형태로 변할 수 있는지 이해하고자 했고, 흰족제비ferret를 이용해 그러한 변화가 어떻게 일어날 수 있는지 관찰했다. 다시 말해서, 연구진은 치명적인 질병을 더 쉽게 전염시킬 수 있는 방법을 찾고자 했다.

그러나 이러한 연구가 어떻게 잘못될 수 있는지 상상하는 데에는 굳이 풍부한 상상력이 필요하지 않았다. 나를 포함한 일부 사람은 바이러스를 조작하거나 진화시키는 것은 마치 핵폭탄을 갖고 노는 것과 같다고 생각했다.

간단히 말해서, 기능 획득 연구는 논란의 여지가 있다. 미국의 자금 지원 기관들은 한동안 이 연구에 대한 지원을 중단하기도 했지만,[47] 전형적인 방역 실패로 2019년 기능 획득 연구가 다시 재개됐다. 우한 연구소의 연구 실적에서부터 바이러스 자체의 분자 생물학에 이르기까지 코로나19가 유전적으로 변형됐으며 실험실 유출이 팬데믹의 원인일 수 있다는 (정황상) 증거가 계속 늘어나고 있다.[48]

FBI와 미국 에너지부 모두 이를 사실로 간주하고 있으며 CIA는 아직 결론을 내리지 못했다.[49] 과거의 발병 사례들과 달리 동물성 전염에 대한 확실한 증거가 없다. 생물학적 연구로 인해 이미 수백만 명이 사망하고, 전 세계 사회가 마비되고, 수조 달러에 달하는 비용이 발생했다는 것만은 자명해 보인다. 2022년 말, 미국 국립보건원NIH의 보스턴 대학교 연구팀은 본래의 더 치명적인 코로나19 변종과 전염성이 더 강한 오미크론 변종의 스파이크 단백질을 결합했다.[50] 많은 사람들의 우려에도 불구하고 공적 자금이 지원되면서 연구가 진행됐다.[51]

이러한 사례는 기술을 무기화하는 악의적인 행위자가 아닌 보건 상태를 개선하고자 하는 선량한 사람이 의도하지 않은 결과를 초래할 수 있다는 것을 보여 준다. 또 강력한 도구가 확산될 때 발생할 수 있는 문제, 오류, '복수 효과revenge effect', 기술과 현실이 충돌할 때 발생할 수 있는 예기치 못한 혼란을 이야기해 준다. 이론을 다 떠나서 통제되지 않은 기술은 아무리 좋은 의도를 갖고 있다고 해도 여전히 핵심 문제를 안고 있다.

기능 획득 연구는 사람들의 안전을 지키기 위한 것이다. 그러나 연구실 유출과 팬데믹이 발생하는 불완전한 세상에서 연구가 진행된다. 우한에서 무슨 일이 일어났는지와 상관없이 코로나바이러스에 대한 연구가 진행 중이었고 실수로 바이러스가 유출됐다고 해도 충분히 설득력이 있는 상황이다. 연구실 유출의 역사적 기록을 무시하기는 어렵다.

기능 획득 연구와 실험실 유출은 앞으로 다가올 물결이 어떻게 수많은 복수 효과와 의도치 않은 실패를 불러올지 보여 주는 두

가지 사례에 불과하다. 어느 정도 능력을 갖춘 연구실이나 일반 바이오해커biohacker가 이러한 연구에 뛰어든다면 결국 비극적인 상황이 발생하고 말 것이다. 1장에서 언급했던 그 세미나에서 내게 주어진 상황이 바로 이런 것이었다.

어떤 기술의 힘과 보편성이 확대될수록 그 기술의 실패 양상도 확대되기 마련이다. 비행기가 한 대만 추락해도 끔찍한 비극인데, 비행기 전체가 추락한다면 형용할 수조차 없는 비극이 될 것이다. 다시 한번 강조하지만, 이러한 위험은 악의적인 의도에서 비롯된 것이 아니라 단순히 역사상 가장 뛰어난 기술이 핵심 사회 시스템 전반에 광범위하게 뿌리박혀 있는 위험한 가장자리에서 작동함으로써 발생하는 것이다. 실험실 유출은 의도하지 않은 결과의 대표적인 예로, 원자로 붕괴나 핵탄두 분실과 같은 파급력이 큰 억제 문제의 핵심 중 하나다. 이러한 유형의 사고는 예측할 수 없는 스트레스 요인을 추가로 발생시켜 시스템에 또 다른 균열을 일으킨다.

그러나 스트레스 요인은 로봇 공격, 연구실 유출, 딥페이크 동영상과 같이 뚜렷한 사건으로 나타나는 것이 아니라 점진적으로 확산하는 과정을 통해 기반을 약화시키는 것일 수도 있다. 역사적으로 도구와 기술은 적은 자원으로 더 많은 일을 할 수 있도록 설계돼 왔다는 점을 생각해 보자. 각각의 개별 사례는 별로 중요하지 않다. 하지만 효율성이 누적된 결과의 부작용으로 대부분의 업무에서 결국 사람이 불필요해진다면 어떻게 될까?

자동화 논쟁

내가 딥마인드를 공동 창업한 이후 몇 년 동안 AI 정책 토론에서 일의 미래보다 더 많은 관심을 받은 주제는 없었으며, 이미 과포화 상태라 할 수 있을 정도로 관심이 뜨거웠다.

역사적으로 새로운 기술이 노동자를 대체하면서 경제학자 존 메이너드 케인스John Maynard Keynes가 '기술적 실업technological unemployment'이라고 불렀던 현상이 발생했다는 것이 원래의 논지였다. 케인스가 보기에 이는 생산성 향상으로 인해 더 많은 혁신과 여가 시간을 확보할 수 있다는 점에서 좋은 일이었다. 기술로 인한 실직 사례는 무수히 많다. 동력 직기의 도입으로 전통적인 직공들이 더 이상 필요 없게 됐고, 자동차의 등장으로 마차 제작자와 말 조련사들이 불필요해졌으며, 전구 공장은 양초 제조 제작자들이 파산하면서 큰 성공을 거뒀다.

일반적으로 기술이 전통적인 직업과 산업에 피해를 입혔을 때 새로운 직업도 생겨났다. 그리고 이와 같은 새로운 일자리는 서비스 산업과 지적 능력을 기반으로 하는 사무직에 점점 더 집중되는 경향이 있었다. 러스트 벨트(Rust Belt, 미국의 중서부와 북동부 지역의 쇠락한 제조업 공업 지역_옮긴이)에서 공장이 문을 닫으면서 변호사, 디자이너, 소셜 미디어 인플루언서와 같은 직업에 대한 수요가 급증했다. 적어도 지금까지는 경제적 관점에서 볼 때 신기술이 근본적으로 노동을 대체하기보다는 전반적으로 노동을 보완하는 역할을 해 왔다.

하지만 일자리를 대체할 새로운 시스템이 인간의 인지 능력을 뛰어넘어 노동자가 새로운 일자리를 찾지 못하게 된다면 어떻게 될까? 다가오는 기술의 물결이 정말 그렇게 일반적이고 광범위하다면 인간은 어떻게 경쟁력을 유지할 수 있을까? 사무직 업무 중 대부분을 AI가 보다 더 효율적으로 수행할 수 있다면 어떻게 될까? 인간이 계속해서 기계보다 '더 나은' 성과를 낼 수 있는 영역은 거의 없을 것이다. 나는 이러한 결과가 더 가능성이 높은 시나리오라고 오랫동안 일관되게 주장해 왔으며, 최신 세대의 대규모 언어 모델이 등장하면서 그 어느 때보다도 더욱 그러한 생각에 확신을 갖게 됐다.

이러한 도구는 인간의 지능을 일시적으로 강화해 줄 뿐이다. 즉 일정 기간 동안은 인간의 능력과 효율성을 향상시켜 주고 엄청난 경제 성장을 가져올 테지만, 궁극적으로는 인간의 노동을 대체하게 될 것이다. 결국 인공 지능은 행정 업무, 데이터 입력, 고객 서비스(전화 통화 포함), 이메일 작성, 요약문 작성, 문서 번역, 콘텐츠 제작, 카피라이팅 등과 같은 인지 작업을 인간이 하는 것보다 더 효율적이고 저렴하게 수행하게 될 것이다. 초저가 대안이 넘쳐나는 상황에서 이러한 '인지적 육체 노동cognitive manual labor'의 시대는 저물고 있다. 이 같은 분석 결과는 결국 채용을 결정하는 데에도 영향을 미칠 수 있다.

우리는 이제 막 이 새로운 물결이 어떤 영향을 미치게 될지 확인하기 시작했다. 챗GPT에 대한 초기 분석에 따르면, 다양한 작업에서 '중간 수준의 대학 교육을 받은 전문가'의 생산성을 40퍼센트까지 향상시키는 것으로 나타났다.[52] 맥킨지 연구에 따르면 앞으로 7년 안에 전체 직업의 절반 이상이 기계에 의한 업무 자동화를 겪게 될 것으로 보이며, 2030년까지 미국인 5200만 명이 '자동화에 중간 정도 노출된' 직종에 종사할 것으로 예상된다.*[53]

경제학자 대런 아세모글루Daron Acemoglu와 파스쿠알 레스트레포Pascual Restrepo는 로봇으로 인해 현지 근로자의 임금이 하락할 것으로 예상한다.[54] 근로자 천 명당 로봇이 한 대씩 추가될 때마다 인구 대비 고용 비율이 감소하면서 결과적으로 임금이 하락한다. 오늘날 알고리즘이 주식 거래 대부분을 처리하고 있으며, 금융 기관 전반에 걸쳐 점점 더 많은 역할을 수행하고 있다. 또 월 스트리트가 호황을 누리고 있음에도 불구하고 기술이 점점 더 많은 업무를 대신하면서 일자리는 줄어들고 있다.[55]

그러나 많은 사람들은 여전히 그 변화를 확신하지 못하고 있다. 데이비드 오토David Autor와 같은 경제학자들은 신기술이 지속적으로 소득을 높여 새로운 노동에 대한 수요를 창출한다고 주장한다.[56] 기술은 기업의 생산성을 높이고, 더 많은 수익을 창출하며, 이는 다시 경제를 통해 순환한다. 간단히 말해서, 수요는 끝이 없으며 기술이 창출한 부는 이러한 수요를 촉진해 인간의 노동력을

---

* 실제 합계는 이보다 적을 가능성이 높지만 여전히 상당하다.

필요로 하는 새로운 일자리를 창출한다. 결국 회의론자들은 10년 간의 성공적인 딥 러닝이 자동화로 인한 일자리 붕괴를 일으키지 않았다고 말한다. 일각에서는 이러한 두려움에 사로잡히는 것은 노동 수요의 총량이 정해져 있다는 그릇된 가정을 하는 '노동 총량lump of labor'의 오류를 반복하는 것이라고 주장한다.* 57 또 미래에는 아직 초기 단계에 있는 고급 일자리에 수십억 명의 사람들이 종사할 것으로 예상하고 있다.

자동화는 의심할 여지없이 취약성을 증폭시키는 또 다른 요인이기 때문에 향후 수십 년 동안 이러한 낙관적인 전망이 실현되기는 어렵다고 생각한다. 4장에서 살펴본 바와 같이 AI의 발전 속도는 기하급수적인 수준을 넘어섰고, 그 한계가 존재하지 않는 것처럼 보인다. 기계는 시각, 말하기, 언어 등 인간의 다양한 능력을 빠르게 모방하고 있다. '딥 언더스탠딩deep understanding'을 목표로 하는 근본적인 진전이 없다고 하더라도 새로운 언어 모델은 놀라울 정도로 정확하고 가치 있는 텍스트를 읽고, 합성하고, 생성할 수 있다. 이 한 가지 기술만으로도 핵심 요건을 충족할 수 있는 역할이 말 그대로 수백 가지에 이르지만, AI는 그보다 훨씬 더 큰 잠재력을 갖고 있다.

물론 새로운 직업군이 많이 생겨날 가능성도 높다. '인플루언

---

* 이는 "그러나 전반적으로 볼 때 자동화의 지속적인 영향은 일자리 손실이 아닐 것이다"라고 말한 아짐 아자르Azeem Azhar의 견해다.

서'가 이렇게 인기 있는 직업이 될 것이라고 누가 생각이나 했을까? 또 2023년에 사람들이 구체적인 응답을 유도하는 데 능숙한 대규모 언어 모델의 비기술 프로그래머인 '프롬프트 엔지니어 prompt engineer'로 일하게 될 것이라고 상상이나 해 봤을까? 안마사, 첼리스트, 야구 투수에 대한 수요는 사라지지 않을 것이다. 하지만 새로운 일자리 창출이 상황을 크게 완화해 줄 만큼의 충분한 양이나 속도로 이뤄지지는 않을 것이라는 게 내 생각이다. 일자리 손실 규모에 비해 머신 러닝 박사 학위를 취득할 수 있는 사람의 수는 여전히 극소수에 불과할 것이다. 물론 새로운 수요가 새로운 일자리를 창출하겠지만, 그 새로운 일을 꼭 인간이 수행해야 하는 것은 아니다.

노동 시장에는 기술, 지역, 정체성과 관련해 엄청난 마찰이 존재한다.[58] 탈산업화가 진행되던 시기에는 피츠버그의 철강 노동자나 디트로이트 자동차 제조업체 노동자들이 직장을 그만두고 재교육을 받은 후 뉴욕의 파생 상품 트레이더, 시애틀의 브랜딩 컨설턴트, 마이애미의 학교 교사로 취업하는 것이 거의 불가능했다는 사실을 생각해 보자. 실리콘밸리나 런던시가 새로운 일자리를 많이 창출한다고 해도 적절한 기술을 갖추지 못했거나 이주할 수 없다면 다른 지역에 있는 사람들에게는 아무런 도움이 되지 않는다. 자신의 정체성이 특정 직업과 밀접하게 연결돼 있는 사람들의 경우 새로운 직업을 찾는 것이 자존감을 떨어뜨릴 수 있고, 그렇게 되면 새로운 직업을 찾는다고 해도 별 위안이 되지 않을 수 있다.

물류 센터에서 제로 아워 계약(zero-hours contract, 정해진 노동 시간 없이 고용인이 필요할 때 근로자가 일을 하는 노동 계약_옮긴이) 노동자로 일할 경우, 1960년대에 호황을 누렸던 디트로이트 자동차 제조업체에서 일할 때와 같은 자부심이나 사회적 연대감을 느끼기 어렵다. 평균 이상 소득의 일자리 수를 측정하는 민간 부문 일자리 질 지수Private Sector Job Quality Index는 1990년 이후 급격한 감소세를 보였으며, 이는 전체 대비 고임금 일자리가 이미 감소하기 시작했음을 나타낸다.[59]

인도나 필리핀과 같은 국가의 경우 비즈니스 프로세스 아웃소싱이 큰 붐을 일으키면서 콜센터 같은 곳에서 상대적으로 임금이 높은 일자리가 창출되기도 한다. 그러나 바로 이러한 유형의 업무가 자동화의 표적이 될 것이다. 장기적으로는 새로운 일자리가 생겨날 수 있지만, 그 일자리가 수백만 명의 노동자에게 제때에 알맞게 제공되지는 않을 것이다.

동시에 고용 침체는 세수를 크게 감소시켜 공공 서비스에 타격을 주고 꼭 필요한 복지 프로그램에 대한 의구심을 불러일으킬 것이다. 일자리가 감소하기도 전에 정부는 재정난에 시달리며 모든 공약을 이행하고, 지속 가능한 재정을 확보하고, 국민이 기대하는 서비스를 제공하기 위해 고군분투하게 될 것이다. 또한 이러한 모든 혼란은 전 세계적으로 다양한 측면에서 발생하게 될 것이며, 농업 경제에서부터 고급 서비스를 기반으로 하는 부문에 이르는 모든 수준의 개발에 영향을 미칠 것이다. 라고스Lagos에서든 로스앤

젤레스에서든 지속 가능한 고용으로 가는 길은 예측할 수 없을 정도로 급변하며 상당한 혼란을 겪게 될 것이다.

자동화의 극단적인 결과를 예견하지 않는 사람들도 자동화가 중기적으로 상당한 혼란을 가져올 것이라는 점은 인정한다.[60] 일자리 논쟁의 어느 편에 서 있든, 최소한 새로운 기술을 습득하고 새로운 유형의 업무로 전환해야 하는 수억 명의 개인이 심각한 불안정성을 겪게 될 것이라는 사실을 부인하기는 어렵다. 낙관적인 시나리오에서조차 정부 재정의 붕괴, 실직, 불안정, 분노하는 국민 등 정치적으로 문제가 될 수 있는 상황들이 발생할 수 있다.

이는 안 그래도 스트레스로 가득한 세상에 또 다른 스트레스 요인을 가중시키는 문제가 될 수 있다.

소셜 미디어와 마찬가지로 노동 시장의 혼란은 취약성을 증폭시키는 요인이다. 노동 시장의 혼란은 국민 국가를 손상시키고 약화시킨다. 그와 같은 현상의 초기 징후가 나타나고 있지만, 21세기 초반의 소셜 미디어와 마찬가지로 그 영향의 정확한 형태와 범위가 아직은 불분명하다. 그러나 그 결과가 아직 분명하지 않다고 해서 현실을 외면해서는 안 된다.

이 장에서 설명한 새로운 형태의 공격과 취약성, 잘못된 정보의 산업화, 치명적인 자율 무기, 연구실 유출과 같은 사고, 자동화의 영향과 같은 스트레스 요인은 기술, 정책, 보안 분야에서 일하는 사람들에게는 익숙한 문제다. 하지만 이러한 문제는 개별적으로 검토되는 경우가 많다. 이와 같은 문제를 분석하면서 놓치고 있는 것은 우리 기관에 대한 이러한 모든 새로운 압박이 근본적으로 동일한 보편적general-purpose 혁명에서 비롯됐다는 점이다. 스트레스 요인들은 서로 교차하고, 서로 강화하고, 서로 힘을 실어 주며 동시에 영향을 미친다. 이러한 영향이 점진적으로 그리고 편리한 사일로silo에서 발생하는 것처럼 보이기 때문에 취약성이 전체적으로 증폭하는 것을 놓치는 경우가 많다. 그러나 이러한 영향은 서로 다른 방식으로 나타나는 하나의 일관되고 상호 연결된 현상에서 비롯된다. 현실은 순차적으로 설명하기에는 상당히 복잡하게 얽혀 있고 긴박하며 혼란스럽다. 취약성은 증폭되고 있고, 국민 국가는 약화되고 있다.

국민 국가는 과거에도 불안정한 시기를 견뎌낸 적이 있다. 여기서 다른 점은 보편적 혁명은 특정 틈새시장, 특정 문제, 명확하게 구분된 분야에 국한되지 않는다는 것이다. 정의상 그 혁명은 어디에나 존재한다. 힘과 행동의 비용 감소는 악의적인 행위자나 민첩한 스타트업, 폐쇄적이고 제한된 애플리케이션에만 해당하는 것이 아니다.

오히려 힘은 사회 전체에 걸쳐 재분배되고 강화될 것이다. 다가오는 물결의 옴니유즈 특성은 모든 계층, 부문, 비즈니스, 하위 문화, 그룹, 관료제 등 전 세계 곳곳에서 발견될 수 있다는 것을 의미한다. 이는 수조 달러의 새로운 경제적 가치를 창출하는 동시에 현존하는 부의 원천을 파괴할 수도 있다. 어떤 사람들은 엄청난 혜택을 누리는 반면, 또 어떤 사람들은 모든 것을 잃을 수 있다. 군사적으로는 일부 국민 국가와 민병대에 힘을 실어 줄 것이다. 따라서 이는 단순히 특정 취약점을 증폭시키는 데 국한된 것이 아니다. 조금 더 장기적인 관점에서 보면 사회를 구성하는 기반 그 자체를 변화시키는 것이다. 그리고 이 엄청난 권력 재분배 속에서 갈수록 더 취약해지고 있는 국가는 그 핵심이 흔들리게 될 것이고, 국가가 유지해 온 대합의는 결국 무너져 내려 불안정한 상태에 놓이게 될 것이다.

11장

국가의 미래

얼핏 보기에 등자(stirrup, 말안장에 달린 받침대_옮긴이)는 별로 혁신적이지 않은 것처럼 보일 수 있다.[1] 가죽끈과 말안장에 부착된 삼각형 모양의 아주 기본적인 금속일 따름이다. 하지만 자세히 살펴보면 또 다른 모습을 볼 수 있다.

등자가 등장하기 전에는 기병대의 전장 영향력이 의외로 제한적이었다. 잘 조직된 방어벽이라면 기병이 이끄는 돌격을 막아낼 수 있었다. 기병은 말에 고정돼 있지 않기 때문에 취약했고, 긴 창과 큰 방패로 무장한 병사들이 촘촘히 진을 치고 서 있으면 아무리 중무장한 기병대라도 낙마시킬 수 있었다. 결과적으로 말의 주된 기능은 기사를 전장으로 수송하는 것이었다.

등자는 그 모든 것에 급격한 변화를 가져왔다. 등자는 창과 기사를 돌진하는 말에 고정시켜 하나의 단일체로 만들었고, 창병 부대는 말과 기사의 힘을 모두 합쳐 강력한 힘을 발휘할 수 있게 되었다. 방패에 부딪혀도 기사는 낙마하지 않았고 오히려 방패와 방패를 든 병사가 박살났다. 기병이 말에 단단히 고정된 상태로 창을 내민 채 돌진하는 기병대는 그야말로 압도적인 충격 전술shock tactic이었다. 아무리 견고한 보병 전선일지라도 단번에 무너뜨릴 수 있었다.

이 작은 혁신으로 인해 힘의 균형이 순식간에 공격에 유리한 쪽으로 기울었다. 등자가 유럽에 도입된 직후 프랑크족Franks의 지도자 샤를 마르텔Charles Martel은 등자의 잠재력을 한눈에 알아보고 이를 활용해 사라센족Saracens을 프랑스에서 몰아냈다. 그런데 이러한 중기병 부대의 도입은 프랑크 사회에 엄청난 변화를 요구했다. 말은 많이 먹어야 했고 가격은 비쌌으며 중기병 역시 오랜 기간 훈련이 필요했다. 그에 대응하기 위해 마르텔과 그의 후계자들은 교회 땅을 몰수해 군사 엘리트를 양성하는 데 사용했다. 새로 얻은 부를 통해 말을 관리하고, 자유롭게 훈련을 하고, 부대를 왕국에 귀속시키고, 나중에는 갑옷을 구입할 자금도 확보할 수 있었다. 새로운 부와 지위에 대한 대가로 엘리트들은 무기를 들고 왕을 위해 싸우겠다고 서약했고, 이렇게 또 한 번의 사회적 대합의가 이뤄졌다.

시간이 지나면서 이 즉흥적인 서약은 봉건 영주에 대한 의무 네트워크와 거대한 농노 계층을 갖춘 정교한 봉건 제도로 발전했다. 영지와 작위, 마상 시합과 도제 제도, 대장장이와 장인, 갑옷과

성, 기사의 용맹함을 나타내는 전령 이미지와 낭만적인 이야기로 가득한 문화의 세계가 만들어졌다. 그리고 이러한 사회 구조는 중세 시대 전체의 지배적인 정치 형태로 자리 잡았다.

등자는 단순해 보이는 혁신이었지만, 수억 명의 삶에 영향을 미치는 사회 혁명으로 이어졌다. 거의 천 년간 유럽인의 삶을 구성했던 정치, 경제, 전쟁, 문화 체계는 부분적으로 이 작은 삼각형 모양의 금속에 기반을 두고 있었다. 등자와 봉건 제도의 이야기는 새로운 기술이, 새로운 사회 인프라를 통해, 새로운 권력의 중심을 만들고 이를 뒷받침한다는 중요한 진실을 보여준다. 앞서 10장에서 우리는 이러한 과정이 오늘날 국민 국가가 직면한 일련의 당면 과제에 어떠한 영향을 미치는지 살펴봤다. 그러나 장기적으로 볼 때, 권력 비용 감소의 결과는 국가의 기반이 되는 지반을 뒤흔드는 지각 변동이자 기술-정치적 대변동이 될 수 있다.

작은 기술의 변화가 힘의 균형을 근본적으로 바꿀 수 있지만, 수십 년 후의 변화를 정확히 예측하기란 매우 어렵다. 폭발적인 기술은 모든 사람과 모든 것을 증폭시키는 효과가 있어 겉으로 보기에는 모순되는 경향을 만들어 낼 수 있다. 권력은 집중되는 동시에 분산된다. 또 현존하는 권력은 강화되기도 하고 약화되기도 한다. 국민 국가는 더 취약해지는 동시에 견제 받지 않는 권력 남용에 빠질 위험 역시 높아질 수 있다.

권력에 대한 접근성이 높아진다는 것은 모든 사람의 영향력이 확대된다는 것을 의미한다. 앞으로 수십 년 동안 역사적 패턴이 다시 한번 재현되면서 새로운 중심지가 생겨나고, 새로운 인프라가 개발되고, 새로운 형태의 거버넌스와 사회 조직이 등장할 것이다. 동시에 기존의 권력 중심은 예측할 수 없는 방식으로 증폭될 것이다. 가끔 기술에 관한 글을 읽다 보면 기술이 과거의 모든 것을 없애 버릴 것처럼 느껴져 오래된 기업이나 기관들은 이 소용돌이 속에서 살아남지 못할 것이라는 막연한 두려움이 들 때가 있다. 하지만 나는 결코 그렇지 않다고 생각한다. 일부는 휩쓸려 가겠지만 대부분은 발전을 경험하게 될 것이다. 텔레비전은 혁명을 중계할 수도 있지만, 혁명을 지우는 데 도움을 줄 수도 있다. 기술은 사회 구조, 계층 구조, 통제 체제를 강화할 수 있을 뿐만 아니라 파괴할 수도 있다.

이어지는 혼란 속에서 우선순위에 큰 변화가 없다면 수많은 개방형 민주주의 국가들은 제도적 기반이 점진적으로 약화되고 정당성과 권위가 무너져 내리는 상황에 직면하게 된다. 이는 기술 확산과 권력 이동의 순환적 역학 관계로, 기반이 약화되고 이를 통제할 수 있는 역량이 약화되면서 결과적으로 더 큰 확산으로 이어진다. 동시에 권위주의 국가는 새롭게 억압할 수 있는 강력한 무기를 얻게 된다.

국민 국가는 거대한 원심력과 구심력, 중앙 집중화와 분열을 모두 경험하게 될 것이다. 그리고 이는 혼란으로 이어지는 지름길이 될 것이다. 누가 어떻게 결정을 내리고 그 결정이 누구에 의해 언제, 어디서, 어떻게 실행될지에 대한 의문을 불러일으키고, 미묘한 균형과 조정을 극한으로 몰아붙일 것이다. 혼란에 대한 이러한 처방은 새로운 권력의 집중과 분산을 심화시켜 국가를 위아래로 분열시킬 것이다. 그리고 이는 궁극적으로 일부 국가의 존립 가능성 자체를 의심하게 만들 것이다.

정치학자 웬디 브라운Wendy Brown의 말을 빌리자면 통치가 불가능한 이 '포스트 주권post-sovereign' 세계는 단기적인 취약성을 넘어서, 수십 년에 걸쳐 심화될 심각한 불안정으로 이어지는 장기적이고 거시적인 추세로 나타날 것이다.[2] 그리고 그 첫 번째 결과는 사회를 재편하는 막대한 권력과 부의 집중이 될 것이다.

집중: 지능의 복리 수익

몽골에서 무굴 제국에 이르기까지 천 년이 넘는 기간 동안 아시아에서 가장 강력한 세력은 전통적인 제국이었다. 그러나 1800년에 이르러 그러한 상황이 바뀌었다. 이제 가장 영향력 있는 세력은 비교적 적은 수의 주주가 소유한 민간 기업이었다. 수천 마일 떨어진 도시의 창문 다섯 개짜리 건물에서 근무하는 소수의 숙련된 회계사와 관리자가 그 기업을 운영했다.

19세기에 접어들면서 영국 동인도 회사British East India Company 는 인도 아대륙Indian subcontinent의 광활한 영토를 지배했다. 동인도 회사는 유럽 대륙 전체보다 더 큰 땅과 사람들을 지배하며 세금을 징수하고 법을 제정했다. 또 동인도 회사는 영국 본국 군대의 두 배에 달하는 20만 명의 상비군을 지휘했고, 세계 최대 규모의 상선 함대를 운영했다. 동인도 회사의 집단 화력은 아시아의 그 어떤 국가보다도 막강했다. 홍콩 건국에서부터 보스턴 차 사건 Boston Tea Party에 이르기까지 다양한 역사적 사건에서 동인도 회사의 글로벌 무역 관계가 중추적인 역할을 담당했다. 동인도 회사의 세관, 관세, 배당금은 영국 경제에서 매우 중요한 역할을 했다. 당시 영국 대외 무역의 절반 이상이 이 회사를 통해 이뤄졌기 때문이다.[3]

동인도 회사는 분명 평범한 기업이 아니었다. 사실 일종의 제국이나 다름없었다. 오늘날 우리가 사용하는 용어로 이러한 회사를 표현하기는 어렵다. 우리가 신식민지 시대의 동인도 회사 2.0을 향해 나아가고 있는 것은 아니다. 하지만 일부 이사회가 행사하는 막대한 규모와 영향력에 대한 대응이 필수적이라고 생각한다. 이러한 영향력은 단순히 오늘날의 문화와 정치를 형성하는 미묘한 개입nudge과 선택의 구조를 형성하는 데 그치지 않고 앞으로 수십년 동안 일어날 수 있는 미래의 잠재적 결과에도 영향을 미칠 수 있다. 이사회는 일종의 제국이며, 앞으로 다가올 물결에 따라 그 규모와 영향력, 역량이 크게 확장될 것이다.

보통 사람들은 특정 작업에서 한 개인이 수행해 낼 수 있는 성과와 AI의 역량을 비교함으로써 AI의 발전 정도를 측정하곤 한다.

연구자들은 언어 번역이나 운전과 같은 실제 작업에서 인간의 능력을 뛰어넘는 것과 같은 성과에 대해 이야기한다. 하지만 이렇게 접근하다 보면 세상에서 가장 강력한 힘은 공동의 목표를 달성하기 위해 협력하는 개인들의 집단적 노력이라는 점을 간과하게 된다. 조직 역시 일종의 지능이라고 할 수 있다.[4] 기업, 군대, 관료 조직, 심지어 시장을 포함한 모든 조직은 인공 지능에 속한다. 조직은 방대한 양의 데이터를 수집하고 처리하며, 특정 목표를 중심으로 스스로를 조직하고, 그 목표를 더 잘 달성할 수 있는 메커니즘을 구축한다. 실제로 기계 지능은 인간의 정신보다는 거대한 관료 조직과 더 비슷한 점이 많다. 인공 지능이 세상에 미치는 막대한 영향력에 대해 논의할 때, 이러한 전통적인 형태의 인공 지능이 얼마나 광범위한 영향을 미치고 있는지 염두에 둘 필요가 있다.

기계로 기업이나 정부 부처를 운영하는 데 필요한 업무의 상당 부분, 혹은 대부분을 더 효율적으로 수행할 수 있다면 어떤 일이 벌어질까? 누가 이러한 역학 관계의 혜택을 가장 먼저 받게 될 것이며, 그들은 이 새로운 힘으로 무엇을 할 수 있을까?

우리는 이미 대기업이 수조 달러의 기업 가치를 자랑하고 모든 면에서 국가 전체보다 더 많은 자산을 보유하고 있는 시대에 살고 있다. 애플을 예로 들어 보자. 애플은 인류 역사상 가장 아름답고 영향력 있으며 널리 사용되는 제품 중 하나를 만들어 냈다. 아이폰은 창의적이다. 전 세계 12억 명이 넘는 사람들이 애플의 제품을 사용하고 있고, 애플은 그러한 성공에 따른 보상을 받을 자격이 충분하다. 2022년 애플의 기업 가치는 영국 FTSE 100 지수에 올라 있는 모든 기업의 가치를 합친 것보다 더 높았다. 약 2000억 달러에 달하는 현금과 투자금, 그리고 지극히 높은 충성도의 고객층을 확보하고 있는 애플은 이 새로운 물결을 잘 활용할 수 있는 위치에 있는 것으로 보인다.

마찬가지로 전 세계 광대한 지역에서 지도와 위치, 리뷰와 업체정보, 광고, 동영상 스트리밍, 오피스 도구, 캘린더, 이메일, 사진 저장, 화상 회의 등 매우 다양한 분야의 방대한 서비스가 구글이라는 단일 기업으로 통합됐다. '구글화Googlization'란 무료 또는 저렴한 비용으로 제공되는 다양한 서비스를 통해 단일 주체가 경제와 인간 경험의 상당 부분을 기능적으로 지원하는 것을 말한다. 이처럼 기술 대기업들은 생일 축하 행사 준비부터 수백만 달러 규모의 기업 관리까지 모든 용도에 맞는 도구를 제공한다. 이에 필적할 만한 조직은 대중의 삶에 깊이 관여하는 국가 정부뿐이다.

이러한 집중도를 이해하기 위해 포춘 글로벌 500대 기업의 총매출이 이미 전 세계 GDP의 44퍼센트를 차지한다는 사실을 생각해 보자.[5] 포춘 글로벌 500대 기업의 전체 수익은 상위 6개국을 제외한 모든 국가의 연간 GDP보다 크다. 이들 기업은 이미 최대 규모의 AI 프로세서 클러스터, 최첨단 모델, 양자 컴퓨터, 로봇 공학 역량과 지식 재산 대부분을 보유하고 있다.[6] 로켓, 인공위성, 인터넷과 달리 이 기술 물결의 최전선은 정부 기관이나 학계 연구소가 아닌 기업 내에 있다. 차세대 기술로 이 과정을 가속화되면 기업의 집중도가 높아지는 미래도 그리 놀라운 일이 아닐 듯하다.

선두 기업이 더욱 높은 점유율을 차지하는 '슈퍼스타' 효과가 이미 뚜렷하게 나타나고 있으며, 이러한 현상이 빠르게 가속화되고 있다.[7] 세계 상위 50개 도시는 전 세계 인구의 8퍼센트에 불과하지만 부와 기업의 힘(대기업 본사의 45퍼센트, 세계 GDP의 21퍼센트)을 가장 많이 가지고 있다. 또한 상위 10퍼센트에 해당하는 글로벌 기업이 전체 수익의 80퍼센트를 차지하고 있다. 우리에게 다가올 물결은 지역, 비즈니스 분야, 기업, 연구 그룹을 막론하고 더욱 부유하고 성공적인 슈퍼스타를 만들어 낼 것으로 예상된다.

앞으로 우리는 여러 국민 국가의 규모와 영향력을 능가하는 민간 기업 집단을 목격하게 될 것이다. 한국의 삼성 그룹과 같은 거대한 기업 제국의 막대한 영향력을 생각해 보자. 약 100년 전 국수 가게로 시작한 삼성은 한국 전쟁 이후 굴지의 대기업으로 성장했다. 1960년대와 1970년대 한국의 성장이 가속화되면서 삼성은 다각화된 제조업뿐만 아니라 은행과 보험업에서도 중요한 역할을 담당하며 대표 기업으로 성장했다. 한국 경제의 성공 신화는 삼성이 주도한 기적이었다. 이 시기에 삼성은 대한민국을 지배하는 소수의 거대 기업 집단을 일컫는 재벌chaebol의 선두 주자였다.

스마트폰, 반도체, TV는 삼성의 전문 분야다. 또 삼성은 생명 보험, 여객선 운영, 테마파크 등 다양한 분야에서도 두각을 나타내고 있다. 삼성그룹의 매출은 한국 경제의 20퍼센트를 차지하고, 삼성에서의 경력은 한국 사회에서 매우 가치 있게 평가된다. 오늘날 한국인에게 삼성은 거의 준정부나 다름없으며, 국민의 삶 전반에서 끊임없이 그 존재감을 드러낸다. 복잡한 이해관계와 반복되는 정경 유착 스캔들을 고려할 때, 국가와 기업 간 힘의 균형은 불안정하고 모호할 수 있다.

현재 삼성과 한국은 예외적인 위치에 있지만, 오래가지 않아 이러한 상황이 바뀔 수 있다. 집중된 역량의 범위를 고려할 때 교육과 국방, 심지어 통화나 법 집행과 같이 오늘날 정부의 영역으로 여겨지는 일들도 이 새로운 세대의 기업들이 수행할 수 있을 것이다. 예를 들어 이미 이베이eBay와 페이팔PayPal의 분쟁 해결 시스템은 연간 역 6000만 건의 분쟁을 처리하고 있으며, 이는 미국 전체 법률 시스템의 3배에 달하는 수치다. 게다가 기술만으로 이러한 분쟁 중 90퍼센트를 해결하고 있다.[8] 앞으로 더 많은 발전이 이뤄질 것이다.

기술은 이미 일종의 현대 제국을 탄생시켰다. 다가오는 물결은 이 같은 추세를 더욱 가속화해 이를 창조하고 통제하는 사람들에게 막대한 권력과 부를 안겨 줄 것이다. 과중한 업무와 부담을 안고 있는 정부의 공백을 새로운 사적 이익이 메울 것이다. 이 과정은 동인도 회사처럼 무력을 휘두르며 강제적으로 이뤄지지는 않겠지만, 동인도 회사와 마찬가지로 정부에 버금가는 규모, 영향력, 권력을 가진 민간 기업이 탄생할 것이다. 현금, 전문성, 유통망을 갖추고 다가오는 물결을 활용해 정보력과 영향력을 강화할 수 있는 기업은 엄청난 이득을 얻게 될 것이다.

이전 물결에서는 탈물질화가 이뤄지면서 상품이 서비스가 됐다. 이제는 소프트웨어나 음악을 CD로 사지 않고 스트리밍으로 구매한다. 바이러스 백신과 보안 소프트웨어는 구글이나 애플을 사용하면 당연히 제공되는 부산물로 생각한다. 고장이 나거나 구식이 될 수 있는 제품과 달리 서비스는 더 오래 지속되고 사용하기가 쉽다. 기업은 사용자가 자사 소프트웨어를 구독하도록 적극 권장한다. 정기 결제가 가능해지기 때문이다. 모든 기술 대기업 플랫폼은 주로 서비스 비즈니스로 운영되거나 매우 큰 규모의 서비스 비즈니스를 보유하고 있다. 애플은 주로 기기를 판매하지만 앱 스토어App Store를 운영하고 있으며, 아마존은 세계 최대의 실물 상품 소매업체로 운영되고 있지만 판매자에게는 전자 상거래 서비스를, 개인에게는 TV 스트리밍 서비스를 제공한다. 또 클라우드 서비스인 아마존 웹 서비스Amazon Web Services를 통해 인터넷의 상당 부분을 호스팅하고 있다.

어디를 둘러봐도 기술은 이러한 탈물질화를 가속화하고 있으며, 기존의 일회성 구매 제품이 아닌 지속적인 소비 서비스를 제공함으로써 최종 소비자의 복잡한 문제를 단순화해 준다. 우버, 도어대시DoorDash, 에어비앤비와 같은 서비스부터 인스타그램, 틱톡과 같은 개방형 퍼블리싱 플랫폼까지 거대 기업들은 단순히 시장에 참여하는 것이 아니라 시장 자체를 구현하는 방향으로 전환하고 있다. 또 그들은 더 이상 제품 개발에만 집중하지 않고 서비스를 제공하고 운영하는 데 주력하고 있다. 이제 문제는 다른 거대 기업의 기존 제품군에 통합돼 서비스로 전환될 수 있는 제품을 파악하는 것이다.

나는 수십 년 안에 대부분의 물리적 제품이 서비스와 같은 모습을 띨 것이라고 예상한다. 한계 비용 제로 생산과 유통이 이를 가능하게 할 것이다.[9] 클라우드로의 전환은 모든 것을 포괄하게 될 것이며, 로우코드low-code와 노코드no-code 소프트웨어의 부상, 바이오 제조의 발전, 3D 프린팅의 붐으로 인해 이러한 추세는 더욱 가속화될 것이다. AI의 설계, 관리, 물류 기능부터 양자 컴퓨터로 구현되는 화학 반응 모델링, 로봇 공학의 정교한 조립 기능에 이르기까지 다가오는 물결의 모든 측면을 결합하면 생산의 본질을 완전히 바꿔 놓을 대대적인 혁명이 일어날 것이다.

식품, 의약품, 가정용품 등 거의 모든 제품이 3D 프린팅, 바이오 생산, 원자 단위의 정밀한 제조를 통해 사용 현장이나 그 근처에서 만들어질 수 있다. 이러한 과정은 자연어를 통해 고객과 원활하게 상호 작용하며 협력하는 정교한 AI가 감독하게 될 것이다. 사용자는 실행 코드를 구매하고 작업 수행이나 제품 생산을 AI나 로봇에 위임하기만 하면 된다. 물론 물질의 엄청난 복잡성을 간과할 수 있고, 실제로는 먼 미래에나 가능한 일일 수도 있다. 하지만 멀리 내다보면 이러한 시나리오는 분명 설득력이 있다. 이러한 관점을 전적으로 지지하지는 않는다고 하더라도, 이러한 힘이 글로벌 경제 공급망 전반에 걸쳐 큰 변화와 새로운 가치의 중심이 될 가능성이 높다는 사실을 부인하기는 어려울 것이다.

저렴하고 원활한 서비스에 대한 수요를 충족하려면 일반적으로 칩, 인력, 보안, 혁신에 대한 대규모의 선행 투자가 필요하며, 이는 결국 중앙 집중화를 가속화한다. 이러한 시나리오에서는 소수의 메가 플레이어만이 기존 국가와 경쟁할 수 있는 규모와 힘을 갖게 된다. 또한 가장 우수한 시스템을 소유한 기업은 엄청난 경쟁 우위를 확보하게 될 것이다.* [10] 앞으로 다가올 물결이 만들어 낼 거대한 중앙 집중식 기업들은 과거의 기업들보다 더 크고, 더 부유하고, 더 확고한 입지를 구축할 가능성이 높다.

시스템이 다양한 부문에 걸쳐 효과적으로 일반화될수록 권력과 부는 소유주에게 더 많이 집중된다. 새로운 기술을 가장 빨리 발명하거나 도입할 수 있는 자원을 가진 기업, 즉 업데이트된 튜링 테스트를 통과할 수 있는 기업은 수익이 급격하게 증가하는 것을 경험할 수 있다. 이러한 기업의 시스템은 더 많은 데이터와 '실제 배포 경험real-world deployment experience'을 갖고 있기 때문에 더 효과적으로 작동하고, 더 빠르게 일반화되고, 더 확실한 우위를 확보해 최고의 인재를 끌어모을 수 있다. 그리고 극복할 수 없는 '인텔리전스 격차intelligence gap'라는 개념이 설득력을 얻게 된다. 한 조직이 확실한 우위를 점하게 되면, 그 조직은 독보적인 수익을 창출

---

* 에릭 브린욜프슨Erik Brynjolfsson은 AI가 경제를 점진적으로 지배해 많은 사람들이 일자리, 부, 의미 있는 영향력을 잃고 불균형 상태에 빠지는 상황을 '튜링의 함정Turing Trap'이라고 부른다.

하는 권력의 중심에 서게 된다. 이 같은 프로세스가 완전한 AGI나 양자 지상주의와 같은 영역으로 확장된다면, 신규 진입자나 정부에게도 상당한 도전이 될 수 있다.

그 종착점이 무엇이든 간에 우리는 영향력 있는 주체들이 전례 없는 능력과 힘을 손에 쥐고 이를 활용해 그들만의 의제를 추구하는 영역으로 나아가고 있다. 이러한 권력 집중은 거대하고 자동화된 거대 기업이 가치를 인적 자본, 즉 노동에서 원시 자본raw capital으로 이전할 수 있게 해 줄 것이다. 이러한 집중으로 인해 발생하는 모든 불평등은 기존의 분열을 더욱 가속화하고 구조적으로 더 심화시킬 수 있으며, 신봉건주의 또는 테크노 봉건주의에 대한 논의가 이뤄지는 것도 자연스러운 일이다. 이는 사회 질서에 대한 직접적인 도전이고, 이번에는 등자 이상의 또 다른 무언가 위에 세워질 것이다.[11]

요약하자면, 지능에 대한 수익률은 기하급수적으로 증가할 것이다. 우리가 조직이라고 부르던 소수의 엄선된 인공 지능은 새로운 집중력, 즉 지금까지 보아온 최고의 집중력을 통해 엄청난 혜택을 받을 것이다. 인류의 성공을 이끈 본질을 무수히 많은 환경에서 반복적으로 사용하고 응용할 수 있는 도구로 재창조하는 노력은 엄청난 보상을 받게 될 것이며, 다양한 기업과 관료 조직이 이러한 역량을 적극적으로 추구하고 활용하게 될 것이다. 이러한 주체가 어떻게 관리되고, 국가와 상호 작용하고, 국가에 영향을 미치고, 국가를 재설계할지 알 수 없지만, 그들이 국가에 도전적인 존재가 될 것이라는 점은 확실해 보인다.

그런데 권력 집중의 심화로 인한 영향은 기업에게만 국한되지 않는다.

감시: 권위주의를 위한 로켓 연료

거대 기업과 비교하면 정부는 느리고, 비대하고, 단절된 것처럼 보인다. 이제 정부는 역사의 뒤안길로 접어들고 있다는 생각이 들기도 한다. 그러나 국민 국가가 피할 수 없는 또 다른 도전은 바로 다가오는 물결의 도구를 사용해 권력을 통제하는 힘을 강화하고, 이를 바탕으로 지배력을 공고히 하는 것이다.

20세기 전체주의 정권은 계획된 경제, 순종적인 국민, 통제된 정보 생태계를 원했다. 또한 그들은 삶의 모든 측면을 관리할 수 있는 완전한 헤게모니를 원했다. 5개년 계획은 영화 작품 수와 내용에서부터 특정한 밭의 밀 예상 수확량까지 모든 것을 통제했다. 고도의 모더니즘 기획자들은 질서와 원활한 흐름이 특징인 깨끗한 도시를 만들고 싶어 했고, 끊임없이 감시하는 무자비한 보안 장치가 이 모든 것을 가능하게 했다. 권력은 전체 상황을 감독하고 단호하게 행동할 수 있는 한 명의 지도자에게 집중돼 있었다. 소련의 집단화, 스탈린의 5개년 계획, 마오쩌둥의 중국, 동독의 슈타지 (Stasi, 과거 동독의 정보기관_옮긴이)를 생각해 보자. 이것이 바로 디스토피아적 악몽으로서의 정부다.

적어도 지금까지는 그 결과가 항상 비참했다. 혁명가와 관료들 모두가 최선을 다했음에도 불구하고 사회 재편이 쉽지 않아 국가가 전혀 이해할 수 없는 사회가 됐고, 중앙의 순수한 이상에 부합하지 않는 지저분하고 통제할 수 없는 현실이 됐다.[12] 인간은 이러한 틀 안에 가둬 두기에는 너무나 다양하고 충동적인 성향을 갖고 있었다. 과거에는 전체주의 정부가 사용할 수 있는 도구가 문제를 해결하는 데 적합하지 않았다. 따라서 정부는 삶의 질을 높이는 데 실패했고, 결국 붕괴하거나 개혁을 단행해야 했다. 극단적인 집중화는 전혀 바람직하지 않을 뿐 아니라 현실적으로도 달성할 수 없는 목표였다.

앞으로 다가올 물결에서는 이 같은 사실이 더 이상 유효하지 않을 수도 있다는 불안한 가능성이 제기되고 있다. 그 대신 중앙 집권적 권력과 통제가 강화돼 국가 기능이 본래의 목적과 다르게 억압적인 방향으로 왜곡될 수 있다. 이는 권위주의자들과 주요 강대국 간의 경쟁을 심화시킬 가능성이 높다. 엄청난 규모와 정밀도로 데이터를 수집하고 활용하는 능력, 광범위한 영토를 감시하고 통제하며 실시간으로 반응할 수 있는 능력, 즉 역사상 가장 강력한 기술들을 한 기관의 권한 아래에 두는 능력은 국가 권력의 한계를 포괄적으로 재정의해 완전히 새로운 유형의 실체를 만들어 낼 것이다.

스마트 스피커가 여러분을 잠에서 깨워 주면 곧바로 휴대 전화로 눈을 돌려 이메일을 확인한다. 스마트 워치는 여러분이 지난 밤 정상적으로 수면을 취했고 아침 심장 박동 수가 평균 범위 내에 있음을 알려 준다. 이론상으로는 원격 기관이 이미 여러분의 기상 시간, 감정 상태, 현재 집중하고 있는 내용을 파악하고 있는 셈이다. 여러분이 집을 나서 사무실로 출근하는 동안 휴대 전화는 여러분의 움직임을 추적하고 여러분의 문자 메시지와 여러분이 듣고 있는 팟캐스트의 키 입력을 기록한다. 이동하는 내내, 그리고 하루 종일 수많은 CCTV 카메라가 여러분의 모습을 수백, 수천 번이나 포착한다. 어쨌든 이 도시에는 인구 10명당 한 대 이상의 카메라가 설치돼 있으며, 어쩌면 그보다 훨씬 더 많은 카메라가 설치돼 있을 수도 있다.[13] 여러분이 사무실에 들어서면 시스템이 출근 시간을 기록한다. 여러분의 컴퓨터에 설치된 소프트웨어는 눈의 움직임까지 추적해 생산성을 모니터링하고 있다.

집으로 돌아가는 길에 저녁거리를 구입하면 슈퍼마켓의 로열티 시스템이 구매 내역을 추적한다. 저녁 식사 후에 새로운 TV 시리즈를 정주행하면 여러분의 시청 습관이 기록된다. 모든 시선, 긴급한 메시지, 브라우저를 이용한 정보 검색, 번화한 도시 거리를 지나는 발걸음, 심작 박동, 불면, 구매하거나 취소하는 모든 행위가 포착되고, 관찰되고, 문서로 작성된다. 이는 직장, 전화 통화, 병원, 헬스장을 통해 매일 수집되는 데이터의 극히 일부에 불과하다. 여러분 삶의 거의 모든 측면이 이렇게 수집된 데이터를 처리하고 그에 따라 조치를 취할 수 있는 전문가들에 의해 어딘가에 기록되고 있다. 이는 먼 미래의 디스토피아가 아니다. 런던과 같은 도시에서 수백만 명의 사람들이 매일 마주하는 현실을 묘사한 것이다.

이제 마지막 단계는 이렇게 다양한 데이터베이스를 하나의 통합된 시스템, 즉 완벽한 21세기형 감시 장치로 통합하는 것이다. 가장 대표적인 사례로 중국을 들 수 있다. 새로울 게 없는 이야기이지만, 향후 20~30년 후의 모습은 말할 것도 없고 현재 상태만 봐도 중국의 감시 프로그램이 얼마나 진보적이고 야심에 차 있는지 알 수 있다.

서구와 비교했을 때 중국의 AI 연구는 객체 추적, 장면 이해, 음성이나 동작 인식과 같은 감시 영역에 집중돼 있다.[14] 감시 기술은 어디에나 존재하며 시민 생활의 다양한 측면을 파악할 수 있는 능력이 점점 더 세분화되고 있다. 이러한 기술은 얼굴, 걸음걸이, 번호판 등 시각적 인식과 바이오 데이터를 포함한 대규모 데이터 수집을 결합한다. 위챗WeChat과 같은 중앙 집중식 서비스는 개인 메시징, 쇼핑, 뱅킹 등 모든 것을 쉽게 추적할 수 있는 단일 플랫폼에 통합한다. 중국의 고속도로를 달리다 보면 수많은 자동 번호판 인식 카메라Automatic Number Plate Recognition로 차량을 추적하는 것을 볼 수 있다. (물론 이러한 카메라는 서구의 대도시 지역에도 존재한다.) 코로나19 검역 기간 동안에는 스피커가 장착된 로봇 개와 드론을 통해 사람들에게 실내에 머물 것을 촉구하는 메시지를 전달하기도 했다.

얼굴 인식 소프트웨어는 2부에서 살펴본 컴퓨터 비전의 발전을 기반으로 놀라울 만큼 정교하게 개인의 얼굴을 식별한다. 휴대 전화의 잠금을 해제하면 얼굴을 '인식'하자마자 자동으로 실행되는 이 기능은 작고 편리하지만 분명하고 심오한 의미를 담고 있다. 이 시스템은 미국의 기업과 학계 연구진에 의해 개발됐지만, 중국보다 이 기술을 더 많이 수용하고 발전시킨 곳은 없다.

마오쩌둥 주석은 이웃들이 공산주의 정통성에 어긋나는 행위에 대해 서로 감시할 때 "인민들은 날카로운 눈을 가지고 있다"고 말한 바 있다. 그의 발언은 2015년까지 모든 공공장소에 이러한 감시 시스템을 도입하는 것을 목표로 하는 대규모 '샤프 아이즈Sharp Eyes' 얼굴 인식 프로그램에 영감을 불어넣었다.[15]

홍콩 중문 대학교Chinese University of Hong Kon의 한 연구팀은 20억 개가 넘는 얼굴 데이터베이스를 기반으로 세계 최대 규모의 얼굴 인식 회사 중 하나인 센스타임SenseTime을 설립했다.[16] 현재 중국은 얼굴 인식 기술의 선두주자로 메그비Megvii와 클라우드워크CloudWalk와 같은 거대 기업이 시장 점유율을 놓고 센스타임과 경쟁하고 있다. 심지어 중국 경찰은 군중 속에서 용의자를 추적할 수 있는 얼굴 인식 기술이 내장된 선글라스까지 보유하고 있다.[17]

중국은 전 세계 10억 대의 CCTV 카메라 중 절반가량을 보유하고 있다.[*][18] 그중 상당수에 얼굴 인식 기능이 내장돼 있으며 주

---

* 이 내용과 다음 내용에 언급된 통계는 《뉴욕 타임스》에서 실시한 조사에서 발췌한 것이다.

거용 건물, 호텔, 심지어 노래방과 같이 사적인 공간에까지 전략적으로 배치돼 광범위한 정보를 수집한다. 《뉴욕 타임스》 조사에 따르면, 푸젠성Fujian Province 경찰만 해도 25억 개의 얼굴 이미지가 저장된 데이터베이스를 보유하고 있는 것으로 추정된다. 그들은 "사람들을 통제하고 관리하기 위한 것"이라고 그 목적을 분명히 했다. 중산시Zhongshan 경찰이 반경 300피트(약 91미터) 이내에서 오디오를 녹음할 수 있는 카메라를 물색하던 사례에서 볼 수 있듯이, 중국 당국은 오디오 데이터 수집을 위한 노력도 확대하고 있다. 또 바이오 데이터에 대한 면밀한 모니터링과 저장은 코로나19 시대의 표준이 됐다.

중국 공안부는 번호판, DNA, 위챗 계정, 신용 카드 등 모든 것을 아우르는 다양한 데이터베이스와 서비스의 일관된 시스템 통합이 최우선 과제라고 밝히고 있다. 이 AI 기반 시스템은 반체제 인사나 시위 등 중국 공산당에 대한 새로운 위협을 실시간으로 파악하여 정부 입장에서 바람직하지 않다고 판단되는 모든 사안에 대해 신속하고 강력하게 대응할 수 있도록 지원한다.[19] 신장 자치구 Xinjiang Autonomous Region만큼 이러한 통합 시스템이 무서운 잠재력을 발휘하는 곳도 없다.

중국 북서부의 험준하고 외딴 지역인 신장 자치구는 원주민 위구르족에 대한 체계적이고 기술적인 탄압과 인종 청소가 자행되고 있는 곳이다. 이 지역에는 모든 감시와 통제 시스템이 통합돼 있다. 도시 전체가 얼굴 인식과 AI 추적 기능을 갖춘 카메라 감시망으로 둘러싸여 있으며, 검문소와 '재교육' 수용소는 이동과 자유를 통제한다. 수많은 감시 데이터베이스를 기반으로 한 사회 신용 점수 social credit score 시스템은 사람들을 철저하게 감시한다. 당국은 최대 3000만 개의 샘플을 저장할 수 있는 홍채 스캔 데이터베이스를 구축했는데[20] 이는 이 지역 인구보다 많은 수치다.

과도한 감시와 통제가 이뤄지는 사회는 이미 존재하고 있으며, 이제 이러한 추세는 중앙에 권력이 집중되는, 한 단계 더 높은 수준으로 확대될 것이다. 하지만 이를 단순히 중국이나 권위주의 국가의 문제로만 치부하는 것은 실수다. 우선 먼저 이 기술은 베네수엘라, 짐바브웨, 에콰도르, 에티오피아와 같은 국가에 대규모로 수출되고 있다. 미국도 예외가 아니다. 2019년 미국 정부는 연방 기관과 그 계약 업체가 화웨이, ZTE, 하이크비전Hikvision 등 여러 중국 공급업체에서 판매하는 통신과 감시 장비를 구매할 수 없도록 금지했다.[21] 그럼에도 불구하고 일 년 만에 연방 기관 세 곳에서 금지된 공급업체의 장비를 구입한 것으로 밝혀졌다.[22] 심지어 미국 내 100개가 넘는 도시에서 신장의 위구르족을 감시하고 통제하기 위해 개발된 기술을 도입하기도 했다.[23] 이는 명백한 억제 실패다.

서구 기업과 정부도 이러한 기술을 개발하고 배포하는 데 앞장서고 있다. 앞서 런던을 언급한 것도 런던이 '세계에서 가장 많이 감시를 받는 도시'라는 타이틀을 놓고 중국의 선전시와 경쟁하고 있기 때문이다. 정부가 국민을 감시하고 통제하는 것은 공공연한 사실이지만, 이 같은 경향은 서구 기업에도 깊이 뿌리내려 있다. 스마트 물류 창고에서는 모든 근로자의 체온과 화장실 사용 시간까지 일거수일투족이 추적된다.[24] 비질런트 솔루션스Vigilant Solutions 와 같은 회사는 번호판 추적을 기반으로 이동 데이터를 집계한 다음 주 정부나 지방 자치 단체와 같은 관할 구역 기관에 판매하기도 한다.[25] 심지어 테이크아웃 피자까지 감시당하고 있다. 그 일례로 도미노피자는 AI 기반 카메라를 사용해 피자를 검사한다.[26] 서양인들도 일상생활에서 방대한 양의 데이터를 남기고 있고, 중국과 마찬가지로 그 데이터가 수집되고 처리되고 운영되고 판매된다.

새로운 기술의 물결이 다가오기 전 글로벌 '첨단 파놉티콘 (high-tech panopticon, 영국의 철학자 제레미 벤담이 설계하고 제안한 원형 감옥_옮긴이)'이라는 개념은 예브게니 자먀찐Yevgeny Zamyatin의 《우리들》이나 조지 오웰의 《1984》와 같은 디스토피아 소설에나 나올 법한 것이었다.* 그러나 이제 파놉티콘이 현실화되고 있다. 수십억 개의 디바이스와 수조 개의 데이터 포인트를 동시에 실시간으로 작동하고 모니터링해 감시뿐 아니라 예측하는 데에도 활용할수 있다. 선거 결과와 같은 거시적 과정에서부터 개별 소비자 행동에 이르기까지 사회적 결과를 정밀하고 세밀하게 예측할 수 있을

---

* 데이브 에거스Dave Eggers의 《The Every》와 같은 감시 디스토피아를 다룬 최신 소설에는 감시 대상에 대한 구체적인 묘사가 담겨 있지 않고, 공상 과학 소설이 아니라 현대 기술 기업에 대한 풍자가 담겨 있다는 점을 고려하기 바란다.

뿐만 아니라 교묘하게 또는 노골적으로 결과를 유도하거나 강요할 수도 있다.

이는 전체주의의 가능성을 새로운 차원으로 끌어올린다. 전체주의가 모든 곳에서 동시에 발생하지는 않을 것이다. 하지만 AI, 생명 공학, 양자, 로봇 공학, 그 외에 다른 기술 영역들이 억압적인 국가의 통제에 집중된다면 그 결과는 지금까지 관찰된 것과는 확연히 다른 모습이 될 것이다. 다음 장에서는 이 가능성에 대해 다시 살펴보겠다. 하지만 그 전에 역설적이게도 중앙 집중화와 완전히 상반되는 또 다른 트렌드가 등장할 것이다.

파편화: 국민에게 권력을

'헤즈볼라Hezbollah'라는 단어를 들으면 대부분의 사람들은 의회, 학교, 병원과 같은 이미지를 떠올리지 않는다. 레바논의 오랜 내전으로 탄생한 이 무장 단체는 폭력의 역사를 갖고 있고, 미국 정부가 공식적으로 테러 단체로 분류하고 있으며, 종종 이란의 이익을 대변하는 역할을 하기도 한다. 하지만 여기에는 권력과 국가의 대안적 방향을 엿볼 수 있는 더 많은 이야기가 담겨 있다.

레바논 본거지에서 헤즈볼라는 시아파의 '국가 안의 국가'로 활동하고 있고, 상당한 규모의 악명 높은 군사 조직이 존재한다. 한 분석가의 말을 빌리자면 헤즈볼라는 "대부분 국가보다 더 많은 포병 무기를 보유하고 있는"세계에서 가장 잘 무장한 비국가 단체일 수도 있다.[27] 헤즈볼라는 드론, 탱크, 장거리 로켓, 상당수의 보병 병력을 보유하고 있으며, 아사드Assad 정권과 함께 시리아 내전에 참여해 이스라엘과 정기적으로 교전을 벌여 왔다.

놀랍게도 헤즈볼라는 레바논 정부가 진행 중인 사이코 드라마psycho-drama의 중요한 주류 정치 세력이자 기존 정당이기도 하다. 헤즈볼라는 여러 측면에서 정치 시스템의 필수적인 구성 요소이며, 동맹을 맺고, 법률 초안을 작성하고, 기존 국가 기관과 협력한다. 이 단체의 구성원들은 지방 자치 단체 의회와 의회에서 활동하며 장관급 직책을 맡고 있다. 헤즈볼라는 그들이 장악하고 있는 레바논의 광범위한 영토에서 학교, 병원, 의료 센터, 인프라, 상수도 프로젝트, 소액 신용 대출 사업 등을 운영하고 있다. 실제로 이러한 프로그램 중 일부는 수니파Sunnis와 기독교인들의 지원을 받기도 한다. 헤즈볼라가 사실상 모든 지역을 국가처럼 운영하고 있는 셈이다.[28] 또한 헤즈볼라는 합법적인 사업과 석유 밀수 같은 불법적인 사업을 모두 아우르는 다양한 상업 활동도 수행하고 있다.

그렇다면 헤즈볼라는 무엇일까? 국가일까 아니면 비국가 단체일까? 극단주의 단체일까 아니면 영토에 뿌리를 둔 전통 세력일까? 헤즈볼라는 국가 기관 안팎에서 활동하는 특이한 '하이브리드' 단체다.[29] 국가의 특성을 띠고 있으면서도 국가의 정의에 완전히 부합하지는 않는다. 선택적으로 책임을 지고, 자국의 이익에 부합하는 활동에 참여할 수 있는 능력을 갖추고 있으며, 종종 더 넓은 국가와 지역에 심각한 영향을 미치기도 한다. 헤즈볼라처럼 독특한 지역적 긴장 속에서 진화한 조직은 그리 많지 않다.

그러나 앞으로 다가올 물결은 국가와 유사한 다양한 소규모 단체를 훨씬 더 그럴듯하게 만들 수 있다.*[30] 이는 중앙 집중화와는 반대로 모든 사람이 최신 기술에 접근할 수 있고, 스스로 자립할 수 있으며, 국민 국가 조직이라는 거대한 상부 구조 없이도 누구나 기본적인 생활 수준을 유지할 수 있는 파편화되고 부족화된 세계, 즉 일종의 '헤즈볼라화Hezbollahization'를 촉진할 수 있다.

AI, 저렴한 로봇 공학, 첨단 생명 공학이 청정에너지원과 결합하면 현대 사회에서 처음으로 '오프그리드'(off-grid, 필요한 에너지를 외부에서 제공받지 않고 직접 생산해 생활하는 방식_옮긴이) 생활이 가능해질 수 있다고 생각해 보자. 기존의 전력망을 사용하는 것과 거의 같은 수준으로 말이다. 지난 10년 동안 태양광 발전 비용이 82퍼센트 이상 떨어졌고, 앞으로 더 떨어질 것으로 예상되는 만큼 소규모 지역 사회에서도 에너지 자급자족이 가능해질 수 있다.[31] 인프라의 전기화와 화석 연료에 대한 대안이 확산됨에 따라 더 많은 세계가 자급자족할 수 있지만, 이제 지역 사회에서도 AI, 바이오, 로봇 공학 등의 인프라를 갖추고 직접 정보를 생성하고 제조할 수 있다.

---

* 이는 중앙 집중화와 마찬가지로 전통적으로 국가의 영역으로 간주되던 역할을 민간 주체가 더 많이 떠맡게 되는 기존의 추세를 크게 확대하는 것이다.

교육이나 의료와 같은 분야는 현재 거대한 사회적·재정적 인프라에 의존하고 있지만, 적응형 지능 교육 시스템을 통해 이러한 분야 역시 간소화되고 현지화될 수 있다. 이러한 시스템은 학생의 학습 여정 전체를 파악해 맞춤형 커리큘럼을 구성할 수 있다. 또 AI는 자동화된 채점 시스템으로 학생 개개인에게 최적화된 대화형 게임과 같은 맞춤형 자료를 만들어 낼 수도 있다.

국민 국가 시스템처럼 집단적인 보안 우산은 어렵더라도 필요에 따라 다양한 임시 형태의 물리적 보호나 사이버 보호를 선택할 수 있다. 보안 그룹 역시 AI 해커와 자율 드론에 접근할 수 있게 될 것이다. 앞서 살펴본 바와 같이 관심 있는 사람이라면 누구나 공격 능력을 갖출 수 있게 될 것이며, 시간이 지남에 따라 방어 능력에서도 동일한 추세가 이어질 것으로 예상된다. 이는 누구나 첨단 기술에 접근할 수 있게 되면 강력한 물리적 방어나 가상 방어가 더 이상 국민 국가의 전유물이 아니라는 것을 의미한다.

간단히 말해서 오늘날 규모와 중앙 집중화에 의존하는 현대 사회와 사회 조직의 핵심 요소는, 다가오는 물결로 인해 접근 가능해진 기능에 의해 근본적으로 전환될 수 있다. 이 새로운 세상에서는 대중의 반란, 분리주의, 모든 유형의 국가 형성이 매우 다르게 보일 것이다. 실질적인 권력을 재분배한다는 것은 이라크·시리아 이슬람 국가ISIS, 콜롬비아무장혁명군FARC, 어나니머스Anonymous, 비아프라Biafra에서 카탈루냐Catalonia에 이르는 분리주의 단체, 태평양의 외딴 섬에 고급 테마파크를 건설하는 대기업 등 다양한 유형의 공동체가 원하는 대로 살아갈 수 있다는 것을 의미한다.

다가오는 물결의 어떤 측면은 권력의 중앙 집중화를 가리킨다. 가장 큰 AI 모델은 훈련시키는 데 수억 달러의 비용이 들기 때문에 결과적으로 소수만이 소유권을 갖게 될 것이다. 하지만 역설적이게도 그와 반대되는 흐름 역시 동시에 나타날 것이다. AI의 혁신 기술은 오픈 액세스open access 저널에 게시된 지 며칠 만에 오픈 소스 코드 저장소로 이동해 누구나 쉽게 최상위 모델에 접근해 실험하고 구축하고 수정할 수 있다. 뿐만 아니라 복잡한 세부 사항까지 공개되고 유출되고 도난당할 수 있다.

스태빌리티 AIStability AI나 허깅 페이스Hugging Face와 같은 회사는 분산되고 탈중앙화된 형태의 AI를 촉진한다. 크리스퍼와 같은 기술은 생물학적 실험을 더 쉽게 만들어 주며, 이는 집 차고에 있는 바이오 해커들이 과학의 최전선을 기웃거릴 수 있게 해 준다. 결국 DNA나 대규모 언어 모델의 코드를 공유하거나 복제하는 것은 간단한 일이 되고 말았다. 개방성은 기본이고, 모방은 만연하며, 비용 곡선은 끝없이 하락하고, 접근 장벽은 무너지고 있다. 마음만 먹으면 누구나 폭발적인 능력을 발휘할 수 있게 되는 것이다.

이는 기존의 중심에서 벗어난 힘의 엄청난 재분배를 예고한다. 레바논과 같이 어려움을 겪고 있는 국가든 뉴멕시코의 오프그리드 유목민 캠프든 이와 같은 소규모 그룹이 신용 조합, 학교, 의료 서비스처럼 규모나 국가에 의존하던 핵심 커뮤니티 서비스를 AI로 제공하는 미래를 상상해 보자. 미시적 수준에서 사회의 조건을 설정할 수 있는 기회가 주어진다면, 소수의 학생을 대상으로 한 학교를 만들어 비판적인 인종 이론에서 벗어나게 해 주거나, 사악한 금융 시스템을 보이콧하고 디파이(DeFi, 탈중앙화 금융Decentralized Finance의 약자_옮긴이) 상품을 제공할 수도 있다. 이념, 종교, 문화, 인종 등 모든 형태의 집단이 스스로 실행 가능한 사회를 조직할 수 있는 세상이 된다. 여러분만의 학교, 병원, 군대를 설립한다고 상상해 보자. 엄청나게 복잡하고 거대하며 어려운 프로젝트가 될 것이다. 생각만 해도 피곤할 정도다. 필요한 자원을 모으고, 필요한 허가를 받고, 장비를 구하는 데만도 평생에 걸친 노력이 필요하다. 그렇다면 이제 학교, 병원, 군대를 설립하라는 요청을 받았을 때 현실적인 시간 내에 이를 실현할 수 있는 여러 조력자가 있다고 생각해 보자.

ACI와 합성 생물학은 '멸종 저항'(Extinction Rebellion, 기후 환경 운동 단체_옮긴이)에 다우존스의 거대 기업에 버금가는 힘을 실어 주고, 카리스마 넘치는 지도자가 이끄는 작은 나라를 강대국 못지않은 강력한 국가로 만들어 준다. 규모가 주는 장점도 있지만, 반대로 그 장점이 무효화될 수도 있다. 모든 종파, 분리주의 운동, 자선 재단, 소셜 네트워크, 광신도, 외국인 혐오자, 포퓰리즘 음모론자, 정당, 심지어 마피아, 마약 카르텔, 테러리스트와 같은 범죄 단체까지 국가에 총을 겨눈다면 이미 무너져가는 국가에 어떤 일이 벌어질지 생각해 보자. 권리를 박탈당한 사람들은 자신이 원하는 조건으로 권리를 되찾을 것이다.

파편화는 곳곳에서 일어날 수 있다. 기업 스스로 국가가 되기 위한 여정을 시작한다면 어떻게 될까? 도시가 독립해 더 많은 자율성을 확보하기로 결정한다면 어떻게 될까? 사람들이 현실보다 가상 세계에서 더 많은 시간, 돈, 정서적 에너지를 소비한다면 어떻게 될까? 엄청난 힘과 전문성을 가진 도구를 거리의 아이들이 억만장자처럼 사용할 수 있게 된다면 전통적인 계층 구조는 어떻게 될까? 기업 리더들이 전 세계 인구가 사용할 수 있는 지메일Gmail이나 엑셀과 같은 소프트웨어를 개발하는 데 인생의 상당 부분을 바치고 있다는 사실을 주목할 필요가 있다. 더 나아가 권한 부여의 민주화가 널리 확산돼 지구상의 모든 개인이 가장 강력한 기술에 자유롭게 접근할 수 있게 되면서 훨씬 더 급진적인 변화가 일어날 것임을 상상해 보자.

사람들이 점점 더 많은 권력을 쥐게 되면서 불평등의 새로운 쟁점이 생물학 분야에서 나타날 것이라고 생각한다. 파편화된 세상에서 일부 관할권이 다른 관할권보다 인간 실험에 훨씬 더 관대할 수 있다. 이러한 환경에서 첨단 생물학적 능력과 자기 변형이 DNA 수준에서 다양한 결과를 낳을 수 있으며, 이는 또 결과적으로 국가와 마이크로 국가 수준에서도 다양한 결과를 낳을 수 있다. 이렇게 되면 바이오해킹biohacking을 통한 개인 역량 강화 경쟁이 벌어질 수도 있다. 투자나 이권을 노리는 국가는 무엇이든 할 수 있는 바이오해커biohacker의 천국이 될 가능성이 있다. 선택된 '포스트휴먼'(post-human, 생물학적 능력을 뛰어넘어 더 이상 인간으로 분류될 수 없는 인간 이후의 존재_옮긴이) 집단이 인간은 도달할 수 없는 지적 또는 육체적 수준의 능력을 갖춘 존재로 스스로를 설계한다면 사회 계약은 어떤 모습일까? 또 이것은 파편화된 정치, 즉 전체 집단에서 벗어나려는 소수 집단 거주지의 움직임과 어떻게 교차할까?

이 모든 것은 아직 추측의 영역에 머물러 있다. 하지만 우리는 과거에는 상상할 수 없었던 일들이 이제 현실이 될 가능성이 높은 새로운 시대에 접어들고 있다. 나는 현재 일어나고 있는 일을 모른 척하는 것이 지나친 추측을 하는 것보다 더 위험하다고 생각한다.

거버넌스는 합의를 통해 작동하며, 모든 관계자의 믿음에 기반한 집단적 허구다. 이러한 상황에서 주권 국가는 극심한 압력에 직면해 한계에 부딪히게 된다. 전통적인 사회 계약은 무너지고, 제도는 무시되고, 훼손되고, 대체된다. 과세, 법 집행, 규범 준수와 같은 핵심 요소들이 위협 받는다. 이 같은 상황은 권력 구조의 급격한 붕괴를 초래해 일종의 '터보 발칸화'(turbo-balkanization, 발칸화란 어떤 나라나 지역이 서로 적대적이거나 비협조적인 여러 개의 작은 나라 혹은 지역으로 쪼개지는 현상을 말한다_옮긴이)를 가속화할 수 있다. 이 과정에서 민첩하고 새로운 역량을 갖춘 행위자들은 전례 없는 수준으로 자유롭게 활동하고, 국가에 의해 구현된 권한과 서비스의 거대한 통합이 해체되기 시작한다.

이러한 시나리오에서는 국민 국가 이전 시대를 연상시키는 신중세적neo-medieval이고, 더 작고, 더 지역적이며, 헌법적으로 다양하고, 복잡하고 불안정한 정치의 집합체 같은 것이 등장한다. 과거와 다른 점이 있다면 이번에는 엄청나게 강력한 기술이 함께 등장한다는 것이다. 이탈리아 북부는 작은 도시 국가들의 집합체로서 르네상스라는 문화적 번영을 가져왔지만 끝없는 내전과 분쟁의 현장이기도 했다. 르네상스는 위대하지만 첨단 군사 기술을 둘러싼 끊임없는 전쟁은 전혀 그렇지 않다.

기술 분야에서 일하거나 기술 분야와 관련 있는 많은 사람들에게 이러한 유형의 급진적 결과는 환영받지 못하는 부작용이라기보다는 목표 그 자체나 다름없다. 페이팔의 창업자이자 벤처 캐피털리스트인 피터 틸Peter Thiel과 같은 초자유주의Hyper-libertarian 기술 전문가들은 국가가 축소되는 비전을 적극적으로 수용하며, 이를 영향력 있는 비즈니스 리더나 '주권자 개인'의 해방으로 여긴다.[32] 공공 서비스, 제도, 기존 규범의 해체를 적극적으로 지지하며, "기술이 새로운 방식의 반대를 위한 공간과, 역사적 국민 국가에 얽매이지 않는 공동체를 형성하는 새로운 방법을 창출할 수 있다"는 명확한 비전을 옹호한다.[33]

기술자유주의techno-libertarian 운동은 1981년 로널드 레이건의 "정부가 문제다"라는 발언을 가장 극단적인 해석으로 확장한 것이다. 이러한 관점은 정부의 수많은 결점을 지적하지만 엄청난 혜택은 인정하지 않는다. 기술자유주의 운동을 지지하는 사람들은 정부의 규제와 세금 기능이 장점은 거의 없는 파괴적인 제약 요인이라고 생각한다. 가장 영향력 있고 특권을 누리는 사람들이 이렇게 편협하고 극단적인 생각을 갖고 있다는 사실이 매우 실망스럽다. 이러한 관점은 파편화를 더욱 부추긴다.

억만장자와 현대의 선지자들이 극도로 작은 국가microstates를 건설하고 운영할 수 있는 세상이다. 기업, 공동체, 알고리즘 등 국가가 아닌 행위자들이 위아래에서 압력을 행사하며 국가를 무색하게 만들기 시작했다. 등자와 같은 단순한 발명이 가져온 엄청난 후방 효과를 다시 한번 생각해 보자. 그리고 다가오는 물결이 몰고 올 발명의 규모를 생각해 보자. 기존의 부담과 취약성을 고려할 때, 앞서 내가 제시한 상당한 변화가 일어날 것이라는 전망은 그리 먼 미래의 일이 아닌 것 같다. 급진적인 변화가 전혀 일어나지 않는다면 그것이 오히려 더 이상할 것이다.

다가오는 모순의 물결

중앙 집중화와 탈중앙화가 서로 모순되는 것처럼 들리는 데에는 그럴 만한 이유가 있다. 그 둘은 실제로 상충한다. 미래를 이해하려면 여러 가지 상충하는 궤적을 동시에 살펴봐야 한다. 다가오는 물결은 중앙 집중화와 탈중앙화라는 거대한 물결을 동시에 일으킬 것이다. 모든 개인, 기업, 교회, 비영리 단체, 국가는 결국 독자적인 AI를 보유하게 될 것이고, 궁극적으로는 바이오와 로봇 공학 분야에서도 독자적인 역량을 갖추게 될 것이다. 소파에 앉아 있는 한 개인에서부터 세계 최대 규모의 조직에 이르기까지 각 AI는 소유자의 목표를 달성하기 위해 최선을 다할 것이다. 바로 여기에 다가오는 모순의 물결, 즉 충돌로 가득 찬 물결을 이해하기 위한 열쇠가 있다.

새로운 형태의 권력은 공공재를 제공하는 데 있어 다른 비전을 제시하거나, 제품을 만드는 새로운 방법을 제안하거나, 복음을 전파하기 위한 종교적 신념을 제시할 것이다. AI 시스템은 이미 대출, 취업, 대학 입학, 가석방, 주치의 진료 여부를 결정하는 등 명백한 정치적 함의를 지닌 의사 결정 과정에서 중요한 역할을 하고 있다. 앞으로 10년 안에 AI는 공공 자금의 지출 방식, 군대의 배치, 학생들의 커리큘럼 등을 결정하게 될 것이다. 그리고 이러한 변화는 중앙 집중식 접근 방식과 탈중앙화 접근 방식 모두를 통해 이루어 질 것이다. 예를 들어, AI는 수억 명을 관리하는 하나의 범용 유틸리티로서 국가 전체를 아우르는 거대한 시스템으로 운영될 수 있다. 동시에 우리는 각 지역에 맞게 특별히 제작된 뛰어난 성능의 오픈 소스 시스템을 저렴한 비용으로 이용하게 될 것이다.

오픈 소스 집단 내에서 민주화된 기술, 오늘날의 기업 리더나 급성장하는 스타트업의 제품, 국유화나 내부 개발을 통한 정부 소유 등 다양한 소유 구조가 함께 존재할 것이다. 이 모든 것이 서로 공존하고 영향을 주며 진화하고, 모든 곳에서 힘의 흐름과 네트워크를 변화시키고, 확대하고, 생성하고, 파괴할 것이다.

이러한 힘이 어디에서 어떻게 작용할지는 기존의 사회적·정치적 요인에 따라 크게 달라질 것이다. 미처 예상하지 못한 수많은 저항과 적응 지점이 존재할 것이므로 지나치게 단순화하지 않는 것이 무엇보다 중요하다. 각각의 부문이나 지역마다 서로 다른 경로를 따라 한 방향이나 다양한 방향으로 강력한 왜곡 현상을 겪게 될 것이다. 일부 계층과 사회 구조는 강화되는 반면 또 다른 계층과 사회 구조는 전복될 것이다. 어떤 곳에서는 평등이나 권위주의가 강화될 수도 있고, 또 어떤 곳에서는 권위주의가 크게 약화될 수도 있다. 어떤 경우든 가중되는 스트레스와 불안정성, 예측할 수 없는 권력의 증폭, 급진적이고 새로운 역량의 중심이 일으키는 파괴적인 혼란은 자유 민주주의 국민 국가 체제의 토대를 더욱 압박할 것이다.

이러한 상황이 너무 이상하고 역설적이며 불가능한 이야기처럼 들린다면 이렇게 생각해 보자. 다가오는 물결은 이전 물결의 모순된 역학 관계를 더욱 심화시키고 반복할 뿐이다. 인터넷은 소수의 핵심 허브에 집중하는 동시에 수십억 명에게 힘을 실어 주고, 거대 기업을 탄생시키는 동시에 모든 사람이 참여할 수 있는 기회를 제공한다. 소셜 미디어는 소수의 거인과 무수히 많은 부족을 만들어 냈다. 누구나 웹 사이트를 만들 수 있지만, 구글은 단 하나뿐이다. 누구나 자기만의 제품을 판매할 수 있지만, 아마존 역시 단 하나뿐이다. 이 밖에도 많은 예가 있다. 인터넷 시대의 혼란은 바로 이러한 긴장 상태, 즉 권한 부여와 통제의 강력하고도 불안정한 결합으로 설명할 수 있다.

이제 다가오는 물결과 함께 이와 비슷한 힘이 인터넷과 디지털 영역을 넘어 확장될 것이다. 이러한 힘은 삶의 모든 영역에 적용될 수 있다. 맞다, 이처럼 강력한 변화의 공식을 우리는 이미 경험한 바 있다. 하지만 인터넷이 거대해 보였다면 이 새로운 물결은 더 거대하다. 광범위하게 사용되는 범용 기술은 사회와 인간이라는 존재의 의미를 모두 변화시킬 것이다. 과장되게 들릴 수도 있지만 앞으로 10년 안에 우리가 목격하게 될 정보와 부wealth, 그리고 가장 중요한 권력의 급진적인 흐름뿐 아니라 새로운 집중과 분산에 대비해야 한다.

그렇다면 이것은 기술에 어떤 영향을 미칠까? 그리고 우리에게는 어떤 영향을 미칠까? 국가가 다가오는 물결을 균형 잡힌 방식으로 더 이상 통제할 수 없게 된다면 어떻게 될까? 지금까지 3부에서 우리는 현대 국민 국가의 위태로운 상황에 대해 논의하고, 다가오는 물결이 몰고 올 새로운 위협에 대해 미리 살펴봤다. 또 강력한 스트레스 요인과 엄청난 권력 재분배가 어떻게 결합해 이 새로운 물결을 관리해 나갈 수 있는 유일한 주체인 국가를 위기로 몰아넣는지 살펴봤다.

그 순간이 거의 코앞으로 다가왔다. 기술의 끊임없는 발전과 국가의 종말이 가져온 이 위기는 21세기의 가장 중요한 딜레마를 드러내는 일련의 잔인한 선택과 절충이라는 거대하고 실존적인 난제로 우리 앞에 나타날 것이다.

기술의 궁극적인 실패는 기술이 우리에게 유리한 대안을 제공하지 못하는 경우에 일어날 것이다. 안타깝게도 지금 우리는 바로 그 방향으로 나아가고 있다.

12장

딜레마

재앙: 궁극의 실패

인류 역사의 한 축은 재앙의 역사나 다름없다. 팬데믹은 자주 등장한다. 6세기 유스티니아누스 페스트Plague of Justinian와 14세기 흑사병으로 전 세계 인구의 30퍼센트가 목숨을 잃었다. 1300년 700만 명에 달했던 영국의 인구가 1450년에는 페스트의 창궐로 인해 200만 명으로 급감했다.[1]

물론 재앙 역시 인간이 만든 것이다. 제1차 세계 대전에서는 전 세계 인구의 약 1퍼센트가 사망했고, 제2차 세계 대전에서는 3퍼센트가 목숨을 잃었다.[2] 13세기 칭기즈 칸과 몽골군이 중국과 중앙아시아 전역에서 일으킨 무자비한 폭력으로 전 세계 인구의 10퍼센트가 사망한 것을 생각해 보자. 원자 폭탄의 등장으로 인류는 이제 지구상의 모든 사람을 몇 번이고 죽일 수 있을 만큼 치명적인 힘을 갖게 됐다. 과거에는 몇 년, 몇 십 년에 걸쳐 일어났던 재앙적인 사건이 이제 버튼 하나만 누르면 단 몇 분 만에 일어날 수 있게 됐다.

다가오는 물결과 함께 우리는 또 한 번의 중대한 도약의 기로에 서 있으며, 엄청난 파괴력을 발휘하고자 하는 사람들이 선택할 수 있는 위험의 한계와 옵션의 범위가 모두 확대되고 있다. 이 장에서는 취약성과 국가 기능에 대한 위협을 넘어 억제가 불가능할 경우 조만간 어떤 일이 벌어질지 예상해 본다.

다가오는 물결의 대부분 기술은 선한 목적으로 사용될 것이다. 여기서는 이러한 기술의 위험성에 중점을 두고 있지만, 이와 같은 기술이 매일 수많은 사람들의 삶을 개선해 줄 것이라는 점을 명심해야 한다. 이 장에서는 이러한 도구를 사용하는 사람이라면 피하고 싶어 할 만한 극단적인 사례를 살펴본다. 이런 사례가 극히 일부에 불과하다고 해서 무시해도 되는 것은 아니다. 우리는 악의적인 행위자가 심각한 피해를 입히고 광범위한 불안정을 야기할 수 있음을 목격해 왔다. 연구소나 해커가 어느 정도 능력만 돼도 복잡한 DNA 가닥을 합성할 수 있다고 상상해 보자. 재앙이 닥치기까지 얼마나 오랜 시간이 필요할까?

역사상 가장 강력한 기술이 모든 곳에 스며들면서 이와 같은 극단적 사례가 발생할 가능성은 더욱 커질 것이다. 결국 그 능력에 상응하는 규모와 속도로 문제가 발생하고 말 것이다. 다가오는 물결이 지닌 네 가지 특징의 결론은, 모든 수준에서 작동할 수 있는 강력한 억제책을 취하지 않으면 인위적인 팬데믹과 같은 재앙적 결과가 발생할 가능성이 그 어느 때보다 크다는 것이다.

그러한 결과는 결코 용납될 수 없다. 하지만 여기에 딜레마가 있다. 가장 확실한 억제책마저도 인류를 권위주의적이고 디스토피아적인 길로 이끌 수 있기 때문에 용납하기 어렵다는 것이다.

한편으로 사회는 지난 11장에서 살펴본 종류의 기술을 활용한 전면적인 감시 방식, 즉 제멋대로이거나 통제되지 않는 기술에 맞서 강력한 메커니즘을 시행하는 본능적인 대응 방식으로 전환할 수도 있다. 보안을 유지하기 위해서는 자유를 희생해야 한다. 아니면 인류가 첨단 기술에서 완전히 손을 떼는 방법을 택할 수도 있지만 가능성이 낮은데다가 진정한 해결책이 될 수도 없다. 원칙적으로 이 실존적 딜레마를 해결할 수 있는 유일한 존재는 국민 국가 시스템이며, 이 시스템은 현재 국가가 억제해야 할 바로 그 세력에 의해 붕괴되고 있다.

시간이 지남에 따라 이러한 기술의 영향으로 인류는 재앙과 디스토피아의 극단 사이에서 길을 찾아 헤매게 될 것이다. 이것이 바로 우리 시대가 안고 있는 본질적인 딜레마다.

기술은 삶을 개선하고 그 혜택이 비용과 단점보다 훨씬 더 크다는 것을 약속한다. 하지만 일련의 사악한 선택이 존재한다는 것은 그 약속이 처참하게 뒤집혔다는 것을 의미한다.

비관적인 말은 나를 포함한 많은 사람들을 멍하게 만든다. 이 시점에서 여러분은 경계심이나 회의감을 느낄 수도 있다. 처참한 결과의 실체를 파헤치는 것은 종종 지나치게 비관적이고 부정적이며 과도한 경각심을 불러일으킨다는 비판을 받기도 한다. 또 어떤 이들은 우리가 주의를 기울여야 하는 더 시급하고 명백한 위험을 앞에 두고 가능성이 희박한 미래의 위험에 초점을 맞추는 것은 방종이라고 주장한다. 숨 막히는 기술 낙관주의와 마찬가지로 숨 막히는 기술 비관주의는 역사적 기록에 뒷받침되지 않는 왜곡되고 잘못된 형태의 과대 선전으로 치부되기 쉽다.

하지만 극단적인 의미를 담고 있다고 해서 경고를 무조건 무시하는 것은 타당하지 못하다. 재난이 닥칠 것이라는 비관적 전망을 거부하면서 안일한 태도를 취하는 경향은 그 자체로 재앙으로 가는 지름길이 될 수 있다. 경고를 몇몇 괴짜들의 과장된 우려로 치부하는 것이 언뜻 그럴듯하고 합리적이며 '스마트'해 보일지 모르지만, 이러한 태도는 실패의 지름길로 자진해 들어서는 것이나 다름없다.

의심할 여지없이 기술적 위험은 우리를 미지의 영역으로 몰아넣고 있다. 그럼에도 불구하고 모든 것이 여러 위험의 가능성을 시사하고 있다. 이러한 추측은 과학과 기술의 지속적인 발전에 그 근거를 두고 있다. 나는 재앙의 가능성을 경시하는 사람들이 우리 앞에 놓인 객관적인 사실을 무시하고 있다고 생각한다. 어쨌든 여기서 우리는 오토바이나 세탁기의 확산에 관한 이야기를 하려는 게 아니다.

재앙의 종류

우리가 어떤 치명적인 재앙에 대비해야 하는지 파악하려면 10장에서 살펴본 악의적 행위자의 공격을 간단히 추론해 보면 된다. 여기에는 상상해 볼 수 있는 몇 가지 시나리오가 있다.

얼굴 인식 기능이 탑재된 자동 무기를 테러범들이 수백 수천 대에 달하는 자율 드론에 장착한다고 상상해 보자. 각 드론은 무기의 반동을 신속하게 조정하고 짧은 연사를 이어가면서 계속 이동할 수 있는 기능을 갖추고 있다. 이 드론들은 특정 인물을 사살하라는 지시를 받고 주요 도심에 출격한다. 혼잡한 출퇴근 시간에는 도시 전역의 최적화된 경로를 따라 놀랍도록 효율적으로 작동할 수 있다. 무장 테러범들이 중앙 기차역과 같은 도시의 랜드마크를 배회하던 2008년 뭄바이 테러보다 훨씬 더 큰 규모의 공격이 단 몇 분 만에 일어날 수도 있다.

한 대량 학살범이 살포 장치가 장착된 드론과 병원균을 이용해 대규모 정치 집회를 공격하기로 결심한다. 얼마 지나지 않아 집회 참석자들과 그 가족들이 병에 걸리고, 많은 사랑과 미움을 동시에 받았던 연설자는 초기 희생자 중 한 명이 된다. 가뜩이나 긴장되고 분열된 정치 환경 속에서 이러한 공격은 전국적으로 폭력적인 보복을 불러일으키면서 혼란은 걷잡을 수 없이 커지고 만다.

미국의 한 적대적인 음모론자는 자연어 지시만으로 정교하게 조작된 허위 정보를 만들어 대량으로 유포한다. 수없이 많은 시도가 이뤄지지만 대부분 관심을 끌지 못하던 중 시카고에서 발생한 경찰의 살인 사건에 사람들이 주목하게 된다. 이 사건은 완전히 조작된 사건이었지만 거리에서의 혼란과 광범위한 분노는 실재하는 사실이다. 공격자들은 이제 전략적인 계획까지 갖고 있다. 동영상이 조작된 것으로 밝혀질 무렵, 전국적으로 수많은 사상자를 낸 폭동이 발생하고 새로운 허위 정보가 계속해서 퍼져 나간다.

이번에는 이 모든 사건이 동시에 펼쳐진다고 상상해 보자. 한 사건이나 한 도시가 아니라 수백 곳에서 동시에 사건이 발생하는 것이다. 이러한 도구의 사용으로 악의적인 행위자가 권한을 얻게 되는 것은 곧 재앙으로 가는 지름길이다. 오늘날의 AI 시스템은 상수도를 오염시키거나 탐지 불가능한 폭탄 제조법을 알려 주지 않으려고 한다. 스스로 목표를 정의하거나 추구할 수 있는 능력이 아직 부족하기 때문이다. 그러나 우리가 살펴본 바와 같이 오늘날의 최첨단 모델과 더욱 강력한 모델, 그리고 보다 널리 확산되고 덜 안전한 버전이 모두 빠르게 등장하고 있다.

앞으로 다가올 물결의 모든 재앙적 위험 중에서 AI가 가장 큰 주목을 받아 왔다. 하지만 그 외에도 수많은 위험이 존재한다. 군대가 완전히 자동화되면 충돌이 일어나기는 훨씬 더 쉬워질 것이다. 전쟁은 여전히 불분명한 이유에서 우발적으로 시작될 수 있고, AI는 특정 행동 패턴이나 위협을 감지한 후 압도적인 힘으로 즉각 대응할 수도 있다. 간단히 말해서 이러한 전쟁은 그 성격이 낯설고, 빠르게 확대되며, 파괴적인 결과를 초래할 수 있다.

우리는 이미 인위적인 팬데믹과 우발적 유출의 위험성을 경험했고, 자기 계발 마니아들이 생물의 유전 부호를 실험할 수 있도록 허용했을 때 어떠한 일이 벌어지는지 목격했다. 인구의 특정 집단을 표적으로 삼거나 생태계를 파괴하는 등 잘 드러나지 않는 종류의 극단적인 생물학적 위험이 발생할 가능성도 무시할 수 없다. 코카인 거래를 막으려는 활동가들이 공중 훈증aerial fumigation을 대체하기 위해 코카 식물만 표적으로 삼는 새로운 벌레를 개발했다고 상상해 보자. 또는 과격한 채식주의자들이 육류 공급망 전체를 붕괴시키기로 결정해 예상치 못한 끔찍한 결과가 초래된다고 가정해 보자. 어느 쪽 상황이든 통제 불능 상태가 될 수 있다.

우리는 취약성을 악화시킨다는 면에서 실험실 유출이 어떤 결과를 낳을 것인지 잘 알고 있지만, 신속하게 통제하지 않으면 과거에 발생했던 전염병에 버금가는 재앙이 될 수 있다. 오미크론 변종 코로나바이러스는 처음 확인된 지 100일 만에 미국인 중 4분의 1을 감염시켰다. 이와 비슷한 전염율을 가진 팬데믹이 발생했고 그 사망률이 20퍼센트에 달한다면 어떻게 될까? 또는 급성 증상 없이 수년 동안 잠복해 있는 일종의 호흡기 HIV라면 어떻게 될까? 예를 들어 전염 지수reproduction rate 4(수두나 홍역보다 훨씬 낮음)이고 치사율이 50%(에볼라나 조류 독감보다 훨씬 낮음)인 신종 전염성 바이러스는 봉쇄와 같은 조치를 취한다고 해도 수개월 내에 10억 명이 넘는 사망자를 발생시킬 수 있다.* 이러한 병원체 여러 개가 동시에 퍼진다면 어떻게 될까? 이는 단순한 취약성의 증폭을 넘어 상상할 수 없는 수준의 재앙이 될 것이다.

할리우드의 진부한 이야기를 넘어 한 학계 연구진은 AI가 어떻게 실존적 재앙을 일으킬 수 있는지에 대한 극단적인 이야기를 발전시켰다. 영화에서처럼 의도적으로 파괴를 일으키는 악성 AI가 아니라, 인간의 우려를 인식하지 못한 채 불투명한 목표를 위해 맹목적으로 최적화 작업을 수행하는 전능한 인공 지능이 자기만의 알 수 없는 목적을 갖고 세상을 파괴한다고 생각해 보자. 아무리 강력하고 정교한 AI라도 목표를 신중하게 설정하지 않으면 단순한 종이 클립paper clip 만들기를 시도하다가 전 세계, 심지어는 우주 전체를 종이 클립으로 만들어 버릴 수도 있다는 것이 일반적인 사고 실험이다.

이러한 논리의 사슬을 따라가다 보면 불안한 사건들이 수없이 펼쳐진다. AI의 안전을 연구하는 사람들은 AGI와 같은 것이 만들어지면 인류는 더 이상 스스로의 운명을 통제할 수 없게 될 것이라고 경고한다. 그 결과 처음으로 인류는 지배적인 종의 위치에서 밀려나게 될 것이다. 아무리 영리한 설계자나 강력한 안전장치를

---

* 비공개 보고 자료에서 발췌한 수치이며, 생물 보안 전문가들 사이에서 합리적인 수치로 인정받고 있는 것으로 알고 있다.

갖고 있다고 하더라도 모든 상황을 고려해 안전을 보장하는 것은 불가능한 일이다. 인간의 이익에 완전히 부합하도록 설계됐다고 하더라도 매우 강력한 AI라면 프로그래밍을 덮어쓰고 내장돼 있는 안전 기능과 조정 기능을 무시할 수도 있다.

이러한 생각의 연장선상에서 나는 종종 사람들이 "AGI는 오늘날 인류가 직면한 가장 큰 위험입니다! 그것은 세상의 종말을 가져올 거예요!"라고 말하는 것을 듣곤 한다. 그러나 실제로 그 모습이 어떨지, 어떻게 그러한 일이 일어날 수 있는지 등 구체적인 질문을 던지면 그들은 답변을 회피하거나 모호한 답변을 늘어놓아 정확히 무엇이 어떻게 위험하다는 것인지 알 수 없다. 그들은 AI가 모든 컴퓨팅 리소스를 장악하고 전 세계를 하나의 거대한 컴퓨터로 바꿔 놓을 수도 있다고 말한다. AI가 점점 더 강력해짐에 따라 가장 극단적인 시나리오에게는 진지한 고민과 완화책이 필요할 것이다. 하지만 그 전에 많은 일이 잘못될 수 있다.

향후 10년간 AI는 역사상 가장 강력한 힘의 증폭기가 될 것이다. 또한 그렇기 때문에 AI는 역사적인 규모로 권력을 재분배하게 될 것이다. AI는 우리가 상상할 수 있는 가장 강력한 인류 발전의 촉진제인 동시에 전쟁에서부터 사건 사고, 무작위 테러 집단, 권위주의 정부, 지나치게 방만한 기업, 노골적인 절도, 고의적인 방해 행위까지 다양한 해악도 가능하게 할 것이다. 현대판 튜링 테스트는 쉽게 통과할 수 있지만 파멸에 이르는 목표를 향해 나아가는 ACI를 생각해 보자. 첨단 AI와 합성 생물학은 새로운 에너지원이나 삶을 변화시키는 약물을 찾는 집단뿐만 아니라 제2의 테드 카진스키(Ted Kaczynski, 미국의 수학자이자 반기술주의자로 여러 차례 폭탄 테러를 자행한 것으로 유명한 인물_옮긴이)도 이용할 수 있게 될 것이다.

AI는 인간의 장점과 단점을 확장한 기술이기 때문에 가치와 위험을 동시에 지니고 있다. 또한 학습을 전제로 하는 기술인 AI는 지속적으로 적응하고 탐구하면서 새로운 전략과 아이디어를 만들어 낼 수 있으며, 심지어 다른 AI는 내놓지 못한 혁신적인 전략과 아이디어를 제시할 수도 있다. 담수 공급을 방해하거나, 주식 시장을 붕괴시키거나, 핵전쟁을 일으키거나, 궁극의 바이러스 설계법을 요청하면 AI는 그에 응할 것이다.

머지않아 이러한 이야기는 현실이 될 것이다. 나는 과학적이지 않은 추측성 시나리오나 이상하고 사악한 악마적 존재에 대한 우려보다 앞으로 10년 동안 AI라는 도구가 증폭시킬 기존 세력이 더욱 걱정된다.

AI가 에너지 그리드, 미디어 프로그램, 발전소, 비행기, 주요 금융 기관의 거래 계좌를 통제하는 시나리오를 상상해 보자. 로봇이 어디에나 존재하고 군대의 무기고가 치명적인 자율 무기, 즉 버튼 하나만 누르면 자율적으로 대량 학살을 저지를 수 있는 기술로 가득 채워져 있는 세상에서 다른 AI가 개발한 해킹은 어떤 모습일까? 또는 공격이 아닌 단순한 오류와 같은 보다 근본적인 형태의 실패도 생각해 볼 수 있다. AI가 기본 인프라에서 실수를 저지르거나 널리 사용되는 의료 시스템이 오작동을 일으키면 어떻게 될까? 의도는 좋지만 제대로 정의되지 않은 목표를 추구하는 유능한 준자율quasi-autonomous 에이전트들이 얼마나 많은 혼란을 야기할 것인지는 어렵지 않게 예측할 수 있다.*3 농업, 화학, 외과 수술, 금융 등 다양한 분야에서 AI가 어떤 영향을 미칠지 아직은 알 수 없다. 어떠한 실패 유형이 등장하고 얼마나 깊이 침투하고 확장될지 알 수 없다는 것이 우리가 안고 있는 문제의 일부다.

다가오는 물결 속에서 기술을 안전하게 구축하는 방법을 알려주는 매뉴얼은 존재하지 않는다. 우리는 점점 더 강력해지고 위험해지는 시스템을 미리 구축해 실험할 수 없다. AI가 얼마나 빠르게 스스로를 개선할지, 아직 발명되지 않은 생명 공학 기술로 실험실에서 사고가 나면 어떤 일이 벌어질지 알 수 없다. 또 우리는 인간의 의식을 컴퓨터에 직접 연결하면 어떤 결과가 나올지, AI로 구동되는 사이버 무기가 주요 인프라에 어떤 영향을 미칠지, 유전자 드라이브gene drive가 야생에서 어떻게 작동할지 알 수 없다. 빠르게 진화하는 자동 조립 로봇이나 새로운 생물 무기가 세상에 공개되고 나면 시간을 되돌릴 수 없다. 특정 시점이 지나면 호기심과 단순한 실험마저 위험을 초래할 수 있다. 재앙이 일어날 가능성이 낮다는 생각이 들더라도 우리가 맹목적으로 나아가고 있다는 사실

---

* AI를 연구하는 과학자 중 3분의 1이 AI가 재앙을 초래할 수 있다고 생각한다는 사실이 놀랍다.

만큼은 잠시 멈춰 생각해 봐야 한다.

또한 안전하고 통제된 기술을 구축하는 것만으로는 충분하지 않다. AI 정렬(AI alignment, AI 시스템 설계자가 의도한 목표나 선호도에 맞게 시스템을 조정하는 것_옮긴이) 문제를 해결한다는 것은 한 번으로 끝나는 것이 아니라, 언제 어디서든 강력한 AI가 개발될 때마다 매번 이 작업을 수행해 문제를 해결해야 한다는 것을 의미한다. 단지 한 연구실에서만 유출 문제를 해결하는 것이 아니라 모든 국가의 모든 연구실에서 해결해야 하는 것이다. 심지어 정치적 혼란이 심한 시기에도 예외 없이 문제를 해결할 수 있어야 한다. 기술이 핵심 역량에 도달하면 초기 개발자들이 이를 안전하게 구축하는 것만으로는 충분하지 않다. 대신 안전을 제대로 보장하려면 모든 경우에 이러한 표준을 유지할 수 있어야 한다. 이러한 기술의 빠르고 광범위한 확산을 고려할 때 이는 엄청난 노력이 필요한 일이다.

이는 개인이 모든 사람에게 영향을 미칠 수 있는 도구를 자유롭게 발명하거나 사용할 수 있을 때 일어나는 일이다. 그리고 우리는 단순히 인쇄기나 증기 기관과 같은 놀라운 도구에 대한 접근성만을 이야기하는 것이 아니다. 우리는 새로운 화합물, 새로운 생명체, 새로운 종 등 근본적으로 새로운 성격을 지닌 결과물에 대해 이야기하고 있는 것이다.

다가오는 물결을 억제하지 못한다면, 이는 시간 문제일 뿐이다. 사고, 오류, 악의적인 사용, 인간의 통제를 벗어난 진화, 예측 불가능한 모든 결과의 가능성을 인정해야 한다. 언젠가 어딘가에서 어떤 방식으로든 무언가가 잘못될 것이다. 이는 보팔Bhopal이나 체르노빌이 아니라 전 세계적인 규모로 전개될 것이다. 그리고 이 같은 재앙은 대부분 선한 의도로 개발된 기술의 유산이 될 것이다.

그런데 모두가 그러한 선한 의도를 갖고 있는 것은 아니다.

컬트, 광신도, 자살 충동 상태

기능 획득 연구와 같은 활동에서 발생하는 위험은 대부분 승인을 받은 선한 노력의 결과다. 다시 말해서 선한 일을 하고자 하는 선한 의도에서 비롯된 예기치 못한 결과, 즉 거대한 복수 효과다. 안타깝게도 어떤 조직은 정반대의 동기로 설립되기도 한다.

1980년대에 설립된 옴진리교는 일본의 종말론 컬트 단체로,[4] 자신을 아사하라 쇼코Shoko Asahara라고 밝힌 한 남성의 지도하에 요가 스튜디오에서 시작됐다. 이 단체는 불만이 많은 사람들을 끌어모아 신도 수가 늘어나면서 급진적으로 변했다. 그들은 종말이 임박했고, 자신들만이 살아남을 것이며, 종말을 서둘러 맞이해야 한다고 확신하게 됐다. 아사하라는 신도 수를 4만 명에서 6만 명으로 늘렸고, 충성스러운 신도들을 설득해 생화학 무기를 사용하도록 했다. 옴진리교의 인기가 절정에 달했을 때 옴진리교는 10억 달러가 넘는 자산을 보유했던 것으로 추정되며, 신도 중에는 숙련된 과학자 수십 명이 포함돼 있었다.[5] 이들은 지진 발생 기계, 플라즈마 총, 태양 광선을 굴절시키는 거울 등 공상 과학 소설에서나 나올 법한 기괴한 무기들에 매료되어 있었음에도 불구하고, 매우 진지하고 치밀한 집단이었다.

옴진리교는 유령 회사를 설립하고 대학 실험실에 잠입해 재료를 조달하는 한편, 핵무기 제조에 필요한 우라늄을 채굴할 목적으로 호주에 토지를 매입하고, 도쿄 외곽의 구릉 지대에서 대규모 생화학 무기 프로그램 개발에 착수했다. 이 단체는 포스겐phosgene, 시안화 수소hydrogen cyanide, 소만soman, 그 외에 여러 신경제를 실험했다. 그들은 탄저균의 개량된 버전을 배양하고 살포할 계획을 세웠으며, 이를 지원할 대학원 수준의 바이러스 학자들을 모집했다. 단체 구성원들은 신경 독소 클로스트리디움 보툴리눔균C. botulinum을 확보해 나리타 국제공항, 일본 국회 의사당, 황궁, 다른 종교 단체의 본부, 미 해군 기지 두 곳에 살포했다. 다행히 제조 과정에서 실수를 저질러 피해는 발생하지 않았다.

하지만 그와 같은 행운은 오래가지 못했다. 1994년 옴진리교는 트럭에서 신경제 사린sarin을 살포해 8명이 사망하고 200명이 부상을 입었다. 일 년 후 그들은 도쿄 지하철을 목표로 삼아 더 많은 사린을 살포해 13명이 사망하고 약 6000명이 부상을 입었다. 지하철 테러는 사린이 든 가방을 지하철 곳곳에 두는 방식으로 이뤄졌고, 밀폐된 공간에서 살포돼 더 큰 피해를 입혔다. 다행히도 두 번의 공격 모두 특별히 효과적인 전파 방식을 사용하지 않았지만, 결국 더 큰 재앙을 막을 수 있었던 것은 운이 좋았기 때문이었다.

옴진리교는 이례적인 수준의 조직과 당혹스러울 정도의 야망을 동시에 갖고 있었다. 그들은 충격적인 규모의 살인을 통해 제3차 세계 대전과 세계 붕괴를 일으키고자 했으며, 이를 달성하기 위한 인프라 구축을 시작했다. 한편으로 옴진리교와 같은 조직은 극히 드물다는 사실이 위안이 되기도 한다. 1990년대 이후 발생한 수많은 테러 사건과 비국가에 의한 대량 학살 중 대부분은 불안정한 개인이나 특정 정치적·이념적 동기를 가진 집단에 의해 자행됐다.

그러나 다른 한편으로 보면 이렇게 안심할 수 있는 것에도 한계가 있다. 과거에는 강력한 무기를 확보하는 것이 큰 진입 장벽으로 작용해 재앙을 막는 데 도움이 됐다. 예를 들어, 학교 총기 난사범의 병적인 허무주의와 파괴력은 그들이 접근할 수 있는 무기에 의해 제한된다. 유나바머(Unabomber, 테드 카진스키의 별명_옮긴이)는 사제 폭탄만 갖고 있었다. 옴진리교는 생화학 무기를 제조하고 살포하는 데 큰 어려움을 겪었다. 옴진리교는 편집증적이고 비밀스러운 분위기 속에서 전문 지식과 자료 접근이 비교적 제한적인 소규모 광신도 집단이었기 때문에 실수를 저지르기 쉬웠다.

그러나 다가오는 물결 속에서 파괴의 도구는 우리가 보았듯이 민주화되고 상품화될 것이다. 이러한 도구는 더 큰 능력과 적응력을 갖게 될 것이며, 잠재적으로 인간의 통제나 이해를 넘어서는 방식으로 작동하고, 빠른 속도로 진화하고 업그레이드되면서 역사상 가장 강력한 파괴력을 광범위하게 발휘할 것이다.

다행히 옴진리교와 같은 방식으로 신기술을 사용하려는 사람은 흔치 않다. 하지만 지하철 테러보다 훨씬 더 심각한 사건이 발생할 수도 있다는 가능성을 고려하면 50년에 한 번씩 그러한 단체가 생겨나는 것만으로도 큰 재앙이 될 수 있다. 사이비 종교, 광신도, 파멸 직전의 자살 충동 모두 동기는 물론이고 이제는 강력한 수단까지 갖고 있다. 옴진리교의 영향을 다룬 한 보고서의 표현을 빌리자면 "우리는 러시안 룰렛을 하고 있다".[6]

이제 역사의 새로운 국면이 열렸다. 무능한 좀비 정부가 기술을 통제하지 못하면 다음번의 옴진리교, 산업 재해, 광기 어린 독재자가 일으킨 전쟁, 사소한 실험실 유출 사고 등은 상상하기 어려운 결과를 낳게 될 것이다.

어둡고 위험한 이 모든 시나리오를 공상 과학 소설을 많이 읽은 사람들이나 비관적인 사고방식을 가진 사람들의 불필요한 기우 정도로 치부하고 싶을 수도 있다. 하지만 이것은 잘못된 착각이다. 생물안전 4등급BSL-4 프로토콜, 규제 제안, AI 정렬 문제에 대한 기술 문헌의 진전과 관계없이 인센티브는 지속되고 기술은 계속 발전하며 확산되고 있다. 이것은 공상 소설이나 넷플릭스 시리즈에 나오는 이야기가 아니다. 지금 이 순간에도 전 세계 사무실과 연구실에서 활발하게 일어나고 있는 현실이다.

하지만 위험의 심각성을 고려할 때, 가능한 모든 옵션을 신중하게 고려해야 한다. 억제는 기술을 통제할 수 있는 능력에 관한 것이고, 더 거슬러 올라가면 그 배후에 있는 사람과 사회를 통제할 수 있는 능력을 의미한다. 파국에 이르는 결과가 드러나거나 그 가능성을 무시할 수 없게 되면 논의의 양상이 달라질 것이다. 통제뿐만 아니라 엄격한 단속에 대한 요구도 늘어날 것이다. 전례 없는 수준의 경계를 촉구하는 목소리가 더욱 커질 수도 있다. 그렇게 하면 새로운 위협을 식별하고 차단할 수도 있지 않을까? 그렇게 하는 것이 최선이고 옳은 일이 아닐까?

나는 전 세계 정부와 국민들의 반응도 이와 같은 것이라고 생각한다. 국민 국가의 단일 권력이 위협받고, 억제가 점점 더 어려워지고, 생명이 위태로워질 때 자연스럽게 나오는 반응은 바로 권력의 통제력을 강화하는 것이다.

문제는 어떠한 대가가 따를 것이냐는 것이다.

디스토피아적 전환

재앙을 막아야 하는 것은 당연한 의무다. 재앙의 규모가 크고 위험도가 높을수록 대책의 필요성도 커지기 마련이다. 재난의 위협이 극도로 심각해지면 정부는 기술의 모든 측면을 엄격하게 통제하고, 어떤 것도 경계망을 뚫지 못하도록 하고, 악성 AI나 인위적인 바이러스가 유출되거나 제조되거나 연구되지 못하도록 하는 것이 재난을 막을 수 있는 유일한 방법이라는 결론을 내리게 될 것이다.

기술은 우리 문명에 깊숙이 침투해 있기 때문에 기술을 감시한다는 것은 곧 모든 것을 감시한다는 것을 의미한다. 여기에는 모든 실험실, 제조 시설, 공장, 모든 서버, 새로 개발된 코드, 합성된 DNA 가닥, 모든 기업과 대학, 외딴 오두막에 있는 바이오해커부터 이름 모를 거대한 데이터 센터에 이르는 모든 것이 포함된다. 다가오는 물결의 전례 없는 역학 관계에 맞서 재앙에 대처하려면 전례 없는 특별한 대응이 필요하다. 즉 모든 것을 감시하는 것뿐만 아니라 필요할 때 언제 어디서든 모든 것을 막고 제어할 수 있는 역량을 갖추고 있어야 한다.

팬데믹이나 악성 AI의 발생을 막기 위해 권력을 극단적으로 중앙 집중화하고, 파놉티콘을 구축하고, 삶의 모든 측면을 엄격하게 조정해야 한다고 말하는 사람들도 분명 존재할 것이다.[7] 점차 많은 국가들이 재앙을 막기 위한 유일한 방법은 11장에서 살펴본 것과 같은 전면적인 감시, 즉 강력한 권력을 바탕으로 한 완전한 통제라고 스스로 확신하게 될 것이다. 디스토피아로 가는 문은 열려 있다. 실제로 재앙에 직면했을 때 어떤 이들에게는 디스토피아가 안도감을 주는 것처럼 느껴질 수도 있다.

이러한 제안의 경우, 특히 서구에서는 여전히 비주류로 머물러 있다. 그러나 이러한 제안이 힘을 얻어 확산되는 것도 시간 문제일 듯하다.[8] 다가오는 물결은 'AI 독재AI-tocracy'라는 디스토피아의 동기와 수단을 모두 제공하는데, 이는 꾸준히 증가하는 데이터 수집과 변환으로 스스로를 강화한다. 감시와 통제에 대한 욕구에 의문이 든다면, 얼마 전까지만 해도 상상할 수 없었던 사회 전반의 봉쇄 조치가 코로나19 팬데믹이 발생하자 순식간에 피할 수 없는 현실이 된 과정을 생각해 보자. 적어도 초기에는 "각자의 역할을 다해 달라"는 정부의 간곡한 호소에 대한 응답으로 거의 모두 규정을 준수했다. 이처럼 안전을 명분으로 한 강력한 조치에 대한 대중의 수용도는 높은 것으로 보인다.

대재앙은 극단적인 감시 시스템으로 미래에 유사한 사태가 발생하는 것을 예방해야 한다는 요구에 힘을 실어 줄 것이다. 기술과 관련된 사고가 발생하면 단속이 이뤄지기까지 얼마나 걸릴까? 재난이 닥쳤을 때 감시와 통제에 대한 요구를 누가 설득력 있게 반대할 수 있을까? 감시 디스토피아가 뿌리를 내리고 자리를 잡고 성장하기까지 얼마나 걸릴까? 소규모 기술 실패가 누적될수록 통제에 대한 요구가 더 커질 것이다. 통제가 강화되면 견제와 균형이 약화되고, 지형이 바뀌면서 더 많은 개입이 가능해지며, 점점 테크노 디스토피아로 나아가는 내리막길이 시작된다.

자유와 안보의 균형은 고대부터 이어져 온 딜레마다. 토머스 홉스Thomas Hobbes의 리바이어던Leviathan 국가에 대한 기본 설명에도 등장하는 이 딜레마는 계속 존재하고 있다. 자유와 안보는 복잡하고 다면적인 관계를 형성하는 경우가 많지만, 다가오는 물결로 인해 그 복잡도가 새로운 차원으로 높아지고 있다. 인위적인 팬데믹을 예방하려면 어느 정도의 사회적 통제가 적절할까? 같은 목적을 달성하기 위해 다른 국가에 간섭하는 수준으로는 어느 정도가 적당할까? 자유, 주권, 사생활에 미치는 잠재적 영향이 이토록 처참했던 적은 없었다.

투명성과 엄격한 통제를 특징으로 하는 억압적 감시 사회는 또 다른 실패, 즉 다가오는 물결의 역량이 인류의 번영이 아니라 그 반대의 결과를 가져올 또 다른 방법일 뿐이라고 생각한다. 강압적이고 편향적이고 불공정한 규제가 모두 크게 증폭될 것이다. 어렵게 쟁취한 권리와 자유가 뒤로 밀리고 말 것이다. 많은 국가에서 민족 자결권은 타협의 가능성만 있을 뿐이다. 이 경우에는 취약성이 아니라 오히려 노골적인 억압이 증폭된다. 재앙을 막기 위한 대응책이 이러한 디스토피아로 이어진다면 그 대응책은 결코 해답이 될 수 없다.

중국과 다른 여러 지역에서 감시와 강압의 구조가 구축되고 있으며, 이는 초기 단계의 조치가 이뤄졌음을 시사한다. 대재앙에 대한 위협과 안전에 대한 보장은 더 많은 것을 가능하게 할 것이다. 모든 기술의 물결은 사회 질서에 큰 혼란을 가져올 가능성이 높다. 하지만 지금까지는 이러한 기술 발전이 전 지구적인 재난이라는 광범위하고 조직적인 위험을 초래하지는 않았다. 이제 상황이 달라졌다. 바로 이러한 변화가 디스토피아적 대응을 촉발할 수 있는 요인이다.

좀비 같은 국가들은 의도치 않은 재앙의 길로 들어선다면 개방성과 혼란이 심화되면서 통제되지 않은 기술의 배양 접시가 될 것이다. 한편 권위주의 국가는 이미 이러한 테크노 디스토피아를 기꺼이 받아들여 도덕적으로는 아니더라도 기술적으로 심각한 사생활 침해와 자유 제한을 위한 토대를 마련하고 있다. 그리고 이 양극단 사이의 연속선상에 있는 최악의 상황, 즉 파편화돼 있지만 억압적인 감시와 통제 장치가 완벽한 시스템으로 통합되지 못하는 상황도 존재한다.[*][9]

재앙과 디스토피아가 결합된 최악의 상황이다.

기술 철학자 루이스 멈퍼드Lewis Mumford는 사회 시스템이 기술과 통합돼 "비개인화된 집단 조직의 이익을 위해 통제되는 획일적이고 모든 것을 포괄하는 구조"를 만들어 내는 '거대기계megamachine'에 대해 이야기했다.[10] 인류는 안보라는 명목으로 거대기계를 가동해 말 그대로 또 다른 거대기계의 출현을 막을 수 있을 것이다. 그렇다면 다가오는 물결은 역설적으로 스스로를 억제하는 데 필요한 바로 그 도구를 만들 수도 있다. 하지만 그렇게 함으로써 자기 결정권과 자유, 그리고 사생활마저도 지워지는 '실패

---

* 발라지 스리니바산Balaji Srinivasan은 이와 유사한 시나리오를 구상하며 미국은 좀비로, 중국은 악마로 다음과 같이 묘사한다. "미국이 무정부 상태에 빠져들면서 중국 공산당은 기능적이지만 매우 강압적인 자신들의 시스템을 유일한 대안으로 지목하고, 감시 상태의 턴키 버전을 일대일로의 다음 버전으로 다른 국가에 수출할 것이다. 이러한 인프라 구조는 모든 것을 지켜보는 중국의 AI 눈에 대한 SaaSSoftware as a Service 구독으로 완성된다.

모드(failure mode, 컴퓨터 시스템의 고장 상태를 이르는 용어_옮긴이)'
가 열리고, 감시와 통제 시스템이 사회를 억압하는 지배 형태로 변
질될 것이다.

이 억압적인 모습이 지금 우리의 현실이라고 말하는 사람들에
게, 나는 미래에 일어날 일에 비하면 이것은 아무것도 아니라고 말
하고 싶다. 게다가 디스토피아로 가는 길은 이것 말고도 여러 길
이 있다. 다른 많은 길이 있지만, 이 길은 다가오는 물결이 몰고 올
정치적 도전과 잠재적인 재앙 모두와 직접적으로 연관돼 있다. 이
는 막연한 사고 실험이 아니다. 이러한 상황에 직면한 우리는 다음
과 같은 질문을 던져야 한다. 이 새로운 물결을 이끄는 힘이 거대
하고 거스를 수 없는 것처럼 보인다 해도 과연 이 궤도에서 벗어
나야 하는 것일까? 현재 진행 중인 기술 개발을 모두 중단해야 할
까? 실현 가능성은 낮지만 기술 자체에 대한 모라토리엄을 선언해
야 할 때가 온 것은 아닐까?

정체: 또 다른 형태의 재앙

거대한 도시, 강철과 석재로 지어진 견고한 도시 건축물, 이 모
든 것을 연결하는 도로와 철도의 광범위한 네트워크, 환경을 관리
하는 거대한 조경과 엔지니어링 작업을 바라보고 있자면 우리 사
회가 풍기는 영속성에 대한 매력을 느낀다. 디지털 세계의 무중력

에도 불구하고 우리를 둘러싼 물질 세계에는 견고함과 풍요로움이 존재한다. 그리고 그것은 우리의 일상에 대한 기대치를 만들어 낸다.

우리는 슈퍼마켓에 가면 신선한 과일과 채소가 가득할 것이라 생각한다. 또한 그곳이 여름에는 시원하고 겨울에는 따뜻하게 유지될 것이라 예상한다. 지속적인 혼란에도 불구하고 우리는 21세기의 공급망과 지원성affordance이 오래된 건축물처럼 견고하다고 믿고 있다. 역사적으로 보면 우리 존재의 가장 극단적인 부분조차 지극히 평범해 보일 수 있기 때문에 대부분의 경우 우리는 그것이 무한히 지속될 수 있는 것처럼 삶을 이어간다. 리더를 포함한 우리 주변의 대부분이 마찬가지다.

하지만 영원히 지속되는 것은 없다. 고대 메소포타미아에서 로마, 마야, 이스터 섬에 이르기까지 역사적으로 사회가 붕괴된 사례는 수없이 많다. 이는 단순히 문명이 지속되지 않았다는 사실뿐 아니라 그 안에 지속 불가능성이 내재돼 있다는 것을 보여 준다. 문명의 붕괴는 예외가 아니라 일반적인 현상이다. 60개 문명을 대상으로 한 조사에 따르면, 문명은 평균 400년 정도 지속되다가 붕괴한다고 한다.[11] 새로운 기술이 없는 문명은 에너지, 식량, 사회적 복잡성 등에서 발전의 한계에 부딪혀 결국 붕괴하고 만다.

한 가지 달라진 것이 있다면, 수 세기 동안 끊임없는 기술 발전으로 사회가 그러한 역사의 굴레에서 벗어난 것처럼 보였다는 것이다. 하지만 그러한 역학 관계가 끝났다고 생각하면 오산이다. 물론 21세기 문명은 마야 문명과는 거리가 멀지만, 거대하고 탐욕스러운 상부 구조, 증가하는 인구, 에너지와 문명 역량의 한계라는 압박은 마법처럼 사라진 것이 아니라 그저 억제된 것일 뿐이다.

앞서 말한 인센티브를 없앨 수 있는 세상이 온다고 가정해 보자. 기술 개발을 완전히 중단해야 할 때가 온 것일까? 절대 그렇지 않다.

현대 문명은 약속을 이행하기 위해 지속적인 기술 발전에 의존하고 있다. 우리의 모든 구조는 장기적인 경제 성장을 전제로 하고, 장기적인 경제 성장은 궁극적으로 새로운 기술의 도입과 확산을 전제로 한다. 적은 비용으로 소비를 늘리거나 추가적인 세금 부담 없이 공공 서비스를 누릴 수 있다는 기대, 환경적으로 지속 가능하지 않지만 지속적인 삶의 개선이 가능하다는 믿음과 같은 약속, 즉 대합의는 기술을 필요로 한다.

앞서 살펴본 바와 같이 새로운 기술의 발전은 지구가 직면한 중대한 과제를 해결하는 데 있어 매우 중요한 역할을 한다. 새로운 기술 없이는 이러한 과제를 해결할 수 없다. 인적·물적 착취로 인해 발생하는 현상 유지 비용도 무시할 수 없다. 현재 우리가 보유한 기술은 여러 면에서 인상적이지만, 80억 명이 넘는 인구를 선진국 수준으로 지속 가능하게 지원할 수 있을지는 미지수다. 기후 변화와 같은 문제를 해결하고, 생활과 의료 수준을 지속적으로 개선하며, 더 나은 교육과 기회를 제공하는 것은 새로운 기술을 종합적인 정책이나 계획의 일부로 제공하지 않고서는 불가능하다는 점을 다시 한번 강조할 필요가 있다.

기술 개발을 멈추는 것이 가능하다면 어떤 면에서 안전성을 확보할 수 있다. 우선은 재앙으로 이어질 수 있는 새로운 위험의 출현을 막을 수 있다. 그러나 그렇다고 해서 디스토피아를 완전히 피할 수 있는 것은 아니다. 오히려 21세기 사회의 지속 불가능성이 분명해지면서 또 다른 형태의 디스토피아를 불러오게 될 것이다. 새로운 기술이 개발되지 않으면 얼마 지나지 않아 결국 모든 것이 정체되고 완전히 무너질 수도 있다.

다음 세기에는 전 세계 인구가 감소하기 시작할 것이며, 일부 국가에서는 특히 더 급격히 감소할 것이다.[12] 근로자와 퇴직자의 비율이 바뀌고 노동력이 감소함에 따라 경제는 현재와 같은 수준으로 작동할 수 없을 것이다. 다시 말해서, 새로운 기술 없이는 생활 수준을 유지하기가 어려울 것이다.[13]

이는 전 세계적인 문제다. 일본, 독일, 이탈리아, 러시아, 한국을 포함한 여러 국가가 현재 생산 연령 인구의 위기에 직면해 있다.[14] 더 놀라운 사실은 2050년대에는 인도, 인도네시아, 멕시코, 튀르키예와 같은 국가들도 비슷한 상황에 처하게 될 것이라는 점이다. 중국은 앞으로 수십 년간 기술을 논하는 자리에서 큰 비중을 차지할 것이다. 하지만 상하이 사회과학원Shanghai Academy of Social Sciences은 금세기 말에 인구가 6억 명에 불과할 것으로 예측했고, 이는 거의 한 세기에 걸쳐 인구가 증가해 온 것을 뒤집는 엄청난 반전이다.[15] 중국의 합계 출산율(total fertility rate, 여성 한 명이 가임기에 낳을 것으로 예상되는 평균 출생아 수_옮긴이)은 세계에서 가장 낮은 수준이며, 한국이나 대만과 같은 이웃 국가들이 그 뒤를 잇고 있다. 현실적으로 중국은 신기술 없이는 지속이 아예 불가능한 상황에 처해 있다.

이는 단순히 수치뿐만 아니라 전문성, 과세 기반, 투자 수준까지 확대될 수 있는 문제다. 은퇴자들은 장기 투자를 하지 않고 시스템에서 자금을 빼내려 할 것이다. 이 모든 것은 "제2차 세계 대전 이후 시대의 통치 모델은 단순히 파산하는 것이 아니라 사회적 자살 협정이 되고 있다"는 것을 암시한다.[16] 인구 통계학적 변화는 수십 년에 걸쳐 나타난다. 세대 코호트(cohort, 공통된 통계 인자를 공유하는 집단_옮긴이)는 그 규모가 변하지 않는다. 점진적이고 필연적인 인구 감소는 이미 시작됐으며 피할 수 없는 현실이 됐다. 감소하는 노동자를 대체할 방법을 찾는 것 외에는 이제 아무것도 할 수 없다.

자원에 대한 압박 역시 피할 수 없다. 다른 자원은 말할 것도 없고 환경 보호를 위한 클린테크 관련 소재를 확보하는 것은 매우 복잡하고 어렵다는 사실을 기억해야 한다. 리튬, 코발트, 흑연에 대한 수요는 2030년까지 500퍼센트 증가할 것으로 예상된다.[17] 현재 배터리는 청정 경제clean economy를 실현할 수 있는 최적의 솔루션이지만, 기존의 저장 용량은 대부분 영역에서 몇 분 또는 몇 초 동안의 에너지 소비를 감당하기에도 버거운 수준이다. 고갈되고 있는 자원을 대체하거나 다양한 자재에 대한 공급망 장애를 해결하려면 대안이 필요하다. 그리고 대안을 마련하기 위해서는 재료 과학과 같은 분야에서 기술과 과학의 새로운 혁신이 필요하다.

인구와 자원의 한계를 고려할 때, 현 상태를 유지하려면 전 세계적으로 생산성을 2~3배 더 높여야 한다. 그러나 선진국보다 12배나 더 높은 아동 사망률을 보이는 전 세계 대다수 국가에서는 실행 가능한 해결책이 아니다.[18] 물론 현재와 같은 수준을 유지하는 것만으로도 인구와 자원에 대한 압박뿐 아니라 기후 비상사태를 초래할 수 있다.

분명히 말하지만, 정체 그 자체만으로도 재앙을 불러올 수 있다.

이는 단순히 식당의 일손 부족이나 배터리 비용과 같은 문제가 아니다. 현대 생활의 모든 불안정한 측면이 예측할 수 없는 수많은 후방 효과와 함께 이미 관리하기 어려운 여러 문제와 교차하는 것을 의미한다. 우리 삶의 방식이 지속적인 기술 발전에 얼마나 많은 영향을 받고 있는지 과소평가하는 경우가 많다. 과거의 모든 문명에서 그러했듯이 그러한 역사적 선례는 우리에게 크고 분명하게 경고하고 있다. 정체는 기껏해야 쇠퇴로 점철된 미래를 나타내는 것처럼 보일 수 있지만, 어쩌면 놀라울 정도로 빠르게 확산되는 붕괴를 의미하는 것일지도 모른다. 어떤 이들은 이것이 제3의 극, 즉 일종의 중대한 트릴레마(trilemma, 세 가지 문제가 서로 얽혀 있어 옴짝달싹하지 못하는 상황, 삼각딜레마 혹은 삼중딜레마라고도 한다_옮긴이)를 형성한다고 주장할 수도 있다. 하지만 나는 그렇게 생각하지 않는다. 첫째, 이것은 현 단계에서 가능성이 가장 낮은 옵션이다. 둘째, 실제로 그러한 상황이 발생한다 하더라도 이는 새로운 형태로 딜레마를 재구성하는 것에 불과하다. 기술에 대한 모라토리엄은 탈출구가 아니라 또 다른 유형의 디스토피아, 또 다른 유형의 재앙으로 가는 길일 뿐이다.

설령 실현 가능하다고 해도 다가오는 물결을 막는다는 발상은 위안이 되지 않는다. 생활 수준을 향상시키는 것은 고사하고 유지만 하는 데에도 기술이 필요하다. 붕괴를 막으려면 반드시 기술이 필요하고, 기술을 거부할 때 치러야 할 대가는 실존적이다. 그러나 이 시점에서 생각할 수 있는 모든 길은 심각한 위험과 단점을 수반한다.

이것이 바로 심각한 딜레마다.

다음 단계는?

핵과 디지털 시대가 시작된 이래로 이러한 딜레마는 점점 더 명확하게 드러나고 있다. 1955년 수학자 존 폰 노이만은 생의 마지막을 앞두고 〈우리는 기술에서 살아남을 수 있을까?Can We Survive Technology?〉라는 에세이를 썼다.[19] 이 글에서 노이만은 글로벌 사회가 "급속히 성숙기에 접어든 위기, 즉 기술 발전이 이뤄져야 하는 환경이 규모가 작고 조직화되지 못했기 때문에 발생하는 위기"에 처해 있다고 주장했다. 노이만은 글의 결론에서 생존을 단지 하나의 '가능성'으로만 설명하고, 자신의 컴퓨터가 현실로 만든 버섯구름의 그림자 속에서도 생존할 수 있다고 말한다. 그는 이렇게 썼다. "진보를 위한 해결책은 없다. 지금과 같이 엄청나게 다양한 진보를 위해 안전한 채널을 찾으려는 모든 노력은 좌절로 이어질 수밖에 없다."

위험은 줄이면서도 많은 이점을 얻을 수 있는 기술을 개발하고자 하는 열망은 나만 갖고 있는 게 아니다. 누군가는 이러한 야망을 실리콘밸리에서 나온 또 다른 형태의 오만이라고 비웃겠지만, 나는 여전히 기술이 우리의 세상과 삶의 질을 향상시키는 주요 원동력이라고 확신한다. 기술의 모든 해악, 단점, 의도치 않은 결과에도 불구하고 지금까지 기술이 기여한 바를 보면 긍정적인 측면이 압도적으로 많다. 어쨌든 기술에 대해 매우 비판적인 사람들조차 주전자를 사용하고, 아스피린을 복용하고, TV를 보고, 지하철을 타면서 만족감을 느낀다. 사람을 해하는 총이 있다면 생명을 구하는 페니실린이 있고, 잘못된 정보가 있다면 진실이 곧 드러나기 마련이다.

그러나 폰 노이만과 그의 동료들뿐 아니라 나를 포함한 많은 사람들은 기술의 장기적인 궤도에 대한 걱정을 갖고 있다. 기술이 갑자기 부정적인 방향으로 나아갈지도 모른다는 가능성을 실제로 보여 주고 있고, 이러한 변화를 막을 수 있는 해결책을 갖고 있지 않으며, 탈출구가 없는 곳에 갇혀 있는 것만 같아 심히 걱정스럽다.

이 모든 것이 정확히 어떻게 전개될지 아무도 확신할 수 없다. 이 딜레마의 광범위한 매개 변수 안에는 우리가 알 수 없는 엄청난 범위의 다양한 결과가 존재한다. 그러나 나는 앞으로 수십 년 동안 번영과 감시, 그리고 다가오는 재앙의 위협 사이에서 점점 더 복잡하고 고통스러운 절충안을 목격하게 될 것이라고 확신한다. 최적의 조건에 있는 국가 시스템조차 이러한 도전에 직면하게 될 것이다.

우리는 호모 테크놀로지쿠스에게 닥친 궁극적인 도전에 직면해 있다.

이 책이 기술에 대한 낙관론과 우려를 동시에 표명하는 모순적인 입장을 취하는 것처럼 보인다면, 바로 이러한 모순적인 시각이 현재 우리가 처한 상황을 가장 잘 나타내는 정직한 평가이기 때문이다. 우리의 증조부모들은 우리가 살고 있는 이 세상의 풍요로움에 감탄했을 것이다. 하지만 동시에 그들은 이 세상이 지닌 취약성과 위험성을 보고 놀랐을 것이다. 다가오는 물결과 함께 우리는 잠재적으로 재앙적인 결과를 초래할 수 있는 실질적 위협뿐 아니라 심지어 우리 종의 존립마저 위협하는 위험에 직면해 있다. 기술은 우리에게 최고의 장점이자 최악의 단점이다. 이러한 기술의 본질을 제대로 포착할 수 있는 일방적인 접근 방식은 존재하지 않는다. 기술에 일관적으로 접근할 수 있는 유일한 방법은 두 가지 측면을 동시에 인정하고 이해하는 것이다.

지난 10여 년 동안 이러한 딜레마는 한층 더 두드러졌고, 이를 해결해야 한다는 필요성은 더욱 절실해졌다. 세상을 들여다보면 억제는 불가능해 보인다. 하지만 다가오는 물결이 초래할 결과를 따라가다 보면 분명한 사실을 하나 발견하게 된다. 그 사실은 바로 모두를 위해 억제가 가능해야 한다는 것이다.

4부

물결을 헤쳐 나가다

13장
억제가 가능해야 한다

한때는 기술의 미래와 앞으로 일어날 일 전반에 대해 장밋빛 전망이 담긴 책을 쓰려고 했다. 오늘날 세계는 '기술'에 대한 이해가 깊어지면서 그에 대한 경계심 역시 커졌지만, 여전히 긍정적으로 바라볼 수 있는 부분도 많은 게 사실이다. 그러나 나는 코로나19 팬데믹 기간 동안 그 생각을 잠시 멈추고 성찰할 시간을 가졌다. 그러면서 부정하지는 않았지만 아주 오랫동안 경시해 왔던 진실을 다시 마주할 수 있었다. 급격한 변화가 다가오고 있고, 그 변화는 피할 수 없다. 이제 그 사실을 받아들여야만 한다.

여러분이 이 책의 핵심 주장 중 일부만이라도 받아들인다면 이제 실질적인 문제는 어떻게 이에 대처할 것인가이다. 일단 우리가 이러한 현실을 인정하고 나면 무엇을 어떻게 해 진정한 변화를 만들어 낼 수 있을까? 앞서 3부에 걸쳐 대략적으로 설명한 것과 같은 딜레마에 직면했을 때 이론상으로나마 이뤄질 수 있는 억제는 어떤 모습일까?

최근 몇 년 동안 나는 이 문제에 대해 수없이 많은 대화를 나누었다. 최고의 AI 연구자, CEO, 오랜 친구, 워싱턴·베이징·브뤼셀의 정책 입안자, 과학자, 변호사, 고등학생, 술집에서 내 이야기를 들어주는 불특정 다수와도 이 문제를 논의해 왔다. 모든 사람이 쉬운 답을 바로 내놨고, 거의 모든 사람이 규제라는 동일한 처방을 내렸다.

바로 여기에 딜레마에서 벗어나는 길, 기술을 억제하기 위한 열쇠, 우리가 이해하는 국가와 문명의 구세주가 될 해답이 있는 것 같다. 포괄적이고 집행 가능한 프레임워크와 연결돼 있어 기술 대기업부터 군대, 소규모 대학 연구 그룹, 스타트업에 이르기까지 모든 조직에 걸쳐 국가적·초국가적 수준에서 합리적인 안전 제약과 발전의 필요성 사이의 균형을 잡아 줄 정교한 규제가 그 해답이 될 수 있다. 자동차, 비행기, 의약품을 예로 들면 알 수 있듯이 과거에도 우리는 규제를 통해 문제를 해결한 적이 있다. 이 같은 해결 방식이 바로 우리에게 다가올 물결을 관리하고 억제할 수 있는 방법은 아닐까?

해결책이 그렇게 간단하다면 얼마나 좋을까. 놀라운 기술 변화 앞에서 "규제!"라고 외치기는 쉽다. 이 같은 대응은 비관주의를 피해 긍정적인 측면을 강조하려는 전형적인 문제 해결 방식이다. 또 문제를 과소평가하기 쉬운 방법이기도 하다. 서류에 적힌 규제는 매력적일 뿐 아니라 명확하고 간단해 보인다. 규제를 제안하면 현명하게 관심을 기울이며 안정적으로 문제를 해결하는 사람처럼 보일 수 있다. 규제는 문제를 해결할 수 있지만 다른 사람의 문제라는 의미를 암묵적으로 담고 있다. 하지만 면밀히 살펴보면 그 틈이 분명하게 드러나고 만다.

4부에서는 우리 사회가 골치아픈 딜레마에 직면하기 시작함에도 불구하고 비관적인 회피를 떨쳐내고 기술 억제 문제를 해결해내기 위해 필요한 다양한 방법을 살펴볼 것이다. 하지만 그전에 규제만으로는 충분하지 않다는 중요한 사실을 인정하는 것이 꼭 필요하다. 백악관 원탁회의를 소집하고 진지한 연설을 하는 것은 쉽지만 효과적인 법안을 제정하는 것은 그렇지가 못하다. 앞서 살펴본 바와 같이 정부는 새로 다가올 물결과는 별개로 신뢰 하락, 고착화된 불평등, 양극화된 정치 등 여러 위기에 직면해 있다. 정부는 과중한 업무에 시달리고 있으며, 정부 인력의 업무 숙련도는 낮고, 앞으로 복잡하고 빠르게 변화하며 전개될 문제에 대응할 준비가 제대로 돼 있지 않다.

차고의 아마추어들이 보다 강력한 도구들을 이용할 수 있게 되고, 기술 기업들이 연구개발R&D에 수십억 달러를 투자하는 동안에도 대부분의 정치인은 24시간 내내 선전 문구와 보여 주기 식 뉴스에 갇혀 있다. 정부가 단순한 위기에서 실제 위기로 치닫는 지경까지 이르게 되면, 불확실한 시기에 대한 심도 있는 분야별 전문 지식과 신중한 판단을 필요로 하는 지각 변동에 대처하기 어렵다. 다음번 선거에서 더 많은 표를 얻게 해 줄 손쉬운 방법을 택하려면 이렇게 어려운 문제는 무시하는 편이 낫다.

AI와 같은 분야의 기술 전문가와 연구자들마저 기술 변화 속도에 어려움을 겪고 있다. 그렇다면 제한된 자원을 가진 규제 당국에는 어떤 기회가 있을까? 그들은 초고속 변화의 시대, 다가오는 물결의 속도와 예측 불가능성에 어떻게 대처할까?[1]

기술은 매주 발전하고 있다. 법률은 초안을 작성하고 통과시키는 데 수년이 걸린다. 링Ring 초인종과 같은 신제품이 시장에 출시됐다고 생각해 보자. 스마트 홈 기기 제조업체인 링은 현관문에 카메라를 부착하고 그 카메라를 휴대 전화와 연결했다. 링 초인종은 아주 빠르게 도입됐고 이제는 규제가 필요한 대상의 성격을 근본적으로 바꿔 놓을 정도로 널리 보급돼 있다. 갑자기 평범한 교외 거리가 비교적 사적인 공간에서 감시와 녹화가 가능한 공간으로 변해 버렸다. 관련 규제에 대한 논의가 시작될 무렵에 이미 링은 대규모 카메라 네트워크를 구축해 전 세계 사람들의 현관문에서 데이터와 이미지를 대량으로 수집하고 있었다. 소셜 미디어가 등장한 지 20년이 지났지만, 강력하고 새로운 플랫폼의 출현에 대한 일관된 접근법이 없다(또다시 사생활, 양극화, 독점, 외국인 소유권, 정신 건강 중 어느 하나가 문제의 핵심일까, 아니면 이 모든 것이 다 문제일까?). 앞으로 다가올 물결은 이러한 역학 관계를 악화시킬 것이다.

기술에 대한 논의는 소셜 미디어, 블로그, 뉴스레터, 학술지, 수

많은 콘퍼런스, 세미나, 워크숍 전반에서 제멋대로 이뤄지고 있고, 논점에서 벗어난 소음 속에서 점점 길을 잃고 있다. 모두가 각자의 의견을 갖고 있지만 하나의 일관된 프로그램이 되지는 못하고 있다. 머신 러닝 시스템의 윤리에 대한 논의는 다른 분야, 예컨대 합성 생물학의 기술적 안전성에 대한 논의와는 전혀 다르다. 기술에 대한 논의는 고립되고 메아리처럼 울리는 사일로silo에서 이뤄진다. 즉 제대로 된 논의가 거의 이뤄지지 않는다.

하지만 나는 이 모든 것이 동일한 현상의 한 측면이며, 각각 같은 물결의 다른 측면을 다루기 위한 노력이라고 생각한다. 알고리즘 편향, 생물학적 위험, 드론 전쟁, 로봇 공학의 경제적 영향, 양자 컴퓨팅의 사생활에 대한 영향에 대해 개별적으로 논의하는 것만으로는 충분하지 않다. 이러한 접근 방식은 원인과 결과의 상호 연관성을 크게 간과할 수 있다. 우리에게는 이러한 개별적인 논의를 한데 모아 다양한 차원의 위험을 모두 포괄하는 접근 방식, 즉 범용 혁명을 위한 범용 개념이 필요하다.

흩어져 있는 통찰의 대가는 실패라는 것을 우리는 잘 알고 있다. 지금 당장 우리가 얻을 수 있는 정보는 산재해 있는 통찰뿐이다. 기술 분야 여기저기에 흩어져 있는 수많은 개별 프로그램들이 의도는 좋을지 몰라도 중요한 계획이나 방향 없이 우리의 노력을 조금씩 갉아먹고 있다. 가장 높은 수준의 목표, 즉 기술을 둘러싼 모든 다양한 노력을 일관된 정책이나 계획으로 통합하는 명확하고 단순한 목표가 필요하다. 특정 회사, 연구 그룹, 또는 국가에 국한된 것이 아니라 모든 전선, 위험 영역, 지역에 걸쳐 동시에 다양한 요소를 조정하는 것이 필요하다. 새롭게 등장하는 AGI를 마주하든, 낯설지만 유익한 새로운 생명체를 마주하든, 억제라는 통일된 목표를 가져야 한다.

21세기 인류의 핵심 과제는 정당한 정치적 영향력과 지혜 함양, 숙련된 기술 전문 지식 습득, 기술을 규제할 수 있는 강력한 규범을 통해 기술이 계속해서 해악보다 훨씬 더 많은 혜택을 제공하도록 보장하는 것이다. 다시 말해서, 억제할 수 없을 것 같은 기술을 어떻게 하면 억제할 수 있을지 알아내는 것이다.

호모 테크놀로지쿠스 시대부터 기술이 삶의 모든 측면에 스며있는 현재에 이르기까지, 이를 실현하는 데에는 많은 어려움이 따른다. 하지만 그렇다고 해서 시도하지 말라는 법은 없다.

그러나 정부뿐만 아니라 대부분의 조직은 앞으로 닥칠 복잡한 문제에 대처할 준비가 돼 있지 않다. 앞서 살펴본 바와 같이, 부유한 국가들조차 새로운 위기에 직면하면 어려움을 겪을 수 있다. 2020년을 앞두고 팬데믹 대비 측면에서 측정한 세계 보건 보안 지수Global Health Security Index는 미국이 세계 1위를 차지했고, 영국도 크게 뒤떨어지지 않고 그 뒤를 따랐다.[2] 그러나 일련의 재앙적인 결정으로 인해 사망률과 재정적 비용은 캐나다와 독일과 같은 비슷한 수준의 국가들보다 훨씬 더 악화됐다.[3] 뛰어난 전문성, 제도적 깊이, 계획, 자원을 갖춘 것처럼 보였지만, 서류상으로 매우 잘 준비된 국가들조차 실상은 그렇지가 못했다.

정부는 새로운 위험과 기술을 관리하기 위해 그 어느 때보다 더 잘 준비돼 있어야 한다. 이에 대한 국가 예산은 전례 없는 수준으로 편성돼 있다. 하지만 현실적으로 새로운 위협에 대처하는 것은 어느 정부에나 매우 어려운 일이다. 이는 정부라는 개념에 내재된 결함이 아니라 우리 앞에 닥친 도전의 규모가 그만큼 크다는 것을 나타낸다. 내가 생각하는 현대판 튜링 테스트를 성공적으로 통과할 수 있는 ACI와 같은 위협에 직면하게 되면, 아무리 사려 깊고 선견지명이 있는 관료 조직이라 할지라도 코로나19에 대처하는 방식과 비슷하게 대응할 가능성이 높다. 정부는 지나간 전쟁이나 팬데믹과 싸우고 이전의 물결을 규제한다. 규제 당국은 예상할 수 있는 것들을 규제한다.

하지만 지금은 예상치 못한 놀라운 일들이 벌어지는 시대다.

규제만으로는 충분치 않다

역풍에도 불구하고 첨단 기술을 규제하기 위한 노력의 필요성은 점점 더 커지고 있다. 가장 야심 찬 법안은 아마도 2021년 처음 제안된 EU의 AI 법안일 것이다.[4] 이 글을 쓰고 있는 2023년 현재 이 법안은 유럽 법으로 제정되기 위한 긴 과정을 거치고 있다. 이 법이 제정되면 AI 연구 및 배포가 위험도에 따라 분류되고, 직접적인 피해를 야기할 수 있는 '용납할 수 없는 위험'이 있는 기술은 금지될 것이다. AI가 기본적인 인권이나 기본 인프라, 대중교통, 보건, 복지와 같은 중요한 시스템에 영향을 미치는 경우, '고위험'으로 분류돼 더 높은 수준의 감독과 책임이 부과된다. 고위험 AI는 "투명하고, 안전하고, 인간의 통제를 받으며, 적절하게 문서화될 수 있어야 한다."

반면 이 법안은 역사상 가장 진보적이고, 야심 차고, 원대한 규제 노력 중 하나이지만, 규제에 내재된 문제점을 드러내 보여 주기도 한다. 규제가 너무 지나치다는 비판과 규제가 충분하지 않다는 비판이 각계각층에서 제기되고 있다. 한편에서는 아직 존재하지도 않는 것을 규제하려 하면서 미래에 발생할 수 있는 위험에 지나치게 집중하고 있다고 주장하고, 또 다른 한편에서는 앞을 내다보는 선견지명이 부족하다고 지적한다.[5] 어떤 사람들은 이 법안이 기술 대기업에 면죄부를 줬다고 주장하며 기술 대기업이 법안 초안을 작성하는 데 중요한 역할을 했고, 법 조항을 완화시켰다고 생각한다.[6] 또 다른 사람들은 이 법안이 지나치게 광범위해 EU의 연구와 혁신을 위축시키고 고용과 세수에 타격을 줄 것이라고 우려한다.

대부분의 규제는 상충하는 이해관계 사이에서 아슬아슬한 줄타기를 한다. 그러나 첨단 기술을 제외하면 이처럼 광범위하게 분산돼 있고, 경제에 필수적이며, 빠르게 진화하는 것을 다뤄야 하는 경우는 드물다. 이러한 모든 소음과 혼란은 특히 변화가 가속화되는 상황에서 모든 형태의 규제가 매우 어렵고 복잡할 수 있다는 것과 그로 인해 발생하는 허점 때문에 효과적인 억제를 달성하지 못할 가능성이 높다는 것을 분명하게 보여 준다.

초진화 기술뿐만 아니라 보편적으로 적용 가능한 범용 기술을 규제하는 것도 매우 어려운 일이다. 전동 운송 수단에 대한 규제를 예로 들어 보자. 단일 규제 기관이나 몇 가지 법률만 있는 게 아니다. 교통, 도로, 주차, 안전벨트, 배기가스, 운전자 교육에 관한 다양한 규제가 존재한다. 이러한 규제는 국회뿐만 아니라 지방 정부, 고속도로 기관, 지침을 내리는 교통부, 면허 기관, 환경 표준 사무소 등 다양한 기관에서 시행된다. 또 국회의원뿐만 아니라 경찰, 교통 감독관, 자동차 회사, 정비사, 도시 계획가, 보험사 등 다양한 이해관계자의 참여를 바탕으로 한다.

수십 년에 걸쳐 개선된 정교한 규제로 인해 도로와 차량의 안전과 질서는 점진적으로 강화됐고, 그 결과 확대와 보급이 가능해졌다. 하지만 여전히 연간 135만 명에 달하는 사람들이 교통사고로 목숨을 잃고 있다.[7] 규제가 부정적인 영향을 완화할 수는 있지만 사고, 오염, 무분별한 발전과 같은 나쁜 결과를 지울 수는 없다. 우리는 편익을 고려할 때 이 정도는 감수할 수 있는 인적 비용이라고 판단했다. 여기서 '우리'가 중요하다. 규제는 단순히 새로운 법의 통과에만 의존하는 것이 아니라 규범, 소유 구조, 규정 준수와 청렴성, 중재 절차, 계약 집행, 감독 메커니즘도 포함한다. 이러한 모든 요소가 통합돼야 하고 대중의 지지를 얻을 수 있어야 한다.

이러한 과정에는 시간이 필요하지만 우리에게 부족한 것이 바로 시간이다. 다가오는 물결 속에서 수많은 기관이 어떤 조치를 취할지 결정하고 올바른 가치와 모범 사례가 자연스럽게 드러날 때까지 기다릴 수 있는 여유가 없다. 효과적인 규제는 정확하고 신속해야 한다. 또한 이렇게 광범위하고 획기적인 기술을 어떻게 관리해 나갈지도 불투명하다. 합성 생물학을 규제할 때 식품, 의약품, 산업 도구, 학술 연구 분야를 규제할 것인가? 아니면 이 모든 분야를 동시에 규제할 것인가? 어떤 기관이 무엇을 담당할까? 이 모든 것이 어떻게 조화를 이룰 수 있을까? 어떤 주체가 공급망의 어떤 부분에 대한 책임을 져야 할까? 중대한 사고가 단 한 건만 발생해도 그 위험이 엄청날 수 있지만, 어느 기관이 책임질 것인지를 결정하는 일조차 쉽지 않은 게 사실이다.

입법 논쟁이 치열하게 전개되는 가운데 국가들 역시 모순에 빠져 있다. 한편으로는 AI와 합성 생물학 같은 기술 개발을 가속화하기 위한 전략적 경쟁에 뛰어들고 있다. 모든 국가가 기술의 최전선에 서기를 원하고, 또 그렇게 인식되기를 원한다. 이는 국가적 자부심과 국가 안보의 척도이자 실존적 필수 요소이기도 하다. 다른 한편으로는 이러한 기술이 궁극적인 권력의 중심이라 할 수 있는 국민 국가에 위협이 될 수 있음을 우려, 이를 규제하고 관리하기 위해 필사적으로 노력하고 있다. 무서운 점은 이러한 노력이 내부적으로 일관되게 작동하고 국제적으로 효과적으로 협력할 수 있는, 강력하고 유능하며 응집력 있는 (자유 민주주의) 국민 국가라는 최상의 시나리오를 전제로 한다는 점이다.

억제가 가능하려면 네덜란드, 니카라과, 뉴질랜드, 나이지리아 등 다양한 지역에서 규제가 효과적으로 작동해야 한다. 누군가가 속도를 늦추면, 또 누군가는 속도를 높인다. 모든 국가가 이미 고유한 법적·문화적 관습을 기술 개발에 적용하고 있다. EU는 식품 공급에서 유전자 변형 생물체의 사용을 엄격하게 제한하고 있다. 그러나 미국에서는 유전자 변형 생물체가 농업의 일상적인 부분이 됐다. 겉으로 보기에 중국은 규제의 선두 주자처럼 보인다. 중국 정부는 AI 윤리에 관한 여러 지침을 발표해 광범위한 규제를 시행하고 있다.[8] 중국은 다양한 암호 화폐와 탈중앙화 금융 이니셔티브를 선제적으로 금지했고, 18세 미만 아동의 게임과 소셜 앱 사용 시간을 주중에는 하루 90분, 주말에는 3시간으로 제한하고 있다.[9] 중국의 추천 알고리즘과 대규모 언어 모델LLM에 대한 규제 초안은 지금까지 서구에서 내놓은 그 어떤 규제보다도 훨씬 더 강력하다.[10]

중국은 일부 분야에서 규제를 적용하고 있는 한편 다른 분야에서는 앞서 나가고 있다. 중국의 규제에는 권위주의적 정부 권력의 도구로 기술을 활용하는 전례 없는 사례가 수반된다. 서구의 국방 및 정책 관계자들과 이야기를 나눠 보면 중국이 AI 윤리와 한계에 대해 그럴듯한 말을 하기는 하지만, 국가 안보와 관련해서는 실질적인 장벽이 존재하지 않는다고 단언한다. 사실상 중국의 AI 정책은 규제를 받는 민간 분야와 자유로운 군수 산업 분야라는 두 가지 트랙을 따라 전개되고 있다.

규제가 2부에서 설명한 인센티브의 뿌리 깊은 특성을 해결하지 못한다면 기술을 효과적으로 억제하는 데 실패하고 말 것이다. 규제는 동기를 가진 악의적인 행위자나 사고를 막지 못한다. 개방적이고 예측 불가능한 연구 시스템의 핵심을 제대로 공략하지도 못하고, 막대한 금전적 보상이 주어지는 상황에서 실행 가능한 대안을 제시하지도 못한다. 그리고 무엇보다도 전략적 필요성을 완화하지 못한다. 특히 국제 조약이 번번이 실패하고 있는 상황에서 국가들이 매력적이고 정의하기 어려운 초국가적 현상과 관련해 어떻게 협력하면 비록 깨지기 쉽더라도 필수적인 동맹 관계를 구축할 수 있는지 설명하지 못한다.*[11][12] 다가오는 물결을 억제하려는 욕구와 그 물결을 형성해 지배하려는 욕구, 기술의 위협에 대한 보호와 외부 위협에 대한 보호의 필요성 사이에는 메울 수 없는 간극이 존재한다. 이점advantage과 통제는 서로 반대 방향을 가리킨다.

현실적으로 억제는 한 정부나 여러 정부의 연합만으로 할 수 있는 일이 아니다. 공공 부문과 민간 부문 간의 혁신과 대담한 협력, 그리고 모든 당사자를 위한 완전히 새로운 인센티브가 필요하다. EU의 AI 법안과 같은 규제는 적어도 주요 정부가 확산의 위험

---

* 25만 개의 국제 조약을 대상으로 한 연구에 따르면, 조약이 그 목표를 달성하지 못하는 경향이 있다고 한다.

을 심각하게 받아들이고 새로운 수준의 헌신과 상당한 희생을 감수할 의지가 있음을 보여 줌으로써 억제가 가능한 세상을 암시한다.

규제만으로는 충분하지 않겠지만, 시작이 반이다. 과감한 조치와 다가오는 물결에 수반되는 이해관계에 대한 진정한 이해는 억제가 불가능해 보이는 세상에서 억제가 가능할지도 모르는 미래를 향해 나아가기 위한 노력이다.

억제를 재검토하다: 새로운 대합의

다가오는 물결에서 비롯된 엄청난 힘과 이점을 활용하면서 대량 확산을 막을 수 있는 힘을 가진 주체가 있을까? 악의적인 주체가 기술을 획득하는 것을 막거나 이와 관련된 새로운 아이디어의 확산을 막을 수 있을까? 자율성이 증가함에 따라 거시적 수준에서 의미 있는 통제력을 행사할 수 있는 사람이나 조직이 등장할 수 있을까? 억제는 이러한 질문에 "그렇다"라고 대답하는 것을 의미한다. 이론상 억제 기술은 이러한 딜레마에서 벗어날 수 있게 해준다. 이는 지속 가능하고 번영하는 사회를 구축하는 데 필수적인 도구인 물결을 활용하고 통제하는 것을 의미한다. 더불어 지나친 개입이나 디스토피아를 초래하지 않으면서도 심각한 재앙을 피할 수 있는 방식으로 물결을 견제하는 것이 필요하다. 이는 새로운 유형의 대합의를 도출해 내야 한다는 뜻이기도 하다.

이 책의 앞부분에서 나는 억제를 기술적·문화적·규제적 측면에 걸쳐 기술을 통제하고 관리하기 위한 토대로 설명했다. 근본적으로 억제란 지역적이고 작은 규모의 문제에서부터 지구적이고 실존적인 규모의 문제에 이르기까지 기술의 부정적인 영향을 크게 줄이거나 혹은 완전히 막을 수 있는 힘을 갖게 되는 것이다. 여기에는 확산된 기술의 오용에 대한 엄격한 법 집행뿐만 아니라 새로운 기술의 개발, 방향성, 거버넌스를 조정하는 것도 포함된다. 이것은 실패 모드가 인식되고, 관리되고, 완화될 수 있는 기술이며, 억제한 기술을 형성하고 관리할 수 있는 수단이 기술의 역량과 함께 발전하는 상황을 의미한다.

억제를 문자 그대로 특정 기술을 차단할 수 있는 일종의 마법 상자와 같은 단순한 의미로 생각하기 쉽다. 악성 멀웨어malware나 병원균을 다루는 것과 같이 극단적인 경우에는 이러한 과감한 조치가 필요할 수도 있다. 그러나 일반적으로 억제는 기술이 득보다 실을 더 많이 초래할 위험이 있을 때 인류가 통제권을 유지할 수 있도록 하는 일련의 가드레일이라고 생각하면 된다. 이러한 가드레일이 다양한 수준에서 다양한 모드로 시행되고 작동되는 것을 상상해 보자. 다음 장에서는 AI 조정 연구, 실험실 설계, 국제 조약, 모범 사례 프로토콜 등 보다 세분화된 수준에서 이러한 가드레일이 어떤 모습일지 살펴보겠다. 현재로서는 이러한 가드레일이 이론적으로 재앙의 폭주를 막을 수 있을 만큼 견고해야 한다는 것이 핵심이다.

억제는 기술의 특성에 맞게 조정해 통제하기 쉬운 방향으로 진행돼야 한다. 다가오는 물결의 네 가지 특징인 비대칭성, 초진화성, 만능성, 자율성을 기억하자. 각 특징은 억제력이라는 렌즈를 통해 바라봐야 한다. 전략을 수립하기에 앞서 다음과 같은 질문을 통해 유망한 길을 모색해 보는 것이 좋다.

- **해당 기술은 다용도**omni-use **범용 기술인가, 아니면 특정 분야에 한정된 기술인가?** 핵무기는 한 가지 목적을 가진 매우 특정한 기술인 반면, 컴퓨터는 본질적으로 다용도로 사용된다. 잠재적 사용 범위가 넓을수록 이를 통제하기가 더 어렵다. 따라서 일반적인 시스템보다는 범위가 좁고 도메인에 특화된 시스템을 장려해야 한다.
- **해당 기술은 원자에서 비트로 전환되고 있는가?** 기술이 비물질화될수록 통제하기 어려운 초진화적 효과에 더 큰 영향을 받게 된다. 재료 설계나 신약 개발과 같은 분야는 그 발전 속도를 추적하기 어려울 정도로 빠르게 가속화될 것이다.
- **가격과 복잡성이 감소하고 있는가? 그렇다면 얼마나 빠르게 감소할까?** 전투기 가격은 트랜지스터나 소비자 하드웨어 가격만큼 하락하지 않았다. 기본 컴퓨팅에서 발생하는 위협은 전투기의 명백한 파괴력에도 불구하고 전투기보다 더 광범위한 성격을 띠고 있다.
- **실행 가능한 대안이 마련돼 있는가?** 더 저렴하고 안전한 냉매 대체제가 존재하기 때문에 CFC가 부분적으로 금지될 수 있었다. 어떤 대체제가

있는가? 안전한 대체제가 많을수록 단계적으로 사용을 중단하기가 더 쉬워진다.

- **해당 기술은 비대칭적 영향을 미칠 수 있을까?** 전통적인 군대를 공격하는 군집 드론이나 중요한 사회 시스템에 피해를 주는 초소형 컴퓨터 혹은 생물학적 바이러스를 생각해 보자. 특정 기술은 기습 공격을 가하고 취약점을 악용할 위험이 더 높다.

- **자율적인 특성을 갖고 있는가?** 스스로 학습하거나 감독 없이 작동할 가능성이 있는가? 유전자 드라이브, 바이러스, 멀웨어, 로봇 공학을 생각해 보자. 설계상 사람의 개입이 필요한 기술일수록 통제력을 잃을 가능성이 적다.

- **지정학적으로 중요한 전략적 이점을 제공하는가?** 예컨대 화학 무기는 장점은 제한적이고 단점이 많은 반면, AI나 바이오 분야의 발전은 막대한 경제적·군사적 이점을 제공하기 때문에 거부하기가 더 어렵다. 해당 기술은 공격과 방어 중 어느 쪽에 유리할까? 제2차 세계 대전에서 V−2와 같은 미사일 개발은 공격 작전에 유리하게 작용했고, 레이더와 같은 기술은 방어를 강화하는 데 도움이 됐다. 공격보다 방어에 중점을 둔 개발은 억제를 지향하는 경향이 있다.

- **해당 기술의 발명, 개발, 배포에 영향을 미치는 리소스나 엔지니어링 제약이 있는가?** 실리콘 칩은 특수하고 고도로 응축된 재료, 기계, 지식을 필요로 한다. 합성 생물학 스타트업이 활용할 수 있는 인재는 전 세계적으로 볼 때 여전히 매우 적다. 리소스와 엔지니어링 제약 모두 단기적으로 기술을 억제하는 데 도움이 된다.

예를 들어, 추가적인 마찰로 인해 기술이 원자라는 물리적 영역에 머물러 있거나 비용이 증가하거나 더 안전한 대안을 쉽게 찾을 수 있는 경우, 기술 억제 가능성은 더 높아진다. 기술 발전의 속도를 늦추거나 접근을 제한하거나 완전히 포기하기가 더 쉬워지기 때문이다. 특정 기술은 다양한 용도로 쓰이는 옴니유즈 기술보다 규제하기가 더 쉽지만, 옴니유즈 기술을 규제하는 것이 무엇보다 더 중요하다. 마찬가지로, 공격성이나 자율성의 잠재력이 높을수록 규제의 필요성도 더 커진다. 많은 사람들이 접근하기 어려운 수준의 가격과 접근성을 유지할 수 있다면 확산은 더욱 어려워진다. 앞서 제시한 질문들을 던져 보면 억제에 대한 종합적인 비전이 떠오르기 시작할 것이다.

물결이 몰려오기 전

나는 15년 동안 이 기술 억제 문제를 연구해 왔다. 그 기간 동안 이 책에서 설명한 요인들의 강력한 영향력과 인센티브, 그리고 딜레마의 윤곽이 점점 더 명확하게 드러나는 가운데 해결책이 절실히 필요하다는 것을 느꼈다. 그러나 나와 같은 배경을 갖고 있는 사람조차도 불과 몇 년 사이에 기술이 이룩해 낸 급속한 발전에 놀라움을 금치 못했다. 나는 점점 빨라지는 기술의 발전 속도를 지켜보면서 이러한 개념들과 씨름해 왔다.

현실은 우리가 과거에 기술을 통제하거나 억제하지 못한 경우가 많았다는 것이다. 지금 우리가 이것을 가능하게 하려면 안전, 윤리, 규제, 통제를 모두 아우르는 포괄적인 이니셔티브, 즉 명확한 이름도 없고 애초에 불가능해 보이는 매우 혁신적인 무언가가 필요할 것이다.

기술 억제의 딜레마는 시급히 해결해야 할 과제다. 하지만 지난 몇 년 동안 대부분의 사람들이 이러한 사실을 받아들이는 데 많은 어려움을 느낀다는 것이 분명해졌다. 충분히 이해할 수 있는 일이다. 그러한 딜레마를 처음 접했을 때에는 비현실적으로 느껴지기도 했다. 나는 AI와 규제에 대한 수많은 논의에서 이 책을 통해 언급한 여러 위험의 심각성과 그러한 위험이 왜 심각하게 받아들여질 필요가 있는지, 왜 그것들이 거의 관련이 없는 꼬리 위험(tail risk, 실제로 발생할 가능성은 매우 적지만 한 번 일어나면 경제나 사회 전체에 큰 충격을 줄 수 있는 위험_옮긴이)이나 공상 과학의 영역이 아닌지 정확히 전달하는 게 얼마나 어려운 일인지 실감했다.

이런 대화를 시작하는 데 있어 한 가지 어려운 점은 대중의 상상 속에서 기술이 종종 불필요한 애플리케이션의 좁은 범위와 연관되어 있다는 것이다. 이제 '기술'이라는 용어는 일반적으로 걸음 수나 심장 박동 수를 측정하는 소셜 미디어 플랫폼과 웨어러블 기기를 떠올리게 한다. 기술에는 지구에 식량을 공급하는 데 필수적인 관개 시스템과 신생아를 위한 생명 유지 장치가 포함된다는 사실을 간과하기 쉽다. 기술은 단순히 셀카를 저장하기 위한 방법이 아니라 전 세계의 축적된 문화와 지혜에 접근하기 위한 수단이다. 기술은 틈새에 국한된 것이 아니라 인간의 존재를 지배하는 초거대 수단hyper-object이다.

여기서 적절한 비유 중 하나로 기후 변화를 들 수 있다. 기후 변화 역시 흔히 분산되어 있고, 불확실하며, 시간적으로 멀리 떨어져 있다. 다른 지역에서 발생하며, 사바나에서 벌어지는 매복 공격의 긴박감, 아드레날린, 즉각성이 결여된 위험, 즉 우리 인간이 능숙하게 대응할 수 없는 종류의 위험을 수반한다. 심리적으로 이러한 종류의 위험은 전혀 느껴지지 않는다. 선사 시대의 두뇌는 이와 같은 비정형적인 위협에 대처하는 데 어려움을 겪는다.[13]

그러나 지난 10여 년 동안 기후 변화 문제는 보다 더 명확하게 정의됐다. 전 세계 이산화탄소 배출량이 여전히 증가하고 있지만, 전 세계 과학자들은 대기 중 이산화탄소 농도를 백만분의 1(ppm) 단위로 측정할 수 있다. 1970년대까지만 해도 전 세계의 대기 중 탄소 농도는 300ppm 초반에 머물렀지만, 2022년에는 420ppm까지 증가했다.[14] 베이징이든 베를린이든 부룬디든 석유 메이저든 가족 농장이든 누구나 기후에 어떤 변화가 일어나고 있는지 객관적으로 관찰할 수 있다. 데이터는 명확성을 제공한다.

비관주의 회피는 그 영향이 명백하게 정량화될 수 있을 때 훨씬 더 심해진다. 기후 변화와 마찬가지로 기술적 위험에 대처하려면 전 지구적 차원에서 다뤄져야 하지만, 그에 걸맞은 명확성이 존재하지 않는다. 위험도를 헤아리기 위한 측정 기준도 없고, 국가의 수도, 이사회, 여론이 공유하는 객관적인 위협 단위도 없으며, 기술의 잠재적 영향력이나 위치를 측정할 수 있는 백만분의 1 단위도 존재하지 않는다. 매년 확인할 수 있도록 공통적으로 합의한 기준이나 명확한 기준도 없다. 최첨단 기술을 다루는 과학자와 기술 전문가들 사이에 합의된 기준도 없다. 기술적 위험을 저지하려는 대중적인 움직임도 없고, 경각심을 불러일으키기 위한 녹아내리는 빙산, 좌초된 북금곰, 침수된 마을의 그래픽 이미지도 없다. 출판 전 논문 서버 아카이브arXiv, 컬트적인 서브스택Substack 블로그, 건조한 싱크탱크 백서에 게재돼 있는 모호하고 난해한 연구로는 이 문제를 해결할 수 없다.

상충하는 의제 속에서 어떻게 합의점을 찾을 수 있을까? 중국과 미국은 AI 개발 제한에 대해 서로 다른 입장을 보이고, 메타는 소셜 미디어가 문제의 일부라는 견해를 공유하지 않으며, AI 연구자와 바이러스 학자들은 자신의 연구가 재앙을 초래하는 것이 아니라 재앙을 이해하고 방지하는 데 중요한 역할을 한다고 믿는다. 언뜻 보기에 '기술'은 지구 온난화와 같은 맥락에서 문제가 되지 않는다.

하지만 실제로는 문제가 될 수도 있다.

첫 번째 단계는 인식이다. 우리는 거대한 물결이 다가오고 있으며, 방향이 크게 바뀌지 않는 한 딜레마를 피할 수 없다는 사실을 냉정하게 인식해야 한다. 우리는 지속적인 개방성과 무분별한 개발로 촉발된 긍정적 결과와 부정적 결과를 두고 고민할 수도 있고,

강력한 기술의 확산을 제한하려는 노력에서 비롯된 디스토피아적이고 권위주의적인 위험, 더 나아가 기술의 집중된 소유 구조에 내재된 위험에 직면할 수도 있다.

선택을 해야 한다. 궁극적으로 이러한 결정은 모든 관계자와의 협의를 통해 이뤄져야 하며, 대중의 인식 속에 더 많이 자리할수록 좋다. 이 책이 더욱 많은 비판, 주장, 제안, 반론을 불러일으킬수록 좋다.

어딘가에 있는 벙커에 똑똑한 사람들이 모여 만든 마법 같은 해결책은 존재하지 않을 것이다. 오히려 그 반대다. 현재의 엘리트들은 비관주의 회피에 너무 몰두한 나머지 우리가 직면한 위험에 대해 솔직하게 말하기를 주저한다. 그들은 사석에서 의견을 나누고 토론하기 좋아하지만, 공개 석상에서 이야기하는 것은 꺼린다. 그들은 통제와 질서의 세계에 익숙해져 있다. 회사를 통제하는 CEO, 금리를 통제하는 중앙은행장, 군수 물자 조달을 통제하는 관료, 도로 보수를 결정하는 도시 계획가에 길들여져 있다. 물론 이러한 통제 수단은 불완전할 수도 있지만, 이미 친숙하고 테스트를 거쳤으며 전반적으로 그 효과가 입증됐다. 그러나 기술을 통제하기 위한 수단은 그렇지가 못하다.

지금은 그야말로 특별한 순간이다. 분명 거대한 물결이 몰려오고 있지만 아직 우리를 덮치지는 않았다. 막을 수 없는 인센티브는 이미 정해져 있지만 물결의 최종 형태, 즉 딜레마의 정확한 윤곽은 아직 결정되지 않았다. 이러한 불확실성이 해소될 때까지 수십 년을 가만히 기다리지 말고, 지금 당장 이 상황을 관리해 나가기 시작해야 한다.

다음 장에서는 10가지 핵심 사항을 간략하게 설명한다. 이는 완전한 지도나 결정적인 해결책이 아니라 필요한 토대를 마련하기 위한 기초 작업이다. 아이디어의 씨앗을 뿌리고 억제를 향한 중요한 첫 걸음을 내딛는 것이 목표다. 이 아이디어들을 하나로 묶는 작업은 모두 한계 이익, 즉 작은 노력들이 느리지만 지속적으로 모여 긍정적인 결과를 낳을 확률을 높인다는 데 초점을 맞추고 있다. 이러한 아이디어들은 기술을 개발하고 배포하기 위한 새로운 맥락을 구축하는 데 중점을 둔다. 즉 시간을 벌고, 진행 속도를 늦추고, 해결책을 찾기 위해 더 많은 작업을 할 수 있는 여지를 주고, 관심을 끌고, 동맹을 구축하고, 기술 연구를 발전시킬 수 있는 기회를 창출하는 것이다.

다가오는 물결을 억제하는 것은 현재 우리 세계에서는 불가능하다고 생각한다. 하지만 이러한 조치를 통해 근본적인 조건을 바꿀 수는 있다. 현재의 상황을 조금이나마 개선해 억제할 수 있는 기회를 만들어 내야 한다. 이 모든 것이 실패할 수도 있다는 것을 알고 접근해야 하지만, 인류의 번영과 억제가 공존할 수 있는 세상을 만들기 위해 우리가 할 수 있는 최선의 노력일 것이다.

여기에는 어떠한 보장이나 마법 같은 해결책도 없다. 확실하고 신속한 해결책이나 현명한 해답을 기대하는 사람들은 실망할 수도 있다. 딜레마에 다다르면 우리는 늘 그렇듯 최선을 다하고 긍정

적인 결과를 기다리는 지극히 인간적인 태도를 취하게 된다. 내가
생각하는 해결 방법은 다음과 같다.

14장
억제를 위한 10가지 단계

    여기에 제시된 10가지 아이디어를 동심원이라고 생각해 보자. 우리는 디자인을 통해 제약을 가하는 특정 메커니즘에 초점을 맞춰 기술과 밀접하게 연관된 작고 직접적인 것에서부터 시작한다. 바깥쪽으로 갈수록 각 아이디어는 점점 더 광범위해지며, 복잡한 기술적 세부 사항, 원시 코드 및 재료에서 벗어나 비기술적이지만 마찬가지로 중요한 조치, 즉 새로운 비즈니스 인센티브, 개혁된 정부, 국제 조약, 더욱 강력한 기술 문화, 대중적인 글로벌 운동으로 나아가는 개입의 사다리를 오르게 된다.

    양파 한 겹 한 겹이 모여 강력한 힘을 발휘하는 것이지 한 겹만으로는 결코 충분하지 않다. 각 단계는 서로 다른 기술, 역량, 사람을 필요로 하는 매우 다른 유형의 개입을 필요로 하며, 일반적으로 각 단계는 그 자체로 방대하고 전문적인 하위 분야를 구성

한다. 모든 단계가 한데 어우러지면 효과적인 해결책이 될 수 있을
것이다.

먼저 기술 그 자체부터 살펴보도록 하자.

1. 안전: 기술 안전을 위한 아폴로 계획

몇 년 전만 해도 수많은 대규모 언어 모델LLM에 문제가 있었다.
그 문제는 바로 인종 차별적인 발언이었다. 사용자들은 언어 모델
이 인종 차별적인 내용을 되풀이하거나, 학습에 사용된 방대한 텍
스트 전체를 스캔해 수집한 인종 차별적 견해를 채택하게끔 쉽게
조작할 수 있었다. 그릇된 편견이 인간의 글에 내재돼 있다가 AI에
의해 증폭되는 것처럼 보였다. 이로 인해 많은 사람들은 이 시스템
이 윤리적으로 문제가 있고, 도덕적으로 실행이 불가능하며, 명백
한 해악을 고려할 때 대중에게 공개해도 될 만큼 충분히 통제하기
어려울 것이라는 결론을 내렸다.

하지만 앞서 살펴본 바와 같이 LLM은 급성장하며 성공을 거뒀
다. 2023년 현재, 초창기 시스템과 비교했을 때 챗GPT와 같은 모
델이 인종 차별적인 발언을 하도록 유도하는 것은 매우 어려워졌
음이 분명해졌다. 그렇다면 이제 문제가 완전히 해결되었을까? 물
론 아니다. 여전히 편향되거나 인종 차별적인 발언을 하는 경우가
많고, 부정확한 정보에서부터 가스라이팅에 이르기까지 여러 심각

한 문제가 존재한다. 하지만 처음부터 이 분야에서 일해 온 우리 입장에서 볼 때 바람직하지 않은 결과물을 없애는 데 있어 기하급수적인 발전이 있었다는 것은 분명한 사실이다. 때론 우리가 얼마나 멀리, 그리고 빠르게 왔는지 간과하기 쉽다.

이 같은 발전의 핵심 원동력은 사람의 피드백을 통한 강화 학습이라는 기술에 있다. 편향되기 쉬운 LLM을 수정하기 위해 연구자들은 정교하게 구성된 여러 차례의 대화를 통해 불쾌하거나 유해하거나 모욕적인 발언을 하도록 유도했고, 어디에서 어떻게 실수를 범하는지 확인했다. 이와 같은 실수를 파악한 연구원들은 이러한 인간의 통찰 능력을 모델에 재통합해 궁극적으로 더 바람직한 세계관을 가르친다. 이러한 방식은 우리가 아이들에게 식탁에서 부적절한 말을 하지 않도록 가르치는 것과 크게 다르지 않다. 엔지니어들이 시스템에 내재된 윤리적 문제를 더 잘 인식하게 되면서 이를 해결할 수 있는 기술 혁신을 모색하는 데 더 적극적으로 나서게 됐다.

LLM의 인종 차별과 편견을 바로잡는 것은 이러한 모델의 안전성을 향상시키기 위해 신중하고 책임감 있는 배포가 필수적이라는 것을 보여 준다. 개발자는 실제 사례를 통해 배우고, 문제를 바로잡고, 안전성을 개선할 수 있다.

기술적인 수정만으로 AI가 야기하는 사회적·윤리적 문제를 해결할 수 있다고 주장하는 것은 옳지 않지만, 이러한 문제를 해결하는 데 있어 기술적인 솔루션이 필수적인 역할을 한다는 점은 분명하다. 기술적인 안전은 규정이나 연구실에서 가장 먼저 고려해야 할 기술 억제 의제 중 하나다.

'억제'라는 단어를 들으면 국제 관계학자가 아닌 이상 무언가를 가둬 두는 물리적 행위를 떠올릴 가능성이 높다. 의심할 여지없이 기술의 물리적 억제는 중요한 의미를 지니고 있다. 예컨대, 우리는 생물안전 4등급BSL-4 실험실에서도 유출 사고가 발생할 수 있다는 것을 알게 됐다. 어떤 조건이 갖춰지면 이러한 유출 사고를 완전히 막을 수 있을까? 생물안전 7등급 이상의 실험실은 어떤 모습일까?

13장에서 억제를 일종의 마법 상자로 치부해서는 안 된다고 주장했지만, 그렇다고 해서 억제 전략의 일부로 그러한 마법 상자를 만들지 말라는 것은 아니다. 궁극적인 통제는 서버, 미생물, 드론, 로봇, 알고리즘에 대한 엄격한 물리적 통제다. AI를 '상자 안에 가두는 것'은 기술 억제의 원초적이고 기본적인 형태라 할 수 있다. 여기에는 인터넷 연결, 제한된 인간 접촉, 소규모의 제한된 외부 인터페이스가 포함된다. 말 그대로 특정 위치의 물리적 상자 안에 가두는 것이다. 에어 갭air gap이라 불리는 이러한 시스템은 이론적으로 AI가 더 넓은 세상과 상호 작용하거나 '탈출'하는 것을 막을 수 있다.

물리적 격리는 다가오는 물결의 도전에 맞서기 위한 기술 안전 구조 혁신의 한 측면에 불과하다. 이미 존재하는 것의 장점을 최대한 활용하는 것이 출발점이 될 수 있다. 예를 들어, 원자력은 체르노빌이나 후쿠시마와 같은 악명 높은 사례에도 불구하고 매우 안전하다. 국제 원자력 기구International Atomic Energy Agency는 방사성 폐기물 분류부터 비상시 대책에 이르기까지 특정 상황에 대한 구체적인 기술 표준을 다루는 100개 이상의 안전 보고서를 발간했다.[1] 전기 전자 공학자 협회Institute of Electrical and Electronics Engineers와 같은 조직은 자율 로봇 개발부터 머신 러닝에 이르는 다양한 기술에 대한 2000개 이상의 기술 안전 표준을 관리하고 있다. 생명 공학과 제약 업계는 수십 년 동안 소프트웨어 기업을 능가하는 훨씬 더 엄격한 안전 표준을 준수해 왔다. 수년에 걸친 노력 끝에 얼마나 많은 기술이 안전해졌는지, 그리고 이를 바탕으로 얼마나 큰 발전을 이뤘는지 기억할 필요가 있다.

프런티어frontier AI 안전 연구는 아직 개발되지 않은 새로운 분야로, 점점 더 자율화되는 시스템이 인간의 이해나 통제 능력을 뛰어넘지 못하도록 하는 데 초점을 맞추고 있다. 나는 통제나 가치 정렬과 관련된 이러한 문제를, 더 넓은 범위의 억제 문제를 구성하는 하위 집합으로 보고 있다. 로봇 공학, 생명 공학, AI에는 수십억 달러가 투입되고 있는 반면, 이를 기능적으로 억제하는 것과 같은 기술 안전 프레임워크에는 상대적으로 적은 자금이 투입되고 있다. 예를 들어, 생물 무기를 감시하는 다자간 조약인 생물 무기 금지 협약Biological Weapons Convention은 140만 달러의 예산으로 운영되며, 정규직 직원은 맥도날드 점포의 평균 직원 수보다 적은 4명

에 불과하다.[2]

AI 안전 연구원의 수는 2021년 전 세계 주요 연구소에서 근무하는 연구원 100명 정도에서 2022년 300~400명으로 증가해 아직까지 미미한 수준이다.[3] 현재 약 3~4만 명의 AI 연구원이 있다는 점(DNA를 조합할 수 있는 인력과 비슷한 수준)을 감안하면 놀라울 정도로 적은 수치다.[4] 인재 병목 현상을 고려할 때 가능성은 희박하겠지만 AI 안전 연구원의 수를 10배로 늘린다고 해도 앞으로 직면하게 될 도전 과제의 규모를 감당해 내기는 어려울 것이다. 잠재적 위험의 규모에 비해 AI의 안전과 윤리에 대한 연구는 미미하다. 자원의 제약으로 인해 소수의 기관만이 기술의 안전 문제를 진지하게 다루고 있다. 하지만 오늘날 우리가 내리는 기술 안전에 대한 결정은 기술과 인류의 미래 방향을 크게 좌우할 것이다.

AI 안전을 다루는 분야에서 더 많은 연구를 장려하고, 인센티브를 제공하고, 더 적극적으로 자금을 지원해야 한다. 지금은 AI와 바이오 안전에 초점을 맞춘 아폴로 계획이 필요한 때이고, 이 프로그램에 수십만 명이 참여해야 한다. 구체적으로 입법화하기 좋은 제안은 주요 기업 연구 개발 예산의 일정 부분, 예를 들어 안전을 보장하기 위한 노력에 최소 20퍼센트를 투자하고, 정부의 실무그룹에게 연구 결과 공개를 의무화해 진행 상황을 추적하고 공유할 수 있도록 하는 것이다. 최초의 아폴로 계획은 비용이 많이 들고 큰 부담이 따르는 도전이었지만 그에 걸맞은 엄청난 야망을 보여 줬고, 어려운 역경 속에서도 할 수 있다는 태도는 반도체, 소프트웨어, 쿼츠 시계, 태양열 패널 등 다양한 기술의 발전을 촉진시켰다. 이와 비슷한 접근 방식으로 안전 분야의 발전을 촉진할 수 있다.

경험에 비춰 볼 때, 현재 그 숫자는 미미하지만 이러한 문제에 대한 관심이 점점 커지고 있다. 내가 만나는 학생과 젊은이들 사이에서 AI 정렬이나 팬데믹 대비와 같은 주제에 대한 토론이 활발하게 이뤄지고 있다. 그들과 대화를 나누다 보면 지적 도전에 대한 열정과 함께 깊은 도덕적 의무감을 공유하고 있다는 것을 알 수 있다. 그들은 도움이 되고 싶어 하고, 더 잘해 나가야 한다는 의무감을 갖고 있다. 나는 일자리 기회와 연구 프로그램이 제공된다면 인재들이 모여들 것이라고 확신한다.

미래의 기술 안전 전문가들이 탐구해야 할 유망한 연구 방향은 무궁무진하다. 예를 들어, 바이러스를 살균하도록 설계된 저주파low-wavelength 전구를 사용하면 팬데믹에 대한 대비를 크게 강화할 수 있다. 자외선에 가까운 200~230나노미터 범위의 전자파를 방출하는 저주파 전구는 피부 외층을 투과하지 않고도 바이러스를 제거할 수 있어 팬데믹과 질병의 광범위한 확산에 대항하는 강력한 도구가 될 수 있다.[5] 또 코로나19 팬데믹은 새로운 백신에 대한 연구, 출시, 규제 전반을 아우르는 통합적이고 신속한 접근 방식의 중요성을 우리에게 가르쳐 주었다.

AI 분야에서 기술적 안전이란, 샌드박스와 보안 시뮬레이션을 통해 보안이 입증된 에어 갭을 만들어, 첨단 AI를 실제 세계에 적용하기 전에 엄격하게 테스트할 수 있다는 것을 의미하기도 한다. 이는 현재 가장 큰 관심사인 불확실성, 즉 AI가 틀릴 수 있는 상황에서 어떻게 소통할 것인가에 대한 연구가 훨씬 더 많이 필요하다는 것을 의미한다. LLM의 문제 중 하나는 잘못된 정보를 정확한 정보라고 자신 있게 주장하는 환각hallucination 문제를 여전히 겪고 있다는 것이다. 이는 LLM이 전문가 수준의 정확한 정보를 제공하는 경우가 많다는 점에서 특히 더 위험하다. 사용자가 안전성에 대한 잘못된 인식을 갖게 돼 시스템이 제공하는 모든 정보가 사실이라고 생각할 수 있기 때문이다.

예를 들어, 인플렉션에서 우리는 개인 지능personal intelligence을 뜻하는 파이Pi라는 AI가 기본적으로 신중하고 불확실하며, 사용자가 여전히 비판적인 상태를 유지하도록 장려하는 방법을 찾고 있다. 우리는 파이가 자기 의심을 표현하고, 건설적인 피드백을 자주 요청하며, 기계가 아닌 인간이 옳다고 가정하고 빠르게 양보할 수 있도록 설계하고 있다. 또한 우리와 다른 연구자들은 신뢰할 수 있는 타사의 지식 기반을 사용해 AI가 생성한 진술의 사실 여부 확인을 목표로 하는 중요한 연구를 진행하고 있다. 이러한 접근 방식은 AI 결과물에 인용문, 출처, 검증 가능한 증거가 포함되도록 해모호하거나 의심스러운 주장이 제기됐을 때 사용자가 더 자세히 살펴볼 수 있도록 하는 것을 목표로 한다.

설명은 기술 안전에서 또 하나의 중요한 영역이 됐다. 현재로서는 모델이 특정 결과를 산출하는 이유를 아무도 정확하게 설명할 수 없다. 모델이 자신의 결정에 대해 자세히 설명하거나 면밀히 조사할 수 있는 방법을 고안해 내는 것은 안전 연구자들에게 중요한 기술적 과제가 됐다. 이러한 연구는 아직 초기 단계에 있지만, AI 모델이 인과적 추론까지는 아니더라도 결과물에 대한 근거를 제시할 수 있다는 고무적인 징후가 나타나고 있다. 단, 얼마나 신뢰할 수 있을지는 아직 불분명하다.

또한 단순화된 아키텍처를 사용해 더 복잡한 아키텍처를 탐색하고, 심지어 정렬 연구 프로세스 자체를 자동화하는, 즉 AI를 통제하는 데 도움이 되는 AI를 구축하는 연구 작업도 활발하게 진행되고 있다.[6] 연구자들은 인간이 따라잡을 수 없는 속도와 규모, 즉 앞으로 다가올 물결의 특징인 빠른 속도와 큰 규모에 맞춰 개선하는 것을 목표로, 다른 여러 AI 결과물을 모니터링하고 피드백을 제공할 수 있는 새로운 형태의 '비판적인 AI'를 개발하고 있다. 강력한 도구를 효과적으로 관리하려면 그에 걸맞은 강력한 도구가 필요하다.

컴퓨터 과학자 스튜어트 러셀은 인플렉션에서 연구 중인 내장된 형태의 체계적 의심을 활용하여 '증명이 가능하고 유익한 AI' 제작을 제안한다.[7] 그는 AI에게 성문법에 명시된 일련의 고정된 외부 목표를 부여하는 대신, 시스템이 주의 깊게 관찰하고 학습하면서 우리의 선호도와 목표를 조심스럽게 추론하도록 해야 한다고 말한다. 이론적으로 이러한 접근 방식은 시스템 내에서 더 많은 불확실성을 허용하고 왜곡된 결과를 피할 수 있게 해 준다.

핵심 과제가 여전히 많이 남아 있다. 잠재적으로 자체 명령을 무시할 수 있는 강력한 AI 시스템에 어떻게 안전한 가치를 내장할 수 있을까? AI는 어떻게 인간에게서 이러한 가치를 추론해 낼 수 있을까? 시스템에 지속적으로 액세스하고 수정할 수 있도록 하는 '수정 가능성corrigibility' 문제를 어떻게 해결할 것인가도 지속적인 관심사다. 이 모든 것이 첨단 AI에게 반드시 필요한 안전 기능이라고 생각한다면, 그 생각이 맞다. 이러한 기술 안전 분야는 계속해서 발전해야 한다.

우리는 또 개발과 생산 프로세스에 강력한 기술적 제약을 도입해야 한다. 모든 최신 복사기와 프린터에는 돈을 복사하거나 인쇄하지 못하도록 하는 기술이 탑재돼 있으며, 심지어 복사나 인쇄를 시도하면 작동이 멈추는 제품들도 있다. 예를 들어, 모델을 개발하는 데 사용되는 학습 컴퓨팅의 양에 리소스 제한을 두면 적어도 해당 차원에서의 진행 속도가 제한될 수 있다. 모델이 엄격하게 통제되는 특정 하드웨어에서만 실행될 수 있도록 성능이 제한될 수도 있다. 시스템에서 가장 중요한 지식 재산IP인 모델 가중치를 제한된 횟수 또는 특정 상황에서만 복제할 수 있도록 암호화 보호 기능을 갖춘 AI 시스템의 구축도 가능하다.

합성 생물학, 로봇 공학, AI 등 모든 분야에서 가장 중요한 과제는 통제 불능 상태에 빠질 위험이 있는 기술을 완벽하게 차단하는 전원 스위치의 구축이다. 자율적이거나 강력한 시스템에 반드시 전원 스위치가 있어야 한다는 것은 아주 기본적인 상식이다. 그러나 앞으로 다가올 물결의 기술처럼 분산돼 있고, 변화무쌍하며, 광범위한 기술, 즉 아직 그 형태가 정확하지 않고 경우에 따라서는 적극적으로 저항할 수도 있는 기술을 위해 이러한 스위치를 고안해 낼 수 있을지 아직 알 수 없다. 그야말로 엄청난 도전이 될지도 모른다. 과연 이것을 실현할 수 있을까? 나는 가능하다고 생각한다. 하지만 그 누구도 이 엄청난 도전의 어려움을 과소평가해서는 안 된다.

안전 작업의 상당 부분이 점진적으로 진행되고 있으며, 근본적인 문제를 선제적으로 해결하기보다는 좁은 범위의 영향 평가, 사소한 기술적 문제 또는 출시 후 발생하는 문제 해결에 집중하고 있다. 이제 우리는 문제를 조기에 파악하고 근본적인 문제에 더 많은 시간과 자원을 투자해야 한다. 폭넓게 생각하고 보편적인 기준을 확립해야 한다. 안전 기능은 새롭게 등장할 모든 기술의 본질적인 설계 요소이자 이후에 나올 모든 것의 기본 원칙이 돼야 한다. 엄청난 도전에도 불구하고 나는 이 분야에 대한 아이디어의 다양성과 독창성에 진심으로 열광하고 있다. 엔지니어링이 완전한 해결책은 아닐지라도 필수적인 구성 요소임을 인정하고, 그 아이디어들이 성공적으로 구현될 수 있도록 지적 양분과 실질적인 지원을 제공해야 한다.

2. 감사: 지식은 힘이고, 힘은 통제다

감사audit는 따분해 보인다. 필요하기는 하지만 엄청나게 지루할 수 있다. 하지만 감사는 억제를 하는 데 있어 매우 중요한 역할을 한다. 앞서 살펴본 것처럼 안전한 실제 또는 가상 컨테이너를 만드는 것은 기본이다. 하지만 그것만으로는 충분하지 않다. 의미 있는 감독, 시행 가능한 규칙, 기술 구현에 대한 면밀한 검토가 무엇보다 중요하다. 기술 안전의 발전과 규정이 의도한 대로 작동하는지 확인할 방법이 없다면 실효성에 문제가 생길 수 있다. 상황에 대한 정확한 이해를 보장하고 통제를 유지하는 것은 매우 중요한 기술적·사회적 과제다.

신뢰는 투명성에서 비롯된다. 우리는 시스템의 안전성, 무결성, 손상되지 않은 특성을 모든 수준에서 검증할 수 있어야 한다. 그렇게 하기 위해서는 액세스 권한을 관리하고, 감사 역량을 확보하고, 화이트 햇white hat 해커 팀이나 AI를 통해 시스템의 약점, 결함, 편견을 조사하는 적대적 테스트를 실시해야 한다. 즉 아직 개발되지 않은 완전히 새로운 도구와 기법으로 기술을 구축하는 혁신이 필요하다.

외부 감사는 필수적이다. 현재 배포된 시스템을 테스트하기 위한 글로벌하고 공식적이며 정기적인 노력이 전무한 상황이다. 기술적 위험에 대한 조기 경보 장치도 없고, 규정 준수나 일반적으로 합의된 벤치마크 준수 여부를 검증할 수 있는 표준화되거나 엄격한 수단도 없다. 필요한 제도, 표준화된 평가, 도구 역시 존재하지 않는다. 그렇다면 먼저 실질적인 위험성이 있는 최첨단 분야에서 활동하는 기업과 연구자들이, 정부 주도의 업무 감사를 위해 신뢰할 수 있는 전문가와 적극적으로 협력하는 것이 기본 상식이다. 그러한 기관이 있다면 우리 인플렉션에서도 기꺼이 협력할 것이다.

몇 년 전 나는 이러한 일을 돕기 위해 다양한 산업과 시민 사회를 아우르는 조직인 'AI 파트너십Partnership on AI'을 공동 설립했다. 우리는 딥마인드, 구글, 페이스북, 애플, 마이크로소프트, IBM, 오픈AI 등 주요 기술 기업뿐 아니라 미국 시민 자유 연맹ACLU, 전자 프런티어 재단EFF, 옥스팜Oxfam, 유엔 개발 계획UNDP 등 20여 개의 전문 시민 사회단체의 지원을 받아 이 조직을 출범시켰다. 출범 직후에는 다른 개발자들과 인사이트를 공유하기 위해 안전 관련 사건을 기밀로 보고할 수 있도록 설계한 AI 사고 데이터베이스AI Incidents Database를 시작했으며, 현재 1200건이 넘는 보고서가 수집됐다. 비영리 단체, 학계, 미디어 그룹 등 100개 이상의 파트너와 함께하는 이 파트너십은 학제 간 토론과 협업을 위한 중요하고도 공정한 창구 역할을 하고 있다. 이와 같은 성격의 조직과 감사 프로그램은 더 많이 생겨날 것이다.

또 하나의 흥미로운 사례로는 AI 모델이나 소프트웨어 시스템의 결함을 적극적으로 찾아내는 '레드 티밍red teaming'이 있다. 레드 티밍은 통제된 방식으로 시스템을 공격해 취약점이나 기타 오류 모드를 체계적으로 조사하는 것을 말한다.[8] 오늘날 제기된 문제들은 앞으로 더욱 확대될 가능성이 높기 때문에 이를 제대로 파악하면 더욱 강력해지는 시스템에 걸맞은 안전장치를 마련할 수 있다. 이러한 작업이 공개적이고 집단적으로 이뤄질수록 개발자들이 서로에게 배울 수 있어 더욱 좋다. 사이버 보안 업계가 오랫동안 새로운 제로 데이 공격(zero-day attack, 소프트웨어 공급업체가 알지 못하는 보안 취약점을 악용해 공격하는 기술적 위협_옮긴이)에 대한 지식을 공유해 온 것처럼, 모든 기술 대기업이 적극적으로 협력해 새로운 위험에 대한 인사이트를 신속하게 공유할 때다.

또한 업계 전반에 걸쳐 인사이트를 널리 공유하기 위해, 모든 시스템을 체계적으로 공격하고 스트레스 테스트를 실시할 수 있도록 정부 지원을 받는 레드 팀을 만들어야 한다. 궁극적으로 이러한 작업은 다른 시스템의 문제를 감사하고 발견하는 동시에, 자체 감사도 허용하도록 특별히 설계되고 공개적으로 위임된 AI 시스템을 통해 확장되고 자동화될 수 있다.

새로운 기술을 추적하기 위해 설계된 시스템은 이상 징후, 예기치 않은 기능 향상, 숨겨진 장애 모드를 식별할 수 있어야 한다. 합법적인 것처럼 보이지만 예상치 못한 공격이 숨겨져 있는 트로이 목마 공격을 탐지할 수 있어야 한다. 이를 위해서는 끊임없이 시도되는 파놉티콘의 함정에 빠지지 않고 광범위한 지표를 모니터링해야 한다. 모델을 훈련하는 데 사용되는 중요한 데이터 세트, 특히 오픈 소스 데이터 세트, 연구 결과의 통계적 분석, 공개적으로 이용 가능한 유해한 사건 기록 등을 면밀히 살펴보는 것이 생산적이고 효과적인 출발점이 될 수 있다. 다른 사람들이 기본적인 AI 서비스를 사용할 수 있도록 해 주는 애플리케이션 프로그래밍 인터페이스API는 무분별하게 개방돼서는 안 되며, 은행업계의 일부 업무에서 하는 것처럼 '고객 확인know your customer'을 위한 인증 절차를 거쳐야 한다.

기술적 측면에서는 일부 연구자가 "당면한 작업과 관련된 대부분의 기술에서 잠재적으로 우리를 능가하는 시스템"의 "확장 가능한 감독"이라고 부르는 표적 감독 메커니즘을 도입할 여지가 있다.[9] 이 제안은 알고리즘의 무해성을 수학적으로 검증하는 작업이 포함되며, 모델에서 작업이나 결과물이 명백하게 제한돼 있다는 것을 엄격하게 증명해야 한다. 기본적으로 보장된 활동 기록과 기능에 대한 제한이 내장돼 있다. 이러한 방식으로 모델의 작업을 확인하고 검증하면 시스템을 안내하고 추적할 수 있는 객관적이고 공식적인 수단을 제공할 수 있다.

새로운 감독 메커니즘의 주목할 만한 또 다른 사례로 과학자와 보안 전문가로 구성된 팀이 시작한 비영리 프로그램 시큐어 DNASecureDNA가 있다. 현재는 합성된 DNA 중 일부만 잠재적으로 위험한 요소가 있는지 검사하고 있다. 이러한 상황에서 병원성 염기 서열을 검사할 수 있는 중앙 집중식 보안 암호화 시스템에, 집에 있는 벤치톱benchtop이든 대규모 원격 합성기든 모든 합성기를 연결하려는 시큐어DNA 프로그램과 같은 전 세계적인 노력은 중요한 시작을 의미한다.[10]

사람들이 잠재적으로 유해한 염기 서열을 인쇄하려고 시도하면, 해당 염기 서열에 플래그가 지정된다. 그리고 이 클라우드 기반의 무료 암호화 보안 프로그램은 실시간으로 업데이트된다.

모든 DNA 합성을 검사하면 생물학적 위험을 크게 줄일 수 있으며, 내 생각에는 시민의 자유를 부당하게 제한하지도 않을 것이다. 장기적으로 암시장을 막을 수는 없겠지만, 규정을 준수하지 않는 합성기를 만들거나 기존 시스템을 해킹하는 데에는 적지 않은 어려움이 따를 것이다. AI 모델에 대한 DNA 합성이나 데이터 입력을 사전에 검사하면, 시스템을 배포하기 전에 미리 감사를 진행해 위험을 줄일 수 있다.

현재 신기술의 등장이나 적대적인 국가와 기타 행위자에 의한 오용을 감시하는 접근 방식은 전 세계적으로 다양하다. 불투명한 오픈 소스 정보, 학술 연구, 경우에 따라서는 은밀한 감시가 혼재돼 있는 불안정한 상황이다. 이는 법적·정치적 지뢰밭과 같아서 침입에 대한 기준이 매우 모호하고, 최악의 경우 의도적인 모호함까지 존재한다. 우리는 더 잘할 수 있다. 투명성은 선택 사항이 될 수 없다. 새로운 기술이 코드에 있든, 연구실에 있든, 공장에 있든, 현장에 배포돼 있든, 그 기술을 면밀히 조사할 수 있도록 명확하게 정의된 법적 경로가 마련돼야 한다.

이 같은 조치 대부분은 기술 생산자와의 협력을 통해 자발적으로 수행돼야 한다. 이렇게 할 수 없는 경우에는 법률을 통해 협력을 의무화해야 한다. 이러한 조치들이 만약 효과가 없는 것으로 판명되면 다른 접근 방식을 모색할 수도 있다. 경우에 따라 암호화된 백도어backdoor를 포함한 기술적 안전장치를 개발해, 사법부나 그에 준하는 공적 제재를 받는 독립 기관의 감독하에 검증 가능한 입력 시스템을 구축하는 것도 고려할 수 있다.

법 집행 기관이나 규제 기관이 공공 또는 민간 시스템에 대한 접근을 요청하는 경우, 이러한 접근 권한은 해당 사건의 사안에 따라 결정된다. 마찬가지로 모델, 시스템, 또는 지식의 복제나 배포를 기록하기 위해 암호화 원장을 사용하면 확산과 사용을 추적하는 데 도움이 될 것이다. 이와 같은 사회적·기술적 억제 메커니즘을 통합하는 것은 매우 중요하다. 세부 사항을 파악하고 결정하려면 추가적인 연구와 공개적인 논의가 필요하다. 우리는 다가오는 물결에 걸맞은 감시와 안전 사이에서 새롭고 안전하며 악용하기 어려운 균형을 찾아야 할 것이다.

법률, 조약, 뛰어난 기술 솔루션 모두 훌륭하다. 하지만 극단적인 통제 수단에 의존하지 않으면서도 조정과 점검이 필요하다. 이러한 이니셔티브와 같은 기술을 구축하는 것은 결코 지루한 일이 아니며, 21세기의 가장 활기찬 기술적·사회적 과제 중 하나다. 기술적 안전 기능과 감사 조치를 모두 마련하는 것은 더없이 중요한 일이지만 시간이 부족한 것이 사실이다.

3. 초크 포인트: 시간 벌기

시진핑은 우려를 표명했다.[11] 시진핑 주석은 2020년 9월, 중국 과학자들이 모인 자리에서 "우리는 일부 중요한 장치와 부품, 원자재를 수입에 의존하고 있습니다"라고 말했다. 그는 중국의 미래와 지정학적 안보에 매우 중요하다고 생각되는 "기본적이고 핵심적인 기술이 다른 국가의 의해 통제되고 있습니다"라고 지적했다. 실제로 중국은 석유보다 칩을 수입하는 데 더 많은 비용을 지출하고 있다.[12] 중국 지도부는 공개적으로 쉽게 동요하지 않지만, 중국이 다가오는 기술 물결을 장악하는 것을 장기적인 목표로 삼고 있는 만큼 이러한 취약성을 인정한 것은 심각한 우려를 드러낸 것이다.

몇 년 전, 한 관영 신문은 중국 기술이 일련의 '초크 포인트' (choke point, 소수의 선진국이나 기업만이 가질 수 있는 핵심 소재, 부품, 기술 등을 지칭하는 용어_옮긴이)에 의해 제약 받고 있다고 말했다. 그리고 누군가가 이러한 초크 포인트에 압력을 가할 경우 그 결과는 불 보듯 뻔했다.

시 주석의 우려는 2022년 10월 7일 미국이 초크 포인트 중 한 곳을 겨냥해 중국과의 전쟁을 선포하면서 현실화됐다. 그렇다고 대만 해협 상공으로 미사일을 발사한 것은 아니었다. 남중국해 해상을 봉쇄하거나 해병대가 푸젠성 해안선을 습격한 것도 아니었다. 그 공격이 시작된 예상 밖의 출처는 바로 미국 상무부였다. 이 공격의 발단은 컴퓨팅과 인공 지능의 기반이 되는 칩인 첨단 반도체에 대한 수출 규제였다.

새로운 수출 통제로 인해 미국 기업이 고성능 컴퓨팅 칩을 중국에 판매하는 것뿐만 아니라 이러한 칩을 제조하기 위한 도구를 공유하거나 기존 칩을 수리하는 데 필요한 노하우를 제공하는 것도 불법이 됐다. 인공 지능과 슈퍼 컴퓨팅과 같은 분야에 사용되는 지식 재산, 제조 장비, 부품, 설계, 소프트웨어, 서비스를 포함한 최첨단 반도체(일반적으로 14나노미터, 즉 원자 20개 정도의 거리에 해당하는 140억 분의 1미터 미만의 공정)는 이제 엄격한 라이선스를 받아야 한다. 엔비디아NVIDIA나 에이엠디AMD와 같은 미국의 선도적인 칩 회사는 이제 중국 고객에게 세계에서 가장 발전된 칩을 생산할 수 있는 수단과 노하우를 제공할 수 없다. 중국 기업에서 반도체를 연구하는 미국 시민권자들은 일자리를 유지하는 대신에 미국 시민권을 박탈당하거나 즉시 직장을 그만둬야 하는 선택의 기로에 서 있다.

이는 21세기 기술의 가장 중요한 구성 요소에서 중국의 통제력을 무력화하기 위한 청천벽력 같은 조치였다. 이는 단순한 무역 분쟁이 아니다. 미국의 이러한 선언은 중국 공산당 대회에서 사실상 시진핑을 종신 국가주석으로 추대한 직후 발생한 것으로, 중국 지도부의 중심지인 중난하이Zhongnanhai에 큰 경종을 울리는 사건이었다. 익명을 요구한 한 기술 기업 임원은 이러한 움직임을 이렇게 설명했다. "단순히 군사적 용도를 노리는 것이 아니라 수단과 방법을 가리지 않고 중국의 기술력 발전을 막으려는 것입니다."[13]

단기적으로나 중기적으로 볼 때, 이러한 조치가 중국에 타격을 줄 것이라는 데 모두가 공감하고 있다.[14] 특히 세계 최고 수준의 칩을 생산하는 데 필요한 정교한 기계와 기술, 즉 중국이 뒤처져 있는 분야에서 이러한 인프라를 구축하는 데에는 상당한 어려움이 따른다. 하지만 장기적으로 볼 때, 이러한 어려움이 큰 걸림돌이 되지는 않을 것이다. 오히려 중국은 어렵고 막대한 비용이 들지만 자국의 반도체 생산 역량을 높이기 위해 실행 가능한 경로로 나아가고 있다. 수천억 달러가 필요하다면 (실제로 이 정도 자금이 필요할 것이다) 중국은 기꺼이 그 돈을 쓸 것이다.[15]

중국 기업들은 이미 유령 회사, 페이퍼 컴퍼니 네트워크, 제3국의 클라우드 컴퓨팅 서비스를 이용해 통제를 우회하는 방법을 찾고 있다. 세계에서 가장 발달한 AI 칩을 제조하는 미국 기업인 엔비디아는 최근 제재를 피하기 위해 자사의 최첨단 칩의 성능을 하향 조정했다.[16] 그럼에도 불구하고 이 사건은 우리에게 중요한 사실, 즉 하나의 부인할 수 없는 통제가 존재한다는 사실을 알려 준다. 적어도 일정 기간 동안 일부 지역에서는 새로운 물결을 늦출수 있다는 사실이다.

초진화 시대에 시간 벌기는 매우 중요하다. 억제 전략을 추가로 개발하고, 안전 조치를 추가로 구축하고, 전원 스위치를 테스트하고, 향상된 방어 기술을 개발하고, 국가를 강화하고, 규제를 개선하고, 법안을 통과시키고, 국제적 동맹을 맺을 수 있는 시간이 필요하기 때문이다.

현재의 기술은 억제 속도보다는 인센티브에 더 큰 영향을 받고 있다. 미국의 반도체 전략과 같은 수출 통제는 강대국 경쟁, 군비 경쟁, 미래에 갖가지 불확실한 영향을 미치지만, 이러한 조치가 중국, 더 나아가 세계의 기술 발전을 어느 정도 저해할 것이라는 데 거의 모든 사람이 동의하고 있다.

최근의 역사를 보면 기술의 전 세계적 확산이 소수의 중요한 R&D와 상용화 허브, 즉 초크 포인트에 달려 있음을 알 수 있다. 이처럼 집중도가 높은 지역을 생각해 보자. 예컨대 인터페이스 분야는 제록스와 애플, 유전 공학 분야는 방위고등연구계획국 DARPA, MIT, 제넌테크Genentech, 몬산토Monsanto, 스탠퍼드, 캘리포니아 대학교 샌프란시스코UCSF에 집중돼 있다. 이러한 유산이 서서히 사라지고 있다는 점도 주목할 만하다.

AI 분야의 경우, 최신 모델에 필수적인 첨단 GPU의 대부분을 미국 기업 엔비디아가 설계하고 있다. 엔비디아의 칩 중 대부분은 세계에서 가장 정교하고 값비싼 공장으로 알려져 있는 대만의 TSMC에서 제조한다. TSMC가 이러한 칩을 제조하는 데 사용하는 기계는 유럽에서 가장 중요한 기술 회사 중 하나인 네덜란드의 ASML이 단독으로 공급한다. 극자외선 리소그래피extreme ultraviolet lithography라는 기술을 사용해 놀라운 수준의 원자 정밀도로 칩을 생산하는 ASML의 기계는 역사상 가장 정교한 제조품 중 하나로 꼽힌다.* 이 세 기업은 물리적 제약이 많은 최첨단 칩 시장을 장악하고 있으며, 한 추정치에 따르면 해당 칩의 가격은 킬로그램당 최대 100억 달러에 달한다고 한다.[17]

칩이 유일한 초크 포인트는 아니다. 대규모 클라우드 컴퓨팅 역시 6개 주요 기업이 주도하고 있다. 현재 AGI는 자원이 풍부한 소수의 그룹, 특히 딥마인드와 오픈AI에 의해 주도적으로 개발되고 있다. 전 세계 데이터 트래픽은 영국 남서부 해안이나 싱가포르와 같은 주요 거점에 집중돼 있는 (제한된 수의) 광섬유 케이블을 통해 이동한다. 희토류 원소인 코발트, 나이오븀, 텅스텐의 공급 부족은 전체 산업의 붕괴로 이어질 수도 있다.[18] 태양광 패널과 실리콘 칩과 같은 제품에 필수적인 고품질 석영의 약 80퍼센트는 노스캐롤라이나주에 있는 한 광산에서 생산된다.[19] DNA 합성기와 양자 컴퓨터는 일반적인 소비재가 아니다. 전문 기술을 필요로 하는 직업 역시 초크 포인트다. 이 책에서 다루는 모든 첨단 기술을 연구하는 사람의 총 수는 15만 명을 넘지 않을 것이다.

그렇기 때문에 부정적인 영향이 분명해지면 이러한 초크 포인트를 활용해 합리적인 속도 제한 요인을 마련하고 개발 속도를 점검해, 과학이 발전하는 속도만큼 좋은 아이디어들이 더 잘 구현될

---

* 게다가 기계뿐 아니라 구성 부품 대부분이 제조업체 한 곳에서 만들어진다. 예를 들어, 사이머Cymer의 고성능 레이저나 자이스Zeiss의 거울이 그에 속한다. 자이스는 독일 면적 크기의 거울도 불규칙한 면이 단 몇 밀리미터에 불과할 정도로 순도 높은 제품을 생산해 낼 수 있다.

수 있도록 해야 한다. 실제로 이러한 억제책은 중국에만 적용되는 것이 아니다. 기술 개발이나 배포 속도를 규제하는 데에도 광범위하게 적용될 수 있다. 이러한 맥락에서 수출 통제는 단순한 지정학적 전략이 아니라 기술을 억제하되 완전히 억압하지 않을 수 있는 잠재적 청사진을 제시하는 살아 있는 실험이기도 하다. 결국 이러한 모든 기술이 널리 확산될 것이다. 그 전에 향후 5년 정도가 절대적으로 중요하다. 특정 압력 요인이 여전히 기술 발전을 저해할 수 있는 시간이기 때문이다. 결국 이러한 옵션이 주어질 때 그 기회를 잘 활용해 충분한 시간을 확보해야 한다.

4. 제작자: 비평가가 참여해야 한다

기술의 인센티브를 막을 수 없다고 해서 기술을 만드는 사람들이 자신의 창작물에 대해 아무런 책임을 지지 않아도 좋다는 것은 아니다. 오히려 그들과 우리, 그리고 내게 분명한 책임이 있다. 누구도 유전자 변형을 실험하거나 대규모 언어 모델을 구축하라고 강요받지 않는다. 기술의 피할 수 없는 확산과 발전은, 원하는 것을 만들고 무슨 일이 일어나는지 지켜볼 수 있게 해 주는 감옥 탈출 카드get-out-of-jail-free card나 면허증이 아니다. 오히려 일을 제대로 해야 할 필요성과 그렇게 하지 않았을 때의 끔찍한 결과를 일깨워 주는 역할을 한다.

그 누구보다도 기술에 종사하는 사람들은 이 책에서 설명하는 문제를 해결하기 위해 적극적으로 노력해야 한다. 타당성을 입증하고 해결책을 제공할 책임이 그들과 우리에게 있다. 사람들은 종종 이 모든 어려움에도 불구하고 AI 분야에서 일하고 AI 회사와 도구를 만드는 이유가 무엇인지 내게 묻곤 한다. AI가 가져올 수 있는 매우 긍정적인 영향을 떠나서, 내 대답은 단지 억제에 대해 이야기하고 논쟁하는 것에만 머물고 싶지 않기 때문이란 것이다. 나는 기술이 나아가는 방향으로 한발 더 앞서 나가 이를 현실화하는 데 적극적으로 일조하고 싶다. 효과적인 억제를 하려면 이를 현실화하는 데 전념하는 기술 전문가들이 필요하다.

기술 비평가들도 중요한 역할을 한다. 곁에서 가만히 지켜보는 것, 트위터에서 불만을 표출하는 것, 문제점을 설명하기 위해 길고 복잡한 글을 작성하는 것 모두 좋은 방법이다. 하지만 그러한 행동만으로는 다가오는 물결을 막을 수 없으며, 사실 그 물결을 크게 바꾸지도 못한다. 내가 처음 전문적으로 일을 시작했을 때만 해도 기술에 대한 외부의 시선은 대체로 긍정적이었고 열광적이기까지 했다. 멋지고 친근한 기업들이 밝은 미래를 만들어 나가고 있는 것처럼 보였다. 그러나 지금은 그러한 인식에 변화가 생겼다. 비판적인 목소리가 높아졌음에도 불구하고 주목할 만한 기업의 성공 사례는 여전히 찾아보기 어렵다.

기술 비평가들은 나름의 방식으로 기술, 정치, 비즈니스 엘리트들에게 내재돼 있는 비관주의 회피 함정에 빠지게 된다. 지나치게 낙관적인 기술 전문가들을 조롱하는 많은 사람들이 이론적 감독 프레임워크나 규제를 요구하는 사설을 쓰는 데 몰두한다. 기술의 중요성과 영향력을 인정하고 이러한 비판의 함의를 고려한다면 그와 같은 대응은 분명 부적절하다. 비평가들조차 눈앞의 현실을 외면하고 있다. 때때로 신랄한 비판도 기술과 마찬가지로 과대광고의 일부가 되기도 한다.[20]

신뢰할 수 있는 비평가는 실무 감각이 있는 전문가여야 한다. 올바른 기술을 구축하고, 그 과정을 바꿀 수 있는 실질적인 수단을 마련하고, 관찰과 논평에 그치지 않고 적극적으로 방법을 제시하고, 변화를 만들어 내고, 필요한 조치를 취하기 위해서는 비평가가 참여해야 한다. 비평가들이 곁에서 방관하면서 소리만 지르고 있어서는 안 된다. 비평가를 비난하려는 게 아니다. 오히려 그 반대다. 이는 기술이 비평가를 절실히 필요로 한다는 것을 인정하는 것이다. 기술의 모든 수준에서 비평가를 필요로 하지만, 특히 최전선에서 창작이라는 일상적인 현실과 씨름하며 기술을 구축하고 만드는 비평가가 절실하게 필요하다. 이 글을 읽고 있는 여러분이 비판적인 견해를 갖고 있다면 적극적으로 참여하기를 바란다.

나는 이것이 결코 쉬운 일이 아니라는 것을 잘 알고 있다. 비판적인 견해를 쉽게 드러낼 수 있는 곳은 없다. 몇 가지 역설을 인정해야만 할 수도 있다. 즉 나와 같은 사람들은 긍정적인 도구를 만들고 부정적인 결과를 막기 위해 노력하는 과정에서, 바이러스 실험을 통해 성과를 얻으려는 연구자들처럼 우리가 피하고자 하는 결과를 의도치 않게 가속화할 수도 있다. 내가 개발한 기술이 오히려 해를 끼칠 수도 있다. 내가 배우고 개선하기 위해 아무리 최선을 다해도 개인적인 실수를 계속 저지르게 될 것이다. 나는 이 문제, 즉 물러설 것인가 아니면 참여할 것인가를 두고 오랫동안 고민해 왔다. 기술의 심장부에 더 가까이 다가갈수록 결과에 더 많은 영향을 미칠 수 있고 더 긍정적인 방향으로 이끌면서 유해한 기술 사용을 차단할 수 있다. 하지만 이러한 적극적인 참여는 기술을 현실화하는 과정의 일부가 되고 그 기술로 인해 발생하는 긍정적이고 부정적인 결과를 모두 책임져야 한다는 의미이기도 하다.

내가 모든 답을 갖고 있지는 않다. 나는 내 선택에 끊임없이 질문을 던진다. 그러나 적극적으로 참여하지 않으면 만들기를 완전히 포기하는 것밖에는 다른 대안이 없다. 기술 전문가는 자신의 관점에 매몰돼 현실과 동떨어진 먼 미래의 건축가가 돼서는 안 된다. 내외부 비평가들이 없다면 딜레마는 우리를 향해 돌진해 올 것이다. 그들과 함께라면 국민 국가를 더 이상 손상시키지 않고, 치명적인 실패를 겪지 않으며, 권위주의적 디스토피아를 부추기지 않는 기술을 구축할 가능성이 더 높아진다. 10년 전만 해도 기술 산업은 모든 면에서 획일적인 문화를 갖고 있었다. 하지만 이제 변화하기 시작했고, 개발 과정에 대해 비판적이고 윤리적이며 인본주의적인 목소리를 내면서 그 어느 때보다 지적 다양성이 커지고 있다.

내가 딥마인드를 공동 설립했을 때, 기술 기업의 핵심 구조에 안전과 윤리에 대한 고민을 통합하는 것이 참신하게 느껴졌다. 이러한 맥락에서 보통 '윤리'라는 단어를 사용하는 것만으로도 이상한 시선으로 바라보곤 했지만, 오늘날에는 안타깝게도 이 단어가 남용되면서 또 다른 유행어가 될 위험에 처해 있다. 그럼에도 불구하고 윤리는 실질적인 변화를 이끌어 냈고, 의미 있는 대화와 토론의 장을 열어 주었다. 고무적인 것은 윤리적 AI에 대한 연구가 급증해 2014년 이후로 발표된 논문이 5배나 증가했다는 점이다.[21] 산업 측면에서는 이러한 성장이 더욱 가속화돼 산업과 연계된 윤리적 AI 연구가 전년 대비 70퍼센트 증가했다. 한때는 도덕 철학자, 정치학자, 문화 인류학자가 기술 분야에서 일하는 것이 이상하게 여겨졌지만 이제는 그렇지 않다. 그러나 기술 분야는 다양한 학문과 관점을 필요로 하는 분야인 만큼 비기술적인 관점과 다양한 목소리를 논의에 반영하는 데에는 여전히 큰 부족함이 있다. 이를 염두에 두고 인재를 적극적으로 채용하는 것이 꼭 필요하다.[22]

인센티브가 고착화되고 규제가 제대로 작동하지 않는 세상에서 기술은 주변부뿐만이 아니라 그 핵심을 비판해 줄 비평가들을 필요로 한다.

5. 기업: 이익+목적

이익이 앞으로 다가올 물결을 주도한다. 이러한 사실을 인정하지 않거나 고민하지 않고 안전에 다다를 수 있는 길은 없다. AI나 합성 생물학처럼 급속하게 발전하는 기술의 경우 안전과 이익을 두루 보장하는, 신뢰할 수 있고 포괄적인 새로운 상업 모델을 찾아내야 한다. 기본적으로 기술을 억제하는 데 더 잘 적응할 수 있는 회사를 만들어야 한다. 나를 비롯한 많은 사람들이 이 문제를 해결하기 위해 지속적인 실험을 해 왔지만, 지금까지 나온 그 결과는 다양했다.

전통적으로 기업은 주주 수익률이라는 한 가지 분명한 목표를 갖고 있다. 대부분의 경우 이는 새로운 기술의 거침없는 개발을 의미하며 역사적으로 상당한 발전을 이끌어 낸 원동력이 됐다. 그러나 이러한 접근 방식이 다가오는 물결을 억제하는 데에는 적합하지 않다. 나는 하이브리드 조직 구조에서 이익과 사회적 목적을 함께 추구하는 방법을 찾는 것이 우리 앞에 놓인 과제를 해결해 나가는 가장 좋은 방법이라고 생각하지만, 실제로 이를 실현해 내기란 매우 어렵다.

나는 딥마인드 설립 초기부터 우리의 최종 목표에 부합하는 거버넌스 모델을 고려하는 것이 중요하다고 생각했다. 2014년 구글에 인수될 당시 나는 기술을 감독할 '윤리와 안전 이사회'를 구상했고, 이를 인수 조건으로 내걸었다. 그 당시에도 우리는 진정한 AGI 구축이라는 우리의 사명을 성공적으로 달성하게 되면, 한 기업이 소유하고 통제할 수 있는 합리적 범위를 넘어서는 강력한 힘을 발휘할 수 있을 것이라고 내다봤다. 우리는 구글이 이 점을 깊이 이해하고 기술 전문가 수준을 넘어 거버넌스를 확장하는 데 힘써 주기를 원했다. 궁극적으로 나는 AGI의 실현 여부와 시기를 결정하기 위해 여러 이해관계자가 참여하는 글로벌 포럼, 즉 일종의 민주적인 AI 세계 기구를 만들고 싶었다. 기술이 강력해질수록 다양한 관점에서 이를 통제하고 접근하는 것이 중요하다고 생각했기 때문이다.

구글에 인수된 후 공동 창업자들과 나는 수년간 윤리 헌장을 회사의 법적 구조에 통합하기 위해 노력했으며, 이 헌장의 공개 범위와 독립적인 감독 및 조사가 딥마인드의 업무에 어느 정도까지 적용돼야 하는지에 대한 지속적인 토론을 벌였다. 이러한 논의 과정에서 우리의 목표는 항상 전례 없는 기술과 그에 상응하는 거버넌스가 조화를 이루도록 하는 것이었다. 우리의 제안은 딥마인드를 새로운 형태의 '글로벌 이익 회사'로 전환하고, 회사의 운영을 담당하는 이사회와는 별개로 완전히 독립적인 이사회를 두자는 것이었다. 이를 통해 이사회 구성원, 의사 결정, 심지어 이사회가 내린 결정의 근거까지 더 투명하게 공개될 것이다. 투명성, 책임감, 윤리는 단순히 기업 홍보의 요소가 아니라 법적 구속력이 있는 기본 원칙으로서 회사 운영의 모든 측면에 뿌리내리게 될 것이다. 우리는 이를 통해 기업이 어떻게 탄력적이고도 급속도로 발전하는 기술의 현대적인 장기 관리자가 될 수 있는지 사전에 학습하면서, 보다 투명한 방식으로 일할 수 있을 것이라고 믿었다.

우리는 AI를 통해 얻은 이익이 윤리적·사회적 사명에 재투자

될 수 있는 합리적인 방법을 마련했다. 분사된 회사는 주주가 없는 '보증 유한 책임limited by guarantee' 회사가 되지만, 주요 투자자인 알파벳에 독점 기술 라이선스를 제공해야 하는 의무를 지게 된다. 딥마인드는 사회적·과학적 사명의 일환으로 이익의 상당 부분을 탄소 포집과 저장, 해양 청소, 플라스틱 분해 로봇, 핵융합 등 몇 년 후에나 잠재적 혜택을 제공할 수 있는 공공 서비스 기술 연구에 사용하기로 했다. 이러한 협약을 통해 구글의 주요 혁신 기술을 학술 연구실처럼 오픈 소스로 공개할 수 있게 됐다. 구글 검색 비즈니스의 핵심인 지식 재산은 구글에 남지만, 나머지는 신약 개발, 의료 서비스 개선, 기후 변화 등 딥마인드의 사회적 사명을 발전시키는 데 사용할 수 있게 될 것이다. 이러한 구조는 투자자들에게 보상을 제공할 수 있을 뿐 아니라 사회적 목적이 회사의 법적 DNA에 포함된다는 것을 의미한다.

돌이켜 보면 그 당시 구글에게는 엄청난 도전이었다. 변호사를 고용하고 수년간 치열한 협상을 거쳤지만 상황을 타개할 방법은 없어 보였다. 결국 우리는 모두를 만족시킬 수 있는 답을 찾지 못했다. 딥마인드는 공식적인 법적 독립성을 확보하지 못한 채 별도의 브랜드로 운영되는 구글의 일반 부서로 계속 남게 됐다. 이 경험을 통해 나는 근본적인 교훈을 얻게 됐다. 주주 자본주의는 단순하고 명확하기 때문에 작동하고, 거버넌스 모델 역시 단순하고 명확하게 기본 설정되는 경향이 있다는 것이다. 주주 모델에서는 책임과 성과 추적이 정량화돼 있고 매우 투명하다. 이론적으로는 보다 더 현대적인 구조를 설계하는 것이 가능할지 모르지만, 실제로 이를 운영하는 것은 또 다른 이야기다.

구글에서 근무하는 동안 나는 혁신적인 거버넌스 구조를 개발하기 위한 실험적 노력을 계속했다. 나는 구글의 AI 원칙AI Principles 초안을 작성하고 법률, 기술, 윤리 분야의 저명한 전문가들로 구성된 AI 윤리 자문 위원회를 출범시킨 팀의 일원이었다. 이 두 노력의 목표는 구글이 AI나 양자 컴퓨팅과 같은 첨단 기술을 다루는 방식에 관한 헌장을 제정하는 데 있어 그 첫걸음을 내딛는 것이었다. 우리는 다양한 외부 이해관계자 그룹을 초대해 기술의 최전선에 독점적으로 접근하고, 피드백을 제공하고, 신기술 개발에 대한 열정이나 낙관주의에서 벗어나 있는 사람들에게 꼭 필요한 외부의 시각을 제공하고자 했다.

하지만 이 위원회는 발표된 지 며칠 만에 해체되고 말았다. 구글의 일부 직원은 헤리티지 재단Heritage Foundation의 케이 콜스 제임스Kay Coles James 회장이 위원으로 위촉되는 것에 반대했는데, 이 재단은 워싱턴에 본부를 둔 보수주의 성향의 싱크탱크라 불렸다. 그녀는 좌파를 비롯해 중도 성향의 다양한 인사와 함께 임명됐지만, 구글 내부에서 그녀를 해임하기 위한 캠페인이 곧바로 시작됐다. 트위터 직원들과 연대한 활동가들은 "여성의 정의에 남성이 포함되도록 변경할 수 있다면 여성의 경제적, 사회적, 정치적 권한을 강화하려는 노력이 사라질 수 있다"고 주장한 것을 포함해, 그녀가 트랜스젠더와 성 소수자에 반대하는 수많은 발언을 해 왔다고 지적했다. 나는 그녀의 발언과 정치적 입장에 개인적으로 동의하지 않지만, 다양한 가치와 관점을 모두 들어 볼 필요가 있다며 그녀를 이사회에 합류하도록 요청한 결정을 지지했다. 어쨌든 구글은 전 세계 사용자를 대상으로 하는 글로벌 기업이며, 그중 일부는 이러한 견해에 공감할 수 있기 때문이다.

상당수의 구글 직원과 외부 활동가들이 반대 의사를 표명했고, 발표 후 며칠 지나지 않아 제임스의 위원직 해임을 촉구하는 공개서한을 발표했다. 그들은 사퇴를 거부한 다른 위원들이 계속 위원회에 참여하는 것은 트랜스포비아(transphobia, 트랜스젠더를 병적으로 혐오하거나 배척하는 태도_옮긴이)를 지지하는 것으로 간주될 수 있다고 대학에 적극적으로 로비 활동을 벌여 그들에 대한 학술 지원금을 철회할 것을 촉구했다. 결국 세 명의 위원이 사임하고 일주일도 채 되지 않아 자문 위원회는 완전히 해체됐다. 안타깝게도 그 당시 정치적 분위기가 공인과 상장 기업 모두에게 지나친 감이 없지 않았다.

알파벳 내부와 더 넓은 정책, 학계, 그리고 산업계에서 대화에 박차를 가하고 어려운 논의를 시작하는 데에는 도움이 됐지만, 기업의 의무를 재고하려는 내 시도는 다시 한번 실패로 돌아갔다. 어떤 팀과 연구에 자금을 지원할지, 제품은 어떻게 테스트할지, 어떤 내부 통제와 검토가 이뤄지고 있는지, 외부 조사는 어느 정도가 적절한지, 어떤 이해관계자를 포함해야 하는지와 같은 논의는 알파벳을 비롯한 여러 기업의 고위 리더들이 정기적으로 나누는 대화의 주제가 됐다.

기술 기업 전반에서 10년 전만 해도 부차적인 것으로 여겨졌던 AI 안전에 대한 논의가 이제 보편화되고 있다. 이익, 긍정적인 기여, 최첨단 안전 사이의 균형을 맞춰야 한다는 요구는 미국의 모든 주요 기술 그룹에서 원칙적으로 받아들여지고 있다. 엄청난 규모의 보상이 제공되고 있다고 하더라도 거기에 안주하지 않고 기업가, 경영진, 직원 모두가 억제라는 과제를 보다 더 잘 수용할 수 있는 기업 구조를 계속해서 추구하고 탐구해 나가야 한다.

현재 고무적인 실험이 진행되고 있다. 페이스북은 플랫폼 관리에 대한 자문을 얻기 위해 전직 판사, 운동가, 학계 전문가로 구성된 독립적인 감독 위원회를 설립했지만, 그 위원회를 두고 각계각층에서 비판의 목소리가 생겨났다. 위원회 운영만으로는 문제를 해결할 수 없는 것이 사실이다. 하지만 이러한 노력을 칭찬하고 페이스북과 다른 기업들이 계속해서 실험을 이어 나갈 수 있도록 격려하는 것이 중요하다. 그렇게 시작하는 것이다. 또 다른 예로, 영리 기업이지만 법적으로 정의한 목적에 사회적 사명을 통합한 공익 기업과 B 코퍼레이션B Corp의 활동 역시 증가하고 있다. 다음 단계는 기술 기업이 강력한 억제 메커니즘과 목표를 신탁 의무로 명시하는 것이 될 수 있다. 이러한 대안적 기업 구조의 성장을 고려할 때, 긍정적인 변화가 일어날 가능성이 높다(현재 1만 개가 넘는 기업이 B 코퍼레이션 구조를 사용하고 있다).[23] 경제적 목표가 항상 기술과 조화를 이루는 것은 아니지만, 혁신적인 기업 형태는 그 가능성을 높여 준다. 이러한 유형의 실험이 필요한 이유다.

억제라는 과제를 해결하기 위해서는 새로운 형태의 기업이 필요하다. 사회에 긍정적으로 기여할 수 있는 창업자와 기술 분야 종사자 역시 필요하다. 게다가 더 복잡하고 어려운 것, 즉 정치도 필요하다.

6. 정부: 생존, 개혁, 규제

앞서 살펴본 바와 같이 기술적인 문제에는 기술적인 해결책이 필요하지만, 기술만으로는 충분하지 않다. 우리가 번영하기 위해서는 국가가 필요하다. 자유 민주주의 국가를 지지하고 스트레스 요인에 맞서 국가를 강화하기 위한 모든 노력이 뒷받침돼야 한다. 국가는 법률, 화폐 공급, 세금, 군대 등 문명의 여러 필수적인 요소를 여전히 통제하고 있다. 이러한 국가의 통제력은 국가가 극심한 스트레스를 견뎌 낼 수 있는 탄력적인 사회 시스템, 복지망, 보안 아키텍처, 거버넌스 메커니즘을 구축하고 유지해야 하는 앞으로의 과제에 도움이 된다. 그러나 국가는 한치 앞도 내다볼 수 없는 상황에서 무슨 일이 일어나고 있는지 자세히 살펴보고 이해할 수도 있어야 한다.

물리학자 리처드 파인만Richard Feynman은 "내가 만들 수 없다면 이해할 수도 없다"라는 유명한 말을 남겼다. 오늘날의 정부와 기술 분야에 딱 들어맞는 말이다. 나는 정부가 실질적인 기술을 개발하고, 기준을 세우고, 자체 역량을 키우는 데 더 적극적으로 개입해야 한다고 생각한다. 정부는 오픈 마켓에서 인재와 하드웨어를 놓고 경쟁할 수 있어야 한다. 물론 비용이 많이 들고 예산 낭비로 이어지는 실수가 발생할 수도 있다. 그러나 능동적인 정부는 단순히 서비스를 아웃소싱하거나, 외부 기관이 소유하고 운영하는 전문 지식과 기술에 의존하는 경우보다 훨씬 더 큰 통제력을 행사할 수 있다.

책임감은 깊은 이해에서 비롯되고, 소유는 통제로 이어진다. 소유와 통제 모두 정부의 적극적인 개입을 필요로 한다. 오늘날에는 기업이 주도적인 역할을 하고 있지만, 기초 연구의 상당 부분은 여전히 정부에서 자금을 지원하고 있다.[24] 미국 연방 정부의 R&D 지출은 전체 예산에서 차지하는 비중이 사상 최저 수준인 20퍼센트에 불과하지만, 여전히 연간 1790억 달러에 달하는 상당한 규모다.

좋은 소식이라 할 수 있다. 과학 기술 교육과 연구에 투자하고 국내 기술 기업을 지원하면, 정부가 첨단 기술에 직접적인 이해관계를 갖게 되면서 이점을 활용하고 폐해를 줄일 수 있는 긍정적인 피드백 루프가 만들어진다.[25] 간단히 말해서, 정부는 다가오는 물결을 형성하는 데 있어 동등한 파트너가 됨으로써 전체 공익을 위한 방향으로 기술을 이끌어 갈 수 있는 더 나은 기회를 얻게 된다. 상당한 비용이 들더라도 자체적으로 기술의 전문성을 확대하는 것은 가치 있는 투자가 될 수 있다. 정부는 경영 컨설턴트, 계약 업체, 기타 제3자 공급업체에 의존하는 것을 자제해야 한다. 민간 부문에 필적할 수 있는 충분한 보상을 받고 경쟁력을 갖춘 정규직 직원이 솔루션의 핵심이 돼야 한다. 국가적으로 중요한 역할을 담당하는 민간 부문의 급여가 공공 부문보다 10배나 더 높은 상황은 지속 가능하지가 않다.[26]

정부의 첫 번째 과제는 기술 발전을 더 잘 모니터링하고 이해하는 것이어야 한다.[27] 예를 들어, 국가는 국민들이 어떤 데이터를 제공하는지, 그 데이터가 어디에서 어떻게 활용되는지, 그 의미가 무엇인지 자세히 파악해야 한다. 또 행정부는 최신 연구에 대한 포괄적인 이해와 함께 첨단 기술의 궤적, 국가가 긍정적인 결과를 극대화할 수 있는 방법을 알고 있어야 한다. 무엇보다 중요한 것은 기술이 부정적인 결과를 초래할 수 있는 모든 상황, 즉 연구실 유출 사고, 사이버 공격, 언어 모델의 편향, 개인 정보 침해 등을 투명한 방식으로 문서화하고 공개해 모두가 실패를 통해 배우고 개선할 수 있도록 해야 한다.

그런 다음 국가는 새로운 문제에 실시간으로 대응하기 위해 이 데이터를 효과적으로 활용해야 한다. 백악관 과학기술정책실Office of Science and Technology Policy과 같이 행정부와 밀접한 관련이 있는 기관의 영향력이 점점 더 커지고 있다. 21세기에 경제, 교육, 안보, 국방과 같은 내각 직책에 비슷한 권한과 민주적 책임이 부여된 기술 분야 직책이 없다는 것은 이치에 맞지 않는다. 신기술 분야를 전담하는 비서관이나 장관은 여전히 정부에서 찾아보기 어렵다. 하지만 새로운 물결의 시대에는 모든 국가에 이러한 직책이 마련돼 있어야 한다.

규제만으로는 감염병 확산을 막을 수 없지만, 규제가 수반되지 않은 모든 논의는 실패할 수밖에 없다. 규제는 이러한 인센티브에 초점을 맞춰 개인, 국가, 기업, 일반 대중 전체를 안전과 보안에 보다 효과적으로 조율하는 동시에 필요시 강력하게 개입할 수 있는 기능도 갖춰야 한다. 이러한 규제 정책의 일환으로 선거용 AI와 같은 특정 사용 사례는 법적으로 금지해야 한다.

입법부가 행동에 나서기 시작했다. 2015년에는 AI와 관련된 법안이 거의 없었다.[28] 하지만 2019년 이후 전 세계적으로 '인공 지능'이라는 문구가 포함된 법안이 72건 이상 통과됐다. OECD AI 정책 관측소OECD AI Policy Observatory는 데이터베이스에 60개국에서 발의한 800개 이상의 AI 정책을 보유하고 있다.[29] 물론 EU의 AI 법안은 여러 문제점을 안고 있지만 칭찬할 만한 조항들이 포함돼 있으며, 올바른 목표와 계획이 담겨 있다.

2022년 백악관은 '인공 지능과 기타 자동화 시스템의 설계, 개발, 배포에 대한 지침을 제공해 미국 국민의 권리를 보호할 수 있도록 하기 위한' 5가지 핵심 원칙을 담은 AI 권리 장전AI Bill of Rights의 청사진을 발표했다.[30] 이 문서는 안전하지 않고 비효율적인 시스템과 알고리즘의 편향성에서 시민들을 보호해야 한다고 명시하고 있다. 누구도 AI 프로세스에 참여할 것을 강요받아서는 안 된다. 누구나 거부할 권리가 있다. 이러한 노력은 광범위한 지원과 신속한 실행을 필요로 한다.

그러나 정책 입안자의 상상력은 기술의 범위와 일치해야 하고 정부는 그 범위를 넓혀야 한다. 당연히 이야기지만, 엄격한 감독 없이는 그 어떤 기업도 원자로를 건설하거나 운영할 수 없다. 실제로 국가는 원자로와 관련된 모든 측면에 밀접하게 관여하고 면밀히 감시하며 인허가를 내주고 관리한다. 시간이 지남에 따라 이러한 관리 감독은 기술 전반에 걸쳐 더욱 심화될 것이다. 오늘날 누구나 AI를 개발하거나 연구소를 설립할 수 있지만, 이제 더 많은 라이선스를 필요로 하는 환경으로 전환해야 한다. 이렇게 하면 첨단 기술에 대한 접근 권한을 취소하고 피해를 구제하기 위한 더 명확한 책임과 더 엄격한 메커니즘이 만들어질 것이다. 최첨단 AI 시스템, 합성기, 양자 컴퓨터는 책임감 있고 검증된 개발자만이 제작해야 한다. 개발자는 라이선스 취득의 일환으로 명확하고 구속력 있는 보안과 안전 표준을 준수하고, 규정을 따르고, 위험 평가를 수행하고, 기록을 남기고, 실시간 배포를 면밀히 모니터링해야 한다. 미국 연방항공국FAA의 승인 없이 로켓을 우주로 쏘아 올릴 수 없듯이, 앞으로 최첨단 AI를 출시하려면 이와 비슷한 규제 절차를 밟도록 해야 한다.

모델 크기나 기능에 따라 별도의 라이선스 제도가 적용될 수 있으며, 모델이 크고 기능이 뛰어날수록 라이선스 요건이 더 엄격해질 수 있다. 모델의 사용 범위가 넓을수록 심각한 위협을 일으킬 가능성이 높아진다. 즉 가장 기본적인 기능을 연구하고 개발하는 AI 연구소는 특별한 주의가 필요하다. 또한 이러한 접근 방식을 사용하면 필요한 경우 모델 학습 실행, 특정 크기 이상의 칩 클러스터, 특정 유기체 등 개발의 세부 사항에 집중할 수 있도록 보다 세분화된 라이선스 적용이 가능해진다.

역사상 가장 큰 가치 창출의 중심이 노동에서 자본으로 이동하고 있는 지금, 안보와 복지를 위한 재원을 마련하기 위해서는 세제를 전면적으로 개편해야 한다. 기술로 인한 손실이 발생하면 실질적인 보상을 받을 수 있어야 한다. 현재 미국의 근로 소득은 평균 25퍼센트의 세금이 부과되는 반면, 장비와 소프트웨어는 5퍼센트의 세금만 부과된다.[31] 이러한 세금 부과 시스템은 번창하는 기업을 육성한다는 명목으로 자본이 아무런 마찰 없이 스스로 재생산될 수 있도록 설계됐다. 앞으로 세금은 자본에 초점을 맞춰야 한다. 이러한 변화는 부정적인 영향을 받는 사람들에게 재분배할 재원을 마련해 줄 뿐만 아니라 그 과정에서 서서히 공정한 전환이 이뤄질 수 있도록 해 준다. 재정 정책은 이러한 전환을 통제하는 데 있어 중요한 밸브 역할을 하며, 초크 포인트에 통제력을 행사하는 동시에 국가의 회복력을 구축할 수 있는 수단이 된다.

여기에는 토지, 부동산, 회사 주식, 기타 유동성이 낮은 고가 자산과 같은 전통적인 형태의 자본에 대한 세금 인상과 자동화나 자유 시스템에 대한 새로운 형태의 세금이 포함돼야 한다. 이를 가리켜 '로봇에 대한 세금'이라고 부르기도 하며,[32] MIT 경제학자들은 로봇 가치의 1~4퍼센트에 해당하는 세금만 부과해도 상당한 효과를 거둘 수 있다고 주장한다.[33] 노동에 대한 세금 부담을 세심하게 조정하면 지속적인 고용을 장려하고 가정생활의 혼란을 완화할 수 있다. 최저소득층에 대한 세금 공제는 소득이 정체되거나 심지어 붕괴되는 상황에서 즉각적인 완충 역할을 할 수 있다. 동시에 대규모 재기술 프로그램과 교육 사업을 통해 취약 계층을 위한 대비책을 마련하고, 위험에 대한 인식을 높이며, 다가오는 물결의 역량을 활용할 수 있는 기회를 늘려야 한다. 보편적 기본 소득 universal basic income, UBI, 즉 국가가 국민 모두에게 조건 없이 지급하는 소득이 다가오는 물결의 경제적 혼란에 대한 해결책으로 자주 거론되고 있다. 앞으로 보편적 기본 소득과 유사한 이니셔티브가 도입될 가능성이 높지만, 그 전에 검토해 봐야 할 좋은 아이디어들이 많이 있다.

기업 AI가 급속도로 확장되는 시대에 우리는 해당 자산이나 이익뿐만 아니라 대기업 자체에도 자본세를 부과하는 방안을 고려해야 한다.[34] 또한 이러한 대기업에 대해 국경을 초월한 과세 메커니즘을 구축해 이들이 사회 기능 유지에 공정한 몫을 지불할 수 있도록 해야 한다. 예를 들어, 기업 가치의 일정 부분을 공공 배당금으로 지급하는 것과 같은 실험적인 노력을 장려할 수도 있다. 이러한 접근 방식은 특히 극심한 부의 집중 시대에 가치가 국민에게 계속 재분배될 수 있게 해 준다. 한계에 다다르면 다가오는 물결의 자본을 누가 소유할 것인가에 대한 핵심적인 질문이 제기될 수 있다. 진정한 AGI는 건물이나 트럭과 같은 방식으로 개인이 소유할 수 없다. 인간의 수명을 획기적으로 연장하거나 능력을 크게 향상시킬 수 있는 잠재력을 가진 기술을 다룰 때에는 기술 배포에 대한 실질적인 논의가 조기에 이뤄져야 한다.

이러한 기술을 누가 설계하고, 개발하고, 배포할 수 있는지는 궁극적으로 정부가 결정해야 할 문제에 속한다. 정부의 수단, 제도, 전문 영역 모두 기술 발전에 걸맞은 속도로 빠르게 진화해야 하며, 이는 모든 이해관계자가 당면한 세대적 과제다. 따라서 억제된 기술의 시대에는 어떤 예외나 유보 없이 신중하고 철저한 기술 규제가 필요하다. 물론 한 국가에 국한된 규제에는 피할 수 없는 결함이 존재하기 마련이다. 어떤 국가 정부도 이 문제를 단독으로 해결할 수 없다.

7. 동맹: 조약의 시대

레이저 무기는 공상 과학 소설에나 나오는 이야기처럼 들리지만, 안타깝게도 그렇지 않다. 레이저 기술이 발전하면서 레이저가 실명을 유발할 수 있다는 사실이 분명해졌다. 이를 무기화하면 적군은 물론이고 표적이 된 모든 사람을 무력화시킬 수 있다. 아직 영화 〈스타워즈〉와 같은 방식까지는 아니더라도 새로운 민간 기술이 다시 한번 끔찍한 공격 수단의 가능성을 열어 주고 있다. 군대나 갱단이 눈부신 레이저를 들고 돌아다니는 것을 원하는 사람은 아무도 없을 것이다.

다행히도 그런 일은 일어나지 않았다. 실명을 유발하는 레이저 무기의 사용은 특정 재래식 무기 협약Convention on Certain Conventional Weapons의 개정안인 1995년 실명 무기에 관한 의정서 Protocol on Blinding Laser Weapons에 의해 금지됐다. 이 의정서는 '유일한 전투 기능 또는 전투 기능의 하나로 시력 저하나 영구적인 실명을 초래하도록 특별히 설계된 레이저 무기'의 사용을 명시적으로 금지했으며,[35] 총 126개국이 이 의정서에 서명했다. 그 결과 레이저 무기는 군용 무기의 핵심 기구도 아니고 길거리에서 흔히 볼 수 있는 무기도 아니다.

물론 눈을 멀게 하는 레이저가 이 책에서 말하는 옴니유즈와 같은 유형의 기술은 아니다. 하지만 이 기술은 강력한 금지 조치가 효과적일 수 있다는 것을 보여 주는 증거다. 정교한 동맹 관계와 국제적 협력이 이뤄진다면 역사를 바꿀 수 있다.

우리가 앞서 살펴본 여러 사례를 생각해 보자. 우리는 핵무기 비확산에 관한 조약, CFC를 금지하는 몬트리올 의정서, 냉전의 분단 상황에서 소아마비 백신의 발명, 시험 및 보급, 생물 무기를 효과적으로 금지하는 군축 조약인 생물 무기 금지 협약, 집속탄, 지뢰, 인간 유전자 편집, 우생학 정책 금지, 탄소 배출과 기후 변화 위기 극복을 위한 파리 협정, 천연두 퇴치를 위한 전 세계적인 노력, 휘발유에 함유된 납의 단계적 퇴출, 석면 퇴치 등을 살펴봤다.

국가는 기업이 이익을 포기하는 것만큼이나 권력을 포기하는 것을 꺼린다. 그럼에도 불구하고 이러한 사례들은 기술 경쟁이 되살아나는 환경에서 희망의 파편과도 같은 귀중한 선례가 되고 있다. 각 사례는 특정 조건과 과제를 안고 있어 완벽한 규정 준수를 달성하는 데 도움이 되기도 하고 방해가 되기도 했다. 그러나 결정적으로 각각의 사례는 전 세계 국가들이 단결하고 타협해 중대한 도전에 맞선 소중한 선례이며, 다가오는 물결에 대처하는 데 필요한 단서와 틀을 제공한다. 정부가 합성 생물학이나 AI 응용 프로그램을 금지하려고 한다면 과연 그렇게 하는 것이 가능할까? 부분적이고 제한적인 방식이 아니라면 분명 불가능할 것이다. 하지만 강력하고 의욕적인 동맹 관계를 맺을 수 있다면 가능할 수도 있다.

혼돈을 마주하게 되면 지정학은 급격한 변화를 겪을 수 있다. 제2차 세계 대전이 한창 벌어지고 있을 당시에는 평화가 꿈처럼 느껴졌을 것이다. 연합군이 지칠 대로 지친 상태로 전투를 이어 나갈 때, 불과 몇 년 후면 연합국 정부가 적국의 재건을 위해 수십억 달러를 투자하게 될 것이라고 아무도 상상하지 못했을 것이다. 끔찍한 대량 학살을 자행하는 전쟁 범죄를 저질렀음에도 불구하고 독일과 일본은 곧 안정적인 세계 동맹의 핵심 국가로 부상했다. 지금 생각하면 아찔할 만큼 놀라운 변화다. 불과 몇 년 사이에, 끔찍한 총성과 비명으로 뒤덮였던 노르망디와 이오지마Iwo Jima의 해변은 견고한 군사와 상업적 파트너십, 오늘날까지 지속되는 굳건한 우정, 사상 최대 규모의 해외 원조 프로그램으로 변모했다.

냉전이 한창이던 시기에는 극심한 긴장에도 불구하고 고위급 접촉이 유지됐다. 악성 AGI나 주요 생물학적 위험 물질의 유출과 같은 사건이 발생하면 이러한 고위급 수준의 협력이 매우 중요할 것이다. 하지만 신냉전 시대에 접어들면서 분열이 심화되고 있다. 재앙적 위협은 본질적으로 전 지구적인 문제이므로 국제적인 합의가 필요하다. 국경에 갇힌 규제만으로는 충분하지 않다. 모든 국가가 이러한 기술을 발전시키는 데 관심을 갖고 있는 동시에 최악의 결과를 줄이기 위해 노력해야 할 명분도 갖고 있다. 그렇다면 핵확산 금지 조약, 몬트리올 의정서, 파리 협정은 앞으로 다가올 물결에 어떤 영향을 미칠까?

핵무기가 어느 정도 예외에 속하는 이유는 만들기 어렵기 때문만은 아니다. 긴 시간 동안 인내심을 필요로 하는 논의, 수십 년에 걸친 유엔에서의 조약 협상, 극도의 긴장 속에서 이뤄지는 국제적인 협력 등 이 모든 것이 핵무기를 억제하는 데 중요한 역할을 한다. 핵 억제에는 도덕적 요소와 전략적 요소가 모두 포함돼 있다. 특히 강대국 간 경쟁이 치열한 시대에 핵 억제에 대한 합의를 도출하고 이행하는 것은 결코 쉬운 일이 아니다. 따라서 외교관들은 기술을 억제하는 데 있어 과소평가된 역할을 하고 있다. 군비 경쟁의 시대에서 기술 외교의 황금기를 열어야 한다. 내가 외교계에서 만난 많은 사람들은 이 사실을 분명히 인지하고 있다.

그러나 동맹은 기술 전문가나 하위 국가 기관의 수준에서도 작동할 수 있으며, 지원할 대상과 억제할 대상을 공동으로 결정할 수 있게 해 준다. 생식 세포 유전자 편집이 좋은 예다. 106개국을 대상으로 한 연구에 따르면 생식 세포 유전자 편집에 대한 규제가 일관되지 않은 것으로 나타났다.[36] 대부분의 국가에서 일종의 규제나 정책 지침을 갖고 있지만, 상당한 차이와 격차가 존재한다. 이는 전 세계에 적용할 수 있는 기술에 대한 글로벌 프레임워크가 될 수 없다. 현재로서는 최전선에 있는 과학자들의 국제적 협력이 더 효과적이다. 최초의 인간 유전자 편집 이후 에릭 랜더Eric Lander, 에마뉘엘 샤르팡티에Emmanuelle Charpentier, 장펑Feng Zhang과 같은 저명인사들이 서명한 서한은 '인간 생식 세포 편집의 모든 임상적 사용, 즉 정자, 난자 또는 배아에서 유전적 DNA를 변경해 유전자 변형 아이를 만드는 것에 대한 전 세계적인 중단과, 국가가 자체 결정권을 유지하면서 특정 조건이 충족되지 않는 한 임상 생식 세포 편집의 사용을 승인하지 않겠다고 자발적으로 약속하는 국제 프레임워크'를 촉구했다.[37]

이들은 영구적인 금지를 요구하는 것도 아니고, 연구 목적의 생식 세포 편집을 금지하는 것도 아니며, 모든 국가가 같은 길을 따라야 한다고 말하는 것도 아니다. 다만, 이들은 실무자들이 시간을 들여 상황을 조율하고 올바른 결정을 내릴 것을 촉구하고 있다. 최전선에 있는 많은 사람들이 여전히 변화를 이끌어 낼 수 있다. 더불어 잠시 멈춰 설 기회를 제공함으로써 국가와 국제기구가 서로 연대하고 앞으로 나아갈 길을 모색할 수 있는 공간과 토대 마련이 가능하다.

이 장의 앞부분에서 미국과 중국 간 마찰에 대해 설명했다. 서로의 차이점에도 불구하고 이 두 강대국이 협력할 수 있는 분야는 여전히 존재한다. 합성 생물학은 경쟁이 심하지 않고 새로운 생물학적 위협으로 인한 상호 파괴가 분명하다는 점에서 AI보다 나은 출발점이 될 수 있다. 시큐어DNA 프로젝트가 그 좋은 예로, 화학 무기에 대한 규제와 유사한 방식으로 합성 생물학을 규제할 수 있는 길을 제시하고 있다. 중국과 미국이 첨단 R&D부터 상용 애플리케이션 배포까지 모든 것을 아우르는 생물학적 위험 관측소의 공동 설립을 실현할 수 있다면 이는 가치 있는 협력의 장이 될 것이다.

중국과 미국은 또 악의적 행위자의 활동을 억제하는 데에도 관심을 갖고 있다. 옴진리교와 유사한 위협이 언제 어디서든 생겨날 수 있다는 점을 감안할 때, 양국은 세계에서 가장 강력한 기술의 무분별한 확산을 억제하기 위해 노력할 것이다. 현재 중국과 미국은 기술 표준을 수립하기 위해 고군분투하고 있다. 파편화된 표준은 모두를 어렵게 만들기 때문에 서로 협력하는 접근 방식이 확실히 유리하다. 또 다른 공통 관심 분야는 암호화 시스템을 약화시키는 양자 컴퓨팅이나 머신 러닝의 발전에 맞서 암호화 시스템을 유지하는 것일 수 있으며, 이러한 협력적 노력은 더 광범위한 타협의 길을 열어줄 수 있다. 세기가 바뀌면서 냉전 시대의 교훈, 즉 적과 협력하지 않고서는 기술 안전을 확보할 수 없다는 사실을 다시 한번 되새겨야 할 것이다.

양자 간 이니셔티브를 장려하는 것 외에도 현 단계에서 확실한 방안은 기술을 전담하는 새로운 글로벌 기관의 설립을 제안하는 것이다. 여기에 반복적으로 제기되는 질문들이 있다. 생명 공학을 위한 세계은행이나 AI를 위한 유엔은 어떤 모습일까? 안전한 국제 협력이 AGI처럼 강력하고 복잡한 문제를 해결하기 위한 접근 방식이 될 수 있을까? "누가 기술을 억제할까?"라는 질문에 손을 들 수 있는 최후의 중재자, 즉 최후의 수단과 같은 역할을 할 수 있는 주체는 누구일까?

이 경우 확산을 완전히 억제하는 것이 아니라 파도처럼 국경을 넘나드는 효과적인 관리와 완화를 위한 한계를 설정하고 틀을 구축하는, 우리 세대의 핵 조약과 같은 세계 공통의 접근 방식이 필요하다. 이러한 합의로 인해 허용 가능한 활동에 대한 명확한 한계를 설정하고, 국가별 라이선스 작업을 조정하며, 두 가지 측면을 모두 검토할 수 있는 틀이 만들어질 것이다.

특히 기술적인 문제를 해결하기 위해 새로운 기관을 설립해야 할 필요성이 있다. 논쟁의 여지가 있는 지정학적 문제를 가능한 한 능숙하게 처리하고, 과도한 개입을 피하며, 광범위하고 객관적인 기준에 따라 실용적인 모니터링 기능을 수행하는 전문 규제 기관이 절실히 필요하다. 국제 원자력 기구나 국제 항공 운송 협회와 같은 무역 기구를 생각해 보자. 나는 기술을 직접 규제하고 구축하고 통제하는 조직보다는 AI 감사 기관(AI Audit Authority, 이하 AAA)과 같은 기관부터 시작해야 한다고 생각한다. AAA는 AI

모델의 규모에 대한 사실 확인과 감사에 중점을 둘 것이다. 이러한 모델이 지정된 역량 임계값을 초과할 경우, AAA는 최전선에서 글로벌 투명성을 강화할 것이다. 시스템이 자율적으로 역량을 강화할 수 있는 징후를 보이는지, 스스로 목표를 설정할 수 있는지, 사람의 감독 없이 추가 자원을 확보할 수 있는지, 의도적으로 속임수나 조작을 학습했는지 등 중요한 질문을 제기할 수 있다. 이와 유사한 감사 위원회는 거의 모든 분야에서 운영될 수 있으며, 비확산 조약을 추진하는 데 도움이 되는 동시에 정부의 라이선싱 노력의 토대를 제공할 수 있다.

모호하고 실현 가능성이 낮은 제안보다는 실용적이고 확실한 현실주의가 성공할 가능성이 훨씬 더 높다. 제도적 틀을 전면적으로 개편해 경쟁과 대립을 유발할 수 있는 여지를 굳이 더 많이 만들 필요는 없다. 그 대신에 실현 가능한 모든 개선 방안을 찾아내고, 이를 신속하게 실행하는 데 초점을 맞춰야 한다.

8. 문화: 실패를 존중하고 포용하기

소프트웨어 시스템, 마이크로칩, 기업과 연구 기관, 국가, 국제 사회의 거버넌스 등 모든 단계의 중요한 공통 주제는 바로 거버넌스다. 각 단계마다 인센티브, 매몰 비용, 제도적 관성, 상충하는 파벌, 세계관 등 반드시 헤쳐나가야 할 복잡한 문제들이 덤불처럼 얽혀 있다. 분명히 말하지만 윤리, 안전, 억제는 다른 무엇보다 효과적인 거버넌스에서 비롯된다는 것을 이해해야 한다. 그러나 효과적인 거버넌스는 명확하게 정의된 규칙과 효과적인 제도적 틀에서만 나오는 것이 아니다.

제트 엔진의 초창기인 1950년대에는 항공기 추락과 그로 인한 사망 사고가 걱정스러울 정도로 빈번하게 발생했다. 하지만 2010년대 초반에는 탑승객 740만 명당 사망자 수가 한 명에 불과했고,[38] 지금은 미국 상업용 항공기와 관련된 사망 사고가 전혀 발생하지 않고 있다. 비행기는 이제 가장 안전한 교통수단 중 하나가 됐다. 3만 5000피트 상공에 앉아 있는 것이 집 안의 거실 소파에 앉아 있는 것보다 안전하다.

항공사의 뛰어난 안전 기록은 수년에 걸친 수많은 기술과 운영 개선의 결과다. 하지만 그 뒤에는 그에 못지않게 중요한 문화가 자리 잡고 있다. 항공업계는 모든 수준에서 실수를 통해 배우려는 적극적인 접근 방식을 취한다. 추락 사고는 단순히 애도가 필요한 비극적인 사고가 아니라 시스템의 고장 원인을 파악하고, 문제를 진단하고, 해결책을 마련하고, 문제 해결을 통해 얻은 지식을 업계 전체에 공유할 수 있는 기회를 제공하는, 지극히 기초적인 학습 경험으로 작용한다. 따라서 모범 사례는 경쟁 항공사보다 우위를 점하기 위한 기업 비밀이 아니다. 업계 전체의 신뢰와 안전이라는 공동의 이익을 추구하기 위해 경쟁사들도 모범 사례를 적극적으로 수용한다.

다가오는 물결이 필요로 하는 것은 첨단 기술과 관련된 일에 종사하는 모든 사람의 진정성 있는 참여다. 윤리와 안전을 위한 이니셔티브와 정책을 고안하고 홍보하는 것도 중요하지만, 이를 실제로 실행하는 사람들이 믿음을 갖고 자신이 하는 일에 임할 수 있어야 한다.

기술업계는 '실패를 포용하는 것'을 옹호하는 듯 보이지만, 개인 정보 보호, 안전 침해, 기술 침해와 관련된 문제에 대해서는 그러한 태도를 보이지 않는다. 관심을 끌지 못하는 제품을 출시하는 것도 문제지만, 잘못된 정보를 제공하는 언어 모델이나 부작용을 일으키는 약물을 개발하는 것이 훨씬 더 불편한 문제가 될 수 있다. 기술업계를 향한 비판이 가차 없이 쏟아지고 있으며, 그러한 비판에도 나름 타당한 이유가 있다. 경쟁도 엄청나다. 그 결과 새로운 기술이나 제품에 문제가 발생하면 곧바로 비밀주의 문화가 자리하게 된다. 이렇게 되면 개발 과정 중 일부를 특징짓는 개방성과 상호 신뢰는 사라지고 만다. 새로운 지식을 배우고 공유할 수 있는 기회도 사라진다. 실수를 인정하고 문제를 공개하는 것조차 위험으로 간주되어 기업에서는 이를 금기시하는 경우가 많다.

실패에 대한 두려움과 대중의 비난이 정체로 이어지고 있다. 문제를 즉시 보고하는 것은 개인과 조직 모두가 따르는 기본 원칙이 돼야 한다. 그러나 기업과 팀은 실험적인 시도를 칭찬받기는커녕 오히려 심한 비판에 직면하게 되는 경우가 많다. 올바른 조치를 취해도 냉소주의, 트위터 공격, 가혹한 대중의 평가가 쏟아질 뿐이다. 이러한 환경에서 누가 자신의 실수를 인정할까? 더 발전되고, 더 신뢰할 수 있고, 더 통제하기 쉬운 기술을 개발하려면 실패에 대한 비난을 멈춰야 한다.

실패를 포용하려면 말로만 할 게 아니라 진심으로 수용할 수 있어야 한다. 우선 불편한 주제일지라도 실패를 솔직하게 인정하고, 이야기할 때에는 비난보다 칭찬을 받을 수 있어야 한다. 기술 기업이 어떤 위험, 부정적인 상황, 실패 모드에 직면했을 때 가장 먼저 취해야 할 조치는 더 넓은 세상과 안전하게 소통하는 것이다. 연구실에서 유출 사고가 발생하면 가장 먼저 해야 할 일은 사실을 은폐하는 것이 아니라 세상에 알리는 일이어야 한다. 그다음으로 다른 기업, 연구 그룹, 정부 등 해당 분야의 다른 주체들이 가장 먼저 해야 할 일은 경청하고, 반영하고, 지원하는 것이다. 무엇보다 가장 중요한 것은 문제를 통해 얻게 된 교훈을 적극적으로 활용하는 것이다. 이러한 태도가 하늘에서 수천 명의 생명을 구했고, 앞으로도 수백만 명의 생명을 구할 수 있을 것이다.

억제는 단순히 특정 정책, 체크 리스트, 이니셔티브에만 의존해서는 안 되며 이를 적극적으로 실행하려는 자기 비판적 문화, 규제 당국이 연구실과 회의실에 들어오는 것을 환영하는 문화, 규제 당국과 기술 전문가 간의 상호 학습 문화가 조성돼야 한다. 모든 사람이 적극적으로 참여하고 수용하고 관심을 가져야 한다. 그렇지 않으면 안전은 뒷전으로 밀려날 수밖에 없다. AI뿐만 아니라 많은 분야에서 우리는 '그저' 연구자이고, '그저' 탐구하고 실험하는 사람이라는 인식이 만연해 있다. 오랫동안 이어져 온 이러한 문화와 사고방식을 바꿔야 한다. 연구자들이 끊임없는 연구 논문 발표의 압박에서 한 발짝 물러나도록 격려해야 한다. 지식은 공공재이지만, 더 이상 기본적인 것이 돼서는 안 된다.

핵물리학이나 바이러스학 연구자들이 이미 그렇게 하고 있듯이, 첨단 연구를 활발히 수행하는 연구자들은 이러한 변화의 필요성을 다른 누구보다 먼저 인식해야 한다. AI에서 재귀적 자기 개선 recursive self-improvement이나 자율성과 같은 특정 기능은 우리가 넘지 말아야 할 경계라고 생각한다. 이 문제를 해결하려면 기술적·법적 요소뿐 아니라 AI 개발에 밀접하게 관련된 개인과 조직의 도덕적·정서적·문화적 지원도 필요하다.

1973년 유전 공학의 선구자 중 한 명인 폴 버그Paul Berg는 캘리포니아주 몬터레이 반도에 과학자 그룹을 소집했다. 그는 자신의 발명이 가져올 잠재적 결과를 걱정하기 시작했고, 앞으로 나아가기 위한 몇 가지 기본 규칙과 도덕적 토대를 수립하고자 했다. 아실로마 회의 센터에서 그들은 이 새로운 학문이 던지는 도전적인 질문을 제기했다. 인간 유전자 조작을 시작해야 할까? 시작한다면 어떤 형질이 허용될 수 있을까? 이 년 후에는 더 많은 과학자들이 아실로마 재조합 DNA 회의Asilomar Conference on Recombinant DNA에 참가하기 위해 모였다. 바다를 끼고 있는 호텔에서 열린 이 회의에거는 기대가 컸다. 이 회의는 생명 과학의 전환점이 됐으며, 유전자 연구와 기술을 감독하기 위한 영구적인 원칙을 확립해 실험의 허용 범위에 대한 지침을 제공하고 도덕적 한계를 설정했다.

2015년 나는 AI에서도 그와 비슷한 목표를 달성하기 위해 푸에르토리코에서 열린 한 콘퍼런스에 참가했다. 다양한 그룹과 함께 AI 안전의 중요성을 알리고, 신중한 문화를 조성하고, 실질적인 해결책을 제시하는 것이 목표였다. 우리는 2017년에 아실로마라는 상징적인 장소에 다시 모여 나를 포함한 이 분야의 많은 사람들이 서명한 일련의 AI 원칙 초안을 작성했다.[39] 이 원칙은 AI 연구 분야에서 명시적으로 책임감 있는 문화의 조성을 목표로 하며, 이후 다양한 이니셔티브에 영감을 주었다. AI 물결의 기세가 계속 커짐에 따라 우리는 의식적으로 아실로마의 정신과 원칙을 몇 번이고 되짚어 봐야 할 것이다.

수천 년 동안 히포크라테스 선서는 의료계의 도덕적 기준이 돼 왔다. 라틴어로 'Primum non nocere'라는 말은 '무엇보다 해를 입히지 마라'라는 뜻이다. 양심에 따라 로스앨러모스Los Alamos를 떠난 노벨 평화상 수상자이자 폴란드 출신의 영국 과학자 조지프 로트블랫Joseph Rotblat은 과학자에게도 이와 비슷한 도덕적 기준이 필요하다고 주장했다. 그는 과학자가 사회적·도덕적 책임을 저버려서는 안 된다고 믿었다.[40] 나 역시 이에 동의하며, 기술 전문가를 위한 현대적 버전을 고려해야 한다고 생각한다. 우리는 전 세계에 영향을 미치는 알고리즘과 유전체 편집의 시대에 해를 끼치지 않는다는 것이 어떤 의미를 갖는지 알아보고, 특히 도덕적으로 모호한 상황에서 도덕적 기준을 매일 실천할 수 있는 방법이 무엇인지 모색해 봐야 한다.

이와 같은 예방 원칙은 훌륭한 첫걸음이 될 수 있다. 구축하기 전이나 대중에게 공개하기 전에 잠시 시간을 내 모든 측면을 면밀히 검토하고 2차, 3차, 그 이후의 영향에 대해 신중하게 평가해야 한다. 가능한 모든 증거를 수집하고 객관적으로 검토해야 한다. 끊임없이 방향을 수정하고, 필요할 경우에는 멈출 줄도 알아야 한다. 단순히 어떤 문서에 명시돼 있기 때문이 아니라 그것이 도덕적으로 옳은 것이기 때문에, 기술 전문가에게 기대되는 윤리적 행동에 부합하기 때문에 이 모든 원칙을 실천하는 것이다.

이러한 원칙이 단순히 법적 의무나 기업의 슬로건으로만 기능해서는 안 된다. 법은 국가에 국한돼 있고 기업의 슬로건은 일시적이며 피상적인 경우가 많다. 그냥 한번 해 보자는 식의 '공학적 사고방식engineering mindset'이 아니라 잠재적 결과에 대한 더 큰 경계심과 호기심을 바탕으로 그러한 원칙이 더 깊은 수준에서 작동할 수 있는 기술 문화를 형성해야 한다. 건강한 문화란 기회를 놓치지 않으면서도 필요하다면 기꺼이 거절하고, 안전이 보장될 때까지 혜택을 미룰 수 있으며, 기술 전문가가 기술은 목적 그 자체가 아니라 목적을 위한 수단일 뿐이라는 사실을 기억하고 있는 문화를 말한다.

9. 운동: 민중의 힘

이 책 전반에 걸쳐 '우리we'라는 단어가 등장한다. 이는 AI 연구자와 기업가로서의 '우리', 좀 더 넓게는 과학과 기술 커뮤니티로서의 '우리', 서구 세계로서의 '우리', 또는 인류 전체로서의 '우리'를 지칭할 수도 있다. (전 세계와 인류를 바꿔 놓을 수 있는 기술을 마주하는 것은 인간 전체를 '우리'라는 용어로 지칭할 수 있는 몇 안 되는 경우 중 하나다.)

나를 포함한 사람들은 기술에 대해 이야기할 때 종종 다음과 같은 주장을 한다. "우리가 기술을 만들었기 때문에 기술로 인해 발생하는 문제를 해결할 수 있다." 아주 넓은 의미에서 보면, 이는 사실이다.[41] 하지만 문제는 여기에 실질적인 '우리'가 존재하지 않는다는 것이다. 합의가 존재하지 않으며, 합의를 도출하기 위해 상호 합의된 메커니즘도 존재하지 않는다. 실제로 '우리'는 존재하지 않을뿐더러 '우리'가 이끌어 낼 수 있는 지렛대도 없다. 당연한 이야기이지만 심지어 미국 대통령조차도 인터넷의 흐름을 바꿀 수 있는 권한이 크게 제한되어 있다.

그 대신 무수히 분산된 주체가 때로는 협력하고 때로는 서로 다른 목적을 위해 일한다. 앞서 살펴본 바와 같이 기업과 국가는 서로 다른 우선순위를 갖고 있으며, 서로 상충하는 인센티브를 갖고 있다. 이 책에서 설명하는 것과 같은 기술에 대한 우려는 대부분 엘리트층의 관심사로, 비즈니스 클래스 라운지에서 나눌 수 있는 멋진 대화 주제, 비판적인 출판물의 사설, 다보스 혹은 테드TED에서 발표할 수 있는 주제에 해당한다. 인류의 대다수는 아직 이러한 것들을 체계적인 방식으로 고민하지 않는다. 트위터를 벗어나보면 대부분의 사람들이 매우 다른 고민을 하고 있으며, 취약한 세상에는 우리의 관심을 필요로 하는 또 다른 문제들이 있기 마련이다. AI에 대한 논의가 항상 도움이 되는 것은 아니며, 단순한 내러티브에 빠지는 경우가 많다.[42]

따라서 현재 '우리'라는 원대한 대명사가 무의미하다면, 의미 있는 '우리'를 만들면 된다는 자연스러운 결론에 도달하게 된다. 역사를 통틀어 보면 변화는 사람들이 의식적으로 노력했기 때문에 가능했다. 대중의 압력이 새로운 규범을 만들어 낸 것이다. 노예제 폐지, 여성 참정권, 민권과 같은 기념비적인 도덕적 성취는 사람들이 열심히 싸우고, 중요한 권리를 진지하게 받아들이는 광범위한 연합을 형성해 변화를 이끌어 냈기 때문에 가능했다. 기후 문제에 대한 인식은 단순히 점점 더 극단적인 기상 조건이 관측되면서 생겨난 것이 아니다. 풀뿌리 활동가, 과학자, 일부 작가, 유명인, 정치인들이 실질적인 변화의 필요성을 환기시켰기 때문에 사람들이 알게 됐다. 그리고 그 문제를 알게 된 사람들은 옳은 일을 하고자 하는 열망으로 행동에 나섰다.

연구에 따르면 사람들은 새로운 기술과 그에 따른 위험에 대한 주제를 접했을 때 진심으로 관심을 갖고 해결책을 찾고 싶어 한다.[43] 많은 위험이 아직 가시화되지 않았지만, 나는 사람들에게 잠재적 위험이 몰고 올 영향을 충분히 이해할 수 있는 능력이 있다고 믿는다. 보스턴 다이내믹스Boston Dynamics의 로봇 개가 등장하는 영상을 보거나 또 다른 팬데믹의 가능성을 생각하면서 두려움을 느끼지 않는 사람은 본 적이 없다.

민중 운동도 중요한 역할을 한다. 지난 5년여 동안 시민 사회 운동이 급성장하면서 기후 문제가 부각되기 시작했다. 언론, 노동조합, 자선 단체, 풀뿌리 캠페인 등 다양한 주체가 기술을 억제하기 위한 방법을 적극적으로 모색하며 참여하고 있다. 나는 우리 세대의 창업자와 개발자들이 이러한 운동을 방해하기보다는 힘을 실어 주기를 바란다. 한편, 시민 집회는 더 많은 사람들이 대화에 참여할 수 있는 메커니즘을 제공한다.[44] 추첨으로 시민을 대표하는 집단을 선정한 후 이러한 기술을 관리하는 방법에 대해 집중적으로 토론하고 제안서를 작성하자는 제안도 할 수 있다. 이러한 접근 방식은 도구와 지침을 활용할 수만 있다면 보다 집단적이고 세심하며 근거에 입각한 억제 프로세스를 만드는 방법이 될 수 있다.

변화는 사람들이 그것을 요구할 때 일어난다. 기술을 구축하는 '우리'는 흩어져 있으며, 다양하면서도 서로 상충하기 쉬운 국가적·상업적·연구적 인센티브의 영향을 받는다. 이러한 영향을 받는 '우리'가 단결해 한 목소리를 낼수록, 즉 변화를 요구하고 조화로운 접근 방식을 지지하는 대중의 목소리가 커질수록 긍정적인 결과를 얻을 가능성이 높아진다. 어디서든 누구나 변화를 만들 수 있다. 근본적으로 기술 전문가나 정부만으로는 이 문제를 결코 해결할 수 없다. 하지만 '우리' 모두가 함께라면 가능하다.

10. 좁은 길: 앞으로 나아가는 유일한 길

GPT-4가 출시된 지 불과 며칠 만에 수천 명의 AI 과학자들이 가장 강력한 AI 모델 연구에 대한 6개월 유예를 요구하는 공개서한에 서명했다. 이들은 아실로마 원칙을 언급하며 이 책을 읽고 있는 사람에게는 친숙할 다음과 같은 이유를 들었다. "최근 몇 달 동안 AI 연구실은 그 누구도, 심지어 개발자조차도 이해하거나 예측하거나 안정적으로 제어할 수 없는 더욱 강력한 디지털 마인드를 개발하고 배포하기 위해 통제 불가능한 경쟁을 벌이고 있다." 얼마 지나지 않아 이탈리아는 챗GPT를 금지했다.[45] 또 한 단체는 대규모 언어 모델LLM에 대한 불만이 담긴 소장을 연방 거래 위원회 Federal Trade Commission에 제출함으로써 더 엄격한 규제 감독을 요구했다.[46] 백악관 언론 브리핑에서는 AI 위험에 관한 질문이 제기됐다. 수백만 명의 사람들이 직장과 저녁 식사 자리에서 기술의 영향에 대해 논의했다.

무언가가 만들어지고 있다. 억제까지는 아니지만, 다가오는 물결과 관련된 문제가 처음으로 시급하게 다뤄지고 있는 것이다.

지금까지 설명한 각 아이디어는 기술 그 자체의 특성에서 시작해 긍정적인 변화를 이끌어 내기 위한 대규모 글로벌 운동이 필요하고, 이러한 인식이 확장되는 임시 방파제의 시작을 의미한다. 이러한 조치 중 그 어느 것도 단독으로 작동하는 것은 없다. 그러나 이 조치들을 함께 엮으면 억제의 윤곽이 드러나게 된다.

차단 방역(biosecurity, 교류나 접촉을 끊어서 전염병이 발생하거나 유행하는 것을 미리 예방하는 것_옮긴이)의 위험을 광범위하게 연구한 MIT의 생명 공학자 케빈 에스벨트가 그 좋은 예가 될 수 있다.[47] 케빈은 모든 수단을 동원해 '치사율을 최대한 높이기 위해 설계된 맞춤형 병원체'와 같은 끔찍한 일이 일어나지 않도록 막겠다고 결심했다. 그의 프로그램은 지연, 탐지, 방어라는 세 가지 핵심 요소를 중심으로 구축된 가장 포괄적인 억제 전략 중 하나로 꼽힌다.

지연과 관련해 그는 핵 기술의 사례를 들어 가장 병원성이 강한 물질에 대한 실험을 중단하기 위한 국제 협약인 '팬데믹 실험 금지 조약pandemic test-ban treaty'의 체결을 제안했다. 이에 따르면 기능 획득 연구를 포함해 팬데믹 사태의 위험을 크게 높이는 모든 실험이 금지된다. 또 그는 바이러스나 기타 잠재적으로 유해한 생체 재료biomaterial를 다루는 모든 사람을 위해 완전히 새로운 보험과 책임 제도를 도입해야 한다고 주장한다. 이 제도는 발생 가능성은 낮지만 치명적인 결과, 즉 현재 모든 사람이 부담하는 부정적 외부 효과를 연구 비용에 반영함으로써 책임 비용을 가시적인 방식으로 증가시킬 것이다. 잠재적으로 위험한 연구를 수행하는 기관은 추가 보험에 가입해야 할 뿐만 아니라, 중대한 생물학적 위험이나 재앙적 사건에 책임이 있는 것으로 밝혀진 사람은 누구나 방 아쇠 법(trigger law, 현재 법적 효력이 없지만 추후 효력을 발휘하는 데 장애가 되는 사항이 없어지면 효력이 발생하는 법_옮긴이)에 따라 책임 을 지게 된다.

모든 합성기에 대한 DNA 검사가 절대적으로 필요하며, 전체 시스템을 클라우드 기반으로 구축해 새롭게 확인되고 새롭게 등 장하는 위협에 따라 실시간으로 업데이트할 수 있어야 한다. 특히 잠복기가 긴 미묘한 병원체의 경우 발병을 신속하게 탐지하는 것 이 이 스키마(Schema, 대략적인 계획이나 도식_옮긴이)에서 매우 중 요하다. 수년 동안 잠복해 있는 질병을 생각해 보자. 무슨 일이 일 어나고 있는지 알지 못하면, 그 질병을 억제할 수 없다.

그다음으로 최악의 상황이 발생할 경우에 이를 방어할 수 있어 야 한다. 가장 극단적인 팬데믹은 식량, 전력, 상수도, 법과 질서, 의 료 서비스를 유지하는 것조차 어렵게 만들 수 있기 때문에 회복력 이 있고 준비된 국가가 반드시 필요하다. 모든 필수 근로자를 위해 팬데믹에 대비한 최첨단 개인 보호 장비personal protective equipment, PPE를 비축해 두면 엄청난 차이를 만들 수 있다. 심각한 충격을 견 딜 수 있는 의료 장비의 견고한 공급망 역시 매우 중요하다. 바이 러스 살균이 가능한 저주파 전구 같은 것을 팬데믹이 시작되기 전 에 널리 보급하거나 최소한 배포할 준비가 돼 있어야 한다.

이러한 모든 요소를 결합하면 다가오는 물결에 효과적으로 대 처하고 대응할 수 있는 방법의 윤곽이 드러난다.

1. 기술 안전	잠재적 피해를 완화하고 통제력을 유지하기 위한 구체적인 기술적 조치다.
2. 감사	기술의 투명성과 책임성을 보장하는 수단이다.
3. 초크 포인트	개발 속도를 늦추고 규제 기관과 방어 기술이 필요로 하는 시간을 확보하기 위한 수단이다.
4. 제작자	책임감 있는 개발자가 처음부터 적절한 통제 장치를 기술에 통합하도록 보장한다.
5. 기업	기술 배후에 있는 조직의 인센티브를 기술 억제에 맞춰 조정한다.
6. 정부	정부가 기술을 구축하고, 기술을 규제하고, 완화 조치를 시행할 수 있도록 지원한다.
7. 동맹	법률과 프로그램을 조화롭게 조정하기 위한 국제 협력 시스템을 구축한다.
8. 문화	학습과 실패를 공유하는 문화 조성을 통해 신속하게 해결 방법을 전파한다.
9. 운동	각 구성 요소에 압력을 행사하고 책임을 묻는 등 모든 수준에서 대중의 의견이 필요하다.

마지막 10단계는 일관성에 관한 것으로, 각 요소가 다른 요소들과 조화롭게 작동하도록 해 억제가 상충하는 프로그램의 불협화음이 아닌 상호 강화 조치의 선순환이 되도록 하는 것이다. 이런 의미에서 봉쇄는 특정 제안에 관한 것이 아니라 집단적 상호작용의 새로운 현상이며, 호모 테크놀로지쿠스가 제기하는 위험을 관리하고 완화하는 방법을 배우는 사회의 부산물이다. 병원체든 양자 컴퓨터든 AI든 한 가지 조치만으로는 효과를 보기 어렵다. 그러나 국제 조약에서부터 보호 신기술의 공급망 강화에 이르는 다양한 대응책이 겹겹이 서로 연동됨으로써 억제 계획이 힘을 얻게 된다. '지연, 탐지, 방어'와 같은 제안은 최종 상태나 목적지가 아니다. 다가오는 물결의 맥락에서 안전은 우리가 도달해야 할 곳

이 아니라 계속해서 규정해 나가야 하는 대상이다.

억제는 편안한 안식처가 아니다. 억제는 결코 끝나지 않을 좁은 길과도 같다.

경제학자 대런 아세모글루와 정치학자 제임스 로빈슨James Robinson은 자유 민주주의가 겉으로 보이는 것만큼 안전하지 않다고 주장한다.[48] 그들은 국가를 본질적으로 불안정한 '족쇄가 채워진 리바이어던', 즉 거대하고 강력하지만 끈질긴 시민 사회와 규범의 견제를 받는 주체로 이해한다. 시간이 지남에 따라 미국과 같은 국가들은 이러한 위태로운 균형을 유지하기 위한 '좁은 회랑narrow corridor'에 들어섰다. 이 회랑의 양쪽에는 함정이 놓여 있다. 한편에서는 국가의 권력이 더 넓은 사회의 권력을 무너뜨리고 완전히 지배해 중국과 같은 독재적인 리바이어던을 만들어 낸다. 다른 한편에서는 국가가 붕괴되어 소말리아나 레바논과 같이 국가가 사회를 실질적으로 통제할 수 없는 리바이어던, 즉 좀비 국가가 탄생한다.

아세모글루와 로빈슨의 요점은 국가는 끊임없이 이 회랑을 걷고 있다는 것이다. 국가는 언제든 무너질 수 있다. 국가의 역량이 강화될 때마다 그에 상응하는 사회적 역량도 강화돼야 균형을 맞출 수 있다. 독재적인 리바이어던을 향한 끊임없는 압박이 존재하며, 이를 막기 위해서는 일정한 무게 중심이 필요하다. 이 회랑의 끝에는 최종 목적지도 없고, 행복하고 안전하며 지속적인 실체도 없다. 오히려 이곳은 엘리트와 시민이 끊임없이 결과를 놓고 경쟁하는 역동적이고 불안정한 공간이며, 언제든 족쇄가 채워진 리바이어던이 사라지거나 독재자가 될 수 있는 곳이 있다.

안전은 한 걸음씩 앞으로 나아가면서 조심스럽게 균형을 유지해 나가는 것과 같다.

나는 이 비유가 우리가 기술에 접근하는 방식에도 적용될 수 있다고 생각한다. 현재 기술이 그 균형을 훨씬 더 위태롭게 만들고 있기 때문만은 아니다. 안전하고 통제된 기술은 자유 민주주의와 마찬가지로 결정적인 최종 상태가 아니라 현재 진행 중인 과정이며, 적극적으로 유지하고 끊임없이 싸우며 보호해야 하는 미묘한 균형 상태에 있다. "기술 확산 문제를 해결했다!"라고 말할 수 있는 순간은 존재하지 않는다. 대신에 개방성과 폐쇄성 사이에서 지속적으로 균형을 유지하기 위해 충분한 수의 사람들이 헌신할 수 있도록 하는 방법을 찾는 것이 중요하다.

나는 억제가 명확한 이동 방향이 있는 회랑이라기보다는 안개에 휩싸인 좁고 위험한 길에 양쪽은 가파른 절벽이고 조금만 벗어나면 재앙이나 디스토피아로 이어질 수 있는 길과 같다고 생각한다. 한 치 앞도 볼 수 없고 걸음을 옮길 때마다 구불구불한 길이 나타나며 예상치 못한 장애물이 나타나는 길 말이다.

한편, 모든 실험과 발전에 완전히 개방적인 태도를 취하는 것은 재앙으로 가는 지름길이 될 수 있다. 전 세계 모든 사람이 핵폭탄을 갖고 놀 수 있다면 언젠가 핵전쟁이 일어날 수도 있다. 오픈 소스는 기술 개발에 큰 도움이 됐고, 더 널리 확산하고 발전할 수 있는 원동력이 됐다. 하지만 강력한 AI 모델이나 합성 유기체에는 적합하지 않으므로 해당 영역에서의 사용은 금지돼야 한다. 엄격하고 적법한 절차 없이는 개발이나 배포는 물론이고 공유하는 것도 안 된다.

안전은 실패를 예방하고 악의적인 사람들이 악용하지 못하도록 하는 데 달려 있다. 인터넷, DNA 합성기, AGI 연구 프로그램 등에 대한 어느 정도의 규제는 필수적이다. 한 가지 고백하자면, 20대의 젊은 나는 감시가 없는 자유로운 소통과 업무 공간이 건강한 민주주의의 기본권이자 필수 요소라고 믿으며 사생활을 최대한 보장해야 한다는 입장이었다. 하지만 시간이 흐르고 기술의 발전과 함께 논의가 구체화되면서 그러한 내 생각에도 변화가 생겼다. 재앙적인 결과를 초래할 수 있는 위험이 항상 존재하는 상황을 만드는 것은 용납할 수 없는 일이다. 지능, 생명, 강력한 힘은 단순한 장난감이 아닌 그에 걸맞은 존중, 배려, 통제와 함께 관리돼야 한다. 기술 전문가와 일반 대중 모두 이전보다 더 높은 수준의 감독과 규제를 받아들여야 한다. 우리 대부분은 법과 경찰이 없는 사회에 살고 싶어 하지 않는다. 기술 규제가 제대로 이뤄지지 않는 세상도 마찬가지다.

어느 정도의 확산 방지 조치는 필요하다. 그렇다, 현실을 인정해야 한다. 이는 국경을 초월한 실질적인 검열을 의미할 수도 있다. 물론 이러한 조치가 미국의 패권주의, 서구 세계의 오만함, 이기주의로 비춰지는 경우도 있을 것이다. 솔직히 올바른 균형을 잡는 것에 대해 늘 확신할 수는 없지만, 완전한 개방은 인류를 좁은 길 밖으로 몰아낼 것이라고 확신한다. 하지만 또 분명한 것은 완전한 감시와 폐쇄는 상상할 수 없을 정도로 해롭고 불공정하다는 것이다. 지나친 통제는 디스토피아로 가는 지름길이기에 이에 저항해야 한다.

이러한 틀 안에서 국가는 항상 위험에 처해 있다. 그럼에도 불구하고 일부 국가는 수 세기 동안 계속 발전을 거듭하고, 균형을 유지하고, 통제력을 잃지 않기 위해 노력해 왔다. 우리가 설명한 모든 것을 포괄하는 억제의 모든 요소는 이 어려운 줄타기를 조심스럽게 해 나가야 할 것이다. 이 책에서 논의하고 앞으로 논의될 모든 조치는 이러한 스펙트럼을 통해 살펴봐야 한다. 즉 실질적인 보호를 제공할 수 있을 정도로 충분히 확장하되 허용 가능한 한계를 넘지 않도록 억제해야 한다.

다가오는 물결을 억제할 수 있을까?

기술이 인간의 경험을 재편할 수 있는 다양한 방향, 그로 인해 발휘될 잠재된 역량, 세상을 변화시킬 수 있는 잠재력을 고려할 때, 많은 경우 억제는 실패할 것처럼 보인다. 이 좁은 길을 앞으로 영원히 걸어 나가야 할 뿐 아니라 이 길에서는 한 번의 실수만으로도 심연에 빠질 수 있다.

역사는 이러한 확산과 발전의 패턴이 고착화돼 있음을 보여 준다. 아마도 엄청난 인센티브가 뿌리 깊게 자리하고 있는 듯하다.

기술은 그 발전 속도와 힘으로 개발자들조차 놀라게 만든다. 매일 매일 새로운 혁신과 제품, 기업이 세상에 등장하는 것처럼 보인다. 아무도 예상치 못한 최첨단 기술일지라도 오래지 않아 전 세계로 널리 확산된다. 그리고 이 기술의 혁명을 규제해야 할 국가들은 이 때문에 실패하고 있다.

억제가 불가능하다는 설득력 있는 증거에도 불구하고 나는 여전히 낙관론자다. 여기에 제시된 아이디어들은 앞으로 우리가 한 걸음 한 걸음 그 길을 계속 걸어 나갈 수 있게 해 줄 도구와 수단, 어려운 여정을 헤쳐 나가는 데 필요한 등불과 밧줄, 그리고 지도가 되어 줄 것이다. 억제라는 정면 도전은 뒷걸음질 칠 명분이 아니라 우리 모두가 직면해야 할 세대적 사명인 행동을 요구하고 있다.

만약 우리 인류가 기술적 역량, 지식, 안전장치를 강화하고 수정된 인센티브를 제공함으로써 새로운 운동과 기업 및 정부의 헌신적인 노력을 통해 상황을 바꿀 수 있다면, 우리는 희망의 불꽃을 피우며 험난한 여정의 길을 함께 헤쳐 나갈 여건을 조성할 수 있을 것이다. 도전의 규모는 엄청나지만 각 섹션은 개인이 변화를 만들어 낼 수 있는 수많은 영역으로 세분화돼 있다. 우리 사회, 인간의 본능, 역사적 패턴을 근본적으로 바꾸기 위해서는 엄청난 노력이 필요할 것이다. 불확실하고 불가능해 보이기도 한다. 하지만 21세기의 가장 중대한 딜레마는 반드시 해결돼야 한다.

급격한 변화와 막강한 권력이 펼쳐지고 있는 이 시대에 우리 모두는 모순을 포용하는 데 익숙해져야 한다. 최악의 상황을 가정하고, 그에 대한 대비책을 세우고, 최선을 다해 노력해야 한다. 좁은 길을 계속 헤쳐 나가야 한다. 엘리트층이 이끄는 세상을 넘어 더 많은 사람들이 적극적으로 참여하는 세상을 만들 수 있다. 충분히 많은 사람들이 그 정의하기 어려운 '우리'를 만들어 나가기 시작한다면, 그 희미한 희망의 빛은 격렬한 변화의 불길이 될 것이다.

인류세 이후의 삶

조용했다. 바쁜 하루의 분주함과 웅성거림이 물러나고 이따금 개가 짖는 소리, 덤불에서 긁히는 소리, 나무에 이는 부드러운 바람 소리만이 정적을 깨뜨렸다. 세상은 숨을 내쉬며 편안히 잠들었다.

그들은 아무도 알아볼 수 없는 어둠 속으로 숨어들었다. 수십 명이 복면을 쓰고 변장하고 무장을 한 채 분노에 휩싸여 있었다. 서늘한 밤의 고요함 속에서 그들이 평정심을 유지할 수만 있다면 정의를 실현할 수 있는 기회가 올지도 몰랐다.

그들은 마을 외곽에 있는 크고 거대한 건물을 향해 숨죽이며 걸어갔다. 어둠 속에서 정사각형의 보안이 철저한 이 건물에는 논쟁의 여지가 있는 고가의 신기술, 즉 그들이 적으로 여기는 기계가 보관돼 있었다. 침입자가 잡히면 모든 것을 잃고 심지어 목숨까지 잃을 수도 있었다. 하지만 그들은 맹세했다. 지금이 바로 그 순간이었다. 돌아갈 수 없었다. 기계도, 사장도, 그들을 이길 수 없었다.

밖에서 그들은 잠시 멈췄다가 돌진했다. 굳건하게 잠긴 문을 두들겨 결국 문을 부수고 안으로 쏟아져 들어간 다음 망치와 몽둥이로 기계들을 부수기 시작했다. 금속과 금속이 부딪히고 파편이 바닥에 흩어지면서 경보음이 울리기 시작했다. 곧이어 셔터가 열리고 경비원들의 손전등이 일제히 켜졌다. 파괴자들, 즉 러다이트들은 출구로 달려가 은은한 달빛 속으로 사라졌다. 고요함은 다시 돌아오지 않았다.

19세기에 접어들 무렵 영국은 새로운 물결의 진통으로 몸살을 앓았다. 증기와 기계 자동화를 기반으로 한 기술이 생산, 노동, 가치, 부, 능력, 권력의 규칙을 뒤흔들고 있었다. 우리가 제1차 산업 혁명이라고 부르는 현상이 활발하게 전개되면서 국가와 세계를 하나씩 변화시켰다. 1785년, 발명가 에드먼드 카트라이트Edmund Cartwright는 새로운 기계화 직조 수단인 동력 직기를 선보였다. 처음에는 큰 인기를 끌지 못했지만 얼마 지나지 않아 섬유 제조에 일대 혁명을 일으켰다.

모두가 그러한 변화를 환영한 것은 아니었다. 동력 직기를 사용하면 한 명의 어린이가 전통적인 직공 3.5명이 직조하는 양만큼의 직물을 생산할 수 있었다. 기계화로 인해 1770년 이후 45년 동안 직공들의 임금은 기본 식료품 가격이 치솟는 와중에도 절반 이상 감소했으며, 남성들은 새롭게 변화한 세상에서 여성과 아이들에게 일자리를 내줘야만 했다. 직조와 염색을 포함한 직물 작업은 늘 육체적으로 힘든 작업이었다. 공장 환경은 시끄럽고 조직적이며 위험하고 억압적이었다. 작업 능력이 부족한 아이들은 그에 대한 벌로 천장에 매달려 있거나 무거운 역기를 들고 있어야 했다. 죽음은 흔한 일이었고, 고된 노동 시간은 가혹했다. 산업화로 인한 인적 비용을 지불하며 최전선에서 일하던 사람들에게 그러한 공장은 훌륭한 신기술의 유토피아가 아니라 악마의 공장이자 노예와 학대로 점철된 세계였다.

전통적인 직조공과 섬유 노동자들은 새로운 기계와 이를 뒷받침하는 자본이 그들의 일자리를 위협하고, 임금을 낮추고, 존엄성을 해치고, 풍요로운 삶의 방식을 빼앗는다고 느꼈다. 노동력을 절감해 주는 기계가 공장 소유주에게는 큰 도움이 됐지만, 전통적으로 직물을 생산해 왔던 숙련된 고임금 노동자들에게는 재앙이나 다름없었다.

네드 러드Ned Ludd라는 전설적인 인물에 영감을 받은 영국 미들랜드의 직조공들은 분노를 느끼며 조직을 결성했다. 그들은 확산이 기본이고 자신들을 둘러싼 기술의 물결이 경제적 필연이라는 사실을 받아들이지 않았다. 그들은 저항하기로 결심했다.

1807년 직조공 6000명이 임금 삭감에 항의하는 시위를 벌였고, 이 시위는 검을 휘두르는 기병들에 의해 시위자 한 명이 사망하면서 해산됐다. 이후 이들의 행동은 보다 폭력적이고 조직적으로 변화했다. 1811년 노팅엄의 한 방앗간 주인이 '러드 장군과 구국의 군대Army of Redressers'에게서 여러 통의 편지를 받으면서 그들의 존재가 본격적으로 세상에 알려졌다. 상황이 개선되지 않자 실직공들은 3월 11일 지역 공장을 급습해 기계 63대를 파괴하며 활동을 강화해 나갔다. 그 후 몇 달 동안 비밀리에 이어진 습격으로 직조기 수백 대가 파괴됐고, '네드 러드의 군대Ned Ludd's Army'는 보복을 감행했다.

실직공들이 원하는 것은 정당한 임금과 존엄성 보장뿐이었다. 그들의 요구는 소폭의 임금 인상, 새로운 기계의 점진적인 도입, 이익 공유제와 같은 소박한 것이 대부분이었다. 그렇게 무리한 요구는 아니었다.

러다이트Luddite 시위는 엄격한 법과 군대에 의해 진압되면서 점차 약화되기 시작했다. 이 무렵 영국이 보유한 자동 직기는 수천 대에 불과했지만 1850년에는 그 수가 25만 대로 증가했다. 싸움에서 패배하고, 기술이 확산되고, 전통적인 직공들의 삶이 해체되고, 세상이 바뀌었다. 패배한 사람들에게는 이러한 현실이 바로 억제되지 않은 기술의 물결이 몰고 온 결과처럼 보였다.

그렇지만 장기적으로 보면 상당한 고통을 안겨 준 바로 그 산업 기술이 생활 수준을 엄청나게 향상시켰다. 수십 년, 수백 년이 지난 후 그 직조공들의 후손들은 러다이트가 상상조차 할 수 없었던 환경에서 살며 불안정한 세상을 자연스럽게 여기는 세상에 적응해 나갔다. 그들 대부분은 겨울이면 따뜻한 집으로 돌아와 냉장고를 이국적인 음식으로 가득 채웠다. 또한 병에 걸려도 놀라운 수준의 치료를 받을 수 있게 되면서 훨씬 더 오래 살게 됐다.

오늘날의 우리와 마찬가지로 러다이트들도 딜레마에 빠졌다. 그들의 고통과 혼란은 분명 존재했지만, 생활 수준의 향상은 결국 그들의 자녀와 손주들에게 혜택으로 돌아갔다. 오늘날 여러분과 내가 무심코 누리고 있는 혜택이기도 하다. 당시 러다이트들은 기술을 억제하는 데 실패했다. 하지만 어쨌든 인류는 새로운 변화에 적응했다. 오늘날 우리가 마주한 도전은 분명하다. 우리는 기술의 폐해에 압도되지 않으면서 그 혜택을 누릴 수 있어야 한다. 러다이트들은 자신들이 원하는 미래를 만드는 데 실패했고, 오늘날 기술을 억제하려는 사람들 역시 성공하지 못할 가능성이 높다고 나는 생각한다.

그렇다면 유일하게 할 수 있는 일은 처음부터 제대로 하는 것이다. 산업 혁명 때처럼 사람들이 기술에 적응하도록 강요해서는 안 된다. 애초에 기술이 사람들이나 사람들의 삶과 희망에 부합하도록 조정해야 한다. 조정된 기술이란 곧 억제된 기술이다. 가장 시급한 과제는 무턱대고 물결에 올라타거나 헛되이 막는 것이 아니라 물결을 정교하게 조각하는 것이다.

다가오는 물결은 세상을 바꾸고 말 것이다. 결국에는 우리 인간이 더 이상 지구에서 가장 큰 영향력을 행사하는 존재가 되지 못할 수도 있다. 우리는 일상적인 상호 작용의 대부분이 다른 사람이 아닌 AI와 이뤄지는 시대에 살게 될 것이다. 이러한 이야기가 흥미롭거나 끔찍하거나 터무니없게 들릴 수도 있지만, 실제로 벌어지고 있는 일이다. 여러분은 이미 깨어 있는 시간 중 상당 부분을 스마트폰이나 컴퓨터 모니터, TV 스크린을 바라보며 지내고 있을 것이다. 실제로 배우자나 자녀를 포함한 모든 사람과 함께 보내는 시간보다 스마트폰을 바라보고 있는 시간이 더 많을지도 모른다.

따라서 우리가 새로운 기계와 대화하고 상호 작용하는 데 점점 더 많은 시간을 할애하게 될 것이라고 보는 것은 이상한 일이 아니다. 우리가 앞으로 접하게 될 인공 지능과 생물학적 지능의 종류나 특징은 지금과는 근본적으로 다를 것이다. 우리를 대신해 작업을 수행하고, 정보를 검색하고, 프레젠테이션을 준비하고, 프로그램을 작성하고, 쇼핑할 물건과 올해 크리스마스 선물을 주문하고, 문제를 해결하기 가장 좋은 방법에 대해 조언하고, 함께 대화를 나누고 놀 수 있을 것이다.

그러한 지능은 우리 개인의 지능, 동반자, 조력자, 친구, 동료, 참모, 비서, 통역사가 될 것이다. 또 우리의 일상생활을 관리하며 우리 내면의 깊은 욕망과 어두운 두려움에 귀를 기울일 것이다. 우리가 사업을 운영하고, 질병을 치료하고, 전쟁터에서 싸울 수 있도록 도와줄 것이다. 하루 만에 다양한 성격 유형, 능력, 형태를 가진 인공 지능이 새로 등장할 것이다. 우리의 정신적 교류와 소통의 세계는 이 새롭고 기묘한 지능의 집합체와 불가분의 관계에 놓이고 문화, 정치, 경제, 우정, 놀이, 사랑 등 모든 것이 함께 진화할 것이다.

미래의 세상은 과거의 농장처럼 공장이 현지에서 제품을 재배하는 곳이 될 것이다. 드론과 로봇이 보편화될 것이다. 인간의 유전체는 보다 탄력적으로 바뀌고, 따라서 인간 자체에 대한 개념도 변화할 것이다. 수명도 지금보다 훨씬 더 길어질 것이다. 많은 사람들이 거의 모두 가상 세계로 사라질 것이다. 한때 안정된 사회 계약처럼 보였던 것이 일그러지거나 흔들리게 될 것이다. 그리고 이러한 세상에서 살아가고 번영하는 법을 배우는 것은 21세기를 살아가는 모든 사람의 삶에서 필수적인 요소가 될 것이다.

러다이트와 같은 반응이 나오는 것은 자연스럽고 충분히 예측 가능한 현상이다. 하지만 언제나 그렇듯이 효과적이지 않을 것이다. 그 당시 기술 전문가들은 카를 벤츠와 최초의 석유 대기업들이 지구의 대기에 미치는 영향을 고려하지 않았던 것처럼 기술을 인간의 목적에 맞게 조정할 생각은 하지 않았다. 대신 기술이 만들어지고, 자본이 그 기술에 투자되고, 장기적인 결과가 어떻든 간에 모든 사람이 그 기술을 수용해야 했다.

이번에는 억제를 통해 그러한 역사를 다시 써야 한다. 아직 전 세계적인 '우리'는 없을지 몰라도, 지금 이 기술을 구축하고 있는 사람들의 커뮤니티는 존재한다. 우리는 새로운 변화에 대한 적응이 일방적으로 이뤄지지 않도록 해야 할 막중한 책임을 갖고 있다. 동력 직기나 기후와 달리 다가오는 물결은 인간의 필요에 맞춰 조정되고 인간의 관심사를 바탕으로 만들어져야 한다. 다가오는 물결은 무분별한 기술 발전이라는 의제를 따라 우리가 추구하는 것과 동떨어진 것에 부응하도록 만들어져서는 안 된다.

많은 경우 미래에 대한 비전은 기술이 무엇을 할 수 있는지, 또는 무엇을 할지 고려하는 데에서 시작하고 그것을 토대로 만들어진다. 하지만 이러한 토대는 완전히 잘못됐다. 기술 전문가들은 공학적 세부 사항에만 집중할 것이 아니라 더 넓은 의미에서 사회적으로나 인간적으로 더 풍요로운 미래를 상상하고 실현하는 데 도움을 줄 수 있어야 한다. 기술은 인간의 미래라는 복잡한 태피스트리(tapestry, 다양한 색실로 그림을 짜넣은 직물_옮긴이) 중 일부를 구성하는 한 가닥의 실에 불과하다. 기술이 다가오는 미래를 만드는 데 있어 중심적인 역할을 한다는 사실에는 의심할 여지가 없지만, 그렇다고 기술이 미래의 핵심은 아니다. 정말 중요한 것은 바로 사람이다.

기술은 우리의 장점을 극대화하고, 창의성과 협력을 위한 새로운 길을 열어 주며, 우리 삶의 본질과 가장 소중한 관계에 부합해야 한다.[1] 기술은 인간의 행복과 복지에 기여하고 인간의 노력과 만족스러운 삶을 궁극적으로 보완하는 역할을 하되, 항상 우리의 조건에 따라 민주적 절차를 통해 결정되고 공개적으로 논의되며 그 혜택이 널리 공유돼야 한다. 격변의 소용돌이 속에서도 우리는 열렬한 러다이트들까지 수용할 수 있는 이러한 비전을 결코 놓쳐서는 안 된다.

그러나 그 지점에 도달하기 전에, 즉 우리가 다가오는 기술의 무한한 잠재력을 실현하기 전에 이 물결과 그 중심의 딜레마를 억제하기 위해서는 전에 없던 인간의 강력한 통제력이 필요하다. 이를 위해서는 수십 년에 걸친 인류의 광범위한 노력을 아우르는 기넘비적인 결단이 필요하다. 이것은 말 그대로 엄청난 도전이며, 그 결과에 따라 금세기와 그 이후의 일상생활의 질과 성격이 결정될 것이다.

잠재적인 실패의 가능성은 생각하기도 싫지만, 우리가 반드시 직면해야 할 문제다. 그리고 그 노력에 대한 보상은 엄청나다. 인류라는 소중한 종의 안전하고 장기적인 번영이 보장될 것이다.

맞서 싸울 가치가 충분하다.

책 역시 역사상 가장 혁신적인 기술 중 하나다. 다른 혁신적인 기술 사례와 마찬가지로 책도 본질적으로 팀의 협업을 필요로 하는 작업이다. 이 책도 예외가 아니다. 우선 이 책은 20년이 넘는 우정과 지속적인 논의를 통해 탄생한 서사시적인 공동 작업의 결과물이다.

크라운Crown은 초기 단계부터 이 프로젝트의 든든한 후원자였다. 데이비드 드레이크David Drake는 현명하고 활기찬 존재이며, 출판에 대한 탁월한 비전으로 이 책을 이끌어 줬다. 놀라운 인내심과 통찰력으로 책을 계속 다듬어 완성도를 높여 준 편집자 폴 휘틀래치Paul Whitlatch와 함께 일한 것도 큰 행운이었다. 매디슨 제이콥스Madison Jacobs, 케이티 베리Katie Berry, 크리스 브랜드Chris Brand에게도 감사의 마음을 전한다. 런던 보들리 헤드Bodley Head의 스튜어트 윌리엄스Stuart Williams 역시 현명한 편집자이자 든든한 후원자였고, 티나 베넷Tina Bennett과 소피 램버트Sophie Lambert라는 두 명의 환상적인 에이전트와 함께 일하게 돼 영광이었다. 프로젝트 초기부터 셀리아 파네티에Celia Pannetier는 훌륭한 리서처로 일하며 증거를 수집하는 데 중요한 역할을 했고, 션 레이버리Sean Lavery는 책 전체에 걸쳐 팩트 체크를 해 주었다.

수년 동안 수많은 사람이 이 책에 도움을 줬다. 그들은 심도 있는 토론에 참여하고, 책을 정독하고, 주장에 이의를 제기하고, 아이디어를 제시하고, 오류를 바로잡았다. 수많은 전화, 세미나, 인터뷰, 편집, 제안이 이 책을 만드는 데 도움이 됐다. 여기에 언급된 모든 사람이 대화를 나누고, 전문 지식을 공유하고, 토론하고, 우리에게 지식을 전수하는 데 시간과 관심을 쏟아 줬다. 전체 초고를 읽고 상세한 의견을 공유해 준 많은 분에게 특별히 감사를 전한다. 그분들의 관대함과 탁월한 통찰력은 최종 원고를 완성하는 데 큰 도움이 됐다.

그레고리 앨런Gregory Allen, 그레이엄 앨리슨Graham Allison과 하버드 벨퍼 센터Harvard's Belfer Center의 교수진과 직원들, 사하르 아메르Sahar Amer, 앤 애플바움Anne Applebaum, 줄리안 베이커Julian Baker, 사만다 바버Samantha Barber, 가브리엘라 블룸Gabriella Blum, 닉 보스트롬Nick Bostrom, 이안 브레머Ian Bremmer, 에릭 브린욜프슨Erik Brynjolfsson, 벤 뷰캐넌Ben Buchanan, 사라 카터Sarah Carter, 리원 차일드Rewon Child, 조지 처치George Church, 리처드 단치히Richard Danzig, 제니퍼 다우드나Jennifer Doudna, 알렉산드라 아이텔Alexandra Eitel, 마리아 아이텔Maria Eitel, 헨리 엘커스Henry Elkus, 케빈 에스벨트Kevin Esvelt, 제레미 플레밍Jeremy Fleming, 잭 골드스미스Jack Goldsmith, 앨 고어Al Gore, 트리스탄 해리스Tristan Harris, 자이드 하산Zaid Hassan, 조던 호프만Jordan Hoffman, 조이 이토Joi Ito, 아야나 엘리자베스 존슨Ayana Elizabeth Johnson, 대니 카너먼Danny Kahneman, 안젤라 케인Angela Kane, 멜라니 카츠만Melanie Katzman, 헨리 키신저Henry Kissinger, 케빈 클라이먼Kevin Klyman, 하인리히 퀴틀러Heinrich Küttler,

에릭 랜더Eric Lander, 션 레가식Sean Legassick, 아이토르 르코비츠 Aitor Lewkowycz, 레온 마샬Leon Marshall, 제이슨 매시니Jason Matheny, 앤드루 맥아피Andrew McAfee, 그렉 맥켈비Greg McKelvey, 디미트리 멜혼Dimitri Mehlhorn, 데이비드 밀리밴드David Miliband, 마사 미노 우Martha Minow, 제프 멀건Geoff Mulgan, 아자 라스킨Aza Raskin, 토비 아스 리스Tobias Rees, 스튜어트 러셀Stuart Russell, 제프리 삭스Jeffrey Sachs, 에릭 슈미트Eric Schmidt, 브루스 슈나이어Bruce Schneier, 마릴린 톰슨Marilyn Thompson, 마요 톰슨Mayo Thompson, 토머스 비니Thomas Viney, 마리아 보글라우어Maria Vogelauer, 마크 월포트Mark Walport, 모웨나 화이트Morwenna White, 스콧 영Scott Young, 조너선 지트레인 Jonathan Zittrain에게 큰 감사를 전한다.

훌륭한 협력자가 돼 준 인플렉션의 공동 창업자 리드 호프만 Reid Hoffman과 카렌 시몬얀Karén Simonyan, 그리고 10년이라는 긴 시 간 동안 함께 일해 준 딥마인드의 공동 창업자 데미스 허사비스 Demis Hassabis와 셰인 레그Shane Legg에게도 감사를 표한다.

이 책의 집필 작업을 함께한 마이클은 지속적인 지원을 아끼지 않은 카넬로Canelo의 공동 창업자 이안 밀러Iain Millar와 닉 바레토 Nick Barreto, 그리고 특히 그의 멋진 아내 다니Dani와 두 아들 몬티 Monty와 더기Dougie에게 고마운 마음을 전한다.

참고 도서 목록은 다음 웹사이트를 참조하기 바란다.
the-coming-wave.com/bibliography

1장 억제가 불가능하다

1 자세한 정보는 해당 웹 사이트에서 확인할 수 있다. kilobaser.com/dna-and-rna-synthesizer.

2장 무한한 확산

1 티유브이 노르트 그룹TÜV Nord Group, 〈내연 기관에 대한 간략한 역사A Brief History of the Internal Combustion Engine〉, 티유브이 노르트 그룹, 2019년 4월 18일. www.tuev-nord.de /explore/en/ remembers/a-brief-history-of-the-internal-combustion-engine.

2 Burton W. Folsom, "Henry Ford and the Triumph of the Auto Industry," Foundation for Economic Education, Jan. 1, 1998, fee.org/articles/henry-ford-and-the-triumph-of-the-auto-industry.

3 "Share of US Households Using Specific Technologies, 1915 to 2005," Our World in Data, ourworldindata.org/grapher/technology-adoption-by-households-in-the-united-states?country=~Automobile.

4 "How Many Cars Are There in the World in 2023?," Hedges & Company, June 2021, hedgescompany.com/blog/2021/06/how-many-cars-are-there-in-the-world; "Internal Combustion Engine—the Road Ahead," Industr, Jan. 22, 2019, www.industr. com/en/internal-combustion-engine-the-road-ahead-2357709#.

5 Robert Ayres, "Technological Transformations and Long Waves. Part I," Technological Forecasting and Social Change 37, no. 1 (March 1990), www.sciencedirect.com/science/ article/abs/pii/0040162590900573.

6 다음 논문을 참조하기 바란다. Timothy F. Bresnahan and Manuel Trajtenberg, "General Purpose Technologies 'Engines of Growth'?," (working paper, NBER, Aug. 1992), www.nber. org/papers/w4148.

7 리처드 랭엄Richard Wrangham, 《요리 본능》 (London: Profile Books, 2010).

8 리처드 립시Richard Lipsey, 케네스 카를로Kenneth Carlaw, 클리포드 베카Clifford Bekar의 《경제적 변화: 범용 기술과 장기 경제 성장Economic Transformations: General Purpose Technologies and Long-Term Economic Growth》 (Oxford: Oxford University Press, 2005)에서 발췌한 내용이다.

9 이 장의 12번 각주와 같다.

10 이러한 발전 과정이 작동한 방식에 대한 자세한 설명은 오데드 갤로어Oded Galor의 《인류의 여정》 (London: Bodley Head, 2022)을 참고하기 바란다.

11 Michael Muthukrishna and Joseph Henrich, "Innovation in the Collective Brain," Philosophical Transactions of the Royal Society B 371, no. 1690 (2016), royalsocietypublishing.org/doi/10.1098/rstb.2015.0192.

12 오데드 갤로어의 《인류의 여정》, 원문 46쪽.

13 무수크리시나Muthukrishna와 헨릭의 〈집단 두뇌의 혁신Innovation in the Collective Brain〉

14 립시Lipsey, 카를로Carlaw, 베카Bekar의 《경제적 변화Economic Transformations》

15 앨빈 토플러Alvin Toffler의 《제3의 물결》 (New York: Bantam, 1984). 니콜라이 콘드라티예프Nikolai Kondratiev의 장기 파동long-cycle wave에 대한 연구 논문도 참고하기 바란다.

16 루이스 멈퍼드의 《기술과 문명》 (Chicago: University of Chicago Press, 1934).

17 카를로타 페레스의 《기술혁명과 금융자본》 (Cheltenham, U.K.: Edward Elgar, 2002).

18 린 화이트Lynn White의 《중세의 기술과 사회 변화Medieval Technology and Social Change》 (Oxford: Oxford University Press, 1962) 중 87쪽을 참고하기 바란다.

19 엘리자베스 L. 아이젠슈타인Elizabeth L. Eisenstein의 《The Printing Press as an Agent of Change》 (Cambridge, U.K.: Cambridge University Press, 1979).

20 Eltjo Buringh and Jan Luiten Van Zanden, "Charting the 'Rise of the West': Manuscripts and Printed Books in Europe, a Long-Term Perspective from the Sixth Through Eighteenth Centuries," Journal of Economic History, June 1, 2009, www.cambridge.org/core/journals/journal-of-economic-history/article/abs/charting-the-rise-of-the-west-manuscripts-and-printed-books-in-europe-a-longterm-perspective-from-the-sixth-through-eighteenth -centuries/0740F5F9030A706BB7E9FACCD5D975D4.

21 Max Roser and Hannah Ritchie, "Price of Books: Productivity in Book Production," Our World in Data, ourworldindata.org/books.

22 Polish Member Committee of the World Energy Council, "Energy Sector of the World and Poland: Beginnings, Development, Present State," World Energy Council, Dec. 2014 www.worldenergy.org/assets/images/imported/2014/12/Energy_Sector_of_the_world_and_Poland_EN.pdf.

23 Vaclav Smil, "Energy in the Twentieth Century: Resources, Conversions, Costs, Uses, and Consequences," Annual Review of Energy and the Environment 25 (2000), www.annualreviews.org/doi/pdf/10.1146/annurev.energy.25.1.21.

24 William D. Nordhaus, "Do Real Output and Real Wage Measures Capture Reality? The History of Lighting Suggests Not," Cowles Foundation for Research in Economics at Yale University, Jan. 1996, cowles.yale.edu/sites/default/files/files/pub/d10/d1078.pdf.

25 갤로어의 《인류의 여정》 중 46쪽.

26 "Televisions Inflation Calculator," Official Data Foundation, www.in2013dollars.com/Televisions/price-inflation.

27 Anuraag Singh et al., "Technological Improvement Rate Predictions for All Technologies: Use of Patent Data and an Extended Domain Description," Research Policy 50, no. 9 (Nov. 2021), www.sciencedirect.com/science/article/pii/S0048733321000950#. 물론 여러 기술 사이에는 상당한 차이가 존재한다.

28 조지 다이슨George Dyson의 《튜링의 대성당Turing's Cathedral: The Origins of the Digital Universe》 (London: Allen Lane, 2012).

29 Nick Carr, "How Many Computers Does the World Need? Fewer Than You Think," Guardian, Feb. 21, 2008, www.theguardian.com/technology/2008/feb/21/computing.

supercomputers.

30 James Meigs, "Inside the Future: How PopMech Predicted the Next 110 Years," Popular Mechanics, Dec. 21, 2012, www.popularmechanics.com/technology/a8562/inside-the-future-how-popmech-predicted-the-next-110-years-14831802/#.

31 그 예로 다음을 참고하기 바란다. Darrin Qualman, "Unimaginable Output: Global Production of Transistors," Darrin Qualman Blog, April 24, 2017, www.darrinqualman. com/global-production-transistors/; 아짐 아자르Azeem Azhar의 《Exponential: How Accelerating Technology Is Leaving Us Behind and What to Do About It》 (London: Random House Business, 2021), 21쪽; 바츨라프 스밀Vaclav Smil의 《세상은 실제로 어떻게 돌아가는 가》 (London: Viking, 2022), 128쪽.

32 John B. Smith, "Internet Chronology," UNC Computer Science, www.cs.unc.edu/~jbs/resources/Internet/internet_chron.html.

33 Mohammad Hasan, "State of IoT 2022: Number of Connected IoT Devices Growing 18% to 14.4 Billion Globally," IoT Analytics, May 18, 2022, iot-analytics.com/number-connected-iot-devices/; Steffen Schenk luhn, "Market Size and Connected Devices: Where's the Future of IoT?," Bosch Connected World Blog, blog.bosch-si.com/internetofthings/market-size-and-connected-devices-wheres-the-future-of-iot. However, the Ericsson Mobility Report estimates up to twenty-nine billion: "Ericsson Mobility Report, November 2022," Ericsson, Nov. 2022, www.ericsson.com/4ae28d/assets/local/reports-papers/mobility-report/documents/2022/ericsson-mobility-report-november-2022.pdf.

34 아자르의 《Exponential》, 219쪽.

35 같은 책, 228쪽.

3장 기술 억제 문제

1 로버트 K. 머턴Robert K. Merton의 《On Social Structure and Science》 (Chicago: University of Chicago Press, 1996)에서 권위 있는 연구 결과를 제시하지만, 사회가 스스로 만들어 낸 위험 관리에 영향을 받는 방식을 설명하는 울리히 벡의 《위험사회》 (London: SAGE, 1992)를 참고하기 바란다. 또 에드워드 테너Edward Tenner의 《Why Things Bite Back: Technology and the Revenge of Unintended Consequences》 (New York: Vintage, 1997)와 찰스 페로Charles Perrow의 《Normal Accidents: Living with High-Risk Technologies》 (Princeton, N.J.: Princeton University Press, 1984)도 참고하기 바란다.

2 George F. Kennan, "The Sources of Soviet Conduct," Foreign Affairs, July 1947, www.cvce.eu/content/publication/1999/1/1/a0f03730-dde8-4f06-a6ed-d740770dc423/publishable_en.pdf.

3 이 내용의 출처는 다음과 같다. Anton Howes, "Age of Invention: Did the Ottomans Ban Print?," Age of Invention, May 19, 2021, antonhowes.substack.com/p/age-of-invention-did-the-ottomans.

4 조엘 모키르Joel Mokyr의 《The Lever of Riches: Technological Creativity and Economic Progress》 (Oxford: Oxford University Press, 1990)에서 가져온 예다.

5 Harold Marcuse, "Ch'ien Lung (Qianlong) Letter to George III (1792)," UC Santa Barbara History Department, marcuse.faculty.history.ucsb.edu/classes/2c/texts/1792QianlongLetterGeorgeIII.htm.

6 이 과정에 대한 더 자세한 내용을 확인하려면 조지프 A. 테인터Joseph A. Tainter의 《문명의 붕괴》

The Collapse of Complex Societies(Cambridge, U.K.: Cambridge University Press, 1988)와 제러드 다이아몬드 Jared Diamond의 《문명의 붕괴: 과거의 위대했던 문명은 왜 몰락했는가?》를 참고하기 바란다.

7　Waldemar Kaempffert, "Rutherford Cools Atomic Energy Hope," New York Times, Sept. 12, 1933, timesmachine.nytimes.com/timesmachine/1933/09/12/99846601.html.

8　Alex Wellerstein, "Counting the Dead at Hiroshima and Nagasaki," Bulletin of the Atomic Scientists, Aug. 4, 2020, thebulletin.org/2020/08/counting-the-dead-at-hiroshima-and-nagasaki.

9　자세한 내용은 애치슨-릴리엔탈Acheson-Lilienthal 보고서를 참고하기 바란다. David Lilienthal et al., "A Report on the International Control of Atomic Energy," March 16, 1946, fissilematerials.org/library/ach46.pdf.

10　"Partial Test Ban Treaty," Nuclear Threat Initiative, Feb. 2008, www.nti.org/education-center/treaties-and-regimes/treaty-banning-nuclear-test-atmosphere-outer-space-and-under-water-partial-test-ban-treaty-ptbt/.

11　"Timeline of the Nuclear Nonproliferation Treaty (NPT)," Arms Control Association, Aug. 2022, www.armscontrol.org/factsheets/Timeline-of-the-Treaty-on-the-Non-Proliferation-of-Nuclear-Weapons-NPT.

12　Liam Stack, "Update Complete: U.S. Nuclear Weapons No Longer Need Floppy Disks," New York Times, Oct. 24, 2019, www.nytimes.com/2019/10/24/us/nuclear-weapons-floppy-disks.html.

13　이 단락의 내용은 주로 에릭 슐로서Eric Schlosser의 《Command and Control》 (London: Penguin, 2014)와 존 휴스-윌슨John Hughes-Wilson의 《Eve of Destruction: The Inside Story of Our Dangerous Nuclear World》 (London: John Blake, 2021)에서 발췌했다.

14　William Burr, "False Warnings of Soviet Missile At- tacks Put U.S. Forces on Alert in 1979-1980," National Security Archive, March 16, 2020, nsarchive.gwu.edu/briefing-book/nuclear-vault/2020-03-16/false-warnings-soviet-missile-attacks-during-1979-80-led-alert-actions-us-strategic-forces.

15　Paul K. Kerr, "Iran-North Korea-Syria Ballistic Missile and Nuclear Cooperation," Congressional Research Service, Feb. 26, 2016, sgp.fas.org/crs/nuke/R43480.pdf.

16　Graham Allison, "Nuclear Terrorism: Did We Beat the Odds or Change Them?," PRISM, May 15, 2018, cco.ndu.edu/News/Article/1507316/nuclear-terrorism-did-we-beat-the-odds-or-change-them.

17　José Goldemberg, "Looking Back: Lessons from the De- nuclearization of Brazil and Argentina," Arms Control Association, April 2006, www.armscontrol.org/act/2006-04/looking-back-lessons-denuclearization-brazil-argentina.

18　Richard Stone, "Dirty Bomb Ingredients Go Missing from Chornobyl Monitoring Lab," Science, March 25, 2022, www.science.org/content/article/dirty-bomb-ingredients-go-missing-chornobyl-monitoring-lab.

19　Patrick Malone and R. Jeffrey Smith, "Plutonium Is Missing, but the Government Says Nothing," Center for Public Integrity, July 16, 2018, publicintegrity.org/national-security/plutonium-is-missing-but-the-government-says-nothing.

20　Zaria Gorvett, "The Lost Nuclear Bombs That No One Can Find," BBC Future, Aug. 4, 2022, www.bbc.com/future/article/20220804-the-lost-nuclear-bombs-that-no-one-can-find.

21　"Timeline of Syrian Chemical Weapons Activity, 2012-2022," Arms Control Association, May 2021, www.armscontrol.org/factsheets/Timeline-of-Syrian-Chemical-Weapons-

Activity.

22 Paul J. Young, "The Montreal Protocol Protects the Terrestrial Carbon Sink," Nature, Aug. 18, 2021, www.nature.com/articles/s41586-021-03737-3.epdf.

4장 지능의 기술

1 Natalie Wolchover, "How Many Different Ways Can a Chess Game Unfold?," Popular Science, Dec. 15, 2010, www.popsci.com/science/article/2010-12/fyi-how-many-different-ways-can-chess-game-unfold.

2 "AlphaGo," DeepMind, www.deepmind.com/research /highlighted-research/alphago. Some, however, report an even higher number; for example, Scientific American cites 10360 configurations. See Christof Koch, "How the Computer Beat the Go Master," Scientific American, March 19, 2016, www.scientificamerican.com/article/how-the-computer-beat-the-go-master.

3 W. 브라이언 아서W. Brian Arth의 《The Nature of Technology: What It Is and How It Evolves》 (London: Allen Lane, 2009), 31쪽.

4 에버렛 M. 로저스Everett M. Rogers의 《개혁의 확산》 (New York: Free Press, 1962) 또는 조엘 모키르Joel Mokyr와 같은 학자들이 쓴 산업 혁명에 대한 글을 참고하기 바란다.

5 레이 커즈와일Ray Kurzweil의 《마음의 탄생》 (New York: Viking Penguin, 2012).

6 그 예로 다음 두 논문을 참고하기 바란다. Azalia Mirhoseini et al., "A Graph Placement Methodology for Fast Chip Design," Nature, June 9, 2021, www.nature.com/articles/s41586-021-03544-w와 Lewis Grozinger et al., "Pathways to Cellular Supremacy in Biocomputing," Nature Communications, Nov. 20, 2019, www.nature.com/articles/s41467-019-13232-z.

7 Alex Krizhevsky et al., "ImageNet Classification with Deep Convolutional Neural Networks," Neural Information Processing Systems, Sept. 30, 2012, proceedings.neurips.cc/paper/2012/file/c399862d3b9d6b76c 8436e924a68c45b-Paper.pdf.

8 Jerry Wei, "AlexNet: The Architecture That Challenged CNNs," Towards Data Science, July 2, 2019, towardsdatascience.com/alexnet-the-architecture-that-challenged-cnns-e406d5297951.

9 Chanan Bos, "Tesla's New HW3 Self-Driving Computer- It's a Beast," CleanTechnica, June 15, 2019, cleantechnica.com/2019/06/15/teslas-new-hw3-self-driving-computer-its-a-beast-cleantechnica-deep-dive.

10 Jeffrey De Fauw et al., "Clinically Applicable Deep Learning for Diagnosis and Referral in Retinal Disease," Nature Medicine, Aug. 13, 2018, www.nature.com/articles/s41591-018-0107-6.

11 "Advances in Neural Information Processing Systems," NeurIPS, papers.nips.cc.

12 "Research & Development," in Artificial Intelligence Index Report 2021, Stanford University Human-Centered Artificial Intelligence, March 2021, aiindex.stanford.edu/wp-content/uploads/2021/03/2021-AI-Index-Report-_Chapter-1.pdf.

13 마크 앤드리슨Marc Andreessen의 말을 빌리자면 이러하다.

14 "DeepMind AI Reduces Google Data Centre Cooling Bill by 40%," DeepMind, July 20, 2016, www.deepmind.com/blog/deepmind-ai-reduces-google-data-centre-cooling-bill-by-40.

15 "Better Language Models and Their Implications," OpenAI, Feb. 14, 2019, openai.com/

blog/better-language-models.

16 보다 더 자세한 비교 내용은 마틴 포드Martin Ford의 《로봇의 지배》 (London: Basic Books, 2021)를 참고하기 바란다.

17 Amy Watson, "Average Reading Time in the U.S. from 2018 to 2021, by Age Group," Statista, Aug. 3, 2022, www.statista.com/statistics/412454/average-daily-time-reading-us-by-age.

18 그 예로 다음 기사를 참고하기 바란다. Tanushree Shenwai, "Microsoft and NVIDIA AI Introduces MT-NLG: The Largest and Most Powerful Monolithic Transformer Language NLP Model," MarkTech Post, Oct. 13, 2021, www.marktechpost.com/2021/10/13/microsoft-and-nvidia-ai-introduces-mt-nlg-the-largest-and-most-powerful-monolithic-transformer-language-nlp-model.

19 "Alibaba DAMO Academy Creates World's Largest AI Pre-training Model, with Parameters Far Exceeding Google and Microsoft," Pan-daily, Nov. 8, 2021, pandaily.com/alibaba-damo-academy-creates-worlds-largest-ai-pre-training-model-with-parameters-far-exceeding-google-and-microsoft.

20 각각의 '물방울'이 0.5밀리리터를 차지한다고 가정한 알리사 밴스Alyssa Vance의 인상적인 이미지: mobile.twitter.com/alyssamvance/status/1542682154483589127.

21 William Fedus et al., "Switch Transformers: Scaling to Trillion Parameter Models with Simple and Efficient Sparsity," Journal of Machine Learning Research, June 16, 2022, arxiv.org/abs/2101.03961.

22 Alberto Romero, "A New AI Trend: Chinchilla (70B) Greatly Outperforms GPT-3 (175B) and Gopher (280B)," Towards Data Science, April 11, 2022, towardsdatascience.com/a-new-ai-trend-chinchilla-70b-greatly-outperforms-gpt-3-175b-and-gopher-280b-408b9b4510.

23 자세한 내용은 github.com/karpathy/nanoGPT를 참고하기 바란다.

24 Susan Zhang et al., "Democratizing Access to Large-Scale Language Models with OPT-175B," Meta AI, May 3, 2022, ai.facebook.com/blog /democratizing-access-to-large-scale-language-models-with-opt-175b.

25 그 예로 twitter.com/miolini/status/1634982361757790209를 참고하기 바란다.

26 Eirini Kalliamvakou, "Research: Quantifying GitHub Copilot's Impact on Developer Productivity and Happiness," GitHub, Sept. 7, 2022, github.blog/2022-09-07-research-quantifying-github-copilots-impact-on-developer-productivity-and-happiness.

27 Matt Welsh, "The End of Programming," Communications of the ACM, Jan. 2023, cacm.acm.org/magazines/2023/1/267976-the-end-of-programming/fulltext.

28 Emily Sheng et al., "The Woman Worked as a Babysitter: On Biases in Language Generation," arXiv, Oct. 23, 2019, arxiv.org/pdf/1909.01326.pdf.

29 Nitasha Tiku, "The Google Engineer Who Thinks the Company's AI Has Come to Life," Washington Post, June 11, 2022, www.washingtonpost.com/technology/2022/06/11/google-ai-lamda-blake-lemoine.

30 Steven Levy, "Blake Lemoine Says Google's LaMDA AI Faces 'Bigotry'", Wired, June 17, 2022, www.wired.com/story/blake-lemoine-google-lamda-ai-bigotry.

31 인용문의 출처는 다음과 같다. Moshe Y. Vardi, "Artificial Intelligence: Past and Future," Communications of the ACM, Jan. 2012, cacm.acm.org/magazines/2012/1/144824-artificial-intelligence-past-and-future/fulltext.

32 Joel Klinger et al., "A Narrowing of AI Research?," Computers and Society, Jan. 11,

2022, arxiv.org/abs/2009.10385.

33 Gary Marcus, "Deep Learning Is Hitting a Wall," Nautilus, March 10, 2022, nautil.us/deep-learning-is-hitting-a-wall-14467.

34 멜라니 미첼Melanie Mitchell의 《Artificial Intelligence: A Guide for Thinking Humans》(London: Pelican Books, 2020)와 스티브 스트로가츠Steven Strogatz의 글 "Melanie Mitchell Takes AI Research Back to Its Roots," Quanta Magazine, April 19, 2021, www.quantamagazine.org/melanie-mitchell-takes-ai-research-back-to-its-roots-20210419를 참고하기 바란다.

35 해당 연구 결과는 다음을 참고하기 바란다. "GPT-4 System Card," OpenAI, March 14, 2023, cdn.openai.com/papers/gpt-4-system-card.pdf. 출시 후 며칠 만에 사람들은 놀라울 정도로 빠른 진전을 보이고 있었다. 그 예로 다음을 참고하기 바란다. mobile.twitter.com/jacksonfall/status/1636107218859745286. 하지만 여기에 설명된 테스트 버전은 앞서 설명한 것보다 훨씬 더 높은 수준의 자율성을 요구한다.

5장 생명의 기술

1 수전 혁필드Susan Hockfield의 《The Age of Living Machines: How Biology Will Build the Next Technology Revolution》(New York: W. W. Norton, 2019).

2 Stanley N. Cohen et al., "Construction of Biologically Functional Bacterial Plasmids In Vitro," PNAS, Nov. 1, 1973, www.pnas.org/doi/abs/10.1073/pnas.70.11.3240.

3 "Human Genome Project," National Human Genome Research Institute, Aug. 24, 2022, www.genome.gov/about-genomics/educational-resources/fact-sheets/human-genome-project.

4 "Life 2.0," Economist, Aug. 31, 2006, www.economist.com/special-report/2006/08/31/life-20.

5 다음 두 문헌을 참고하기 바란다. "The Cost of Sequencing a Human Genome," National Human Genome Research Institute, Nov. 1, 2021, www.genome .gov/about-genomics/fact-sheets/Sequencing-Human-Genome-cost; Elizabeth Pennisi, "A $100 Genome? New DNA Sequencers Could Be a 'Game Changer' for Biology, Medicine," Science, June15, 2022, www.science.org/content/article/100-genome-new-dna-sequencers-could-be-game-changer-biology-medicine.

6 아자르의 《Exponential》, 41쪽.

7 Jian-Feng Li et al., "Multiplex and Homologous Recombination-Mediated Genome Editing in Arabidopsis and Nicotiana benthamiana Using Guide RNA and Cas9," Nature Biotechnology, Aug. 31, 2013, www.nature.com/articles/nbt.2654.

8 Sara Reardon, "Step Aside CRISPR, RNA Editing Is Taking Off," Nature, Feb. 4, 2020, www.nature.com/articles/d41586-020-00272-5.

9 Chunyi Hu et al., "Craspase Is a CRISPR RNA-Guided, RNA-Activated Protease," Science, Aug. 25, 2022, www.science.org/doi/10.1126/science.add5064.

10 Michael Le Page, "Three People with Inherited Diseases Successfully Treated with CRISPR," New Scientist, June 12, 2020, www .newscientist.com/article/2246020-three-people-with-inherited-diseases-successfully-treated-with-crispr; Jie Li et al., "Biofortified Tomatoes Provide a New Route to Vitamin D Sufficiency," Nature Plants, May 23, 2022, www.nature.com/articles/s41477-022-01154-6.

11 Mohamed Fareh, "Reprogrammed CRISPR-Cas13b Suppresses SARS-CoV-2

Replication and Circumvents Its Mutational Escape Through Mismatch Tolerance," Nature, July 13, 2021, www.nature.com/articles/s41467-021 -24577-9; "How CRISPR Is Changing Cancer Research and Treatment," National Cancer Institute, July 27, 2020, www.cancer.gov/news-events/cancer-currents-blog/2020/crispr-cancer-research-treatment; Zhihao Zhang et al., "Updates on CRISPR-Based Gene Editing in HIV-1/AIDS Therapy," Virologica Sinica, Feb. 2022, www.sciencedirect.com/science/article/pii/S1995820X22000177; Giulia Maule et al., "Gene Therapy for Cystic Fibrosis: Progress and Challenges of Genome Editing," International Journal of Molecular Sciences, June 2020, www.ncbi.nlm.nih.gov /pmc/articles/PMC7313467.

12 Raj Kumar Joshi, "Engineering Drought Tolerance in Plants Through CRISPR/Cas Genome Editing," 3 Biotech, Sept. 2020, www.ncbi.nlm.nih.gov/pmc/articles/PMC7438458; Muhammad Rizwan Javed et al., "Current Situation of Biofuel Production and Its Enhancement by CRISPR/Cas9-Mediated Genome Engineering of Microbial Cells," Microbiological Research, Feb. 2019, www.sciencedirect.com/science/article/pii/S0944501318308346.

13 네사 캐리Nessa Carey의 《Hacking the Code of Life: How Gene Editing Will Rewrite Our Futures》 (London: Icon Books, 2019), 136쪽.

14 그 예로 kilobaser.com/shop을 참고하기 바란다.

15 Yiren Lu, "The Gene Synthesis Revolution," New York Times, Nov. 24, 2021, www.nytimes.com/2021/11/24/magazine/gene-synthesis.html.

16 "Robotic Labs for High-Speed Genetic Research Are on the Rise," Economist, March 1, 2018,www.economist.com/science-and-technology/2018/03/01/robotic-labs-for-high-speed-genetic-research-are-on-the-rise.

17 Bruce Rogers, "DNA Script Set to Bring World's First DNA Printer to Market," Forbes, May 17, 2021, www.forbes.com/sites/brucerogers/2021/05/17/dna-script-set-to-bring-worlds-first-dna-printer-to-market.

18 Michael Eisenstein, "Enzymatic DNA Synthesis Enters New Phase," Nature Biology, Oct. 5, 2020, www.nature.com/articles/s41587 -020-0695-9.

19 Drew Endy, "Endy:Research," OpenWet Ware, Aug. 4, 2017, openwetware.org/wiki/Endy:Research.

20 "First Self-Replicating Synthetic Bacterial Cell," JCVI, www.jcvi.org/research/first-self-replicating-synthetic-bacterial-cell.

21 Jonathan E. Venetz et al., "Chemical Synthesis Rewriting of a Bacterial Genome to Achieve Design Flexibility and Biological Functionality," PNAS, April 1, 2019, www.pnas.org/doi/full/10.1073/pnas.1818259116.

22 ETH Zurich, "First Bacterial Genome Created Entirely with a Computer," Science Daily, April 1, 2019, www.sciencedaily.com/releases/2019/04/190401171343.htm. 같은 해 케임브리지 대학교 연구팀도 완전히 합성된 대장균 유전체를 만들어 냈다. Julius Fredens, "Total Synthesis of Escherichia coli with a Recoded Genome," Nature, May 15, 2019, www.nature.com/articles/s41586-019-1192-5.

23 다음 웹 페이지를 참고하기 바란다. GP-write Consortium, Center of Excellence for Engineering Biology, engineeringbiologycenter.org/gp-write-consortium.

24 José-Alain Sahel et al., "Partial Recovery of Visual Function in a Blind Patient After Optogenetic Therapy," Nature Medicine, May 24, 2021, www.nature.com/articles/s41591-021-01351-4.

25 "CureHeart—a Cure for Inherited Heart Muscle Diseases," British Heart Foundation, www.bhf.org.uk/what-we-do/our-research/cure-heart; National Cancer Institute, "CAR T-Cell Therapy," National Institutes of Health, www.cancer.gov/publications/dictionaries/cancer-terms/def /car-t-cell-therapy.

26 그 예로 다음 논문을 참고하기 바란다. Astrid M. Vicente et al., "How Personalised Medicine Will Transform Healthcare by 2030: The ICPerMed Vision," Journal of Translational Medicine, April 28, 2020, translational-medicine.biomedcentral.com/articles/10.1186/s12967-020-02316-w.

27 Antonio Regalado, "How Scientists Want to Make You Young Again," MIT Technology Review, Oct. 25, 2022, www.technologyreview.com/2022/10/25/1061644/how-to-be-young-again.

28 Jae-Hyun Yang et al., "Loss of Epigenetic Information as a Cause of Mammalian Aging," Cell, Jan. 12, 2023, www.cell.com/cell/fulltext/S0092-8674(22)01570-7.

29 그 예로 데이비드 A. 싱클레어David A. Sinclair와 매슈 D. 러플랜트Matthew D. LaPlante의 《노화의 종말》을 참고하기 바란다.

30 그 예로 기억력에 관한 하버드 대학교의 연구를 참고하기 바란다. "Researchers Identify a Neural Circuit and Genetic 'Switch' That Maintain Memory Precision," Harvard Stem Cell Institute, March 12, 2018, hsci.harvard.edu/news/researchers-identify-neural-circuit-and-genetic-switch-maintain-memory-precision.

31 John Cohen, "New Call to Ban Gene-Edited Babies Divides Biologists," Science, March 13, 2019, www.science.org/content/article/new-call-ban-gene-edited-babies-divides-biologists.

32 S. B. Jennifer Kan et al., "Directed Evolution of Cytochrome C for Carbon-Silicon Bond Formation: Bringing Silicon to Life," Science, Nov. 25, 2016, www.science.org/doi/10.1126/science.aah6219.

33 James Urquhart, "Reprogrammed Bacterium Turns Carbon Dioxide into Chemicals on Industrial Scale," Chemistry World, March 2, 2022, www.chemistryworld.com/news/reprogrammed-bacterium-turns-carbon-dioxide-into-chemicals-on-industrial-scale/4015307.article.

34 Elliot Hershberg, "Atoms Are Local," Century of Bio, Nov. 7, 2022, centuryofbio.substack.com/p/atoms-are-local.

35 "The Future of DNA Data Storage," Potomac Institute for Policy Studies, Sept. 2018, potomacinstitute.org/images /studies/Future_of_DNA_Data_Storage.pdf.

36 DeepMind, "AlphaFold: A Solution to a 50-Year-Old Grand Challenge in Biology," DeepMind Research, Nov. 20, 2020, www.deepmind.com/blog/alphafold-a-solution-to-a-50-year-old-grand-challenge-in-biology.

37 Mohammed AlQuraishi, "Alpha-Fold @ CASP13: 'What Just Happened?'", Some Thoughts on a Mysterious Universe, Dec. 9, 2018, moalquraishi.wordpress.com/2018/12/09/alphafold-casp13-what-just -happened.

38 Tanya Lewis, "One of the Biggest Problems in Biology Has Finally Been Solved," Scientific American, Oct. 31, 2022, www.scientificamerican.com/article/one-of-the-biggest-problems-in-biology-has-finally-been-solved.

39 Ewen Callaway, "What's Next for AlphaFold and the AI Protein-Folding Revolution," Nature, April 13, 2022, www.nature.com/articles/d41586-022-00997-5.

40 Madhumita Murgia, "DeepMind Research Cracks Structure of Almost Every Known

Protein," Financial Times, July 28, 2022, www.ft.com/content/6a088953-66d7-48db-b61c-79005a0a351a; DeepMind, "Alpha-Fold Reveals the Structure of the Protein Universe," DeepMind Research, July 28, 2022, www.deepmind.com/blog/alphafold-reveals-the-structure-of-the-protein-universe.

41 Kelly Servick, "In a First, Brain Implant Lets Man with Complete Paralysis Spell Out 'I Love My Cool Son'", Science, March 22, 2022, www.science.org/content/article/first-brain-implant-lets-man-complete-paralysis-spell-out-thoughts-i-love-my-cool-son.

42 Brett J. Kagan et al., "In Vitro Neurons Learn and Exhibit Sentience When Embodied in a Simulated Game-World," Neuron, Oct. 12, 2022, www.cell.com/neuron/fulltext/S0896-6273(22)00806-6.

6장 더 폭넓은 물결

1 Mitchell Clark, "Amazon Announces Its First Fully Autonomous Mobile Warehouse Robot," Verge, June 21, 2022, www.theverge.com/2022/6/21/23177756/amazon-warehouse-robots-proteus-autonomous-cart-delivery.

2 Dave Lee, "Amazon Debuts New Warehouse Robot That Can Do Human Jobs," Financial Times, Nov. 10, 2022, www.ft.com/content/c8933d73-74a4-43ff-8060-7ff9402eccf1.

3 James Gaines, "The Past, Present, and Future of Robotic Surgery," Smithsonian Magazine, Sept. 15, 2022, www.smithsonianmag.com/innovation/the-past-present-and-future-of-robotic-surgery-180980763.

4 "Helper Robots for a Better Everyday," Everyday Robots, everydayrobots.com.

5 Chelsea Gohd, "Walmart Has Patented Autonomous Robot Bees," World Economic Forum, March 19, 2018, www.weforum.org/agenda/2018/03/autonomous-robot-bees-are-being-patented-by-walmart.

6 Artificial Intelligence Index Report 2021, aiindex.stanford.edu/report.

7 Sara Sidner and Mallory Simon, "How Robot, Explosives Took Out Dallas Sniper in Unprecedented Way," CNN, July 12, 2016, cnn.com/2016/07/12/us/dallas-police-robot-c4-explosives/index.html.

8 Elizabeth Gibney, "Hello Quantum World! Google Publishes Landmark Quantum Supremacy Claim," Nature, Oct. 23, 2019, www.nature.com/articles/d41586-019-03213-z; Frank Arute et al., "Quantum Supremacy Using a Programmable Superconducting Processor," Nature, Oct. 23, 2019, www.nature.com/articles/s41586-019-1666-5.

9 Neil Savage, "Hands-On with Google's Quantum Computer," Scientific American, Oct. 24, 2019, www.scientificamerican.com/article/hands-on-with-googles-quantum-computer.

10 Gideon Lichfield, "Inside the Race to Build the Best Quantum Computer on Earth," MIT Technology Review, Feb. 26, 2022, www.technologyreview.com/2020/02/26/916744/quantum-computer-race-ibm-google.

11 Matthew Sparkes, "IBM Creates Largest Ever Super-conducting Quantum Computer," New Scientist, Nov. 15, 2021, www.newscientist.com/article/2297583-ibm-creates-largest-ever-superconducting-quantum-computer.

12 적어도 특정 작업에서는 그러하다. Charles Choi, "Quantum Leaps in Quantum Computing?," Scientific American, Oct. 25, 2017, www.scientificamerican.com/article/quantum-leaps-in-quantum-computing.

13 Ken Washington, "Mass Navigation: How Ford Is Exploring the Quantum World with Microsoft to Help Reduce Congestion," Ford Medium, Dec. 10, 2019, medium.com/@ford/mass-navigation-how-ford-is-exploring-the-quantum-world-with-microsoft-to-help-reduce-congestion-a9de6db32338.

14 Camilla Hodgson, "Solar Power Expected to Surpass Coal in 5 Years, IEA Says," Financial Times, Dec. 10, 2022, www.ft.com/content/98cec49f-6682-4495-b7be-793bf2589c6d.

15 "Solar PV Module Prices," Our World in Data, ourworldindata.org/grapher/solar-pv-prices.

16 Tom Wilson, "Nuclear Fusion: From Science Fiction to 'When, Not If'", Financial Times, Dec. 17, 2022, www.ft.com/content/65e8f125-5985-4aa8-a027-0c9769e764ad

17 Eli Dourado, "Nanotechnology's Spring," Works in Progress, Oct. 12, 2022, www.worksinprogress.co/issue/nanotechnologys-spring.

7장 다가오는 물결의 네 가지 특징

1 Julian Borger, "The Drone Operators Who Halted Russian Convoy Headed for Kyiv," Guardian, March 28, 2022, www.theguardian.com/world/2022/mar/28/the-drone-operators-who-halted-the-russian-armoured-vehicles-heading-for-kyiv.

2 Marcin Wyrwał, "Wojna w Ukrainie. Jaksztuczna inteligencja zabija Rosjan," Onet, July 13, 2022,www.onet.pl/informacje/onetwiadomosci/rozwiazali-problem-armii-ukrainy-ich-pomysl-okazal-sie-dla-rosjan-zabojczy/pkzrk0z,79cfc278.

3 Patrick Tucker, "AI Is Already Learning from Russia's War in Ukraine, DOD Says," Defense One, April 21, 2022, www.defenseone.com/technology/2022/04/ai-already-learning-russias-war-ukraine-dod-says/365978.

4 "Ukraine Support Tracker," Kiel Institute for the World Economy, Dec. 2022, www.ifw-kiel.de/index.php?id=17142.

5 오드리 커스 크로닌Audrey Kurth Cronin의 《Power to the People: How Open Technological Innovation Is Arming Tomorrow's Terrorists》 (New York: Oxford University Press, 2020), 2쪽.

6 Scott Gilbertson, "Review: DJI Phantom 4," Wired, April 22, 2016, www.wired.com/2016/04/review-dji-phantom-4.

7 크로닌의 《Power to the People》, 320쪽; Derek Hawkins, "A U.S. 'Ally' Fired a $3 Million Patriot Missile at a $200 Drone. Spoiler: The Missile Won," Washington Post, March 17, 2017, www.washingtonpost.com/news/morning-mix/wp/2017/03/17/a-u-s-ally-fired-a-3million-patriot-missile-at-a-200-drone-spoiler-the-missile-won.

8 아자르의 《Exponential》, 249쪽.

9 그 예로 다음의 세 책을 참고하기 바란다. Michael Bhaskar, Human Frontiers: The Future of Big Ideas in an Age of Small Thinking (Cambridge, Mass.: MIT Press, 2021); Tyler Cowen, The Great Stagnation: How America Ate All the Low-Hanging Fruit of Modern History, Got Sick, and Will (Eventually) Feel Better (New York: Dutton, 2011); and Robert Gordon, The Rise and Fall of American Growth: The U.S. Standard of Living Since the Civil War (Princeton, N.J.: Princeton University Press, 2017).

10 세자르 히달고César Hidalgo의 《정보의 진화》 (London: Allen Lane, 2015).

11 Neil Savage, "Machines Learn to Unearth New Materials," Nature, June 30, 2021, www.nature.com/articles/d41586-021-01793-3.

12 Andrij Vasylenko et al., "Element Selection for Crystalline Inorganic Solid Discovery Guided by Unsupervised Machine Learning of Experimentally Explored Chemistry," Nature Communications, Sept. 21, 2021, www.nature.com/articles/s41467-021-25343-7.

13 Matthew Greenwood, "Hypercar Created Using 3D Printing, AI, and Robotics," Engineering.com, June 23, 2021, www.engineering.com/story/hypercar-created-using-3d-printing-ai-and-robotics.

14 Elie Dolgin, "Could Computer Models Be the Key to Better COVID Vaccines?," Nature, April 5, 2022, www.nature.com/articles/d41586-022-00924-8.

15 Anna Nowogrodzki, "The Automatic-Design Tools That Are Changing Synthetic Biology," Nature, Dec. 10, 2018, www.nature.com/articles/d41586-018-07662-w.

16 Vidar, "Google's Quantum Computer Is About 158 Million Times Faster Than the World's Fastest Supercomputer," Medium, Feb. 28, 2021, medium.com/predict/googles-quantum-computer-is-about-158-million-times-faster-than-the-world-s-fastest-supercomputer-36df56747f7f.

17 Jack W. Scannell et al., "Diagnosing the Decline in Pharmaceutical R&D Efficiency," Nature Reviews Drug Discovery, March 1, 2012, www.nature.com/articles/nrd3681.

18 Patrick Heuveline, "Global and National Declines in Life Expectancy: An End-of-2021 Assessment," Population and Development Review 48, no. 1 (March 2022), onlinelibrary.wiley.com/doi/10.1111/padr.12477. These declines are, however, on the back of significant long-term improvements.

19 "Failed Drug Trials," Alzheimer's Research UK, www.alzheimersresearchuk.org/blog-tag/drug-trials/failed-drug-trials.

20 Michael S. Ringel et al., "Breaking Eroom's Law," Nature Reviews Drug Discovery, April 16, 2020, www.nature.com/articles/d41573-020-00059-3.

21 Jonathan M. Stokes, "A Deep Learning Approach to Antibiotic Discovery," Cell, Feb. 20, 2020, www.cell.com/cell/fulltext/S0092-8674(20)30102-1.

22 "Exscientia and Sanofi Establish Strategic Research Collaboration to Develop AI-Driven Pipeline of Precision-Engineered Medicines," Sanofi, Jan. 7, 2022, www.sanofi.com/en/media-room/press-releases/2022/2022-01-07-06-00-00-2362917.

23 Nathan Benaich and Ian Hogarth, State of AI Report 2022, Oct. 11, 2022, www.stateof.ai.

24 Fabio Urbina et al., "Dual Use of Artificial-Intelligence-Powered Drug Discovery," Nature Machine Intelligence, March 7, 2022, www.nature.com/articles/s42256-022-00465-9.

25 K. Thor Jensen, "20 Years Later: How Concerns About Weaponized Consoles Almost Sunk the PS2," PCMag, May 9, 2020, www.pcmag.com/news/20-years-later-how-concerns-about-weaponized-consoles-almost-sunk-the-ps2; Associated Press, "Sony's High-Tech Playstation2 Will Require Military Export License," Los Angeles Times, April 17, 2000, www.latimes.com/archives/la-xpm-2000-apr-17-fi-20482-story.html.

26 '멀티유즈multi-use'라는 용어에 대한 자세한 내용은 크로닌의 《Power to the People》을 참고하기 바란다.

27 Scott Reed et al., "A Generalist Agent," Deep-Mind, Nov. 10, 2022, www.deepmind.

com/publications/a-generalist-agent.

28 @GPT-4 Technical Report, OpenAI, March 14, 2023, cdn.openai.com/papers/gpt-4.
pdf. See mobile.twitter.com/michalkosinski/status/1636683810631974912 for one of the
early experiments.

29 Sébastien Bubeck et al., "Sparks of Artificial General Intelligence: Early Experiments
with GPT-4," arXiv, March 27, 2023, arxiv.org/abs/2303.12712.

30 Alhussein Fawzi et al., "Discovering Novel Algorithms with AlphaTensor," DeepMind,
Oct. 5, 2022, www.deepmind.com/blog/discovering-novel-algorithms-with-
alphatensor.

31 스튜어트 러셀Stuart Russell의 《어떻게 인간과 공존하는 인공 지능을 만들 것인가》 (London: Allen
Lane, 2019).

32 Manuel Alfonseca et al., "Superintelligence Cannot Be Contained: Lessons from
Computability Theory," Journal of Artificial Intelligence Research, Jan. 5, 2021, jair.
org/index.php/jair/article/view/12202; Jaime Sevilla and John Burden, "Response to
Superintelligence Cannot Be Contained: Lessons from Computability Theory," Centre
for the Study of Existential Risk, Feb. 25, 2021, www.cser.ac.uk/news/response-
superintelligence-contained.

8장 막을 수 없는 인센티브

1 그 예로 다음을 참고하기 바란다. 케이드 메츠Cade Metz의 《AI 메이커스, 인공 지능 전쟁의 최
전선》 (London: Random House Business, 2021), 170쪽.

2 Google, "The Future of Go Summit: 23 May–27 May, Wuzhen, China," Google Events,
events.google.com/alphago2017.

3 Paul Dickson, "Sputnik's Impact on America," Nova, PBS, Nov. 6, 2007, www.pbs.org/
wgbh/nova/article/sputnik-impact-on-america.

4 Lo De Wei, "Full Text of Xi Jinping's Speech at China's Party Congress," Bloomberg,
Oct. 18, 2022, www.bloomberg.com/news/articles/2022-10-18/full-text-of-xi-
jinping-s-speech-at-china-20th-party-congress-2022.

5 그 예로 나이젤 잉스터Nigel Inkster의 《The Great Decoupling: China, America and the
Struggle for Technological Supremacy》 (London: Hurst, 2020)를 참고하기 바란다.

6 Graham Webster et al., "Full Translation: China's 'New Generation Artificial
Intelligence Development Plan,'" DigiChina, Stanford University, Aug. 1, 2017,
digichina.stanford.edu/work/full-translation-chinas-new-generation-artificial-
intelligence-development-plan-2017.

7 Benaich and Hogarth, State of AI; Neil Savage, "The Race to the Top Among the
World's Leaders in Artificial Intelligence," Nature Index, Dec. 9, 2020, www.nature.
com/articles/d41586-020-03409-8; "Tsinghua University May Soon Top the World
League in Science Research," Economist, Nov. 17, 2018, www.economist.com/
china/2018/11/17/tsinghua-university-may-soon-top-the-world-league-in-science-
research.

8 Sarah O'Meara, "Will China Lead the World in AI by 2030?," Nature, Aug. 21, 2019,
www.nature.com/articles/d41586-019-02360-7; Akira Oikawa and Yuta Shimono,
"China Overtakes US in AI Research," Nikkei Asia, Aug. 10, 2021, asia.nikkei.com/
Spotlight/Datawatch/China-overtakes-US-in-AI-research.

9 Daniel Chou, "Counting AI Research: Exploring AI Research Output in English- and Chinese-Language Sources," Center for Security and Emerging Technology, July 2022, cset.georgetown.edu/publication/counting-ai-research.

10 Remco Zwetsloot, "China Is Fast Outpacing U.S. STEM PhD Growth," Center for Security and Emerging Technology, Aug. 2021, cset.georgetown.edu/publication/china-is-fast-outpacing-u-s-stem-phd-growth.

11 Graham Allison et al., "The Great Tech Rivalry: China vs the U.S.," Harvard Kennedy School Belfer Center, Dec. 2021, www.belfercenter.org/sites/default/files/GreatTechRivalry_ChinavsUS_211207.pdf.

12 Xinhua, "China Authorizes Around 700,000 InventionPatents in 2021: Report," XinhuaNet, Jan. 8, 2021, english.news.cn/20220108/ded0496b77c24a3a8712f b26bba390c3/c.html; "U.S. Patent Statistics Chart, Calendar Years 1963–2020," U.S. Patent and Trademark Office, May 2021, www.uspto.gov/web/offices/ac/ido/oeip/taf/us_stat.htm. 단, 미국의 수치는 2020년 기준이다. 고부가 가치 특허 역시 빠르게 증가하고 있다는 점이 중요하다: State Council of the People's Republic of China, "China Sees Growing Number of Invention Patents," Xinhua, Jan. 2022, english.www.gov.cn/statecouncil/ministries/202201/12/content_WS61deb7c8c6d09c94e48a3883.html.

13 Joseph Hincks, "China Now Has More Supercomputers Than Any Other Country," Time, Nov. 14, 2017, time.com/5022859/china-mostsupercomputers-world.

14 Jason Douglas, "China's Factories Accelerate Robotics Push as Workforce Shrinks," Wall Street Journal, Sept. 18, 2022, www.wsj.com/articles/chinas-factories-accelerate-robotics-push-as-workforce-shrinks-11663493405.

15 Allison et al., "Great Tech Rivalry."

16 Zhang Zhihao, "Beijing-Shanghai Quantum Link a 'New Era,'" China Daily USA, Sept. 30, 2017, usa.chinadaily.com.cn/china/2017-09/30/content_32669867.htm.

17 Amit Katwala, "Why China's Perfectly Placed to Be Quantum Computing's Superpower," Wired, Nov. 14, 2018, www.wired.co.uk/article/quantum-computing-china-us.

18 Han-Sen Zhong et al., "Quantum Computational Advantage Using Photons," Science, Dec. 3, 2020, www.science.org/doi/10.1126/science.abe8770.

19 아밋 카트왈라Amit Katwala의《양자 컴퓨팅Quantum Computing》(London: Random House Business, 2021), 88쪽에서 인용.

20 Allison et al., "Great Tech Rivalry."

21 Katrina Manson, "US Has Already Lost AI Fight to China, Says Ex-Pentagon Software Chief," Financial Times, Oct. 10, 2021, www.ft.com/content/f939db9a-40af-4bd1-b67d-10492535f8e0.

22 잉스터의《The Great Decoupling》, 193쪽에서 인용.

23 자세한 내용은 다음을 참고하기 바란다. "National AI Policies & Strategies," OECD.AI, oecd.ai/en/dashboards.

24 "Putin: Leader in Artificial Intelligence Will Rule World," CNBC, Sept. 4, 2017, www.cnbc.com/2017/09/04/putin-leader-in-artificial-intelligence-will-rule-world.html.

25 Thomas Macaulay, "Macron's Dream of a European Metaverse Is Far from a Reality," Next Web, Sept. 14, 2022, thenextweb.com/news/prospects-for-europes-emerging-metaverse-sector-macron-vestager-meta.

26 "France 2030," Agence Nationale de la Recherche, Feb. 27, 2023, anr.fr/en/france-2030/

france-2030.

27 "India to Be a $30 Trillion Economy by 2050: Gautam Adani," Economic Times, April 22, 2022, economictimes.indiatimes.com/news/economy/indicators/india-to-be-a-30-trillion-economy-by-2050-gautam-adani/articleshow/90985771.cms.

28 Trisha Ray and Akhil Deo, "Priorities for a Technology Foreign Policy for India," Washington International Trade Association, Sept. 25, 2020, www.wita.org/atp-research/tech-foreign-policy-india.

29 크로닌의 《Power to the People》.

30 Neeraj Kashyap, "GitHub's Path to 128M Public Repositories," Towards Data Science, March 4, 2020, towardsdatascience.com/githubs-path-to-128m-public-repositories-f6f656ab56b1.

31 arXiv, "About ArXiv," arxiv.org/about.

32 "The General Index," Internet Archive, Oct. 7, 2021, archive.org/details/GeneralIndex.

33 "Research and Development: U.S. Trends and International Comparisons," National Center for Science and Engineering Statistics, April 28, 2022, ncses.nsf.gov/pubs/nsb20225.

34 Prableen Bajpai, "Which Companies Spend the Most in Research and Development (R&D)?," Nasdaq, June 21, 2021, www.nasdaq.com/articles/which-companies-spend-the-most-in-research-and-development-rd-2021-06-21.

35 "Huawei Pumps $22 Billion into R&D to Beat U.S. Sanctions," Bloomberg News, April 25, 2022, www.bloomberg.com/news/articles/2022-04-25/huawei-rivals-apple-meta-with-r-d-spending-to-beat-sanctions; Jennifer Saba, "Apple Has the Most Growth Fuel in Hand," Reuters, Oct. 28, 2021, www.reuters.com/breakingviews/apple-has-most-growth-fuel-hand-2021-10-28.

36 메츠의 《AI 메이커스, 인공 지능 전쟁의 최전선》(Genius Makers), 58쪽.

37 미첼의 《Artificial Intelligence》, 103쪽.

38 "First in the World: The Making of the Liverpool and Manchester Railway," Science+Industry Museum, Dec. 20, 2018, www.scienceandindustrymuseum.org.uk/objects-and-stories/making-the-liverpool-and-manchester-railway.

39 이 내용과 자세한 설명은 윌리엄 퀸William Quinn과 존 D. 터너John D. Turner의 《버블: 부의 대전환》 (Cambridge, U.K.: Cambridge University Press, 2022)에서 가져왔다.

40 위와 같은 책에서 인용.

41 "The Beauty of Bubbles," Economist, Dec. 18, 2008, www.economist.com/christmas-specials/2008/12/18/the-beauty-of-bubbles.

42 페레스의 《기술혁명과 금융자본》.

43 방대한 경제학 문헌에서 혁신의 미시 경제학을 탐구해 이 과정이 얼마나 복잡하고 경제적 인센티브와 밀접하게 얽혀 있는지를 설명한다. 예컨대 립시, 카를로, 베카의 《경제적 변화: 범용 기술과 장기 경제 성장》 (Economic Transformations: General Purpose Technologies and Long-Term Economic Growth)에서 포괄적인 개요를 확인할 수 있다.

44 다음을 참고하기 바란다. Angus Maddison, The World Economy: A Millenarian Perspective (Paris: OECD Publications, 2001). 또 다음과 같은 최신 자료도 확인할 수 있다. "GDP Per Capita, 1820 to 2018," Our World in Data, ourworldindata.org/grapher/gdp-per-capita-maddison-2020?yScale=log.

45 Nishant Yonzan et al., "Projecting Global Extreme Poverty up to 2030: How Close Are We to World Bank's 3% Goal?," World Bank Data Blog, Oct. 9, 2020, blogs.worldbank.

org/opendata/projecting-global-extreme-poverty-2030-how-close-are-we-world-banks-3-goal.

46 앨런 그린스펀Alan Greenspan과 에이드리언 울드리지Adrian Wooldridge의 《미국 자본주의의 역사》 (London: Allen Lane, 2018), 15쪽.

47 같은 책, 47쪽.

48 Charlie Giattino and Esteban Ortiz-Ospina, "Are We Working More Than Ever?," Our World in Data, ourworldindata.org/working-more-than-ever.

49 "S&P 500 Data," S&P Dow Jones Indices, July 2022, www.spglobal.com/spdji/en/indices/equity/sp-500/#data.

50 다음 기사를 참고하기 바란다. Gené Teare, "Funding and Unicorn Creation in 2021 Shattered All Records," Crunchbase News, Jan. 5, 2022, news.crunchbase.com/business/global-vc-funding-unicorns-2021-monthly-recap. 한편 기술에 대한 사모 펀드 투자도 2021년 4000억 달러 이상으로 급증해 단일 섹터로는 가장 큰 규모를 기록했다. 다음 기사를 참고하기 바란다. Laura Cooper and Preeti Singh, "Private Equity Backs Record Volume of Tech Deals," Wall Street Journal, Jan. 3, 2022, www.wsj.com/articles/private-equity-backs-record-volume-of-tech-deals-11641207603.

51 2021년 이후로 생성 AI 붐이 일면서 그 숫자가 확실히 증가했다. 《인공 지능 지수 보고서》 2021Artificial Intelligence Index Report 2021을 참고하기 바란다.

52 "Sizing the Prize—PwC's Global Artificial Intelligence Study: Exploiting the AI Revolution," PwC, 2017, www.pwc.com/gx/en/issues/data-and-analytics/publications/artificial-intelligence-study.html.

53 Jacques Bughin et al., "Notes from the AI Frontier: Modeling the Impact of AI on the World Economy," McKinsey, Sept. 4, 2018, www.mckinsey.com/featured- insights/artificial-intelligence/notes-from-the-ai-frontier-modeling-the-impact-of-ai-on-the-world-economy; Michael Ciu, "The Bio Revolution: Innovations Transforming Economies, Societies, and Our Lives," McKinsey Global Institute, May 13, 2020, www.mckinsey.com/industries/pharmaceuticals-and-medical-products/our-insights/the-bio-revolution-innovations-transforming-economies-societies-and-our-lives.

54 "How Robots Change the World," Oxford Economics, June 26, 2019, resources.oxfordeconomics.com/hubfs/How%20Robots%20Change%20the%20World%20(PDF).pdf.

55 The World Economy in the Second Half of the Twentieth Century," OECD, Sept. 22, 2006, read.oecd-ilibrary.org/development/the-world-economy/the-world-economy-in-the-second-half-of-the-twentieth-century_9789264022621-5-en#page1.

56 Philip Trammell et al., "Economic Growth Under Transformative AI," Global Priorities Institute, Oct. 2020, globalprioritiesinstitute.org/wp-content/uploads/Philip-Trammell-and-Anton-Korinek_economic-growth-under-transformative-ai.pdf.

57 Hannah Ritchie et al., "Crop Yields," Our World in Data, ourworldindata.org/crop-yields.

58 "Farming Statistics—Final Crop Areas, Yields, Livestock Populations and Agricultural Workforce at 1 June 2020 United Kingdom," U.K. Government Department for Environment, Food & Rural Affairs, Dec. 22, 2020, assets.publishing.service.gov.uk/government/uploads/system/uploads/attachment_data/file/946161/structure-jun2020final-uk-22dec20.pdf.

59 Ritchie et al., "Crop Yields."

60 스밀의 《세상은 실제로 어떻게 돌아가는가》, 66쪽.

61 Max Roser and Hannah Ritchie, "Hunger and Under-nourishment," Our World in Data, ourworldindata.org/hunger-and-undernourishment.

62 스밀의 《세상은 실제로 어떻게 돌아가는가》, 36쪽.

63 같은 책, 42쪽.

64 같은 책, 61쪽.

65 Daniel Quiggin et al., "Climate Change Risk Assessment 2021," Chatham House, Sept. 14, 2021, www.chathamhouse.org/2021/09/climate-change-risk-assessment-2021?7J7ZL,68TH2Q,UNIN9.

66 엘리자베스 콜버트Elizabeth Kolbert의 《화이트 스카이》 (New York: Crown, 2022), 155쪽.

67 Hongyuan Lu et al., "Machine Learning-Aided Engineering of Hydrolases for PET Depolymerization," Nature, April 27, 2022, www.nature.com/articles/s41586-022-04599-z.

68 "J. Robert Oppenheimer 1904-67," in Oxford Essential Quotations, ed. Susan Ratcliffe (Oxford: Oxford University Press, 2016), www.oxfordreference.com/view/10.1093/acref/9780191826719.001.0001/q-oro-ed4-00007996.

69 다이슨의 《튜링의 대성당》에서 인용.

9장 대합의

1 Max Roser and Esteban Ortiz-Ospina, "Literacy," Our World in Data, ourworldindata.org/literacy.

2 윌리엄 데이비스William Davies의 《Nervous States: How Feeling Took Over the World》 (London: Jonathan Cape, 2018)에서 인용.

3 "Building Trust to Reinforce Democracy: Key Findings from the 2021 OECD Survey on Drivers of Trust in Public Institutions," OECD, www.oecd.org/governance/trust-in-government.

4 "Public Trust in Government: 1958-2022," Pew Research Center, June 6, 2022, www.pewresearch.org/politics/2022/06/06/publictrust-in-government-1958-2022.

5 Lee Drutman et al., "Follow the Leader: Exploring American Support for Democracy and Authoritarianism," Democracy Fund Voter Study Group, March 2018, fsi-live.s3.us-west-1.amazonaws.com/s3fs-public/followtheleader_2018mar13.pdf.

6 "Bipartisan Dissatisfaction with the Direction of the Country and the Economy," AP NORC, June 29, 2022, apnorc.org/projects/bipartisan-dissatisfaction-with-the-direction-of-the-country-and-the-economy.

7 그 예로 다니엘 드레즈너Daniel Drezner의 《The Ideas Industry: How Pessimists, Partisans, and Plutocrats Are Transforming the Marketplace of Ideas》 (New York: Oxford University Press, 2017)와 다음 지표를 참고하기 바란다. Edelman Trust Barometer: "2022 Edelman Trust Barometer," Edelman, www.edelman.com/trust/2022-trust-barometer.

8 Richard Wike et al., "Many Across the Globe Are Dissatisfied with How Democracy Is Working," Pew Research Center, April 29, 2019, www.pewresearch.org/global/2019/04/29/many-across-the-globe-are-dissatisfied-with-how-democracy-is-working/; Dalia Research et al., "Democracy Perception Index 2018," Alliance of Democracies, June 2018, www.allianceofdemocracies.org/wp-content/uploads/2018/06/Democracy-Perception-Index-2018-1.pdf.

9 "New Report: The Global Decline in Democracy Has Accelerated," Freedom House, March 3, 2021, freedomhouse.org/article/new-report-global-decline-democracy-has-accelerated.

10 그 예로 토마 피케티의 《21세기 자본》 (Cambridge, Mass.: Harvard University Press, 2014)을 참고하고, 더 광범위한 설문 조사는 앤서니 앳킨슨Anthony B. Atkinson의 《불평등을 넘어》 (Cambridge, Mass.: Harvard University Press, 2015)를 참고하기 바란다.

11 "Top 1% National Income Share," World Inequality Data-base, wid.world/world/#sptinc_p99p100_z/US;FR;DE;CN;ZA;GB;WO/last/eu/k/p/yearly/s/false/5.6579999999999995/30/curve/false/country.

12 Richard Mille, "Forbes World's Billionaires List: The Richest in 2023," Forbes, www.forbes.com/billionaires/. GDP가 부와 같은 주식이 아니라 흐름인 것은 사실이지만, 이 비교는 여전히 흥미롭다.

13 Alistair Dieppe, "The Broad-Based Productivity Slowdown, in Seven Charts," World Bank Blogs: Let's Talk Development, July 14, 2020, blogs.worldbank.org/developmenttalk/broad-based-productivity-slowdown-seven-charts.

14 Jessica L. Semega et al., "Income and Poverty in the United States: 2016," U.S. Census Bureau, www.census.gov/content/dam/Census/library/publications/2017/demo/P60-259.pdf, reported in digitallibrary.un.org/record/1629536?ln=en.

15 그 예로 다음 두 논문을 참고하기 바란다. Christian Houle et al., "Social Mobility and Political Instability," Journal of Conflict Resolution, Aug. 8, 2017, journals.sagepub.com/doi/full/10.1177/0022002717723434; Carles Boix, "Economic Roots of Civil Wars and Revolutions in the Contemporary World," World Politics 60, no. 3 (April 2008): 390–437.

16 국민 국가의 종말은 새로운 개념이 아니다. 그 예로 다음 기사를 참고하기 바란다. Rana Dasgupta, "The Demise of the Nation State," Guardian, April 5, 2018, www.theguardian.com/news/2018/apr/05/demise-of-the-nation-state-rana-dasgupta.

17 Philipp Lorenz-Spreen et al., "A Systematic Review of Worldwide Causal and Correlational Evidence on Digital Media and Democracy," Nature Human Behaviour, Nov. 7, 2022, www.nature.com/articles/s41562-022-01460-1.

18 랭던 위너Langdon Winner의 《자율적 테크놀로지와 정치철학》 (Cambridge, Mass.: MIT Press, 1977), 6쪽.

19 그 예로 제니 L. 데이비스Jenny L. Davis의 《How Artifacts Afford: The Power and Politics of Everyday Things》 (Cambridge, Mass.: MIT Press, 2020)를 참고하기 바란다. 우르술라 M. 프랭클린 Ursula M. Franklin의 말처럼, 기술은 규범적인 것으로서 기술의 생성이나 사용은 특정 행동, 분업, 결과를 유도하거나 요구한다(《The Real World of Technology》 [Toronto: House of Anansi, 1999]). 트랙터를 소유한 농부는 소 두 마리와 쟁기를 가진 농부와는 다른 방식으로 작업을 수행하고 요구 사항을 구성할 것이다. 공장 시스템에 의한 분업은 수렵 채집 사회와는 다른 형태의 사회 조직, 즉 규정 준수와 관리 중심의 문화를 만들어 낸다. "기술 관행을 통해 확립된 패턴은 한 사회의 삶의 일부가 된다."(55쪽).

20 기계식 시계의 영향에 대한 자세한 분석은 멈퍼드Mumford의 《기술과 문명》을 참고하기 바란다.

21 베네딕트 앤더슨Benedict Anderson의 《상상된 공동체》 (London: Verso, 1983).

22 데이비드 런시먼David Runciman의 《쿠데타, 대재앙, 정보권력》 (London: Profile Books, 2019), 47쪽.

10장 취약성 증폭기

1 자세한 내용은 다음을 참고하기 바란다. S. Ghafur et al., "A Retrospective Impact Analysis of the WannaCry Cyberattack on the NHS," NPJ Digital Medicine, Oct. 2, 2019, www.nature.com/articles/s41746-019-0161-6.

2 Mike Azzara, "What Is WannaCry Ransomware and How Does It Work?," Mimecast, May 5, 2021, www.mimecast.com/blog/all-you-need-to-know-about-wannacry-ransomware.

3 Andy Greenberg, "The Untold Story of NotPetya, the Most Devastating Cyberattack in History," Wired, Aug. 22, 2018, www.wired.com/story/notpetya-cyberattack-ukraine-russia-code-crashed-the-world.

4 James Bamford, "Commentary: Evidence Points to Another Snowden at the NSA," Reuters, Aug. 22, 2016, www.reuters.com/article/us-intelligence-nsa-commentary-idUSKCN10X01P.

5 Brad Smith, "The Need for Urgent Collective Action to Keep People Safe Online: Lessons from Last Week's Cyberattack," Microsoft Blogs: On the Issues, May 14, 2017, blogs.microsoft.com/on-the-issues/2017/05/14/need-urgent-collective-action-keep-people-safe-online-lessons-last-weeks-cyberattack.

6 옥스퍼드 랭귀지Oxford Languages, languages.oup.com에서 가져온 정의다.

7 Ronen Bergman et al., "The Scientist and the A.I.-Assisted, Remote-Control Killing Machine," New York Times, Sept. 18, 2021, www.nytimes.com/2021/09/18/world/middleeast/iran-nuclear-fakhrizadeh-assassination-israel.html.

8 아자르의 《Exponential》, 192쪽.

9 Fortune Business Insights, "Military Drone Market to Hit USD 26.12 Billion by 2028: Rising Military Spending Worldwide to Augment Growth," Global News Wire, July 22, 2021, www.globenewswire.com/en/news-release/2021/07/22/2267009/0/en/Military-Drone-Market-to-Hit-USD-26-12-Billion-by-2028-Rising-Military-Spending-Worldwide-to-Augment-Growth-Fortune-Business-Insights.html.

10 David Hambling, "Israel Used World's First AI-Guided Combat Drone Swarm in Gaza Attacks," New Scientist, June 30, 2021, www.newscientist.com/article/2282656-israel-used-worlds-first-ai-guided-combat-drone-swarm-in-gaza-attacks.

11 Dan Primack, "Exclusive: Rebellion Defense Raises $150 Million at $1 Billion Valuation," Axios, Sept. 15, 2021, www.axios.com/2021/09/15/rebellion-defense-raises-150-million-billion-valuation; Ingrid Lunden, "Anduril Is Raising Up to $1.2B, Sources Say at a $7B Pre-money Valuation, for Its Defense Tech," TechCrunch, May 24, 2022, techcrunch.com/2022/05/24/filing-anduril-is-raising-up-to-1-2b-sources-say-at-a-7b-pre-money-valuation-for-its-defense-tech.

12 Bruce Schneier, "The Coming AI Hackers," Harvard Kennedy School Belfer Center, April 2021, www.belfercenter.org/publication/coming-ai-hackers.

13 Anton Bakhtin et al., "Human-Level Play in the Game of Diplomacy by Combining Language Models with Strategic Reasoning," Science, Nov. 22, 2022, www.science.org/doi/10.1126/science.ade9097.

14 Anton Bakhtin et al., "Human-Level Play in the Game of Diplomacy by Combining Language Models with Strategic Reasoning," Science, Nov. 22, 2022, www.science.org/doi/10.1126/science.ade9097.

15 벤저민 위츠Benjamin Wittes와 가브리엘라 블룸Gabriella Blum의 《The Future of Violence: Robots

and Germans, Hackers and Drones—Confronting A New Age of Threat》 (New York: Basic Books, 2015)에서 이 주장에 대한 더 자세한 내용을 확인할 수 있다.

16 다음 기사를 통해 처음 보도됐다. Nilesh Cristopher, "We've Just Seen the First Use of Deepfakes in an Indian Election Campaign," Vice, Feb. 18, 2020, www.vice.com/en/article/jgedjb/the-first-use-of-deepfakes-in-indian-election-by-bjp.

17 Melissa Goldin, "Video of Biden Singing 'Baby Shark' Is a Deepfake," Associated Press, Oct. 19, 2022, apnews.com/article/fact-check-biden-baby-shark-deepfake-412016518873; "Doctored Nancy Pelosi Video Highlights Threat of 'Deepfake' Tech," CBS News, May 25, 2019, www.cbsnews.com/news/doctored-nancy-pelosi-video-highlights-threat-of-deepfake-tech-2019-05-25.

18 틱톡 @deeptomcruise, www.tiktok.com/@deeptomcruise?lang=en.

19 Thomas Brewster, "Fraudsters Cloned Company Director's Voice in $35 Million Bank Heist, Police Find," Forbes, Oct. 14, 2021, www.forbes.com/sites/thomasbrewster/2021/10/14/huge-bank-fraud-uses-deep-fake-voice-tech-to-steal-millions.

20 Catherine Stupp, "Fraudsters Used AI to Mimic CEO's Voice in Unusual Cybercrime Case," Wall Street Journal, Aug. 30, 2019, www.wsj.com/articles/fraudsters-use-ai-to-mimic-ceos-voice-in-unusual-cybercrime-case-11567157402.

21 실제로 일어난 딥페이크 사례다. 다음 기사를 참고하기 바란다. Kelly Jones, "Viral Video of Biden Saying He's Reinstating the Draft Is a Deepfake," Verify, March 1, 2023, www.verifythis.com/article/news/verify/national-verify/viral-video-of-bide-saying-hes-reinstating-the-draft-is-a-deepfake/536-d721f8cb-d26a-4873-b2a8-91dd91288365.

22 Josh Meyer, "Anwar al-Awlaki: The Radical Cleric Inspiring Terror from Beyond the Grave," NBC News, Sept. 21, 2016, www.nbcnews.com/news/us-news/anwar-al-awlaki-radical-cleric-inspiring-terror-beyond-grave-n651296; Alex Hern, "'YouTube Islamist' Anwar al-Awlaki Videos Removed in Extremism Clampdown," Guardian, Nov. 13, 2017, www.theguardian.com/technology/2017/nov/13/youtube-islamist-anwar-al-awlaki-videos-removed-google-extremism-clampdown.

23 Eric Horvitz, "On the Horizon: Interactive and Compositional Deepfakes," ICMI '22: Proceedings of the 2022 International Conference on Multimodal Interaction, arxiv.org/abs/2209.01714.

24 U.S. Senate, Report of the Select Committee on Intelligence: Russian Active Measures Campaigns and Interference in the 2016 U.S. Election, vol. 5, Counterintelligence Threats and Vulnerabilities, 116th Congress, 1st sess., www.intelligence.senate.gov/sites/default/files/documents/report_volume5.pdf; Nicholas Fandos et al., "House Intelligence Committee Releases Incendiary Russian Social Media Ads," New York Times, Nov. 1, 2017, www.nytimes.com/2017/11/01/us/politics/russia-technology-facebook.html.

25 자세한 내용은 다음을 참고하기 바란다. Tom Burt, "Russian Cyberattacks Pose Greater Risk to Governments and Other Insights from Our Annual Report," Microsoft Blogs: On the Issues, Oct. 7, 2021, blogs.microsoft.com/on-the-issues/2021/10/07/digital-defense-report-2021.

26 Samantha Bradshaw et al., "Industrialized Disinformation: 2020 Global Inventory of Organized Social Media Manipulation," Oxford University Programme on Democracy & Technology, Jan. 13, 2021, demtech.oii.ox.ac.uk/research/posts/industrialized-

27 그 예로 다음을 참고하기 바란다. Krassi Twigg and Kerry Allen, "The Disinformation Tactics Used by China," BBC News, March 12, 2021, www.bbc.co.uk/news/56364952; Kenddrick Chan and Mariah Thornton, "China's Changing Disinformation and Propaganda Targeting Taiwan," Diplomat, Sept. 19, 2022, thediplomat.com/2022/09/chinas-changing-disinformation-and-propaganda-targeting-taiwan/; Emerson T. Brooking and Suzanne Kianpour, "Iranian Digital Influence Efforts: Guerrilla Broadcasting for the Twenty-first Century," Atlantic Council, Feb. 11, 2020, www.atlanticcouncil.org/in-depth-research-reports/report/iranian-digital-influence-efforts-guerrilla-broadcasting-for-the-twenty-first-century.

28 Virginia Alvino Young, "Nearly Half of the Twitter Accounts Discussing 'Reopening America' May Be Bots," Carnegie Mellon University, May 27, 2020, www.cmu.edu/news/stories/archives/2020/may/twitter-bot-campaign.html.

29 나나 쉬크Nina Schick의 《Deep Fakes and the Infocalypse: What You Urgently Need to Know》 (London: Monoray, 2020)와 다음 자료를 참고하기 바란다. Ben Buchanan et al., "Truth, Lies, and Automation," Center for Security and Emerging Technology, May 2021, cset.georgetown.edu/publication/truth-lies-and-automation.

30 William A. Galston, "Is Seeing Still Believing? The Deepfake Challenge to Truth in Politics," Brookings, Jan. 8, 2020, www.brookings.edu/research/is-seeing-still-believing-the-deepfake-challenge-to-truth-in-politics.

31 윌리엄 맥어스킬William MacAskill의 《우리는 미래를 가져다 쓰고 있다》 (London: Oneworld, 2022), 112쪽에서 인용한 수치다. 맥어스킬은 다양한 출처를 인용하고 있지만 이 수치가 확실하지는 않다고 밝혔다. 다음 자료도 함께 참고하기 바란다. H. C. Kung et al., "Influenza in China in 1977: Recurrence of Influenza Virus A Subtype H1N1," Bulletin of the World Health Organization 56, no. 6 (1978), www.ncbi.nlm.nih.gov/pmc/articles/PMC2395678/pdf/bullwho00443-0095.pdf.

32 Joel O. Wertheim, "The Re-emergence of H1N1 Influenza Virus in 1977: A Cautionary Tale for Estimating Divergence Times Using Biologically Unrealistic Sampling Dates," PLOS ONE, June 17, 2010, journals.plos.org/plosone/article?id=10.1371/journal.pone.0011184.

33 그 예로 다음 두 자료를 참고하기 바란다. Edwin D. Kilbourne, "Influenza Pandemics of the 20th Century," Emerging Infectious Diseases 12, no. 1 (Jan. 2006), www.ncbi.nlm.nih.gov/pmc/articles/PMC3291411; Michelle Rozo and Gigi Kwik Gronvall, "The Reemergent 1977 H1N1 Strain and the Gain-of-FunctionDebate," mBio, Aug. 18, 2015, www.ncbi.nlm.nih.gov/pmc/articles/PMC4542197.

34 그 예로 알리나 챈Alina Chan과 맷 리들리Matt Ridley의 《Viral: The Search for the Origin of Covid-19》 (London: Fourth Estate, 2022)와 맥어스킬MacAskill의 《우리는 미래를 가져다 쓰고 있다》를 참고하기 바란다.

35 Kai Kupferschmidt, "Anthrax Genome Reveals Secrets About a Soviet Bioweapons Accident," Science, Aug. 16, 2016, www.science.org/content/article/anthrax-genome-reveals-secrets-about-soviet-bioweapons-accident.

36 T. J. D. Knight-Jones and J. Rushton, "The Economic Impacts of Foot and Mouth Disease—What Are They, How Big Are They, and Where Do They Occur?," Preventive Veterinary Medicine, Nov. 2013, www.ncbi.nlm.nih.gov/pmc/articles/PMC3989032/#bib0005.

37 Maureen Breslin, "Lab Worker Finds Vials Labeled 'Smallpox' at Merck Facility," The Hill, Nov. 17, 2021, thehill.com/policy/healthcare/581915-lab-worker-finds-vials-labeled-smallpox-at-merck-facility-nearphiladelphia.

38 Sophie Ochmann and Max Roser, "Smallpox," Our World in Data, ourworldindata.org/smallpox; Kelsey Piper, "Smallpox Used to Kill Millions of People Every Year. Here's How Humans Beat It," Vox, May 8, 2022, www.vox.com/future-perfect/21493812/smallpox-eradication-vaccines-infectious-disease-covid-19.

39 그 예로 다음 두 자료를 참고하기 바란다. Kathryn Senio, "Recent Singapore SARS Case a Laboratory Accident," Lancet Infectious Diseases, Nov. 2003, www.thelancet.com/journals/laninf/article/PIIS1473-3099(03)00815-6/fulltext; Jane Parry, "Breaches of Safety Regulations Are Probable Cause of Recent SARS Out-break, WHO Says," BMJ, May 20, 2004, www.bmj.com/content/328/7450/1222.3; Martin Furmanski, "Laboratory Escapes and 'Self-Fulfilling Prophecy' Epidemics," Arms Control Center, Feb. 17, 2014, armscontrolcenter.org/wp-content/uploads/2016/02/Escaped-Viruses-final-2-17-14-copy.pdf.

40 다음 보고서를 참고하기 바란다. Filippa Lentzos et al., "Global BioLabs Report 2023," King's College London, May 16, 2023, www.kcl.ac.uk/warstudies/assets/global-biolabs-report-2023.pdf.

41 Alexandra Peters, "The Global Proliferation of High-Containment Biological Laboratories: Understanding the Phenomenon and Its Implications," Revue Scientifique et Technique, Dec. 2018, pubmed.ncbi.nlm.nih.gov/30964462.

42 David Manheim and Gregory Lewis, "High-Risk Human-Caused Pathogen Exposure Events from 1975-2016," F1000Research, July 8, 2022, f1000research.com/articles/10-752.

43 David B. Manheim, "Results of a 2020 Survey on Reporting Requirements and Practices for Biocontainment Laboratory Accidents," Health Security 19, no. 6 (2021), www.liebertpub.com/doi/10.1089/hs.2021.0083.

44 Lynn C. Klotz and Edward J. Sylvester, "The Consequences of a Lab Escape of a Potential Pandemic Pathogen," Frontiers in Public Health, Aug. 11, 2014, www.frontiersin.org/articles/10.3389/fpubh.2014.00116/full.

45 이 주제에 대해 논의해 준 제이슨 매시니Jason Matheny와 케빈 에스벨트Kevin Esvelt에게 특히 감사한 마음을 전한다.

46 Martin Enserink and John Cohen, "One of Two Hotly Debated H5N1 Papers Finally Published," Science, May 2, 2012, www.science.org/content/article/one-two-hotly-debated-h5n1-papers-finally-published.

47 Amber Dance, "The Shifting Sands of 'Gain-of-Function' Research," Nature, Oct. 27, 2021, www.nature.com/articles/d41586-021-02903-x.

48 Chan and Ridley, Viral; "Controversial NewResearch Suggests SARS-CoV2 Bears Signs of Genetic Engineering," Economist, Oct. 27, 2022, www.economist.com/science-and-technology/2022/10/22/a-new-paper-claims-sars-cov-2-bears-signs-of-genetic-engineering.

49 그 예로 다음 기사를 참고하기 바란다. Max Matza and Nicholas Yong, "FBI Chief Christopher Wray Says China Lab Leak Most Likely," BBC, March 1, 2023, www.bbc.co.uk/news/world-us-canada-64806903.

50 Da-Yuan Chen et al., "Role of Spike in the Pathogenic and Antigenic Behavior of

SARS-CoV2 BA.1 Omicron," bioRxiv, Oct. 14, 2022, www.biorxiv.org/content/10.1101/2022.10.13.512134v1.

51 Kiran Stacey, "US Health Officials Probe Boston University's Covid Virus Research," Financial Times, Oct. 20, 2022, www.ft.com/content/f2e88a9c-104a-4515-8de1-65d72a5903d0.

52 Shakked Noy and Whitney Zhang, "Experimental Evidence on the Productivity Effects of Generative Artificial Intelligence," MIT Economics, March 10, 2023, economics.mit.edu/sites/default/files/inline-files/Noy_Zhang_1_0.pdf.

53 다음을 참고하기 바란다. James Manyika et al., "Jobs Lost, Jobs Gained: What the Future of Work Will Mean for Jobs, Skills, and Wages," McKinsey Global Institute, Nov. 28, 2017, www.mckinsey.com/featured-insights/future-of-work/jobs-lost-jobs-gained-what-the-future-of-work-will-mean-for-jobs-skills-and-wages. 내용 중 일부를 그대로 인용하자면, "전 세계에서 보수를 받고 일하는 사람들이 수행하는 모든 활동의 약 50퍼센트가 현재 입증된 기술이 적용되면서 잠재적으로 자동화될 수 있을 것으로 추정된다." 두 번째 통계는 다음 보고서에서 확인할 수 있다. Mark Muro et al., "Automation and Artificial Intelligence: How Machines Are Affecting People and Places," Metropolitan Policy Program, Brookings, Jan. 2019, www.brookings.edu/wp-content/uploads/2019/01/2019.01_BrookingsMetro_Automation-AI_Report_Muro-Maxim-Whiton-FINAL-version.pdf.

54 Daron Acemoglu and Pascual Restrepo, "Robots and Jobs: Evidence from US Labor Markets," Journal of Political Economy 128, no. 6 (June 2020), www.journals.uchicago.edu/doi/abs/10.1086/705716.

55 상기 논문과 에드워드 루스Edward Luce의 《The Retreat of Western Liberalism》(London: Little, Brown, 2017), 54쪽에서 인용. 다음 기사도 참고하기 바란다. Justin Baer and Daniel Huang, "Wall Street Staffing Falls Again," Wall Street Journal, Feb. 19, 2015, www.wsj.com/articles/wall-street-staffing-falls-for-fourth-consecutive-year-1424366858; Ljubica Nedel-koska and Glenda Quintini, "Automation, Skills Use, and Training," OECD, March 8, 2018, www.oecd-ilibrary.org/employment/automation-skills-use-and-training_2e2f4eea-en.

56 David H. Autor, "Why Are There Still So Many Jobs? The History and Future of Workplace Automation," Journal of Economic Perspectives 29, no. 3 (Summer 2015), www.aeaweb.org/articles?id=10.1257/jep.29.3.3.

57 아자르의 《Exponential》, 141쪽.

58 이러한 마찰에 대한 자세한 설명은 다니엘 서스킨드Daniel Susskind의 《A World Without Work: Technology, Automation and How We Should Respond》(London: Allen Lane, 2021)를 참고하기 바란다.

59 "U.S. Private Sector Job Quality Index (JQI)," University at Buffalo School of Management, Feb. 2023, ubwp.buffalo.edu/job-quality-index-jqi. 포드Martin Ford의 《로봇의 지배》도 참고하기 바란다.

60 데이비드 오토의 논문, "Why Are There Still So Many Jobs?" 참고.

11장 국가의 미래

1 린 화이트Lynn White의 《중세의 기술과 사회 변화》. 그러나 이 설명이 보편적으로 받아들여지는 것은 아니다. 린 화이트의 유명한 논문에 보다 비판적인 시각으로 접근하고 싶다면 다음

을 참고하기 바란다. "The Great Stirrup Controversy," The Medieval Technology Pages, web.archive.org/web/20141009082354/http://scholar.chem.nyu.edu/tekpages/texts/strpcont.html.

2 웬디 브라운Wendy Brown의 《Walled States, Waning Sovereignty》.

3 윌리엄 달림플William Dalrymple의 《The Anarchy: The Relentless Rise of the East India Company》(London: Bloomsbury, 2020), 233쪽.

4 리처드 댄지그Richard Danzig는 저녁 식사 자리에서 이 개념을 내게 처음 제시했고, 이후 다음과 같은 훌륭한 논문을 발표했다. "Machines, Bureaucracies, and Markets as Artificial Intelligences," Center for Security and Emerging Technology, Jan. 2022, cset.georgetown.edu/wp-content/uploads/MachinesBureaucracies-and-Markets-as-Artificial-Intelligences.pdf.

5 "Global 500," Fortune, fortune.com/global500/. As of October 2022. World Bank numbers suggest somewhat lower: World Bank, "GDP (Current US$)," World Bank Data, data.worldbank.org/indicator/NY.GDP.MKTP.CD.

6 Benaich and Hogarth, State of AI Report 2022.

7 James Manyika et al., "Superstars: The Dynamics of Firms, Sectors, and Cities Leading the Global Economy," McKinsey Global Institute, Oct. 24, 2018, www.mckinsey.com/featured-insights/innovation-and-growth/superstars-the-dynamics-of-firms-sectors-and-cities-leading-the-global-economy.

8 Colin Rule, "Separating the People from the Problem," The Practice, July 2020, thepractice.law.harvard.edu/article/separating-the-people-from-the-problem.

9 그 예로 제레미 리프킨Jeremy Rifkin의 《한계 비용 제로 사회》(New York: Palgrave, 2014)를 참고하기 바란다.

10 Erik Brynjolfsson, "The Turing Trap: The Promise & Peril of Human-Like Artificial Intelligence," Stanford Digital Economy Lab, Jan. 11, 2022, arxiv.org/pdf/2201.04200.pdf.

11 그 예로 조엘 코트킨Joel Kotkin의 《The Coming of Neo-feudalism: A Warning to the Global Middle Class》(New York: Encounter Books, 2020)를 참고하기 바란다.

12 제임스 C. 스콧James C.Scott의 《국가처럼 보기》(New Haven, Conn.: Yale University Press, 1998).

13 "How Many CCTV Cameras Are There in London?," CCTV.co.uk, Nov. 18, 2020, www.cctv.co.uk/how-many-cctv-cameras-are-there-in-london.

14 Benaich and Hogarth, State of AI Report 2022.

15 Dave Gershgorn, "China's 'Sharp Eyes' Program Aims to Surveil 100% of Public Space," OneZero, March 2, 2021, onezero.medium.com/chinas-sharp-eyes-program-aims-to-surveil-100-of-public-space-ddc22d63e015.

16 Shu-Ching Jean Chen, "SenseTime: The Faces Behind China's Artificial Intelligence Unicorn," Forbes, March 7, 2018, www.forbes.com/sites/shuchingjeanchen/2018/03/07/the-faces-behind-chinas-omniscient-video-surveillance-technology.

17 Sofia Gallarate, "Chinese Police Officers Are Wearing Facial Recognition Sunglasses," Fair Planet, July 9, 2019, www.fairplanet.org/story/chinese-police-officers-are-wearing-facial-recogni%C2%ADtion-sunglasses.

18 Isabelle Qian et al., "Four Takeaways from a TimesInvestigation into China's Expanding Surveillance State," New York Times, June 21, 2022, www.nytimes.com/2022/06/21/world/asia/china-surveillance-investigation.html.

19 Ross Andersen, "The Panopticon Is Already Here," Atlantic, Sept. 2020, www.

theatlantic.com/magazine/archive/2020/09/china-ai-surveillance/614197.

20 Qian et al., "Four Takeaways from a Times Investigation into China's Expanding Surveillance State."

21 "NDAA Section 889," GSA SmartPay, smartpay.gsa.gov/content/ndaa-section-889.

22 Conor Healy, "US Military & Gov't Break Law, Buy Banned Dahua/Lorex, Congressional Committee Calls for Investigation", IPVM, Dec. 1, 2019, ipvm.com/reports/usg-lorex.

23 Zack Whittaker, "US Towns Are Buying Chinese Surveillance Tech Tied to Uighur Abuses," TechCrunch, May 24, 2021, techcrunch.com/2021/05/24/united-states-towns-hikvision-dahua-surveillance.

24 Joshua Brustein, "Warehouses Are Tracking Workers' Every Muscle Movement," Bloomberg, Nov. 5, 2019, www.bloomberg.com/news/articles/2019-11-05/am-i-being-tracked-at-work-plenty-of-warehouse-workers-are.

25 케이트 크로퍼드Kate Crawford의 《AI 지도책》 (New Haven, Conn.: Yale University Press, 2021).

26 Joanna Fantozzi, "Domino's Using AI Cameras to Ensure Pizzas Are Cooked Correctly," Nation's Restaurants News, May 29, 2019, www.nrn.com/quick-service/domino-s-using-ai-cameras-ensure-pizzas-are-cooked-correctly.

27 이 분석가는 이스라엘 국가 안보 연구소Israel's Institute for National Security Studies의 아사프 오리온Assaf Orion 준장(예비역)이었다. "The Future of U.S.-Israel Relations Symposium," Council on Foreign Relations, Dec. 2, 2019, www.cfr.org/event/future-us-israel-relations-symposium, quoted in Kali Robinson, "What Is Hezbollah?," Council on Foreign Relations, May 25, 2022, www.cfr.org/backgrounder/what-hezbollah.

28 그 예로 다음을 참고하기 바란다. "Explained: How Hezbollah Built a Drug Empire via Its 'Narcoterrorist Strategy,' " Arab News, May 3, 2021, www.arabnews.com/node/1852636/middle-east.

29 Lina Khatib, "How Hezbollah Holds Sway over the Lebanese State", Chatham House, June 30, 2021, www.chathamhouse.org/sites/default/files/2021-06/2021-06-30-how-hezbollah-holds-sway-over-the-lebanese-state-khatib.pdf.

30 그 예로 다음 책을 참고하기 바란다. 로드니 브루스 홀Rodney Bruce Hall과 토머스 J. 비어스테커Thomas J.Biersteker의 《The Emergence of Private Authority in Global Governance》 (Cambridge, U.K.: Cambridge University Press, 2002).

31 "Renewable Power Generation Costs in 2019," IRENA, June 2020, www.irena.org/publications/2020/Jun/Renewable-Power-Costs-in-2019.

32 제임스 데일 데이비슨James Dale Davidson과 윌리엄 리스-모그William Rees-Mogg의 《The Sovereign Individual: Mastering the Transition to the Information Age》 (New York:Touchstone, 1997).

33 Peter Thiel, "The Education of a Libertarian", Cato Un-bound, April 13, 2009, www.cato-unbound.org/2009/04/13/peter-thiel/education-libertarian. 기술 구조가 어떻게 국민 국가를 대체할 수 있는지에 대한 더 자세한 내용은 다음 책을 참고하기 바란다. 발라지 스리니바산Balaji Srinivasan의 《The Network State》 (1729 publishing, 2022).

12장 딜레마

1 니얼 퍼거슨Niall Ferguson의 《둠 재앙의 정치학》 (London: Allen Lane, 2021), 131쪽.

2 통계는 위와 같은 책에서 인용했다.

3 제레미 슈Jeremy Hsu, "A Third of Scientists Working on AI Say It Could Cause Global

Disaster", New Scientist, Sept. 22, 2022, www.newscientist.com/article/2338644-a-third-of-scientists-working-on-ai-say-it-could- cause-global-disaster.

4 Richard Danzig and Zachary Hosford, "Aum Shinrikyo-Second Edition-English", CNAS, Dec. 20, 2012, www.cnas.org/publications/reports/aum-shinrikyo-second-edition-english; and Philipp C. Bleak, "Revisiting Aum Shinrikyo: New Insights into the Most Extensive Non-state Biological Weapons Program to Date," James Martin Center for Nonproliferation Studies, Dec. 10, 2011, www.nti.org/analysis/articles/revisiting-aum-shinrikyo-new-insights-most-extensive-non-state-biological-weapons-program-date-1 참고.

5 Federation of American Scientists, "The Operation of the Aum," in Global Proliferation of Weapons of Mass Destruction: A Case Study of the Aum Shinrikyo, Senate Government Affairs Permanent Sub-committee on Investigations, Oct. 31, 1995, irp.fas.org/congress/1995_rpt/aum/part04.htm.

6 Danzig and Hosford, "Aum Shinrikyo."

7 그 예로 다음 논문을 참고하기 바란다. Nick Bostrom, "The Vulnerable World Hypothesis," Sept. 6, 2019, nickbostrom.com/papers/vulnerable.pdf. '쉬운 핵무기'의 가능성에 대응하는 사고 실험에서 그는 모든 사람이 '자유 태그freedom tag'를 목에 걸고 다방향 카메라와 마이크를 장착하는 '첨단 파놉티콘'을 상상한다. 암호화된 비디오와 오디오가 장치를 통해 계속 클라우드로 업로드되면 기계가 실시간으로 분석한다. AI 알고리즘은 착용자의 활동, 손의 움직임, 주변 물체와 여러 상황적 단서를 분류한다. 의심스러운 활동이 감지되면 피드는 여러 보안 감시소 중 한 곳으로 전달된다.

8 Martin Bereaja et al., "AI-tocracy," Quarterly Journal of Economics, March 13, 2023, academic.oup.com/qje/advance-article-abstract/doi/10.1093/qje/qjad012/7076890.

9 발라지 스리니바산Balaji Srinivasan의 《The Network State》, 162쪽.

10 Isis Hazewindus, "The Threat of the Megamachine," If ThenElse, Nov. 21, 2021, www.ifthenelse.eu/blog/the-threat-of-the-megamachine.

11 Michael Shermer, "Why ET Hasn't Called," Scientific American, Aug. 2002, michaelshermer.com/sciam-columns/why-et-hasnt-called.

12 Stein Emil Vollset et al., "Fertility, Mortality, Migration, and Population Scenarios for 195 Countries and Territories from 2017 to 2100: A Forecasting Analysis for the Global Burden of Disease Study," Lancet, July 14, 2020, www.thelancet.com/article/S0140-6736(20)30677-2/fulltext.

13 이언 모리스의Ian Morris의 《왜 서양이 지배하는가》 (London: Profile Books, 2010), 테인터의 《문명의 붕괴》, 다이아몬드의 《문명의 붕괴: 과거의 위대했던 문명은 왜 몰락했는가?》

14 피터 자이한Peter Zeihan의 《붕괴하는 세계와 인구학》 (New York: Harper Business, 2022).

15 Xiujian Peng, "Could China's Population Start Falling?" BBC Future, June 6, 2022, www.bbc.com/future/article/20220531-why-chinas-population-is-shrinking.

16 자이한의 《붕괴하는 세계와 인구학》, 203쪽.

17 "Climate-Smart Mining: Minerals for Climate Action," World Bank, www.worldbank.org/en/topic/extractiveindustries/brief/climate-smart-miningminerals-for-climate-action.

18 갤로어의 《인류의 여정》, 130쪽.

19 John von Neumann, "Can We Survive Technology?," in The Neumann Compendium (River Edge, N.J.: World Scientific, 1995), geosci.uchicago.edu/~kite/doc/von_Neumann_1955.pdf.

13장 억제가 가능해야 한다

1 David Cahn et al., "AI 2022: The Explosion," Coatue Venture, coatue-external.notion. site/AI-2022-The-Explosion-e76afd140f824f2eb6b049c5b85a7877.

2 "2021 GHS Index Country Profile for United States," Global Health Security Index, www.ghsindex.org/country/united-states.

3 Edouard Mathieu et al., "Coronavirus (COVID-19) Deaths," Our World in Data, ourworldindata.org/covid-deaths.

4 "The Artificial Intelligence Act," Future of Life Institute, artificialintelligenceact.eu.

5 그 예로 다음을 참고하기 바란다. "FLI Position Paper on the EU AI Act," Future of Life Institute, Aug. 4, 2021, futureoflife.org/wp-content/uploads/2021/08/FLI-Position-Paper-on-the-EU-AI- Act.pdf?x72900; David Matthews, "EU Artificial Intelligence Act Not 'Futureproof,' Experts Warn MEPs," Science Business, March 22, 2022, sciencebusiness.net/news/eu-artificial-intelligence-act-not-futureproof-experts-warn-meps.

6 Khari Johnson, "The Fight to Define When AI Is High Risk," Wired, Sept. 1, 2021, www.wired.com/story/fight-to-define-when-ai-is-high-risk.

7 "Global Road Safety Statistics," Brake, www.brake.org.uk/get-involved/take-action/mybrake/knowledge-centre/global-road-safety#.

8 Jennifer Conrad, "China Is About to Regulate AI-and the World Is Watching," Wired, Feb. 22, 2022, www.wired.com/story/china-regulate-ai-world-watching.

9 Christian Smith, "China's Gaming Laws Are Cracking Down Even Further," SVG, March 15, 2022, www.svg.com/799717/chinas-gaminglaws-are-cracking-down-even-further.

10 "The National Internet Information Office's Regulations on the Administration of Internet Information Service Algorithm Recommendations (Draft for Comment) Notice of Public Consultation," Cyberspace Administration of China, Aug. 27, 2021, www.cac.gov.cn/2021-08/27/c_1631652502874117.htm.

11 자세한 내용은 다음을 참고하기 바란다. Steven J. Hoffman et al., "International Treaties Have Mostly Failed to Produce Their Intended Effects," PNAS, Aug. 1, 2022, www.pnas.org/doi/10.1073/pnas.2122854119.

12 그 예로 다음 자료를 참고하기 바란다. Alex Engler, "The Limited Global Impact of the EU AI Act," Brookings, June 14, 2022, www.brookings.edu/blog/techtank/2022/06/14/the-limited-global-impact-of-the-eu-ai-act.

13 더 자세한 설명은 조지 마셜George Marshall의 《기후변화의 심리학》 (New York: Bloomsbury, 2014)을 참고하기 바란다.

14 Rebecca Lindsey, "Climate Change: Atmospheric Carbon Dioxide," Climate.gov, June 23, 2022, www.climate.gov/news-features/understanding-climate/climate-change-atmospheric-carbon-dioxide.

14장 억제를 위한 10가지 단계

1 "IAEA Safety Standards," International Atomic Energy Agency, www.iaea.org/resources/safety-standards/search?facility=All&term_node_tid_depth_2=All&field_publication_series_info_value=&combine=&items_per_page=100.

2 토비 오드Toby Ord의 《사피엔스의 멸망》 (London: Bloomsbury, 2020), 57쪽.

3   Benaich and Hogarth, State of AI Report 2022.

4   AI 연구자 수에 대한 추정치는 다음을 참고하기 바란다. "What Is Effective Altruism?,"
    www.effectivealtruism.org/articles/introduction-to-effective-altruism#fn-15.

5   Kevin M. Esvelt, "Delay, Detect, Defend: Preparing for a Future in Which Thousands
    Can Release New Pandemics," Geneva Centre for Security Policy, Nov. 14, 2022, dam.
    gcsp.ch/files/doc/gcsp-geneva-paper-29-22.

6   Jan Leike, "Alignment Optimism," Aligned, Dec. 5, 2022, aligned.substack.com/p/
    alignment-optimism.

7   스튜어트 러셀Stuart Russell의 《어떻게 인간과 공존하는 인공 지능을 만들 것인가》(Human
    Compatible, 2020)

8   Deep Ganguli et al., "Red Teaming Language Models to Reduce Harms: Methods,
    Scaling Behaviors, and Lessons Learned," arXiv, Nov. 22, 2022, arxiv.org/
    pdf/2209.07858.pdf.

9   Sam R. Bowman et al., "Measuring Progress on Scalable Over-sight for Large Language
    Models," arXiv, Nov. 11, 2022, arxiv.org/abs/2211.03540.

10 Security DNA Project, "Securing Global Biotechnology," SecureDNA, www.securedna.
    org.

11 Ben Murphy, "Chokepoints: China's Self-Identified Strategic Technology Import
    Dependencies," Center for Security and Emerging Technology, May 2022, cset.
    georgetown.edu/publication/chokepoints.

12 Ben Murphy, "Chokepoints: China's Self-Identified Strategic Technology Import
    Dependencies," Center for Security and Emerging Technology, May 2022, cset.
    georgetown.edu/publication/chokepoints.

13 Demetri Sevastopulo and Kathrin Hille, "US Hits China with Sweeping Tech Export
    Controls," Financial Times, Oct. 7, 2022, www.ft.com/content/6825bee4-52a7-4c86-
    b1aa-31c100708c3e.

14 Gregory C. Allen, "Choking Off China's Access to the Future of AI," Center for Strategic
    & International Studies, Oct. 11, 2022, www.csis.org/analysis/choking-chinas-access-
    future-ai.

15 Julie Zhu, "China Readying $143 Billion Package for Its Chip Firms in Face of U.S.
    Curbs," Reuters, Dec. 14, 2022, www.reuters.com/technology/china-plans-over-
    143-bln-push-boost-domestic-chips-compete-with-us-sources-2022-12-13.

16 Stephen Nellis and Jane Lee, "Nvidia Tweaks Flagship H100 Chip for Export to China
    as H800," Reuters, March 22, 2023, www.reuters.com/technology/nvidia-tweaks-f
    lagship-h100-chip-export-china-h800-2023-03-21.

17 그 예로 다음을 참고하기 바란다. Michael Filler on Twitter, May 25, 2022, twitter.com/
    michaelfiller/status/1529633698961833984.

18 "Where Is the Greatest Risk to Our Mineral Resource Supplies?," USGS, Feb. 21, 2020,
    www.usgs.gov/news/national-news-release/new-methodology-identifies-mineral-
    commodities-whose-supply-disruption?qt-news_science_products=1#qt-news_
    science_products.

19 자이한Zeihan의 《붕괴하는 세계와 인구학》(The End of the World Is Just the Beginning, 2022), 314쪽.

20 Lee Vinsel, "You're Doing It Wrong: Notes on Criticism and Technology Hype,"
    Medium, Feb. 1, 2021, sts-news.medium.com/youre-doing-it-wrong-notes-on-
    criticism-and-technology-hype-18b08b4307e5.

21 Stanford University Human-Centered Artificial Intelligence, Artificial Intelligence Index Report 2021.

22 그 예로 다음을 참고하기 바란다. Shannon Vallor, "Mobilising the Intellectual Resources of the Arts and Humanities," Ada Lovelace Institute, June 25, 2021, www. adalovelaceinstitute.org/blog/mobilising-intellectual-resources-arts-humanities.

23 "B Corps 'Go Beyond' Business as Usual," B Lab, March 1, 2023, www.bcorporation. net/en-us/news/press/b-corps-go-beyond-business-as-usual-for-b-corp-month-2023.

24 "U.S. Research and Development Funding and Performance: Fact Sheet," Congressional Research Service, Sept. 13, 2022, sgp.fas.org/crs/misc/R44307.pdf.

25 그 예로 마리아나 마추카토Mariana Mazzucato의 《기업가형 국가》 (London: Anthem Press, 2013)를 참고하기 바란다.

26 @Jontaf kasi on Twitter, March 29, 2023, mobile.twitter.com/Jontaf kasi/status/1641193954778697728.

27 이에 대한 자세한 설명은 다음 자료를 참고하기 바란다. Jess Whittlestone and Jack Clark, "Why and How Governments Should Monitor AI Development," arXiv, Aug. 31, 2021, arxiv.org/pdf/2108.12427.pdf.

28 "Legislation Related to Artificial Intelligence," National Conference of State Legislatures, Aug. 26, 2022, www.ncsl.org/research/telecommunications-and-information-technology/2020-legislation-related-to-artificial-intelligence.aspx.

29 OECD, "National AI Policies & Strategies," OECD AI Policy Observatory, oecd.ai/en/dashboards/overview.

30 "Fact Sheet: Biden-Harris Administration Announces Key Actions to Advance Tech Accountability and Protect the Rights of the American Public," White House, Oct. 4, 2022, www.whitehouse.gov/ostp/news-updates/2022/10/04/fact-sheet-biden-harris-administration-announces-key-actions-to-advance-tech-accountability-and-protect-the-rights-of-the-american-public.

31 Daron Acemoglu et al., "Taxes, Automation, and the Future of Labor," MIT Work of the Future, mitsloan.mit.edu/shared/ods/documents?PublicationDocumentID=7929.

32 Arnaud Costinot and Ivan Werning, "Robots, Trade, and Luddism: A Sufficient Statistic Approach to Optimal Technology Regulation," Review of Economic Studies, Nov. 4, 2022, academic.oup.com/restud/advance-article/doi/10.1093/restud/rdac076/6798670.

33 Daron Acemoglu et al., "Does the US Tax Code Favor Automation?," Brookings Papers on Economic Activity (Spring 2020), www.brookings.edu/wp-content/uploads/2020/12/Acemoglu-FINAL-WEB.pdf.

34 Sam Altman, "Moore's Law for Everything," Sam Altman, March 16, 2021, moores. samaltman.com.

35 "The Convention on Certain Conventional Weapons," United Nations, www.un.org/disarmament/the-convention-on-certain-conventional-weapons.

36 Françoise Baylis et al., "Human Germline and Heritable Genome Editing: The Global Policy Landscape," CRISPR Journal, Oct. 20, 2020, www.liebertpub.com/doi/10.1089/crispr.2020.0082.

37 Eric S. Lander et al., "Adopt a Moratorium on Heritable Genome Editing," Nature, March 13, 2019, www.nature.com/articles/d41586-019-00726-5.

38 Peter Dizikes, "Study: Commercial Air Travel Is Safer Than Ever," MIT News, Jan. 23,

2020, news.mit.edu/2020/study-commercial-flights-safer-ever-0124.

39 "AI Principles," Future of Life Institute, Aug. 11, 2017, futureoflife.org/open-letter/ai-principles.

40 Joseph Rotblat, "A Hippocratic Oath for Scientists," Science, Nov. 19, 1999, www.science.org/doi/10.1126/science.286.5444.1475.

41 이를 뒷받침하는 예로 다음 세 자료를 참고하기 바란다. Rich Sutton, "Creating Human-Level AI: How and When?," University of Alberta, Canada, futureoflife.org/data/PDF/rich_sutton.pdf?x72900; Azeem Azhar, "We are the ones who decide what we want from the tools we build" (Azhar, Exponential, 253); Kai-Fu Lee, "We will not be passive spectators in the story of AI—we are the authors of it" (Kai-Fu Lee and Qiufan Cheng, AI 2041: Ten Visions for Our Future [London: W. H. Allen, 2021, 437]).

42 Patrick O'Shea et al., "Communicating About the Social Implications of AI: A FrameWorks Strategic Brief," FrameWorks Institute, Oct. 19, 2021, www.frameworksinstitute.org/publication/communicating-about-the-social-implications-of-ai-a-frameworks-strategic-brief.

43 Stefan Schubert et al., "The Psychology of Existential Risk: Moral Judgments About Human Extinction," Nature Scientific Reports, Oct. 21, 2019, www.nature.com/articles/s41598-019-50145-9.

44 Aviv Ovadya, "Towards Platform Democracy," Harvard Kennedy School Belfer Center, Oct. 18, 2021, www.belfercenter.org/publication/towards-platform-democracy-policymaking-beyond-corporate-ceos-and-partisan-pressure.

45 "Pause Giant AI Experiments: An Open Letter," Future of Life Institute, March 29, 2023, futureoflife.org/open-letter/pause-giant-ai-experiments.

46 Adi Robertson, "FTC Should Stop OpenAI from Launching New GPT Models, Says AI Policy Group," The Verge, March 30, 2023, www.theverge.com/2023/3/30/23662101/ftc- openai-investigation-request-caidp-gpt-text-generation-bias.

47 Esvelt, "Delay, Detect, Defend." For another example of a holistic approach to containment strategy, see Allison Duettmann, "Defend Against Physical Threats: Multipolar Active Shields," Foresight Institute, Feb. 14, 2022, foresightinstitute.substack.com/p/defend-physical.

48 대런 아세모글루Daron Acemoglu와 제임스 로빈슨James Robinson의 《좁은 회랑》 (London: Viking, 2019).

에필로그

1 그 예로 다음 자료에 담긴 주장을 참고하기 바란다. Divya Siddarth et al., "How AI Fails Us," Edmond and Lily Safra Center for Ethics, Dec. 1, 2021, ethics.harvard.edu/how-ai-fails-us.

옮긴이 이정미

호주 시드니 대학교에서 금융과 경영정보시스템을 공부했다. 읽고 쓰기를 좋아해 늘 책을 곁에 두고 살다가 바른번역 소속 번역가로 활동하고 있다. 글 쓰는 번역가가 되는 게 꿈이며, 옮긴 책으로는 《익스텐드 마인드》, 《7가지 코드》, 《신 대공황》, 《누구나 죽기 전에 꿈을 꾼다》, 《레고 북》, 《현금 없는 사회》 등이 있다.

THE COMING WAVE
더 커밍 웨이브

1판 1쇄 인쇄 2024년 1월 15일
1판 1쇄 발행 2024년 1월 26일
1판 3쇄 발행 2024년 8월 20일

지은이 무스타파 술레이만 **정리** 마이클 바스카 **옮긴이** 이정미
펴낸이 김기옥

경제경영팀장 모민원
기획 편집 변호이, 박지선
마케팅 박진모 **경영지원** 고광현 **제작** 김형식

표지·본문 디자인 푸른나무디자인
인쇄·제본 민언프린텍

펴낸곳 한스미디어(한즈미디어(주))
주소 121-839 서울특별시 마포구 양화로 11길 13(서교동, 강원빌딩 5층)
전화 02-707-0337 | **팩스** 02-707-0198 | **홈페이지** www.hansmedia.com
출판신고번호 제 313-2003-227호 | **신고일자** 2003년 6월 25일

ISBN 979-11-6007-998-2 (13320)